국가 공인

3D 프린터 개발산업기사

한권으로 끝내기

저자 약력

■ **주승환**

한국적층제조사용자협회 회장
인하대학교 교수
국가 3D 프린팅 전략 기술 로드맵 수립 위원
4차산업혁명 U포럼 스마트제조분과위원장
공정 업체 메탈쓰리디㈜ Founder
FDM 프린터 윌리봇 개발, SLS, 메탈 프린터 개발

■ **주성호**

부산대학교 금속공학과 졸업
현대중공업 25년 근무
현) 금속 3D 프린팅 전문가 양성 교육 강사
현) 4차산업혁명 U포럼 스마트제조분과위원
현) 엠피웍스 대표

■ **이성모**

부산대학교 기계공학 석사
삼성전자 LCD연구소 연구원
미국 오하이오주립대 방문연구원
3D 프린팅 DFAM 경진대회 심사위원
현대중공업 중앙기술원 3D 프린팅PM팀 팀장
현) (사)한국적층제조사용자협회(KAMUG) 기술이사
현) 한국조선해양 미래기술연구원 책임연구원

■ **강몽룡**

부산대학교 졸업
울산대학원 석사
현대중공업 근무
현) 울산창조경제혁신센터 강사
현) (사)한국적층제조사용자협회(KAMUG) 강사
현) 엠피웍스 기술개발 본부장

■ **김성희**

동서대학교 경영학 졸업
현) 엔코비스 대표(3D 프린팅 전문기업)
다수의 3D 프린터 개발

이 책을 펴내며

3차 산업혁명에 따른 제조업체의 자동화 시스템이 구축되어 기존 인력을 대치함으로써 일자리에 대한 위협을 생각해야 하는 현실에 이어 4차 산업혁명이 도래함으로써 스마트 제조 공장, ICT, IoT 등 기존 3차 산업을 포함한 새로운 융합적인 산업 개발이 빠르게 진행되고 있습니다.

현재 4차 산업에 대비하여 새로운 산업에 대한 혁신 기술 개발의 중요성이 대두되고 있는 실정이며 3D 프린팅 기술이 4차 산업혁명의 한 분야에서 중요한 역할을 할 것입니다.

3D 프린팅 산업의 발전에 따라 신규 인력 창출이 가능해지고 일자리 또한 늘어날 것으로 예측됩니다. 2017년도 기준 국내 3D 프린팅 산업의 기업체 수는 약 302개가량이며, 인력은 1,893명으로 추정됩니다. 또한, 2025년까지 필요한 3D 프린팅 인력은 세계적으로 8백만 명(영국국가전략보고서 참조), 국내 3만 2천 명으로 예상하고 있습니다.

세계적으로 금속 3D 프린팅의 적용 및 발전이 빠른 산업 분야의 순서는 의료 → 발전소/전자/항공 → 자동차/조선 분야로 예상됩니다. 산업에 적용되는 시점을 적확히 예측하기는 어렵지만 기(旣)구축된 산업을 살펴보면 향후 자동차/조선 분야의 적용이 확대될 것으로 예측되며 적층 제조 산업의 육성을 통한 주력 산업의 고도화가 이루어져야 할 것입니다.

예를 들어, GE 社의 적층 제조 시장 형성 과정을 살펴보면 GE라는 대기업이 3D 프린팅 적용 가능 부품 선정 및 기술 개발을 하고, 여기에 주변 업체가 생산/납품을 하는 현상을 볼 수 있습니다. 우리나라도 대기업을 중심으로 개발 및 유통체계가 이루어지는 것이 중요합니다. 현재 중공업을 중심으로 진행되고 있으며 부품 납품업체가 납품 등록이 되어 연구 개발을 진행하고 있습니다. 앞으로도 대기업과 관련 공급 기업을 중심으로 실질적인 연구 개발을 통한 각 소재별 부품 물성 개발, 양산 시스템 구축이 필요합니다. 기존 뿌리산업 토대로 이루어진 지역 내 산업이 신산업인 3D 프린팅과 융합되어 신규 아이템 창출이 이루어져야 하며, 이를 대비하여 전문 인력 교육도 동시에 이루어져야 합니다. 이런 상황을 고려해 볼 때 '3D 프린팅 개발산업기사 수험서' 출판은 의미가 있습니다.

본 수험서의 저자 일동은 3D 프린팅 분야에서 다년간 활동하고 있으며, 3D 프린터 개발산업기사를 준비하고 있는 수험생들로부터 학습을 할 수 있는 수험서가 부족하다는 소식을 듣고 그동안 관련 분야에서 습득한 지식을 활용하여 수험생들이 쉽게 이해할 수 있는 수험서의 집필을 시작하게 되었습니다.

최근 몇 년 동안 보급형 FDM 방식의 3D 프린터는 많이 보급되었으나, 금속 프린터 및 기타 방식의 3D 프린터는 여러 가지 이유로 국내에서는 개발 및 보급이 매우 부진한 실정입니다. 또한 3D 프린터의 개발 분야는 전기전자, 기계, 제어, 소재, 프로그래밍 등 여러 복합적인 학문과 지식이 필요하므로 기존의 교육 기관에서 시행하고 있는 교육 체계로는 전반적인 지식을 습득하기 어려운 실정입니다.

이와 같은 상황을 고려해 볼 때, 현재로서는 3D 프린터 개발에 관한 전반적인 내용은 NCS(국가직무능력표준)에서 유일하게 잘 정리되어 있으나 내용이 광범위하여 수험자들이 쉽게 이해하기 어렵다고 생각되므로 본 수험서에서는 다음과 같이 정리하였습니다.

- 본 수험서의 내용은 NCS를 기반으로 수험자가 이해하기 쉽도록 요약·정리하였으며, 각 항목에 관한 분류는 Q-net의 출제 기준(2020년까지 유효)을 반영하였습니다.
- 각 과목별로 기출문제와 핵심 문제를 수록하여 수험자가 자체적으로 학습한 내용을 점검해 볼 수 있도록 간단한 해설과 함께 정리하였습니다.
- 각 과정별로 '실습 포인트'를 정리하여 수험자가 실기시험에 대비하여 필요한 지식을 습득할 수 있도록 하였습니다.
- 3D 프린팅 기술 방식에 관한 내용은 ASTM에서 분류하고 있으며 프린팅 방식에 따라 매우 다양하고 또한 대부분 특화된 기술을 사용하고 있기 때문에 상세한 기술에 대해서는 접근하기 어렵습니다. 따라서 본 수험서에서 다루는 세부적인 기술 사항에 대해서는 주로 오픈소스 형태로 공개되고 보편화된 기술을 위주로 설명하였습니다. 그러나 전반적인 프린터 개발에 관한 업무 형태는 서로 유사하므로 여러 가지 다른 형태의 프린터 개발 업무에 적용이 가능할 것입니다.
- 보다 상세한 내용에 대해서는 NCS(https://www.ncs.go.kr)의 학습 모듈을 참조할 수 있습니다.

3D 프린팅 분야의 기술 개발을 위해 항상 많은 도움을 아끼지 않으시는 3D 프린팅 중점 육성 도시, 울산노동지청의 김종철 지청장님, 울산정보진흥원 장광수 원장님, 이상민 본부장님, 한윤성 팀장님, 울산시청 신산업과 장태준 사무관님, 한국적층제조사용자협회 유진호 팀장님, 코렌텍 김정성 교수님, 메탈쓰리디㈜ 손현진 팀장님, 윈포시스㈜ 조재형, 강형돈 팀장님에게 깊은 감사를 드립니다.

또한, 학계와 연구계의 인하대학교 첨단소재공학과의 현승균 교수님, 울산대학교의 김진천 교수님, 한국생산기술연구원 강원본부 이창우 본부장님, 전자부품연구원 3D 프린팅 사업단 신진국 단장님, 한국생산기술연구원 3D 프린팅 센터 이낙규 단장님, 한국생산기술연구원 김억수 본부장님, 3D 프린팅 센터 김동현 센터장님께 깊은 감사를 드립니다.

아울러, 본 수험서 집필에 협조해 주신 저자 일동과 수험서의 출판을 위해 수고해 주신 출판사 관계자분들께 감사드립니다.

2019년 7월 저자 일동

3D 프린터 개발산업기사 시험 안내

■ 과목 구분(Q-net 출제 기준)

과목명	주요 항목	출제 문제 수
1. 3D 프린터 회로 및 기구	1) 회로 개발 2) 기구 개발 3) 소재 관리	20
2. 3D 프린터 장치	1) 빌드 장치 개발 2) 구동 장치 개발	20
3. 3D 프린터 프로그램	1) 제어 프로그램 개발 2) 응용 소프트웨어 개발	20
4. 3D 프린터 교정 및 유지 보수	1) 품질 보증 2) 3D 프린팅 안전 관리	20
계		80

■ 출제 기준(필기)

직무 분야	전기·전자	중직무 분야	전자	자격 종목	3D 프린터 개발산업기사	적용 기간	2018. 07. 01.~ 2020. 12. 31.

• 직무 내용 : 3D 프린터 개발을 위한 산업 동향 및 관련 지식을 기반으로 기구, 제어 회로, 구동 장치, 제어 프로그램 등을 설계하고 3D 프린터 테스트 및 안전 관리 등의 직무 수행

필기 검정 방법	객관식	문제 수	80	시험 시간	2시간

필기 과목명	문제 수	주요 항목	세부 항목	세세 항목
3D 프린터 회로 및 기구	20	1. 회로 개발	1. 설계 조건 분석	1. 설계 계획 수립 2. 설계 조건 분석 3. 기구 도면의 이해
			2. 제어 회로 설계	1. 설계 조건 2. 전자 회로 3. 전자 부품의 특성, 용량, 규격
			3. 설계 신뢰성 확보	1. 검사용 지그의 활용 2. 신뢰성 분석
		2. 기구 개발	1. 기구 검토	3D 프린터 기구 구조
			2. 기구 설계	1. 2D 스케치 2. 3D 엔지니어링 객체 형성 3. 개체 조립
			3. 기구 안정성 확보	1. 안정성 시험 항목의 종류 2. 검사 방법의 이해
		3. 소재 관리	1. 소재 선정	1. 소재의 규격 및 종류 2. 소재의 사용 적합성 3. 소재의 성능
			2. 소재 물성 관리	1. 소재의 기술 자료 2. 소재의 재료 관리 방안 3. 소재의 위험성
			3. 소재 물성 테스트	1. 소재의 물성 2. 물성 테스트 시험 항목의 이해

3D 프린터 장치	20	1. 빌드 장치 개발	1. 노즐 설계	1. 3D 프린터 노즐의 구조 이해 2. 노즐의 종류 이해 및 선정 3. 노즐 도면의 이해와 설계
			2. 광학 모듈 설계	1. 3D 프린터 광학 모듈의 구조 이해 2. 광학 모듈의 종류 이해 및 선정 3. 광학 모듈 도면의 이해와 설계
			3. 하이브리드 시스템 설계	1. 하이브리드 구성의 이해 2. 하이브리드형 노즐의 종류 이해 및 선정 3. CNC 구조의 이해와 연동 메커니즘 이해 4. 하이브리드형 3D 프린터 도면의 이해와 설계
			4. 레이저 장치	1. 레이저 장치와 원리 2. 레이저 장치의 문제점 등
		2. 구동 장치 개발	1. 이송 장치 개발	1. 이송 장치의 이해 2. 구동 부품의 종류 및 선정 3. 동작 해석 프로그램의 이해
			2. 수평 인식 장치 개발	1. 자동 수평 방식의 이해 2. 센서의 종류 및 특성
			3. 소재 사용 장치 개발	1. 소재 재사용 제어 방식 2. 제어 방식 핵심 부품의 종류 및 특성
3D 프린터 프로그램	20	1. 제어 프로그램 개발	1. 제어 프로그램 개발 계획 수립	1. 3D 프린터 제어 프로세스 2. 3D 프린터 하드웨어 3. 마이크로프로세서 4. 데이터 통신
			2. 제어 프로그램 개발	1. 제어 알고리즘 2. 시스템 인테그레이션 3. G 코드 개요
			3. 제어 프로그램 검증	1. G 코드 명령어 2. G 코드 프로그래밍 3. 프로그램 디버깅

		2. 응용 소프트웨어 개발	1. 프로그램 호환성 검토	1. 프로그래밍 언어 및 종류 2. C 언어 3. 프로그램의 개요
			2. 사용자 인터페이스 프로그램 개발	1. G 코드와 M 코드 2. 보조 프로그램 3. 인터페이스 디자인 4. 3D 프린터 기술 방식
			3. CAM 시뮬레이션 (적층 시뮬레이션)	1. CAM 시뮬레이터 2. CAD/CAM
3D 프린터 교정 및 유지 보수	20	1. 품질 보증	1. 성능 개선	1. 성능 검사 항목 선정 2. 성능 검사 항목의 이해 3. 성능 검사 항목 선정 기준
			2. 신뢰성 검증	1. 신뢰성 시험 항목 2. 신뢰성 시험 방법 및 합격 기준
			3. 규격 인증 진행	1. 항목별 안전 규격의 이해 2. 항목별 안전 규격의 기준 설정 3. 장비 구조별 인증 절차 및 기준 4. 계측 장비 활용 및 관리 5. 인증 규격을 활용한 제품 설계
		2. 3D 프린팅 안전 관리	1. 안전 수칙 확인	장비 및 소재의 위해 요소
			2. 예방 점검 실시	장비 및 소재의 점검 항목
			3. 대책 수립	위해 및 안전 관리 사고 사례 분석 및 예방 대책
			4. 장비 유지 관리	장비의 유지 보수 관리

■ 출제 기준(실기)

직무 분야	전기·전자	중직무 분야	전자	자격 종목	3D 프린터 개발산업기사	적용 기간	2018. 07. 01.~ 2020. 12. 31.

- 직무 내용 : 3D 프린터 개발을 위한 산업 동향 및 관련 지식을 기반으로 기구, 제어 회로, 구동 장치, 제어 프로그램 등을 설계하고 3D 프린터 테스트 및 안전 관리 등의 직무 수행
- 수행 준거 : 1. 3D 프린터를 설계하고 테스트를 위해 조립하고, G 코드 파일과 비교하여 오류가 없는지 확인할 수 있다.
  2. 기구 설계 프로그램을 활용하여 2D 또는 3D로 설계 구체화를 할 수 있다.
  3. 3D 프린터에 대한 제어 프로그램의 성능을 검토하고, CAM 시뮬레이터를 활용하여 이상 여부를 판단할 수 있다.
  4. 3D 프린터 유지 보수를 위한 점검을 통해 장비를 보전하고 고장 부위를 정비하거나 유지 및 보전할 수 있다.

실기 검정 방법	작업형	시험 시간	4시간 정도

실기 과목명	주요 항목	세부 항목	세세 항목
3D 프린터 개발 실무	1. 회로 개발	1. 설계 조건 분석	1. 신규 개발 계획에 따라 결정된 3D 프린터의 기구 검토를 토대로 회로물의 크기와 설계의 제약 조건을 확인할 수 있다. 2. 제약 조건을 고려하여 회로 설계에 필요한 부품의 특성, 용량, 규격 등을 확인하고 적합한 부품을 선정할 수 있다. 3. 선정된 부품을 활용하여 회로의 성능을 구현하기 위하여 각 회로 부품에 대한 성능 검토를 실시할 수 있다. 4. 검토된 성능이 회로도에서 요구하는 규격과 일치하는지를 확인함으로써 설계 조건을 분석할 수 있다.
		2. 제어 회로 설계	1. 3D 프린터의 기능을 효과적으로 수행하기 위한 제어 회로를 설계하기 위하여 각각의 기능별 블록도를 구성하고 회로도를 작성할 수 있다. 2. 작성된 회로도를 기반으로 설계 조건을 고려하여 인쇄 회로 기판(PCB)을 설계하고 부품 실장을 진행할 수 있다. 3. 설계 조건을 고려하여 제작된 제어 회로가 사용 목적에 맞게 동작하는지 계측 장비를 통해 검토할 수 있다.
		3. 설계 신뢰성 확보	1. 제작된 검사용 지그를 활용하여 제어를 요구하는 각각의 기능에 대한 전기적 동작 검사를 수행할 수 있다. 2. 동작 검사 결과를 바탕으로 문제점을 파악하고 설계를 개선함으로써 제어 회로 설계에 대한 신뢰성을 확보할 수 있다.
	2. 기구 개발	1. 기구 검토	1. 개발 계획서에서 선정된 조형 방식의 3D 프린터 개발에 적합한 기구의 구조를 파악할 수 있다. 2. 신규 개발 부품과 표준 부품을 사용할 때의 성능, 일정, 비용 등을 비교 분석하여 부품을 선정하고 부품의 목록을 작성할 수 있다. 3. 디자인 시안, 기구 설계 방향 및 부품 수급 계획을 토대로 기구 개발 계획을 수립할 수 있다.

		2. 기구 설계	1. 내부 또는 외주를 통해 제작된 3D 프린터 디자인 시안을 바탕으로 기구 구조를 검토하고 부품을 배치할 수 있다. 2. 제작 시 생산성 향상을 위하여 작업자의 효율적인 생산 및 검사를 고려한 설계를 할 수 있다. 3. 설계된 안에 따라 기구 설계 프로그램을 활용하여 2D 또는 3D로 설계를 구체화할 수 있다. 4. 필요시 기구 시뮬레이션 프로그램을 활용하여 설계에 대한 동작 및 구조에 대한 점검을 실시하고 시제품을 제작할 수 있다.
		3. 기구 안정성 확보	1. 제작된 기구물이 요구하는 설계 조건을 만족시키는지 확인하기 위하여 안정성 시험 항목을 선정할 수 있다. 2. 안정성 시험 항목에 따른 검사 방법을 결정하고 검사용 장비를 파악할 수 있다. 3. 안정성 검사 결과를 바탕으로 문제점을 파악하고 설계를 개선함으로써 기구 안정성에 대한 신뢰성을 확보할 수 있다.
	3. 구동 장치 개발	1. 이송 장치 개발	1. 개발 계획서에서 선정된 조형 방식의 3D 프린터 개발에 적합한 이송 장치를 검토할 수 있다. 2. 이송 장치를 개발하기 위하여 각각의 구동 부품을 선정하고 부품의 목록을 작성할 수 있다. 3. 선정된 부품을 적용하여 이송 장치를 설계하고 동작 해석 프로그램을 활용하여 동작 상태를 점검할 수 있다. 4. 점검 결과 문제점이 발생할 경우 해결 방안을 도출하고 수정할 수 있다. 5. 수정된 이송 장치 설계 도면을 토대로 이송 장치 시제품을 제작할 수 있다.
		2. 수평 인식 장치 개발	1. 조형 장치와 조형 받침대가 수평을 이루기 위하여 다양한 자동 수평 인식 방식을 검토하고 선정할 수 있다. 2. 선정된 자동 수평 인식 방식을 3D 프린터에 적용하기 위하여 거리 측정 센서를 선별하고 장단점을 분석할 수 있다. 3. 선정된 거리 측정 센서와 센서 구조물이 포함된 자동 수평 인식 장치를 개발할 수 있다. 4. 개발된 자동 수평 인식 장치를 테스트용 3D 프린터에 적용하여 정확도, 인식 속도 등을 점검하고 규격을 만족시킬 수 있다.
		3. 소재 사용 장치 개발	1. 소재 재사용이 가능한 3D 프린터의 경우 조형 후 잔여 소재를 재사용하기 위하여 소재 재사용 제어 방식을 검토할 수 있다. 2. 검토된 소재 재사용 제어 방식을 3D 프린터에 적용하기 위해 펌프, 집진 장치, 필터 등의 핵심 부품을 분류하고 장단점을 분석할 수 있다. 3. 분석된 장단점을 토대로 소재 재사용 장치의 효율을 높일 수 있는 부품을 선별할 수 있다. 4. 선별된 부품을 활용하여 소재 재사용 장치를 개발하고 테스트용 3D 프린터에 적용하여 재사용에 대한 효율성을 점검할 수 있다.

	4. 제어 프로그램 개발	1. 제어 프로그램 개발 계획 수립	1. 개발 계획서에서 결정된 3D 프린터의 성능을 구현하기 위하여 제어 프로그램을 통해 구동할 3D 프린터의 하드웨어 구성 요소를 선정할 수 있다. 2. 선정된 구성 요소의 기능을 구현하기 위하여 제어 프로그램의 개발 도구 및 운영 체제와 같은 개발 환경을 구축할 수 있다. 3. 구축된 개발 환경에서 구성 요소를 구현하기 위한 제어 프로그램 개발 계획을 수립할 수 있다.
		2. 제어 프로그램 개발	1. 제어 프로그램 개발 계획에 따라 3D 프린터를 제어하기 위하여 각각의 구성 요소에 대한 입력 및 출력 신호를 파악하고 제어 알고리즘을 구성할 수 있다. 2. 인터페이스, 온도 제어, 모터 제어, 센서의 입력 등의 구성 요소에 대한 제어 프로그램과 필요한 라이브러리를 구현할 수 있다. 3. 구현된 각각의 라이브러리와 장치 드라이버를 하나의 시스템으로 통합함으로써 제어 프로그램을 개발할 수 있다.
		3. 제어 프로그램 검증	1. 프로그램을 검증하기 위하여 개발된 제어 프로그램을 테스트용 3D 프린터에 적용할 수 있다. 2. 검토 결과 문제점이 발생될 경우 디버깅 도구를 사용하여 문제점을 개선할 수 있다. 3. 최종적으로 검증된 내용을 보고서로 작성하고 유관 부서에 배포하여 정보를 공유할 수 있다.
	5. 응용 소프트웨어 개발	1. 프로그램 호환성 검토	1. 개발하고자 하는 3D 프린터에서 요구하는 파일 포맷의 호환성을 위하여 활용할 수 있는 다양한 프로그램을 선정할 수 있다. 2. 3D 프린터를 구동하기 위해 공통적으로 활용되는 G 코드와 M 코드의 호환성을 검토하고 최적의 프로그램을 선정할 수 있다. 3. 선정된 프로그램을 활용하여 테스트용 3D 프린터를 구동시키고 프로그램의 적용 여부를 결정할 수 있다.
		2. 사용자 인터페이스 프로그램 개발	1. 3D 프린터의 사용자 인터페이스 규격을 결정하기 위하여 3D 프린터의 소재, 기능, 성능 및 작동 방법을 구현하기 위한 버튼 및 디스플레이에 대한 항목을 유관 부서와 협의할 수 있다. 2. 협의된 내용에 따라 3D 프린터 응용 프로그램의 사용자 인터페이스 디자인을 진행할 수 있다. 3. 입수된 디자인 자료를 바탕으로 프로그램 코딩을 수행하고 테스트용 3D 프린터에서 시험을 진행한 후 도출된 문제점을 개선할 수 있다.

		3. CAM 시뮬레이션	1. 개발하고자 하는 3D 프린터의 G 코드와 M 코드를 검증하기 위한 CAM 시뮬레이터를 개발할 수 있다. 2. CAM 시뮬레이터를 활용하여 개발된 3D 프린터를 통해 출력되는 과정과 노즐의 이동 경로를 검토하여 이상 여부를 판단할 수 있다. 3. 3D 프린터 출력 중 출력 보조물이 정상적으로 출력되고 있는지 확인할 수 있다. 4. 이상 여부가 발견되었을 경우 원인을 분석하고 각 개발 단계별로 피드백하여 문제점을 개선할 수 있다.
	6. 소재 관리	1. 소재 선정	1. 개발 계획서에서 결정된 3D 프린터의 방식에 대한 성능을 구현하기 위해서 요구되는 소재를 선정하기 위한 계획을 수립할 수 있다. 2. 소재를 선정하기 위하여 수립된 계획에 따라 지역별, 제품별, 제조사별 기술 동향, 제품 라인업, 가격 동향, 판매 물량, 시장 점유율 등의 조사 항목을 결정할 수 있다. 3. 소재에 대한 선정 조사를 수행하기 위하여 온라인, 인적 네트워크, 전문 조사 기관의 발간 자료와 같은 조사 경로를 결정할 수 있다. 4. 결정된 조사 경로를 통하여 소재를 선정하여 결과 보고서를 작성하고 개발 방향에 적용할 수 있다.
		2. 소재 물성 관리	1. 선정된 소재의 물성 관리를 위해서 소재 업체로부터 제공된 기술 자료를 수집할 수 있다. 2. 수집된 기술 자료를 운용 지침, 시험 항목, 기술 기준으로 분류하고 적정성을 검토할 수 있다. 3. 기술 기준의 적정성 결과를 토대로 소재 물성 검토 보고서를 작성할 수 있다.
		3. 소재 물성 테스트	1. 소재의 물성 테스트의 방향을 결정하기 위하여 3D 프린터에 적용된 시험 항목을 파악할 수 있다. 2. 시험 항목을 토대로 테스트하기 위한 시험 기관, 시험 절차, 시험 방법을 선정하고 시험에 필요한 자료를 입수할 수 있다. 3. 결정된 소재를 테스트용 3D 프린터에 적용하여 소재를 사용하여 출력함으로써 소재의 문제점을 파악할 수 있다. 4. 소재의 규격, 성능, 특장점과 테스트를 통해 도출한 문제점을 검토하여 개발에 반영할 수 있도록 테스트 결과 보고서를 작성할 수 있다.
	7. 3D 프린팅 안전 관리	1. 안전 수칙 확인	1. 산업안전보건법에 따라 3D 프린팅의 안전 수칙을 준수할 수 있다. 2. 산업안전보건법에 따라 안전 보호구를 준비하고 착용할 수 있다. 3. 안전사고 행동 요령에 따라 사고 시 행동에 대비할 수 있다. 4. 3D 프린터의 안전 수칙을 숙지하여 장비에 의한 사고에 대비할 수 있다.

		2. 예방 점검 실시	1. 안전사고 예방을 위하여 3D 프린팅 작업 환경을 정리정돈하여 관리할 수 있다. 2. 안전사고 예방을 위하여 3D 프린터 관련 설비를 점검할 수 있다. 3. 안전사고 예방을 위하여 3D 프린터 관리 지침을 만들고 점검할 수 있다.
		3. 대책 수립	1. 작업자의 안전을 위하여 안전사고 예방 수칙과 행동 지침을 숙지할 수 있다. 2. 숙지한 행동 지침을 현장 근무자들에게 안내할 수 있다. 3. 사고 원인, 결과, 재발 방지에 대한 사후 대책 보고서를 작성할 수 있다.
		4. 장비 유지 관리	1. 장비에 필요한 것과 필요하지 않은 것을 구분하여 불필요한 것을 제거할 수 있다. 2. 장비, 공구, 치공구를 정리정돈하여 항시 운용 가능한 상태를 유지할 수 있다. 3. 작업 전후 기계, 지그, 측정기를 깨끗이 청소할 수 있다. 4. 일일 장비 점검을 실시하여 시작 전에 장비 이상 유무를 확인할 수 있다.

차례

1과목

3D 프린터 회로 및 기구

1장	회로 개발	23
2장	기구 개발	44
3장	소재 관리	68
핵심 문제 1		93
핵심 문제 2		98

2과목

3D 프린터 장치

1장	빌드 장치 개발	106
2장	구동 장치 개발	145
핵심 문제 1		183
핵심 문제 2		200

3과목

3D 프린터 프로그램

1장	제어 프로그램 개발	216
2장	응용 소프트웨어 개발	244
핵심 문제		263

4과목

3D 프린터 교정 및 유지 보수

1장	품질 보증	274
2장	안전 관리	301
핵심 문제		316

기출문제	330
실습 예상 문제	356

1 과목

3D 프린터 회로 및 기구

1과목 선행 학습

1. 3D 프린팅 개요

(1) 3D 프린팅이란?

재료를 적층(additive)하여 물체를 제조하는 3D 프린팅 기술은 1984년 미국의 '척 헐(Chuck Hull)'이라는 발명가에 의해 처음 개발되었으며 1987년부터 처음으로 상용화가 진행되었다. 세계 각국에서는 차세대 핵심 기술로 선정하고 육성하고 있으며 우리나라에서도 2014년 3D 프린팅 산업 발전 전략을 수립하고 기반 조성, 인력 양성, 기술 개발 등을 추진하고 있다.

3D 프린팅의 정의는 디지털 디자인 데이터를 이용하여 소재를 적층, 3차원 물체를 제조하는 프로세스이며 입체를 평면으로 분할하여 한 층씩 쌓아가는 과정이다. 이 방식은 대표적으로 7가지로 분류(ASTM, ISO 국제표준기관)되며 우리나라에서도 이 분류 방식을 따르고 있다.

본격적인 학습에 들어가기에 앞서 3D 프린터의 전반적인 개념을 익히기 위해 기술 분류 및 개념에 관하여 소개한다.

(2) 3D 프린팅 방식 분류(ASTM 기준)

명칭	기술 설명	대표 기술	소재
Material Extrusion (소재 압출)	열가소성 수지를 노즐을 통하여 압출, 원하는 부위 적층	FDM	수지 (필라멘트)
Sheet Lamination (판재 적층)	재료를 박막으로 가공하여 원하는 부위만 접착	LOM	수지 (박막필름)
Vat Photopolymerization (수조 광경화)	액상 광경화성 수지(photopolymer)에 빛을 조사하여 경화	DLP, SLA	포토폴리머 (액상)
Material Jetting (소재 분사)	액상 재료를 직접 분사하여 자외선 등으로 경화	Polyjet	포토폴리머 (액상)
Binder Jetting (접착제 분사)	분말 소재를 결합시키기 위해 액상 접착제를 선택적으로 분사함.	3DP	수지, 세라믹 (분말)
Powder Bed Fusion (분말 융접)	분말 재료를 열에너지(레이저, 전자빔)로 소결하여 적층	SLS, EBM	금속, 수지, 세라믹 (분말)

Directed Energy Deposition (방향성 에너지 침착)	재료 분사 노즐에 레이저, 전자빔을 연결하여 재료 분사와 동시에 소결 적층	DMLS, DMT, EBM	금속 (분말)

1) 조형 방식에 따른 기구 구조

위에서 기술한 ASTM의 3D 프린팅 방식 분류 기준에 따라 간단히 개념적인 내용에 대해 소개하고 상세한 사항은 각 과목에서 설명한다.

① Material Jetting(재료 분사 방식)

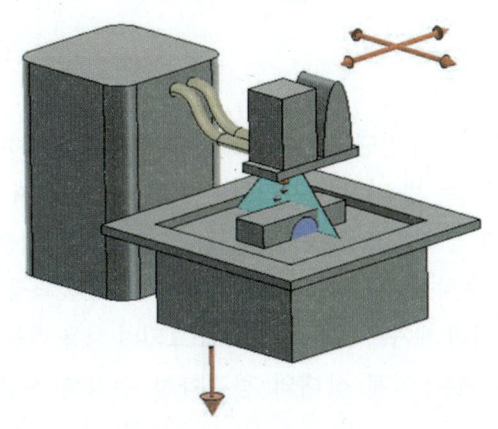

재료 분사 방식

구동축에 Jetting 헤드부와 광학부가 부착되어 Jetting 된 광경화성 수지 및 왁스 등의 재료를 광 에너지를 이용하여 경화시켜 구조물을 제작한다. 재료를 수 마이크로 단위의 작은 방울(droplet) 형태로 분사하고 경화하기 때문에 정밀도가 우수하다. 또한 여러 가지 재료(multi-material)를 동시에 사용하여 제작이 가능하다. 기존의 잉크젯 프린터 기술에 광경화 방식의 3D 프린팅 기술을 융합한 하이브리드 방식의 3D 프린팅 방식이다.

적용 기술에는 액체 방울 상태의 광경화성 재료를 사용하는 MJ(Material Jetting), 나노 입자 크기의 액상 재료를 사용하는 NPJ(Nano Particle Jetting), 왁스 형태의 재료를 사용하는 DOD(Drop On Demand)가 있다.

② Vat Photopolymerization(수조 광경화 방식)

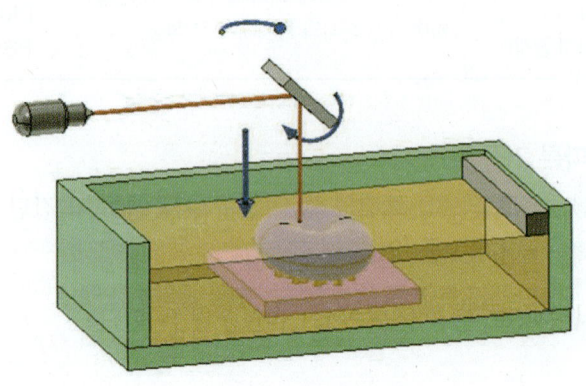

수조 광경화 방식

광경화성 액체 수지가 담긴 수조(vat)에 레이저를 투사하여 한 층씩 경화시키는 방법으로 적층해 나가는 방식이다. 출력물의 정밀도가 높으며 표면 조도가 우수한 장점이 있다. 또한 중간 정도의 조형 속도로 가장 널리 쓰이는 기술이다. 단점으로는 가격이 비싸며 광경화성 수지를 사용하기 때문에 출력 후 세척 과정이 필요하다. 또한 정교한 조형물일수록 지지대 제거에 많은 시간이 소요되며 사용 가능한 원료나 색상이 제한적이다.

　적용 기술에는 액체 상태의 광경화성 수지를 사용하는 일반적인 형태의 SLA(Stereolithography), Image Projector를 사용하여 한 층씩 동시에 경화시키는 DLP(Direct Light Processing), 연속적인 적층 동작을 위해 하부에서 레이저를 투사하는 CDLP(Continuous DLP)가 있다.

③ Powder Bed Fusion(분말 융접 방식)

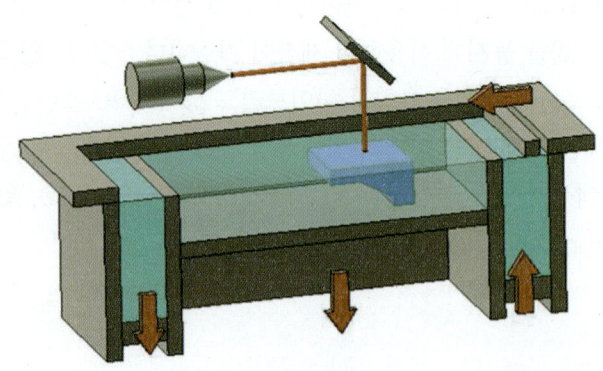

분말 융접(SLS) 방식

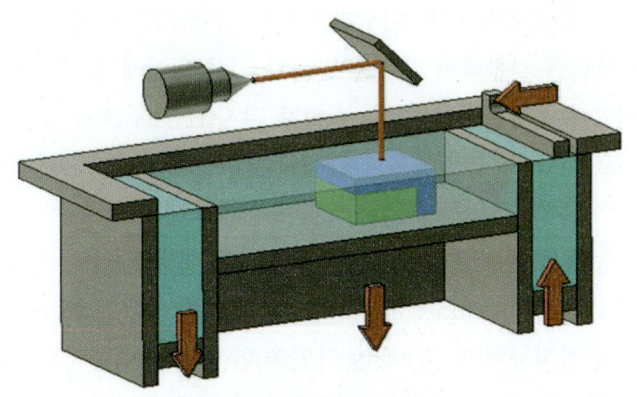

분말 융접(SLM) 방식

분말 재료를 사용하며 레이저를 투사하여 제품을 제작하는 방식이다. 주 소재는 금속, 수지, 세라믹이 있으며 온도가 높은 특징이 있다. 또한 제작 속도가 빠르고 대량 생산이 가능하지만 냉각 과정을 거쳐야 하는 단점이 있다.

SLS(Selective Laser Sintering)는 선택적 레이저 소결법으로 플라스틱 분말의 표면만 용융시켜 결합력이 약한 반면에 SLM(Selective Laser Melting)은 레이저의 출력 강도가 높기 때문에 금속 분말을 완전히 녹여 용융된 금속의 밀도가 높아 기존의 가공 방식과 비교해 별 차이가 없다. 에너지를 전자빔을 사용하는 경우 EBM이라고 부른다. 그 외에 SLS와 Material Jetting 방식이 결합한 형태의 MJF(Multi Jet Fusion)가 있다.

④ **Binder Jetting(접착제 분사 방식)**

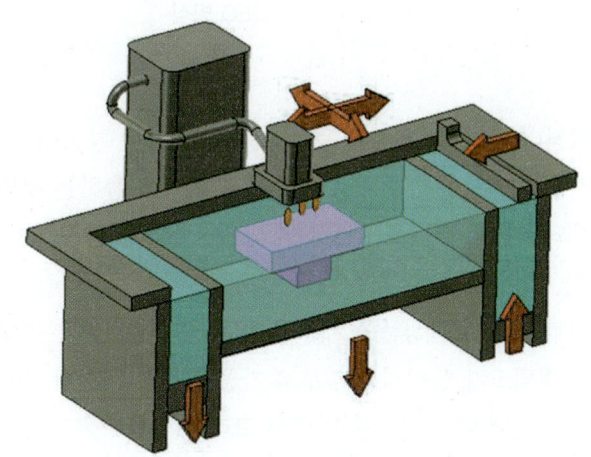

접착제 분사 방식

베드 위에 놓인 분말을 이용하는 것은 분말 융접 기술과 매우 유사하지만 분말 융접 기술에서는 분말을 결합하여 단면을 만들기 위해 레이저 등의 열에너지를 사용하여 분말을 소결시키거나 녹이는 반면에, 접착제 분사(Binder Jetting)에서는 접착제를 분말에 선택적으로 분사하여 분말들을 결합시켜 단면을 성형하고 이를 반복하여 3차원 형상을 만든다.

사용 가능한 재료는 폴리머, 금속, 세라믹 등이지만 이 중 일부만이 상용화된 장비에서 사용이 가능하다. Binder Jetting 방식의 기구 구조는 Power Bed Fusion과 비슷한 기구 구조를 가지고 있다. Jetting 라인을 한 축으로 이동시켜 Binder를 분사하여 구조물 층을 제작하고 재료 이송 장치를 이용하여 재료를 넣어 구조물을 제작하는 방식이다.

⑤ **Directed Energy Deposition**(방향성 에너지 침착 방식)

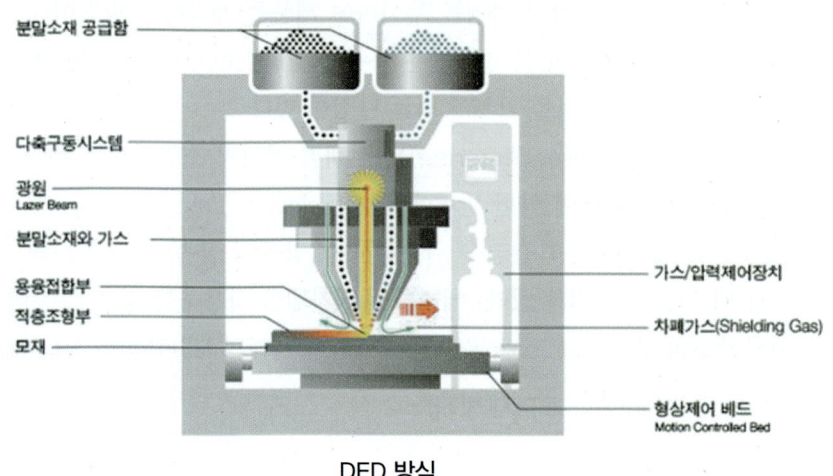

DED 방식

출처 : 3D Solution Veltz3D/헵시바㈜

고출력 레이저나 전자빔, 용접기 등을 이용하며 금속 분말이나 와이어를 노즐을 통하여 분사하면서 분사 영역을 레이저로 조사하여 직접 적층하는 방법이다. 금속 용융부는 노즐에서 분사되는 비활성 가스로 산소와 단절시켜 산화를 방지한다. 비교적 큰 형상을 제작할 수 있다.

PBF 방식과는 달리 완성품을 제조 플랫폼에서 별도로 분리할 필요가 없으나 직접 적층으로 인한 정밀도가 떨어져 대부분 후가공을 필요로 한다. 또한 고출력 에너지를 사용하기 때문에 안전에 따른 사항을 면밀히 고려해야 한다.

적용 기술에는 레이저를 사용하는 LENS(Laser Engineering Net Shape)와 전자빔을 사용하는 EBAM(Electron Beam Additive Manufacturing)이 있다.

⑥ Sheet Lamination(판재 적층 방식)

판재 적층 방식

판재 적층은 얇은 판 형태의 재료를 단면 형상으로 자른 후 이를 서로 층층이 붙여 형상을 만드는 것이다. 판재 적층 기술은 판재 재료와 이를 잘라내는 방식 및 잘라낸 판재들을 서로 부착하는 방법에 따라 다양하게 개발되고 있다. 판재 적층 기술은 다른 3D 프린팅 기술들에 비해 제품의 제작 속도가 매우 빠르다.

판재 적층 시스템은 판재를 절단하는 공구에 따라 제품의 구조가 달라질 수 있으며 일반적으로 레이저를 사용하여 판재를 절단하는 구조를 가진다. 레이저 절단 구조 방식은 비접촉식이라 제품의 표면이 매끄럽고 정밀도가 좋은 장점이 있다. 반면 커터 절단 방식은 종이의 재질 및 종류에 따라 제품의 표면 정밀도가 달라지고 우수하지 못하다. 커터 절단 방식은 저가의 예산으로 3D 프린터를 제작할 수 있는 장점이 있지만, 주기적으로 커터를 교체해 주어야 하기 때문에 유지 관리 비용이 많이 들어간다.

⑦ Material Extrusion(재료 압출 방식)

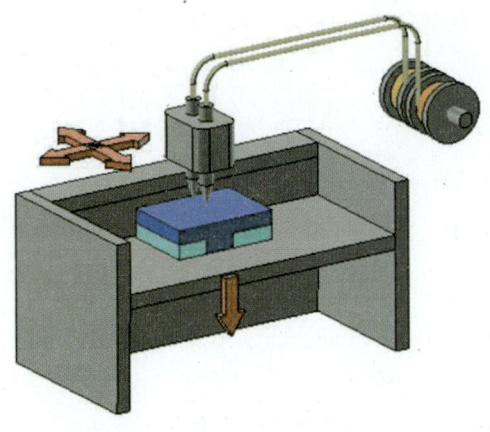

재료 압출 방식

재료 압출 방식(FDM 또는 FFF)은 가장 보편적으로 사용되는 3D 프린팅 기술이다. 필라멘트 형태의 열가소성 수지 재료가 노즐을 통해 액화되어 압출되고 노즐에서 토출되는 재료는 압출 헤드와 성형판 사이의 상대 운동에 의해서 각 단면 형상이 만들어지며 이를 반복 적층하여 3차원 형상이 완성된다.

1장 회로 개발

> **학습 목표** 3D 프린터의 회로부를 개발하기 위하여 설계 조건을 분석하고 제어 회로를 설계하며 설계 신뢰성을 확보한다.

선행 학습 3D 프린터 개발을 위한 회로 개발에 착수하기 전에 실질적으로는 시장 분석과 개발 계획 수립 단계가 선행되어야 한다. 이 단계에서 필요한 내용은 NCS에 상세히 설명되어 있으나 본 학습서에서는 Q-net 기준에 따라 정리하였기 때문에 아래와 같이 간단히 요약 정리하였으며 필요시 NCS를 참조할 수 있다.

1 시장 분석

(1) 시장 조사

1) 3D 프린터와 관련된 시장 요구 사항 파악을 위한 조사 항목 선정
지역별, 제품별, 제조사별, 기술 동향, 제품 라인업, 가격 동향, 판매 물량, 시장 점유율 등의 조사 항목을 선정한다.

2) 조사를 수행하기 위한 조사 경로 결정
온라인, 인적 네트워크, 전문 조사 기관의 발간 자료와 같은 조사 경로를 결정한다.

3) 조사 수행 및 결과 보고서 작성 후 비교 분석
조사를 수행하고 결과 보고서를 작성하여 자사의 수준과 비교 분석하고 개발 방향에 적용한다.

(2) 법규 검토

1) 제품 개발을 위한 3D 프린터와 관련된 지식재산권 및 법령 자료 수집
특허, 실용신안, 의장 등록 등의 지식재산권에 관한 자료를 수집하고 관련법, 시행령, 시행 규칙 등 법령 자료를 수집하여 운용 지침, 가이드라인, 시험 항목으로 분류한다.

2) 3D 프린터 안정성 및 신뢰성 등의 기술 기준 분류
안정성 및 기술 기준 자료를 환경 규제, 안전 기준, 전자파 적합 인증, 기준 규격 등으로 분류한다.

3) 분류된 자료를 분석하고 법규 검토 보고서를 작성
분석 종류와 기법에 따라 체계적으로 분석하여 검토 보고서를 작성한다.

(3) 기술 방식 비교

1) 시장에 출시되어 있는 3D 프린터에 적용된 기술 방식 파악

재료 분사 방식, 소재 종류에 따른 7가지 분류에 대한 원리 및 방식을 파악한다.

2) 기술 방식을 선정한 후 기술에 대한 자료 수집 및 비교 검토 보고서 작성

입수된 자료와 제품에 대하여 가격, 성능, 특장점 등을 비교 검토하여 개발에 반영할 수 있도록 비교 검토 보고서를 작성한다.

2 개발 계획 수립

(1) 기술 방식 선정

1) 3D 프린터 방식 검토

작성된 시장 조사 보고서, 법규 검토 보고서, 기술 비교 검토 보고서를 바탕으로 경쟁력 있는 3D 프린터 방식을 검토한다. 이 단계에서 작성된 보고서에서 재료 압출 방식(FDM)의 보급형 3D 프린터를 개발하며 Dual Extruder, Heated Build Platform 특징을 반영하는 것으로 최종 결정이 된 것으로 가정한다.

2) 목표 규격과 성능 인자 검토

개발하고자 하는 3D 프린터에 대한 출력물의 크기, 정밀도, 출력물의 품질과 같은 목표 규격과 정밀도, 속도, 빌드 크기 등의 성능 인자에 대한 검토를 수행한다. 이 단계에서 작성된 보고서에서 출력물의 최대 크기 250×250×250mm, 프린터 전체 크기 600×600×600mm, 층 크기 0.1mm, 속도는 '경쟁 제품보다 빠르게' 등으로 결정된 것으로 가정한다.

3) 개발 역량의 검토와 기술 방식의 선정

검토된 방식에 따라 자사에서 개발이 가능한지를 파악하기 위해 자사가 보유하고 있는 개발 역량을 분석하여 분석 내용을 토대로 기술 방식을 최종 선정하고 개발 계획에 반영할 수 있도록 한다.

(2) 원가 분석

1) 제품의 기능별 블록도 구성

개발하고자 하는 제품의 원가를 산정하기 위하여 제품의 기능별 블록도를 구성한다.

2) 제조 원가와 목표 원가의 산정

구성된 블록도를 토대로 각각의 부품 자재비를 파악하고 금형비, 생산비가 포함된 제조 원가를 산정하고 예상 판매 관리비를 반영하여 목표 원가와 손익분기점을 파악하고 목표 원가를 산정한다.

(3) 개발 계획서 작성

① 자사의 개발 역량 분석 자료를 토대로 자체 개발, 외주 개발, 기술 도입 등의 기술 개발 방향을 결정한다.
② 기술 검토 보고서, 제조 원가를 근거로 소요 인력, 예산을 산출하고 개발 일정을 수립한다.
③ 제품 규격, 품질 목표가 포함된 개발 계획을 수립하고 유관 부서와의 협의를 거쳐 개발 계획서를 작성한다.

1 | 설계 조건 분석

(1) 설계 계획 수립

제품 개발을 위한 설계 단계에 들어가기에 앞서 우선 신규 제품에 대한 시장 분석과 개발 계획 수립이 선행되어야 하며 이들 과정을 거쳐 개발 계획서를 작성한 후 검토 과정을 거쳐 설계 계획을 수립하게 된다.

1) 시장 분석
① 시장 조사, ② 법규 검토, ③ 기술 방식 비교

2) 개발 계획 수립
① 기술 방식 선정, ② 원가 분석, ③ 개발 계획서 작성

(2) 설계 조건 분석

개발 계획에 따라 결정된 3D 프린터의 기구 검토를 토대로 회로물의 크기와 설계의 제약 조건을 확인할 수 있어야 하며, 제약 조건을 고려하여 회로 설계에 필요한 부품의 특성, 용량, 규격 등을 확인하고 적합한 부품을 선정할 수 있어야 한다. 선정된 부품을 활용하여 회로의 성능을 구현하기 위한 성능 검토를 실시하고 회로도에서 요구하는 규격과 일치하는지를 확인함으로써 설계 조건을 분석할 수 있다.

1) 회로 설계 조건 파악

개발 계획에 따라 결정된 3D 프린터의 기구 검토를 토대로 작성된 각 부품에 대한 크기와 제약 조건을 확인한다.

① 3D 프린터 구동 기구 구조

3D 프린터에서는 노즐 또는 프린트되어야 할 부분(빌드 플레이트)을 정확하게 이동시키기 위한 이송 방식이 결정되면 이를 구동할 수 있는 회로 설계의 조건을 결정하게 된다.

㉠ 3차원 구동 구조

아래 그림은 대표적인 3차원 구동 구조를 보여준다. 일반적으로 3차원 공간 이동을 위하여 최소 3개의 구동축이 필요하며 각 축을 X/Y/Z축으로 나타낸다. 그 외에도 업체별로 다양한 형태의 구조가 사용된다. 상세한 사항은 2과목 '3D 프린터 장치' 2장 '구동 장치 개발'에서 설명한다.

 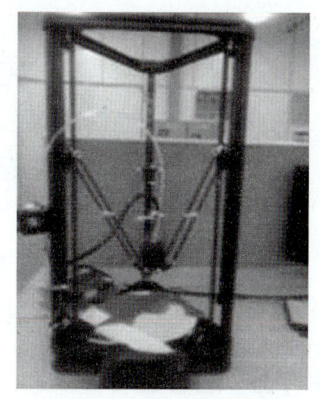

카르테시안 방식   델타 방식

ⓒ 구동축 제어 방식

프린터의 기구 구조를 움직이도록 하기 위해서는 모터의 회전 에너지를 기계적인 에너지로 변환하기 위한 액추에이터(actuator)가 필요하고, 정확한 위치로 이송하기 위한 위치 제어 기능이 필요하다. 이를 위해 구동 제어 방식과 종류 및 특징에 대하여 사전에 충분히 파악하여 차후 수정을 해야 하는 경우가 발생하지 않도록 해야 한다.

일반적으로 자동 제어 시스템은 폐루프 제어 시스템(closed loop control system)과 개루프 제어 시스템(open loop control system)으로 구분된다. 폐루프 제어 시스템은 피드백 제어 시스템 또는 궤환 제어 시스템이라고도 하며 출력 신호가 제어 동작에 직접적 영향을 받는다.

여기서는 3D 프린터에서 가장 보편적으로 사용되고 있는 스테핑 모터(Stepping Motor)에 대하여 간략히 설명한다.

ⓐ 스테핑 모터(Stepping Motor)의 개요

모터의 내부 로터(rotor)가 프린터의 구동축과 함께 회전하며 로터의 원주에는 자석이 일정한 간격으로 배열되어 있어서 정밀 제어가 가능하다.

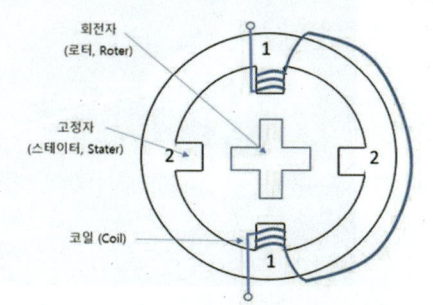

1과 같이 2도 코일이 연결되어 고정자에 여자가 되면 회전자는 90° 회전한다. 고정자에 1, 2 순으로 여자하면 우회전하고 2, 1 순으로 여자하면 좌회전한다.

ⓑ 구동 방식

회전축에 부착된 자석(로터)과 그 바깥에 고정된 전자석(스테이터)으로 구성된다. 스테이터에 감겨 있는 코일에 펄스 전류를 흘리면 자력이 발생하고 N극이 S극을, S극이 N극의 로터를 끌어당김을 반복하여 스테핑 모터가 회전하게 된다.

일반적으로 정밀한 기계적인 제어를 위해 DC Servo Motor나 Stepping Motor를 많이 사용하며 DC Motor 및 AC Motor와 다른 점은 모터축의 위치 검출을 위한 feedback 없이 정확한 각도로 회전이 가능하다.

2) 회로 부품 적합성 분석

제약 조건을 고려하여 회로 설계에 필요한 부품의 특성, 용량, 규격 등을 확인하고 적합한 부품을 선정한 후 회로의 성능을 구현하기 위하여 각 부품에 대한 성능 검토를 실시하고 회로도에서 요구하는 규격과 일치하는지 확인한다.

3D 프린터의 회로 설계 시 설계 사양에서 부품의 적합성에 가장 민감한 부분은 프린터 동작부인 모션 파트이며, 특히 실제 전기적 신호를 기계적 힘으로 변환하는 주체인 구동 모터 부분이 핵심이 되는 요소이다. 기구부의 설계 사양에 따라 부하 하중 등에 직접적인 연관성을 가지는 모터의 특성과 용량 규격 등에 대하여 알아보고 회로 설계 시 설계 요건에 부합하는 정격 용량의 부품을 선정할 수 있도록 한다.

① 스테핑 모터(Stepping Motor)

제어 회로가 비교적 단순하여 간단한 3D 프린터의 헤드 제어를 위해 가장 많이 사용되며 센서가 없이도 입력 펄스만으로 정해진 각도를 손쉽게 동작할 수 있다. 하지만 큰 토크가 요구되거나 정밀한 제어가 요구되는 산업용이나 대용량의 3D 프린터에서는 DC 모터가 사용되기도 한다. 모터의 구동 전류 및 전압과 회로의 신호 전류 및 전압이 다르기 때문에 일반적으로 모터를 사용할 때 전압과 전류를 증폭해 주는 드라이버를 중간에 매개체로 사용한다.

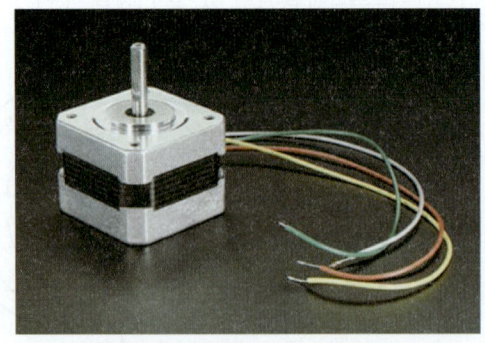

NEMA 17 규격의 스테핑 모터

스테핑 모터 사양 예시

- 제품 정보
  - 1 회전당 200단계, 1.8도
  - 코일 #1 : 빨간색과 노란색 와이어 쌍, 코일 #2 : 녹색 및 갈색 / 회색 와이어 쌍
  - 바이폴라 스테퍼, 2개의 완전한 H- 브릿지가 필요
  - 4선, 8인치 리드
  - 42mm / 1.65" 사각 몸체
  - 31mm / 1.22" 정사각형 장착 구멍
  - 3mm 미터 나사(M3)
  - 5mm 지름 구동축
  - 24mm 길이
  - 가공된 평면
  - 350mA 최대 전류에서 12V 정격 전압(더 낮은 전압에서 구동할 수 있지만 토크는 떨어짐)
  - 28oz * in, 20N * cm, 위상당 2kg * cm 유지 토크
  - 권선당 35옴

위 제품 정보는 스테핑 모터의 사양에 관한 예시를 보여준다. 3D 프린터에 가장 널리 쓰이는 것은 200스텝(step) 규격의 스텝 모터이며 이는 모터가 한 바퀴 회전하는 데 200스텝이 필요하다는 것을 말한다. 따라서 이 모터의 최소 제어 각도(step angle)는 360/200=1.8도가 된다. 그러나 3D 프린터에 사용하기 위해서는 보다 정밀한 제어를 필요로 하므로 전류값을 조절해서 한 스텝을 더 정밀하게 나누어 제어하기 위해 모터 드라이버를 사용하여 마이크로 스테핑(micro stepping) 기능을 사용한다.

일반적으로 보급형 3D 프린터에서는 NEMA 17 규격의 스텝 모터를 사용하며 모터를 고정하는 탭 사이의 거리가 31mm, 축의 굵기는 5mm임을 뜻한다.

② 스테핑 모터의 특성

홀딩 토크 (Holding Torque, 최대 정지 토크)	각 상에 정격 전류를 흘리고 모터 축에 외력에 의한 각도 변화를 주었을 때 발생하는 최대 토크를 말하며 이 토크보다 작은 외력일 경우에는 외력을 제거했을 때 축은 원래 정지 위치로 되돌아간다. 최대 정지 토크, 최대 홀딩 토크, 구속 토크, 유지 토크 등으로 나타내기도 한다. 그 크기는 여자 전류의 크기, 여자 방법에 따라 변화하며 동일 모터에서는 2상 여자로 사용하는 경우가 1상 여자로 사용하는 경우보다 통상 1.4배 정도의 값을 나타낸다.
디텐트 토크 (Detent Torque)	모터가 무여자 상태에서 정지해 있을 때 자기 흡인력이 작용하여 외부 토크에 반하여 발생하는 최대 토크를 말한다. 무여자 유지 토크, 레시듀얼(residual) 토크라고도 한다.

풀인 특성 (Pull-in)	입력 주파수와 그 주파수에서 모터 구동을 시작할 수 있는 최대 토크 사이의 관계를 말한다.
풀아웃 특성 (Pull-out)	입력 주파수와 모터 구동 시작 후 풀인 특성 영역으로부터 서서히 증가하는 입력 주파수와 모터 회전을 동기시킴으로써 얻어지는 최대 토크 사이의 관계를 말한다. 탈출 토크 특성이라고도 한다.
최대 자기동 주파수 (Maximum Pull-in Rate)	무부하 상태에서 모터가 입력 신호에 동기되어 움직이고 멈출 때의 최대 주파수이다.
스텝 각도 정도	이론 스텝 각도와 실제 측정 각도와의 차이다.
최대 응답(연속) 주파수 (Maximum Slewing Pulse Rate)	무부하 상태에서 최댓값이 서서히 가까워지고 있는 자기동 주파수와 동기되어 회전할 때의 최대 주파수이다.
회전 속도	스테핑 모터의 회전 속도는 일반적으로 PPS(Pulse Per Second)로 나타낸다.

③ 스테핑 모터의 구동

스테핑 모터의 구동 방식은 모터 내부의 상(phase)에 여자하는 방식에 따라 여러 가지로 분류된다.

유니폴라 (Unipolar)	모터의 권선에 인가한 입력 전원이 항상 같은 극성을 갖게끔 구동시키는 방식 또는 권선에 흐르는 전류가 항상 한쪽 방향으로만 흐르게 결선한 구동 방식이다. 고속 회전에 용이하나 효율이 좋지 않다. 구동 회로가 간단하다.
바이폴라 (Bipolar)	모터의 권선에 흐르는 전류의 방향이 바뀌는 구동 방식. 즉 입력 펄스의 극성을 바꿔 주는 방식이다. 두 개의 극성을 동시에 여자시킴으로써 자력의 강도가 높아져 저속에서는 높은 토크를 얻을 수 있는 장점이 있다. 저속 구동 시 토크가 높고 효율이 좋다. 구동 회로가 다소 복잡하다.

④ 스텝 모터 드라이버

인가되는 전압이 서로 다르기 때문에 아두이노만으로 모터를 직접 제어할 수 없으므로 3D 프린터에서는 모터 드라이버 칩이 포함된 별도의 보드를 사용하여 스텝 모터를 제어한다. 모터 드라이버 칩에는 전원 공급을 제어하는 트랜지스터, 모터의 현재 속도와 전류 등을 파악하기 위한 간단한 연산 회로 등이 내장되어 있으며 이를 스텝 모터 드라이버(stepper motor driver)라고 한다.

모터 드라이버는 파워 서플라이(power supply)로부터 제어 보드에 공급된 12~24V의 전원을 변환해서 스텝 모터에 공급한다. 스텝 모터마다 최적의 구동 전압과 전류값이 다르므로 모터 드라이버에 장착된 가변 저항(potentiometer)을 이용해 이를 조절할 수 있도록 설계되었으며 스텝 모터의 스텝 수를 계측해 전압을 공급한다.

예를 들어, 구동축 1mm를 움직이기 위해 80스텝을 회전하도록 설계된 기구부가 있다고 가정하면, 2.5mm를 움직이라는 명령이 들어왔을 때 80×2.5 = 200스텝이 계측될 때까지 모터에 전원을 공급해야 한다.

오픈소스 3D 프린터에는 주로 Allegro MicroSyetems 사의 A4988 모터 드라이버를 사용하고 있으며 최대 1/16의 마이크로 스테핑이 가능하다.

A4988 스텝 모터 드라이버

- **A4988 사양**
    - 방향 및 속도 제어 가능
    - 작동 전압 : 3.0~5.5V
    - 모터 구동 입력 전압 : 8~35V
    - 최대 전류 : 2A

- **A4988 제어 방법**

스텝 모터 드라이버에는 자체적으로 간편한 제어를 위한 변환기가 내장되어 있어 펄스 신호만 입력하면 스텝 모터의 스텝 각수보다 더 정밀하게 제어가 가능하다. 또한 다양한 스텝 모터를 다루기 위해 초핑 컨트롤(chopping control)을 통해 입력 전압에 관계없이 전류를 조절하여 제어할 수 있다. 아래 그림은 A4988 스텝 모터 드라이버의 예제 회로도를 보여준다.

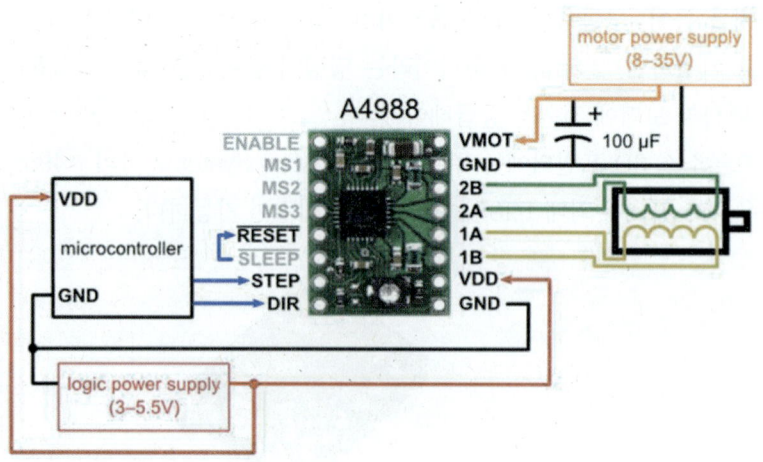

⑤ 스텝 모터 드라이버의 선정

　스텝 모터 드라이버의 선정은 우선 3D 프린터의 기구부에서 필요한 토크를 낼 수 있는 모터를 선정한 후 모터의 사양에 맞는 드라이버를 선택해야 한다. 그러나 A4988 드라이버는 초핑 컨트롤(chopping control) 기능이 있어 사용자가 설정한 전류값에 맞추어 스텝 모터를 제어하도록 되어 있기 때문에 모터의 전압, 전류를 고려하여 선정해야 한다.

실습 포인트
(부품 선정)

1. 모터 및 모터 드라이버 용량 적합성 검토

(1) 스테핑 모터 및 드라이버 선정

스테핑 모터 SBC-NK245-03AT를 3D 프린터 모터로 선정하고 적합성을 검토한다.

(2) 스테핑 모터 사양 분석

스테핑 모터의 특성 중 전기적인 특성인 전압/전류 이외에 구동에 대한 여러 가지 특성을 동시에 고려한다. 헤드 무게와 프린팅 무게 등을 고려하여 최대 무게에 대한 최대 속도를 계산하고 선정 모터의 토크가 구동 제약 조건의 허용 범위 안에 있는지 확인한다.

(3) 스테핑 모터의 변경

상기의 선택 모터의 사양보다 설계 제약 조건의 요구 토크가 더 클 경우 적합한 모터로 변경할 수 있어야 한다. 만약 계산된 토크보다 스테핑 모터 용량이 작다면 요구보다 큰 용량의 모터로 선택 범위를 재설정하고 허용 토크가 요구 토크 이상을 제시하는 제품으로 재선정하도록 한다.

기존 스테핑 모터 사양 중 전압/전류를 확인하고 이들 범위 안에서 모터가 발생하는 홀딩 토크 또는 최대 여자 정지 토크의 값을 확인하여 선택한다. 필요한 홀딩 토크가 2kgf.cm라고 가정하고 필요 사양에 맞는 스테핑 모터를 찾아 선택한다.

(4) 모터 드라이버를 변경할 수 있음.

이전 모터의 드라이버 적용이 가능한지 검토한다. 검토할 사항은 구동 방식, 상의 수, 최대 입력 펄스 수, 인가 전압과 소요 전력 등이다. 재선정한 모터의 사양과 호환이 불가능한 드라이버라면 재선정된 모터 사양에 맞는 드라이버를 재선택한다. 드라이버 선정은 모터 사양에 따라 선택한다.

2. 기구부 보강을 통한 제약 조건 해결

모터나 드라이버 변경만으로 해결이 불가능한 경우, 기구부 보강은 슬라이드 바를 이중으로 설치하거나, 볼 스크루나 LM 가이드 같이 부품을 교체하는 방법을 적용한다. 또한 모터 사양으로 인해 토크가 부족한 경우에도 기구적으로 해결이 가능하다. 만약 벨트 구동 방식으로 제작되었다면, 벨트 풀리와 벨트의 비를 조절하여 토크를 증가시킬 수 있다. 또한 볼 스크루 방식인 경우도 1회전당 이송 거리를 짧게 조절하여 가능하다.

3. 제약 조건 확인 가능

변경된 설계 요구 사항 때문에 발생할 문제점을 파악하고, 이에 대한 수정 방안들을 조사하고 각각의 경우에 따른 변경 옵션들을 정리해본다.

(3) 기구 도면의 이해

1) 제도 통칙

① KS A 상세 표준 내용

KS 규격에서 기계 공업 분야 KS A 관련 표준은 다음과 같다.

- ㉠ KS A 0005, 제도 통칙
- ㉡ KS A 0106, 도면의 크기 및 양식
- ㉢ KS A 0107, 제도에 사용하는 문자
- ㉣ KS A 0108, 제도-길이 치수 및 각도 치수의 허용 한계 기입 방법
- ㉤ KS A 0109, 제도-표시의 일반 원칙(선에 대한 기본 사항)
- ㉥ KS A 0110, 제도-척도
- ㉦ KS A 0111, 제도에 사용하는 투영법
- ㉧ KS A 0112, 제도에 있어서 도형의 표시 방법
- ㉨ KS A 0113, 제도-치수의 기입 방법(일반 원칙, 정의, 실행 방법, 특별한 지시 방법)
- ㉩ KS A 3007, 제도 용어
- ㉪ KS A ISO 2692, 제도-기하학적 허용 공차-최대 실체 공차 방식
- ㉫ KS A ISO 6414, 제도에서 도형의 표시 방법-유리 제품
- ㉬ KS A ISO 6433, 제도-부품 번호

② KS B 관련 인용 표준

KS 규격에서 기계 공업 분야 KS B 관련 표준은 다음과 같다.

- ㉠ KS B 0002, 기어 제도
- ㉡ KS B 0003-1, 제도-나사 및 나사 부품-제1부 : 통칙
- ㉢ KS B 0004-1, 구름 베어링 제도-제1부 : 일반적인 간략 도시 방법
- ㉣ KS B 0005, 스프링 제도
- ㉤ KS B 0052, 용접 기호
- ㉥ KS B 0243, 기하학적 공차를 위한 데이텀 및 데이텀 시스템
- ㉦ KS B 0608, 기하 공차의 도시 방법
- ㉧ KS B 0610, 표면 파상도의 정의와 표시
- ㉨ KS B 0617, 제도-표면의 결 도시 방법
- ㉩ KS B ISO 406, 제도-선형 치수 및 각도 치수의 공차 표시
- ㉪ KS B ISO 5457, 제품의 기술적 문서 작성-도면의 크기와 레이아웃

2) 제1각법과 제3각법의 그림 기호

제1각법 또는 제3각법의 그림 기호는 ISO 및 KS 표준에서 도면 작성에 사용한 각법을 표제란의 각법란이나 표제란의 근처에 아래와 같이 표시한다.

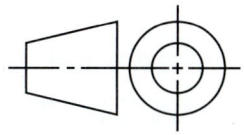
제1각법 그림 기호

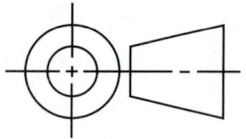
제3각법 그림 기호

① 투상도 배열

투상을 할 경우 각 방향에서 본 투상도는 다음 그림과 같이 정면도를 기준으로 배열하며 배면도는 가장 오른쪽에 배열한다.

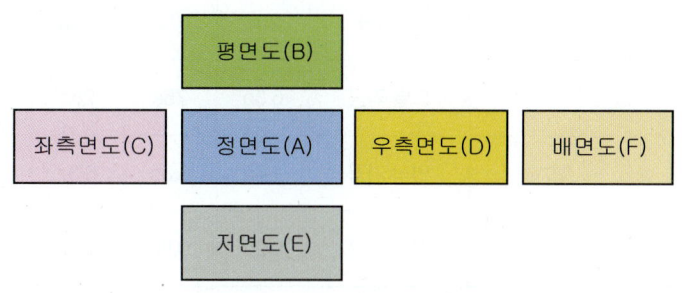

3각도법에 의한 도면 종류별 배치 위치

3) 도면에 사용되는 기본 공차, 끼워 맞춤 공차

도면에서 가공 공차는 제작품의 재질, 용도, 가공 설비 등에 따라 여러 가지 공차를 사용한다. 기본적으로 사용하는 기본 공차는 동일 도면에서 특별하게 표기하지 않는 경우 적용되는 공차이고, 끼워 맞춤 공차는 부품 조립 시 그 용도에 따라 주어지는 조립 공차이다.

① 기본 공차

부품 가공 시 일반적으로 적용하는 가공 공차를 말하며 일반적으로 IT 기본 공차를 적용하거나 별도의 표기를 통해 적용한다.

② 끼워 맞춤 공차

도면을 그리는 가장 기본적인 목적은 부품의 제작이다. 제작되는 부품은 그 부품 단독적으로 역할을 하는 경우도 있으나 대부분은 다른 부품과 조립되어 하나의 설비나 기계로서 역할을 하게 된다. 이렇게 각 부품끼리 조립할 경우 가장 중요한 사항이 부품과 부품의 끼워 맞춤 공차로, 부품의 용도 및 기능에 따라 대표적인 끼워 맞춤 공차로는 중간 끼워 맞춤, 억지 끼워 맞춤, 헐거움 끼워 맞춤이 있다. 각 끼워 맞춤 방식마다 대표적으로 많이 사용하는 공차에 대해서는 IT 끼워 맞춤 공차표를 활용하여 값을 표기할 수 있으며 특수한 경우 필요에 따른 계산법을 활용하여 공차값을 만들 수도 있다.

4) 표면 거칠기 및 다듬질 기호

다듬질 기호를 사용하여 면의 결을 지시할 경우에는 삼각 기호에 표면 거칠기의 표준 값, 기준 길이, 가공 방법, 다듬질 여유 값을 부여할 수 있다. 이때 중심선 평균 거칠기는 a, 최대 높이는 s, 10점 평균 거칠기는 z의 기호를 표면 거칠기의 표준 값 다음에 기입한다.

표면 거칠기 및 다듬질 기호

표면 거칠기	다듬질 기호	다듬질 방법	표면 거칠기의 표준수열			적용		
			R_a	R_y	R_z	가공	접촉	운동
∨ (w)	▽	줄 가공	25a	100s	100z	○	×	×
∨ (x)	▽▽	드릴 가공	6.3a	25s	25z	○	○	×
∨ (y)	▽▽▽	연삭 가공	1.6a	6.3s	6.3z	○	○	○
∨ (z)	▽▽▽▽	정밀 가공	0.2a	0.8s	0.8z	유밀, 수밀, 기밀		

출처 : 기술표준원(2013) 기계제도 KS B 0001:2008 한국표준협회

다듬질 정도

기호	설명
∼	주물이나 단조품 등의 거스름을 따내는 정도의 면
▽	줄가공, 선반, 밀링, 연마 등에 의한 가공으로 그 흔적이 남을 정도의 거친 면
▽▽	줄가공, 선반, 밀링, 연마 등의 가공으로 그 흔적이 남지 않을 정도의 가공면
▽▽▽	선반, 밀링, 연마, 래핑 등의 가공으로 그 흔적이 전혀 남지 않는 정밀한 가공면
▽▽▽▽	래핑, 버핑 등의 가공으로 광택이 나는 극히 초정밀 가공면

5) 기하 공차의 종류 및 기호

기하 공차의 종류는 적용되는 형체에 따라 모양 공차, 자세 공차, 흔들림 공차, 위치 공차로 분류된다. 기능이나 결합 상태에 따라 단독 형체에만 적용되는 것과 관련 형체, 즉 대상이 되는 형체의 기준이 있어야 규제되는 것이다. 한국산업규격(KS) 규격에 의한 기하 공차의 종류와 기호는 다음과 같다.

공차 기호

적용하는 형체	공차의 종류		기호
단독 형체	모양 공차	진직도 공차	—
		평면도 공차	▱
		진원도 공차	○
		원통도 공차	⌭
단독 형체 또는 관련 형체		선의 윤곽도 공차	⌒
		면의 윤곽도 공차	⌓
관련 형체	자세 공차	평행도 공차	∥
		직각도 공차	⊥
		경사도 공차	∠
	위치 공차	위치도 공차	⌖
		동축도 또는 동심도 공차	◎
		대칭도 공차	≡
	흔들림 공차	원주 흔들림 공차	↗
		온 흔들림 공차	↗↗

출처 : 기술표준원(2013) 기계제도 KS B 0001:2008 한국표준협회

공차의 의미

공차	의미
모양 공차	부품이 가지고 있는 형체 형상의 정밀도
자세 공차	부품이 가지고 있는 형체 자세의 정밀도
위치 공차	부품이 가지고 있는 형체 위치의 정밀도
흔들림 공차	회전축의 외면과 공간상의 고정점 사이의 거리 변화량

① 기하 공차 표시 방법
  ㉠ 기하 공차 지시 기입 테두리
    기하 공차를 표시할 경우 기하 공차에 대한 표시 사항은 직사각형의 테두리를 두 구획 또는 그 이상으로 구분하여 그 테두리 안에 기하 공차를 나타내는 기호, 공차역, 공차값, 규제 조건에 대한 기호, 데이텀이 들어가는 칸으로 나뉜 테두리 안에 왼쪽에서 오른쪽으로 기입한다.

     ⓒ 단독 형체에 기하 공차를 지시하기 위하여 기하 공차의 종류를 나타내는 기호와 공차 값을 테두리 안에 도시한다.
     ⓒ 단독 형체에 공차역을 나타낼 경우에는 공차 수치 앞에 공차역의 기호를 붙여 기입한다.
     ⓔ 관련 형체에 대한 기하 공차를 나타낼 때에는 기하 공차의 기호와 공차값, 데이텀을 지시하는 문자 기호를 나타낸다.
     ⓜ 관련 형체의 데이텀을 여러 개 지시할 경우에는 데이텀의 우선순위별로 공차값 다음에 칸막이를 하여 왼쪽에서 오른쪽으로 기입하여 나타낸다.

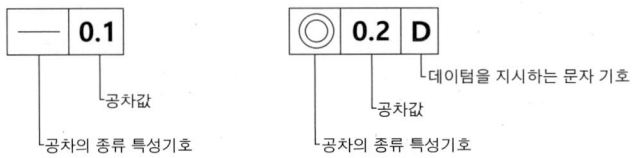

공차의 허용치 표시 방법

② 기하 공차 지시 방법

    기하 공차를 지시할 경우, 기하 공차를 나타내는 테두리를 규제하는 형체 옆이나 아래에 나타내거나 지시선, 치수 보조선, 또는 치수선의 연장선에 다음과 같이 나타낸다.

     ㉠ 단독 형체에 대해 기하 공차를 지시할 경우에는 규제 형체에 화살표를 붙인 지시선을 수직으로 하고 기입 테두리를 연결하여 나타낸다.

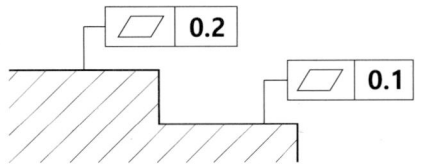

     ⓒ 단독 형상의 원통 형체에 기하 공차를 지시하는 경우에는 수직으로 한 지시선이나 치수선의 연장선 또는 치수 보조선에 기입 테두리를 연결하여 나타낸다.

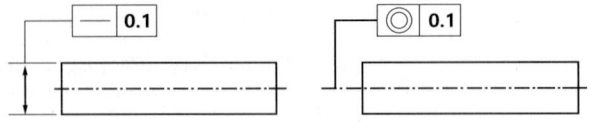

     ⓔ 치수가 지정되어 있는 형체의 축선 또는 중심면에 기하 공차를 지정하는 경우에는 치수의 연장선이 공차 기입 테두리로부터의 지시선이 되도록 한다.
     ⓔ 하나의 형체에 두 개 이상의 기하 공차를 지시할 경우에는 이들의 공차 기입 테두리를 상하로 겹쳐서 기입한다.
     ⓜ 축선 또는 중심면이 공통인 모든 형체의 축선 또는 중심면에 공차를 지정하는 경우에는 축선 또는 중심면을 나타내는 중심선에 수직으로 기입한다.

2 제어 회로 설계

(1) 설계 조건

앞에서 수행한 설계 조건 분석에서 검토된 내용을 체계적으로 정리하여 회로 설계 시 반영해야 할 사항을 구체적으로 작성함으로써 설계에서 누락되지 않도록 하고 차후 수정되는 일이 없도록 해야 한다. 또한 설계에 필요한 자료와 참조 도면 등에 대해서도 미리 확보하여 설계가 정확히 수행될 수 있도록 사전 준비가 필요하다.

(2) 전자 회로

1) 전자 회로 설계 기초

3D 프린터 개발 요구 사항에 따라 기능별 부품을 조합하여 3D 프린터 제어 회로를 작성할 수 있어야 한다. 3D 프린터 제어 회로 설계는 전자 회로 설계에 대한 기초를 기반으로 요구 기술 구현을 위한 기능성 부품을 찾아 조합하는 과정을 통해 회로를 작성할 수 있게 된다.

① Kirchhoff(키르히호프) 법칙

전자 회로 내의 전압, 전류의 변화를 설명하는 것이 Kirchhoff 법칙이다.
㉠ 전압 법칙 : 하나의 닫힌 회로(폐회로) 내의 모든 전압의 합은 0이 된다.
㉡ 전류 법칙 : 하나의 노드에 들어오거나 나가는 전류의 값을 모두 더하면 0이 된다.

(3) 전자 부품의 특성, 용량, 규격

작성된 회로도를 기반으로 설계 조건을 고려하여 인쇄 회로 기판(PCB)을 설계하고 부품을 설치할 수 있어야 하며, 설계 조건을 고려하여 제작된 제어 회로가 사용 목적에 맞게 동작하는지 계측 장비를 통해 검토할 수 있어야 한다.

1) 회로 제작

인쇄 회로 기판(PCB)의 제작 과정을 이해하고 이를 기반으로 부품을 정확히 설치하기 위해 바른 납땜 법과 부품의 동작을 멀티미터(multimeter)를 사용하여 검토하는 방법에 대하여 알아야 한다.

① 전자 회로 제작 과정

전자 회로는 인쇄 회로 기판(PCB) 제조 공정 이전까지 몇 단계의 공정이 필요하다.
㉠ 회로도 설계 : Orcad 등 설계 툴 이용
㉡ Footprint Matching : 도면상의 부품을 실제 사용되는 부품으로 정확히 지정
㉢ DRC(Design Rule Check) 체크 : 회로 연결과 부품의 동작 시뮬레이션

ⓔ 넷 리스트 생성 : netlist 파일 저장
ⓜ PCB 레이아웃(아트웍) : PCB에 부품의 위치와 각 도선의 연결 및 배치 설계
ⓗ PCB 제작

② 부품 설치(실장)

납땜의 기판 종류는 단면, 양면, PCB가 있고 납땜하는 부분이 동, 은, 금 등으로 되어 있는 기판이 있다. 단면 기판은 한쪽에 소자를 놓고 한쪽은 납땜을 하는 부분으로 구성되며 가장 많이 사용한다. 양면 기판은 앞뒤가 다 납땜이 가능하도록 구성되며 앞뒤로 납땜을 하여 사용한다. PCB 기판은 소자끼리 연결하는 부분 모두가 기판에 새겨져 단면, 양면 기판을 납땜할 때처럼 와이어나 연납을 이용해 연결할 필요가 없고 소자 부분만 납땜한다.

㉠ 납의 종류

납의 종류에는 무연납, 유연납이 있으며 무연납의 경우 녹는점이 높아 전용 인두기를 사용하지 않으면 납땜이 쉽지 않고 납땜하고 난 뒤에도 깨끗하지 않으므로 초보자가 사용하기엔 적합하지 않다.

㉡ 납땜 방법

ⓐ 납땜을 하려는 기판에 소자가 떨어지지 않게 소자 다리를 휘어 고정한다.

ⓑ 납과 인두기 끝을 소자 다리와 기판이 만나는 부분에 갖다 대어 납이 충분히 녹을 때까지 기다린 후 납과 함께 인두기를 소자 다리에서 뗀다.

ⓒ 납땜이 되었으면 소자의 다리를 잘라 낸다. 소자와 소자, IC칩과 소자 등을 연결하기 위해서는 와이어를 사용하여 납땜한다.

ⓓ 납땜이 완료된 곳에 인두기와 와이어를 갖다 대고 납이 녹으면 와이어를 납으로 밀어 넣고 인두기는 뗀다. 그러면 인두기에 의해 가열되었던 납이 식으면서 자동적으로 와이어는 납땜한 곳에 고정된다.

ⓔ 와이어 반대쪽을 이어야 하는 소자에 갖다 대고 인두기로 이어야 하는 소자 다리의 납을 녹인다. 납이 녹으면 와이어를 위의 ⓓ와 마찬가지로 납에 밀어 넣고, 인두기를 떼어 납을 식힌다.

ⓕ 와이어를 잘라낸다.

2) 회로 검증

회로 제작 후 부품의 동작 성능과 배선 연결 등을 검증하기 위해 일반적으로 멀티미터를 사용하여 부품 간 혹은 포트 간 연결 및 신호 체크를 수행한다.

① 멀티미터

멀티미터(멀티테스터, 볼트/옴 미터 혹은 VOM)는 여러 가지 측정 기능을 결합한 전자

계측기이다. 전형적인 멀티미터는 전압, 전류, 전기 저항을 측정하는 능력을 기본적으로 가지는 계측기이며, 장치에 따라 기타 측정 기능이 추가되기도 한다. 아날로그 멀티미터와 디지털 멀티미터 두 가지로 분류된다. 멀티미터는 전지, 모터 컨트롤, 전기 제품, 파워 서플라이, 전신 체계와 같은 산업과 가구용 장치의 넓은 범위에 있어 전기적인 문제들을 점검하기 위하여 사용될 수 있다.

㉠ 저항 측정

저항을 측정할 때는 회로에서 분리하여 저항 단독으로 연결해야 한다. 회로에 연결된 저항은 전원이 없어 동작하지 않더라도 다른 부품이 저항치(다른 저항과 병렬 동작)를 갖기 때문에 회로에 연결된 상태로 저항을 측정하면 정확하지 않다.

㉡ 전압 측정

프로브를 통해 외부에서 인가된 전압은 다음과 같이 측정된다.

아날로그 방식	멀티미터 내부의 저항(고 임피던스)을 거쳐 전압을 내리고 이것을 무빙코일과 연결하여 전류가 흘러 측정된다.
디지털 방식	멀티미터 내부의 저항(고 임피던스)을 거쳐 전압을 내리고 내부 저항에 걸린 전압을 ADC를 통해 수치화한다.

㉢ 전류 측정

대상의 위치에 대상과 직렬로 측정기를 연결한다. 예를 들어 특정 노드에 연결된 전선에 전류를 측정하려면 해당 전선을 절단하고 두 프로브를 삽입해야 전류가 측정된다.

㉣ 멀티미터 탐침 연결법

저항, 전류, 전압 각각의 측정을 위한 탐침(프로브) 연결 방법은 다음 그림과 같다.

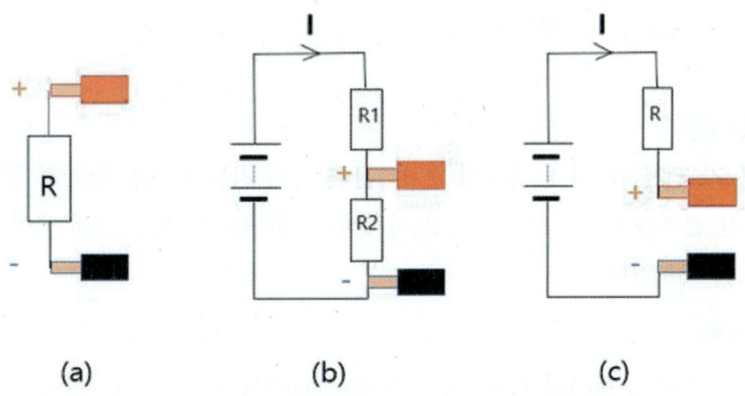

멀티미터 탐침 연결법 (a) 저항 측정, (b) 전압 측정, (c) 전류 측정

3 설계 신뢰성 확보

(1) 검사용 지그(Jig)의 활용
제작된 제어 회로가 요구하는 설계 조건의 만족 여부를 확인하기 위해 동작 검사용 지그를 제작할 수 있어야 한다.

1) 지그 설계
검사용 지그의 필요성, 설계 요건, 제작 실례, 활용 방법에 대한 설명이다.

① 검사용 지그

검사용 지그는 전자, 전기 PCB 제품 및 부품 등의 조정 및 검사를 하기 위해 제작한다.

② 검사용 지그의 설계 요건

지그의 설계는 PCB의 핀 수와 핀의 형상에 따라 설계 요건이 달라져야 한다. 검사용 지그는 검사 방법에 따라 핸드 프레스 지그, 에어 프레스 지그로 나뉜다. 핸드 프레스 지그는 비교적 간단한 회로나 500핀 이하의 회로 검사에서 사용되고, 에어 프레스 지그는 비교적 복잡한 회로나 500~800핀의 회로 검사에서 사용된다.

③ 검사용 지그의 설계 및 제작

검사용 지그의 구조는 크게 바디, 핀 보드, 누름 판으로 구성된다. 누름 판을 눌러서 회로를 검사할 때에 회로를 고정하는 고정부와 고정부를 지탱하는 바디부, 그리고 회로를 검사하는 지그 핀이 들어 있는 누름 판으로 구성된다. 검사할 PCB를 확인하기 위해 스위치, 검사 핀, 확인 LED와 같이 여러 가지 부품을 기본 구상도 표준안을 기준으로 작성하여 지그를 제작해야 한다.

(2) 신뢰성 분석
검사용 지그를 활용하여 제어를 요구하는 각각의 기능에 대한 전기적 동작 검사를 수행하고, 검사 결과를 바탕으로 문제점을 파악하여 설계를 개선함으로써 제어 회로 설계에 대한 신뢰성을 확보한다.

1) 전기 계측
측정이나 계측은 실험이나 테스트를 통하여 수량적으로 표시된 것이다. 수치를 알고 있는 단계를 측정이라고 하며, 데이터나 제어계 등의 시스템에서 측정을 계측이라고 구별한다.

① 아날로그 측정과 디지털 측정

바늘로 표시된 값을 읽어서 측정하는 것이 아날로그 측정, 숫자로 측정 결과를 나타내는 것이 디지털 측정이다.

② 수동 측정과 능동 측정

측정에 필요한 에너지가 측정 대상에서 측정기로 공급되는 측정을 수동 측정이라 하고, 계측기에서 피측정 에너지가 공급되는 측정을 능동 측정이라 한다.

2) 전자 회로 성능 분석

지그에는 여러 종류가 있다. PCB 검사용 지그, 완제품 검사용 지그, 작업, 웨이브 솔더링 지그, 신뢰성 전용 작업 지그 등이 있다. 여러 종류의 지그 중 용도에 맞는 지그를 선택하여 전자 회로 성능 분석을 실시해야 한다.

2장 기구 개발

> **학습 목표** 시장에서 요구하는 3D 프린터의 기구물을 개발하기 위하여 설계 방향의 검토, 기구 설계 및 안정성을 확보하기 위한 지식을 학습한다.

선행 학습

1. 기구 검토

개발 계획에서 선정된 프린터 개발에 적합한 기구의 구조를 파악하고 부품을 선정하여 기구 개발 계획을 수립한다.

① 개발 계획서에 선정된 조형 방식의 3D 프린터 개발에 적합한 기구의 구조를 파악한다.
② 신규 개발 부품과 표준 부품을 사용할 때의 성능, 일정, 비용 등을 비교 분석하여 부품을 선정하고 부품의 목록을 작성한다.
③ 디자인 시안, 기구 설계 방향 및 부품 수급 계획을 토대로 기구 개발 계획을 수립한다.

2. 기구 설계

① 내부 또는 외주를 통해 제작된 3D 프린터 디자인 시안을 바탕으로 기구 구조를 검토하고 부품을 배치한다.
② 제작 시 생산성 향상을 위하여 작업자의 효율적인 생산 및 검사를 고려한 설계를 실시한다.
③ 설계된 안에 따라 기구 설계 프로그램을 활용하여 2D 또는 3D로 설계를 구체화한다.
④ 필요시 기구 시뮬레이션 프로그램을 활용하여 설계에 대한 동작 및 구조에 대한 점검을 실시하고 시제품을 제작한다.

3 기구 안정성 확보

① 제작된 기구물이 요구하는 설계 조건을 만족시키는지 확인하기 위하여 안정성 시험 항목을 선정한다.
② 안정성 시험 항목에 따른 검사 방법을 결정하고 검사용 장비를 파악한다.
③ 확보된 검사용 장비를 활용하여 기구물에 대한 안정성 검사를 수행한다.
④ 안정성 검사 결과를 바탕으로 문제점을 파악하고 설계를 개선함으로써 기구 안정성에 대한 신뢰성을 확보한다.

1 기구 검토

(1) 3D 프린터 구조 파악

개발 계획서에 선정된 조형 방식의 3D 프린터 개발에 적합한 기구의 구조를 파악하고 신규 개발 부품과 표준 부품을 사용할 때의 성능, 일정, 비용 등을 비교 분석하여 부품을 선정하고 부품 목록을 작성한다. 또한 디자인 시안, 기구 설계 방향 및 부품 수급 계획을 토대로 기구 개발 계획을 수립한다.

1) 조형 방식에 따른 기구 구조

① 수조 광경화(Vat Photopolymerization) 방식

㉠ 개요

용기(vat) 안에 담긴 액체 상태의 광경화성 수지(photopolymer)에 빛(single point laser)을 주사하여 선택적으로 경화시키는 방식이다. 다음 그림은 SLA 방식이며 1986년 최초로 개발된 3D 프린팅 기술이다. 기구 구조는 여러 가지 형태로 구성할 수 있다.

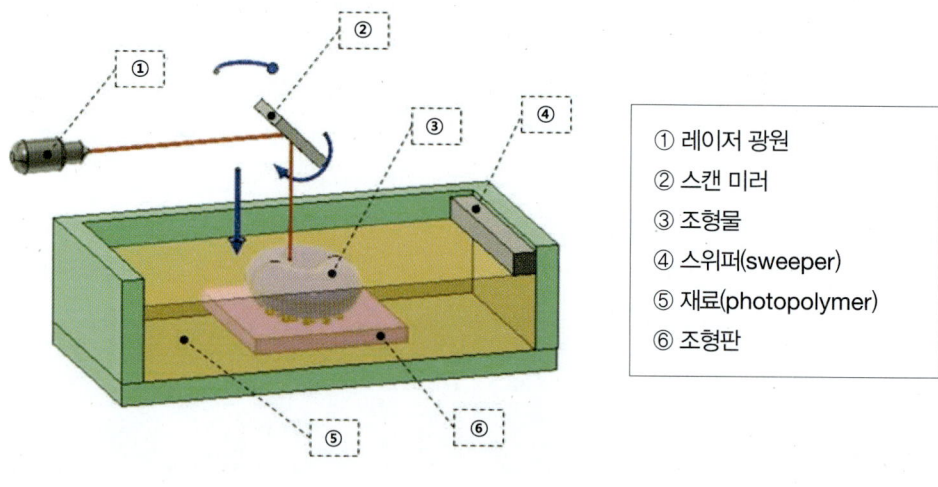

① 레이저 광원
② 스캔 미러
③ 조형물
④ 스위퍼(sweeper)
⑤ 재료(photopolymer)
⑥ 조형판

SLA 방식 프린터

위 그림의 SLA 방식에서 레이저는 갈바노 미러(스캔 미러)에서 반사되어 수지 형태의 재료에 주사(scanning)되며 광학부 외에 스윕암(스위퍼) 이송을 위한 모터와 조형판의 Z축 이송을 위한 모터가 필요하다.

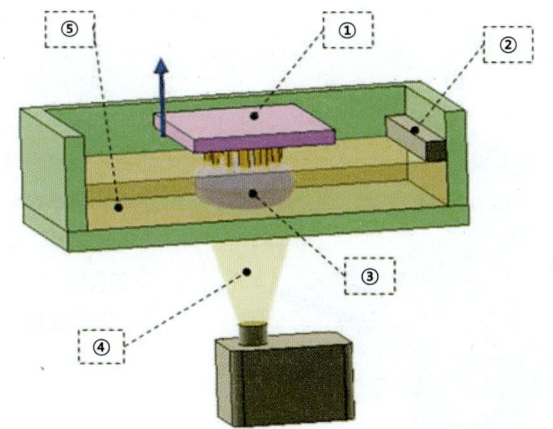

① 조형판
② 스위퍼(sweeper)
③ 조형물
④ 레이저 광원
⑤ 재료(photopolymer)

DLP 방식 프린터

위 그림은 DLP(Direct Light Processing) 방식이며 하부에서 단면을 패턴 형태로 빛을 전사(projection)하고 Z축으로 조형판을 이동하는 방식이다.
ⓒ 장점 : 광학적으로 해상도 및 정밀도가 매우 높은 빛을 만들 수 있기 때문에 다른 3D 프린팅 방식에 비해 정밀도가 비교적 우수하다.
ⓒ 단점 : 출력 속도가 느리며 복잡한 광학계를 사용해야 하므로 제작 비용이 비싸다. 또한 남아 있는 액체 상태의 광경화성 수지를 제거하고 표면에 남은 광경화성 수지를 세척해야 한다.

② 재료 분사(Material Jetting) 방식
  ㉠ 개요
  Material Jetting은 프린터 헤드를 통해 액상의 광경화수지를 고압으로 분사하고 바로 광원으로 경화시키는 방식으로 대표적으로 Polyjet이나 MJM 방식이 있다. DLP와 SLA와 같이 액상의 광경화수지를 사용하는 것은 동일하나 수조가 없이 노즐에서 분사되는 즉시 바로 경화되는 방식이기 때문에 매우 정밀한 품질의 출력 결과를 얻을 수 있다. 경화용 광원은 주로 자외선을 사용하고 있으며 프린트 헤드에 바로 장착되어 있다. 최근에는 소재와 색상의 다양화로 다양한 시제품뿐만 아니라 치과 관련 교정기 제작 및 의료용으로도 활용 범위가 점차 확대되고 있다. 잉크젯 프린팅 기술과 광경화성 수지 기술이 결합하여 탄생한 방식으로, 재료를 분사하는 방식이기 때문에 한 모델에 다른 색을 넣어 제작할 수 있다.

  다음 그림은 조형판이 Z축 또는 X축으로 이동하고 프린터 헤드는 X축 또는 Z축으로 이동하면서 재료를 분사하고 UV Light로 경화시키는 두 가지 기구 구조를 보여준다.

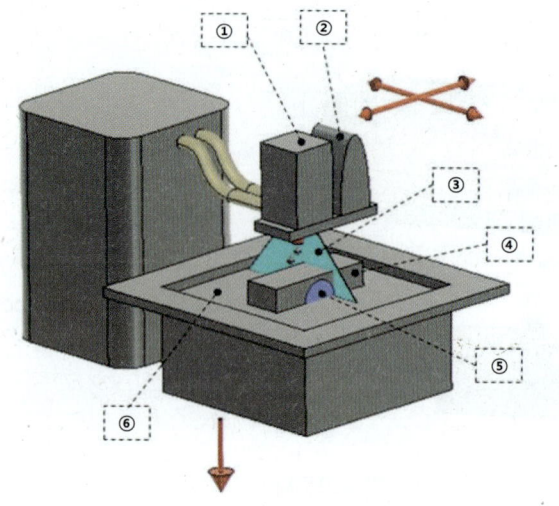

Material Jetting 방식

ⓛ 장점 : 열에 의해 녹는 왁스 재료나 물에 녹는 재료를 서포트로 사용하기 때문에 서포트 제거가 쉬우며, 복잡한 내부 형상을 갖는 제품의 제작이 가능하다. 또한 별도의 수조와 스위퍼(sweeper)가 필요하지 않다.

ⓒ 단점 : 재료가 수백 개의 노즐을 통해서 분사되며, 헤드와 플랫폼의 위치가 매우 정밀해야 하기 때문에 하드웨어 시스템의 제어가 복잡해진다.

③ 재료 압출(Material Extrusion) 방식

㉠ 개요

출력물 및 지지대 재료가 노즐이나 오리피스 등을 통해서 압출되고, 이를 적층하여 3차원 형상의 출력물이 만들어진다. 재료 압출 방식 3D 프린팅 기술의 시초는 FDM(Fused Deposition Modeling) 기술이다. FDM 기술은 FFF(Fused Filament Fabrication)로도 불린다. 오픈소스 형태의 RepRap이 개발되면서 이를 적용한 저가형의 FDM 장비들이 다수 선보이기 시작하였으며, 해외에서는 MakerBot이나 Up Plus 등과 같은 저가형 장비들의 폭발적인 수요를 바탕으로 3D 프린팅이 대중적으로 보급되기 시작하였고, 이후 국내에서도 오픈소스 기반의 유사한 장비들이 다수 출시되었다.

기구 구조 측면에서 보면 노즐의 X, Y 평면 이송과 조형판의 Z축 이송을 위한 스테핑 모터와 재료 압출용 모터, 쿨링팬이 필요하다.

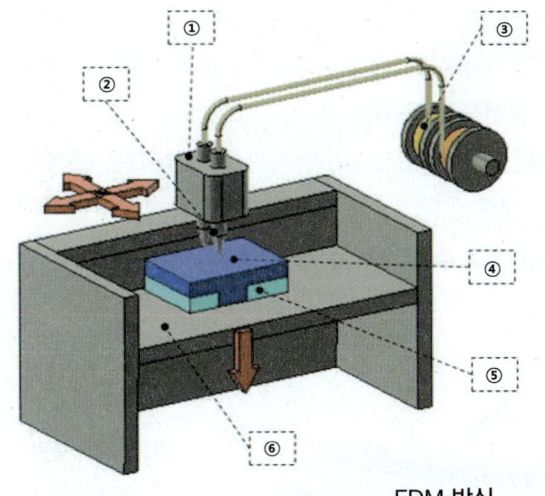

FDM 방식

① 프린터 헤드
② 노즐
③ 재료 스풀
④ 조형물
⑤ 지지대(support)
⑥ 조형판

ⓒ 장점 : 다른 3D 프린팅 기술에 비해 상대적으로 단순한 시스템으로 낮은 정밀도를 갖는 형상의 제작이 가능하다. 열가소성 플라스틱 재료는 매우 쉽게 필라멘트 형태로 만들 수 있기 때문에 재료비가 저렴하고, 인체에 해가 거의 없는 재료의 사용도 가능하다. 그리고 상대적으로 크기가 큰 중대형의 제품을 쉽게 제작할 수도 있으며, 다양한 색상의 재료 사용이 가능하다. 사용되는 플라스틱 재료에 따라서 기계적 강도가 높고 내습성이 뛰어난 제품의 제작도 가능하다.

ⓒ 단점 : 재료 압출 방식 중 가장 대표적인 FDM 기술은 플라스틱 재료를 녹이고 이를 노즐을 통해 압출하기 때문에 조형 공정 특성상 열가소성(Thermoplastic) 재료만을 사용해야 한다. 또한 수조 광경화 방식과 비교해서 제작된 제품의 표면 조도나 치수 정밀도가 낮다.

④ 분말 융접(Powder Bed Fusion) 방식

㉠ 개요

분말 재료를 사용하며 레이저를 투사하여 제품을 제작하는 방식이다. 주 소재는 금속, 수지, 세라믹이 있으며 온도가 높은 특징이 있다. 또한 제작 속도가 빠르고 대량 생산이 가능하지만 냉각 과정을 거쳐야 한다.

SLS(Selective Laser Sintering) 방식은 선택적 레이저 소결법으로 분말의 표면만 용융시켜 결합력이 약한 반면에 금속 분말 재료를 사용하는 SLM(Selective Laser Melting) 방식은 레이저의 출력 강도가 높기 때문에 분말을 완전히 녹여 용융된 금속의 밀도가 높아 기존의 가공 방식과 비교해 별 차이가 없다. 따라서 SLM 방식이 금속 프린팅 분야에서 가장 보편적으로 사용되고 있다.

금속 프린팅 분야에서 SLM 방식이 많이 사용되고 있으나 지지대(support)의 재료로 파트와 동일한 재료를 사용하기 때문에 열변형 등에 대한 사전 검토가 반드시 필요하다. 에너지를 전자빔을 사용하는 경우 EBM이라고 부르며 그 외에 프린터 생산 업체별로 여러 가지 다른 용어를 사용하는 경우도 있다.

기구 구조 측면에서 보면, Binder Jetting 방식과 같이 분말을 블레이드(또는 스위퍼)와 롤러 등을 이용하여 베드에 얇고 평탄하게 도포하고 레이저를 선택적으로 조사하여 용융시키고 다시 분말 재료를 도포하는 과정을 반복한다.

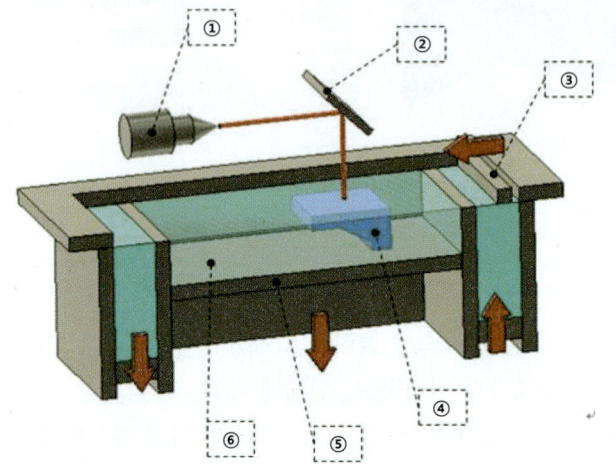

SLS 방식

① 레이저 광원
② 스캔 미러
③ 리코터(recoater)
④ 조형물
⑤ 조형판
⑥ 파우더 재료

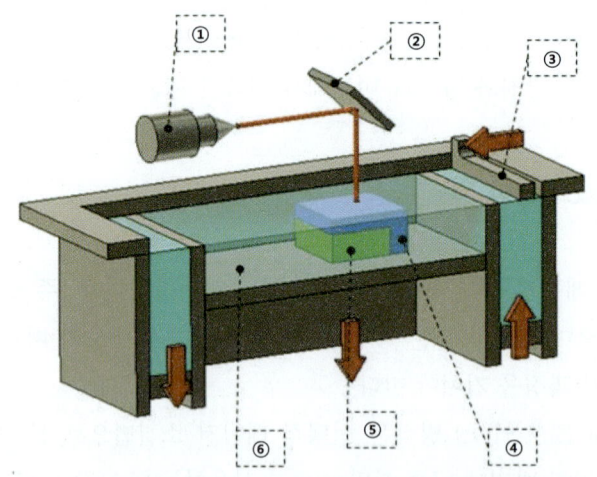

SLM 방식

① 레이저 광원
② 스캔 미러
③ 리코터(recoater)
④ 조형물
⑤ 지지대
⑥ 파우더 재료

베드(조형판)의 Z축 이송을 위한 모터와 스윕암(sweep arm, recoater) 이송을 위한 모터가 사용된다. 레이저를 이용하여 재료를 소결시키기 때문에 레이저와 레이저의 빛을 반사하기 위해 갈바노미터 미러가 사용된다.
- ⓒ 장점 : 플라스틱, 금속, 세라믹 등 분말 형태로 만들 수 있는 다양한 재료의 사용이 가능하다. SLS의 경우 재료 자체가 지지대 역할을 하기 때문에 특별한 경우를 제외하고는 별도의 지지대가 필요하지 않다.
- ⓒ 단점 : 재료가 분말이므로 출력물의 표면 거칠기가 좋지 않으며, 분말 재료를 다루기 쉽지 않은 경우가 많다. 특히 금속 분말은 화재 예방 또는 인체에 흡입되지 않도록 취급에 각별히 신경을 써야 한다.

⑤ 접착제 분사(Binder Jetting) 방식
  ㉠ 개요
   베드 위에 놓인 분말을 이용하는 점에서는 분말 융접 기술과 매우 유사하다. 하지만 접착제 분사에서는 열에너지 대신에 접착제를 분말에 선택적으로 분사하여 분말들을 결합시켜 단면을 성형하고 이를 반복하여 3차원 형상을 만든다.

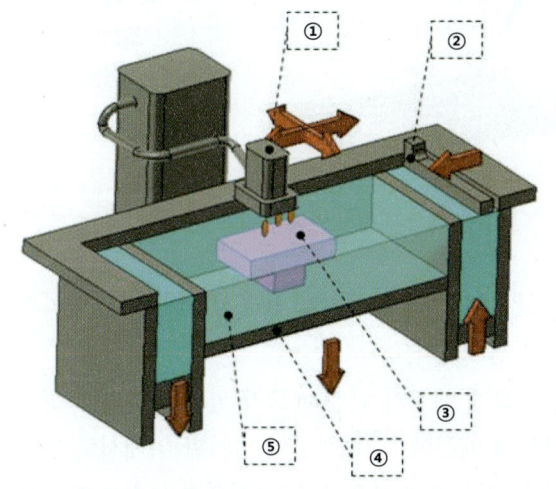

① 프린터 헤드
② 리코터(recoater)
③ 조형물
④ 조형판
⑤ 파우더 재료

BJ 방식

조형판(베드), 스윕암(sweep arm, recoater), 프린터(바인더) 헤드 이송을 위한 모터가 사용된다.
- ㉡ 장점 : 장치의 기본적인 형태가 분말 융접과 비슷하므로 별도의 지지대가 필요하지 않으며, 노즐을 이용해서 재료를 분사시키는 데는 높은 에너지가 필요하지 않다. 따라서 노즐의 개수를 증가시키면 같은 시간에 보다 많은 패턴을 만드는 것이 가능하기 때문에 상대적으로 낮은 비용으로 높은 출력 속도가 가능해진다.
- ㉢ 단점 : 분말 융접과 마찬가지로 재료가 분말이므로 출력물의 표면 거칠기가 좋지 않다. 분말 재료를 다루기 쉽지 않은 경우가 많다.

⑥ 방향성 에너지 침착(Directed Energy Deposition) 방식
  ㉠ 개요
    Directed에 관한 해석이 다르게 적용되어 방향성(directed) 또는 집속(focusing)된 에너지의 의미로 사용되는 경우도 있다.

    고출력 레이저나 전자빔, 용접기 등을 이용하며 금속 분말이나 와이어를 노즐을 통하여 분사하면서 분사 영역을 레이저로 조사하여 직접 적층하는 방법이다. 금속 용융부는 노즐에서 분사되는 비활성 가스로 산소와 단절시켜 산화를 방지한다. 비교적 큰 형상을 제작할 수 있다.

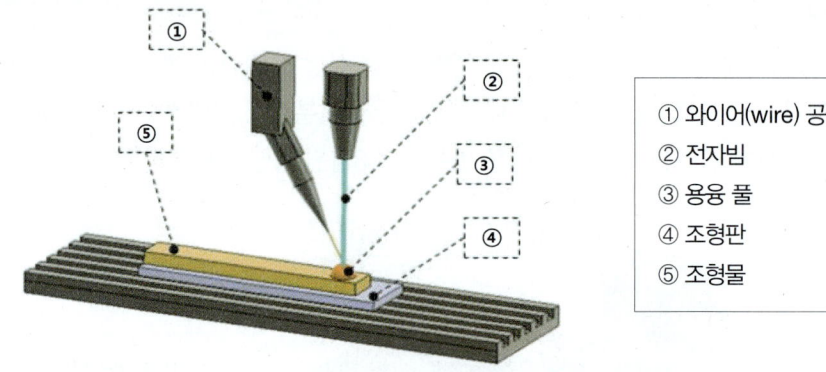

① 와이어(wire) 공급 장치
② 전자빔
③ 용융 풀
④ 조형판
⑤ 조형물

방향성 에너지 침착 방식 개념도

    재료 분말과 가스를 공급하는 장치와 분말을 용융시키기 위한 레이저가 사용되며 레이저 이송을 위한 모터가 필요하다.
  ㉡ 장점 : 금속 분말 융접과 다르게 재료가 담긴 베드가 필요하지 않고 성형하고자 하는 위치에 재료를 직접 분사하기 때문에 임의 형상의 기저판 위에서도 3차원 형상의 제작이 가능하다. 따라서 금형이나 기계 부품의 수리나 유지 보수에도 사용된다.
  ㉢ 단점 : 출력물의 표면 거칠기가 좋지 않으므로 후가공을 필요로 하는 경우가 많으며 고출력 에너지를 사용하기 때문에 안전에 관한 사항을 잘 고려해야 한다.

⑦ 판재 적층(Sheet Lamination) 방식
  ㉠ 개요
    얇은 판 형태의 재료를 단면 형상으로 자른 후 이를 서로 층층이 붙여 형상을 만드는 것이다. 레이저 절단 구조 방식은 비접촉식이라 제품의 표면이 매끄럽고 정밀도가 좋은 장점이 있다. 반면 커터 절단 방식은 종이의 재질 및 종류에 따라 제품의 표면 정밀도가 달라지고 우수하지 못하다.

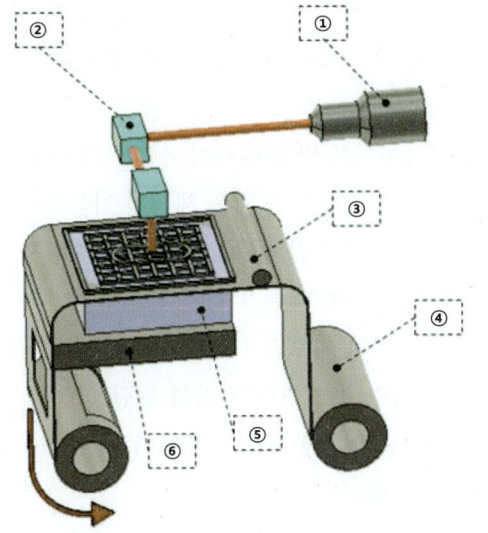

Sheet Lamination 방식

　　　　광학부 외에 시트를 공급하기 위해 회전하는 롤러와 축 이송을 위한 모터가 사용된다.
　ⓒ 장점 : 다른 3D 프린팅 기술에 비해 제품의 제작 속도가 매우 빠르다. 또한 상대적으로 저렴한 가격의 재료를 사용하기 때문에 경제적으로 3차원 형상의 제작이 가능하다.
　ⓒ 단점 : 판재 적층 기술이 적용되어 만들어진 제품은 형상 정밀도가 다른 3D 프린팅 기술로 제작된 제품들에 비해 상대적으로 낮다. 또한 사용 가능한 재료가 한정적이다.

2) 3D 프린팅 기술의 공정별 특징에 따른 성능 비교

　앞서 살펴본 바와 같이 3D 프린팅 방식은 다양하다. 그리고 각 방식에 따라서 장단점을 가진다.
　수조 광경화나 재료 분사 방식의 3D 프린팅 방식의 경우에는 매우 높은 해상도를 갖는 제품의 출력이 가능하다. 하지만 사용되는 재료가 광경화성 수지로 제한적이다.
　재료 압출 방식의 3D 프린팅 기술은 다른 3D 프린팅 방식들에 비해 최소 적층 두께가 상대적으로 크다. 이 경우는 제품의 출력 속도를 높일 수 있으나 출력되는 제품의 해상도가 그만큼 낮아지게 된다. 하지만 재료 압출 방식에서 해상도를 높이기 위해서 매우 작은 지름을 갖는 압출 노즐을 사용하거나, 층 두께를 너무 작게 하면 재료가 원활하게 압출되지 못하는 문제점이 발생할 수도 있다.
　분말 융접이나 접착제 분사 방식의 3D 프린팅 기술들은 사용되는 재료가 분말이기 때문에 만들어지는 출력물의 해상도는 사용되는 분말의 크기에 의존하게 된다. 하지만 분말의 크기를 너무 작게 만들면 분말의 제작에 높은 비용이 요구되기 때문에 경제적이지 않다. 또한 분말 융접에서 분말들을 결합시키기 위해 사용되는 레이저 등의 열원을 광학계를 이용해서 매우 작게 만드는 것도 비용이나 기술적인 한계가 있다. 접착제 분사에서 분사되는 접착제를 매우 미세하게 만들기 위해 노즐을 너무 작게 만드는 것 또한 비용이나 기술적인 문제점을 일으키게 된다.

방향성 에너지 침착은 에너지를 침착시키는 방향에 따라서 재료가 적층되기 때문에 다른 3D 프린팅 공정들에 비해 보다 더 자유로운 형상의 제품 제작이 가능하다. 이때 재료를 침착시키기 위해 고출력의 열원인 레이저나 전자빔 등을 사용해야 한다. 일반적으로 고출력의 레이저나 전자빔은 장치비가 매우 고가이며 다루기 어렵다.

판재 적층은 사용되는 판재 재료의 면적이 넓으면 큰 크기의 구조물 제작이 용이하다. 하지만 판재를 칼날이나 레이저 등으로 잘라내야 하며 따라서 절단 공정에서 정밀도나 해상도의 한계를 갖는다. 또한 단면 형상을 잘라낸 판재를 적층하기 위해서는 접착제를 사용해야 하며, 이때에도 정밀도의 문제가 발생할 수 있다.

(2) 3D 프린터 부품 선정

3D 프린터의 기구부를 제작하기 위해서는 형상과 기술 방식에 따라 표준 부품과 신규 개발 부품을 사용하여 개발해야 한다. 어떤 종류의 표준 부품과 신규 개발 부품을 사용하느냐에 따라 3D 프린터의 신뢰성 및 품질에 영향을 준다.

1) 표준 부품

표준 부품이란 국가가 정해 놓은 KS 수준 이상의 부품을 안정적, 지속적으로 생산 및 제공할 수 있도록 인증 절차를 거쳐 표준 규격에 맞춘 부품이다. 표준 부품은 신뢰성 및 품질 검증이 되어야만 KS 또는 국제 표준과 같은 인증 절차를 거쳐 KS 규격에 만족할 수 있다.

① 표준 부품 검색

3D 프린터를 제작하기 위해 표준 부품을 선정하려면 어떤 표준 부품을 사용할지 검색해야 한다. 'e-나라 표준 인증' 사이트를 통해 부품을 검색할 수 있다.

② 표준 부품 규격 제도 성격

KS 인증 제도는 임의 인증으로 신청자의 신청에 의하여 이루어지고 있으나, KS 인증 제품에 대하여는 건설기술관리법 제42조 제3항에 따른 품질 시험 또는 검사를 면제하거나, 정부 등이 KS 인증 제품을 우선적으로 구매하는 등 강력한 보급, 확산 노력에 근거하여 사실상 사용의 강제 형태로 유지되는 경우가 많다.

③ 기술 기준

"정부나 단체에 의해 채택되었거나 계약에 의해 채택되어 법적 구속력을 갖는 표준"(KS A 0014) 또는 "적용 가능한 행정 규정을 포함하여 상품의 특성 또는 관련 공정 및 생산 방법이 규정되어 있으며 그 준수가 강제적인 문서로서 상품, 공정 및 생산 방법에 적용되는 용어, 기호, 포장, 표시 또는 상품 부착 요건을 포함하거나 다룰 수 있다"고 정의하고 있다.

④ 기술 규제 영향 평가

"기술 규제"라 함은 정부가 국민 안전, 환경 보호, 보건, 소비자 보호 등의 행정 목적을 실현하기 위하여 어떤 제품, 서비스, 시스템 등에 특정 요건을 법령 등(고시, 공고, 훈령 포함)에 규정하여 법적 구속력을 갖는 것으로서 직·간접적으로 국민의 권리를 제한하거나 의무를 부과하는 기술 기준(기술 규정)이나 적합성 평가(시험·검사·인증) 등을 말한다. "기술 규제 영향 평가"는 각 부처의 기술 규제 도입으로 인해 기업의 경영이 위축되지 않도록 규제의 비용, 편익, 파급 효과, 적합성 등을 고려하여 최선의 규제 대안을 제시하기 위한 것으로서, 각 부처 기술 기준(기술 규정)이나 시험·검사·인증 등과 관련된 법령 등의 제·개정 시에 기존의 유사 제도와의 중복성 여부 및 국가 표준(KS, KCS 등), 국제 기준과의 조화 여부 등을 파악하여 규제의 타당성을 평가하는 것을 말한다.

⑤ 한국 산업 표준 분류(KS)

한국 산업 표준(Korean Industrial Standards)은 산업 표준화법에 의거하여 산업 표준 심의회의 심의를 거쳐 기술표준원장이 고시함으로써 확정되는 국가 표준으로, 약칭하여 KS로 표시한다.

제품 표준	제품의 향상, 치수, 품질 등을 규정한 것
방법 표준	시험, 분석, 검사 및 측정 방법, 작업 표준을 규정한 것
전달 표준	용어, 기술, 단위, 수열 등을 규정한 것

2) 신규 개발 부품

신규 개발 부품은 기존의 표준 부품이 아닌 신규 제품을 제작하기 위해서 개발되는 부품이다. 신규 개발 부품도 KS나 국제 ISO 인증을 받고 제품을 제작하면 품질 및 신뢰성이 있다. 3D 프린터를 제작할 때에 대부분 표준 부품을 사용하지만 구조적, 기술적으로 표준 부품이 아닌 신규 개발 부품을 사용해야 할 상황이 존재한다. 새로운 3D 프린터를 제작하면 기존의 기술 방식보다 더 나아진 구조 및 형상을 가지게 되는데, 이러한 조건을 만족하려면 새로운 신규 개발 부품의 사용이 불가피하다.

신규 개발 부품은 기존의 표준 부품보다 성능 및 디자인은 우수하지만 품질 및 신뢰성은 검증이 되지 않은 단점이 있다. 그리고 비용 면에서 표준 부품을 사용하면 많은 이득이 있다. 표준 부품은 기존에 개발하여 대량 생산이 된 부품이 대부분이기 때문에 값이 싸다. 그러나 신규 개발 부품은 개발 과정을 거쳐 대부분 가공을 통해 제작되는 부품이기 때문에 기존의 부품보다 약 5~10배 비싸다.

(3) 3D 프린터 부품 목록 작성

3D 프린터를 제작하기 위해서는 구조 설계를 바탕으로 하여 부품 목록을 작성해야 한다. 3D 프린터의 부품은 나사, 연결부, 기본 프레임은 표준 부품을 사용하지만 토출부의 연결부 등은 기존의 표준 부품을 사용하지 못한다. 따라서 신규 개발 부품을 사용해야 하는 경우가 많다. KS 및 ISO 인증을 받은 부품을 사용하면 가격 경쟁력과 품질 및 신뢰성이 높아지는 장점이 있지만 형상에 제약을 받기 때문에 표준 부품과 신규 개발 부품을 잘 혼합하여 사용해야 한다.

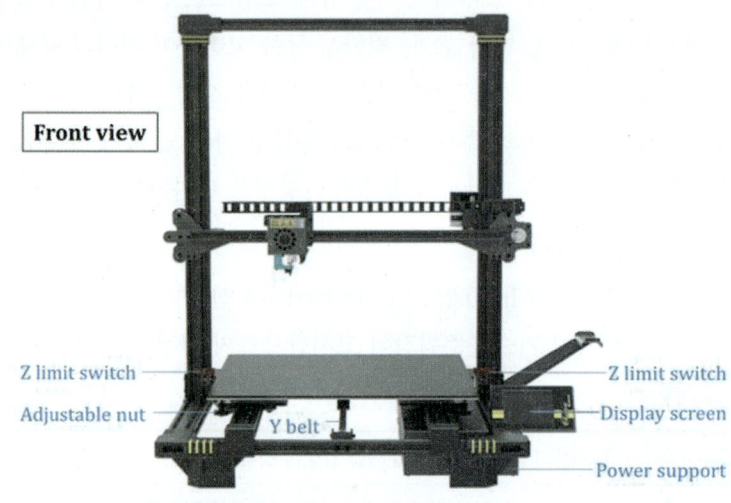

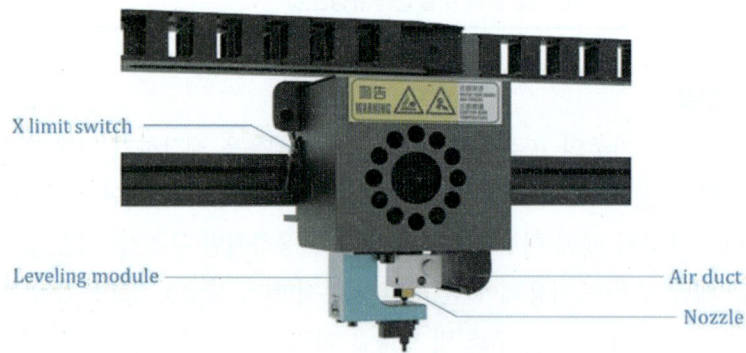

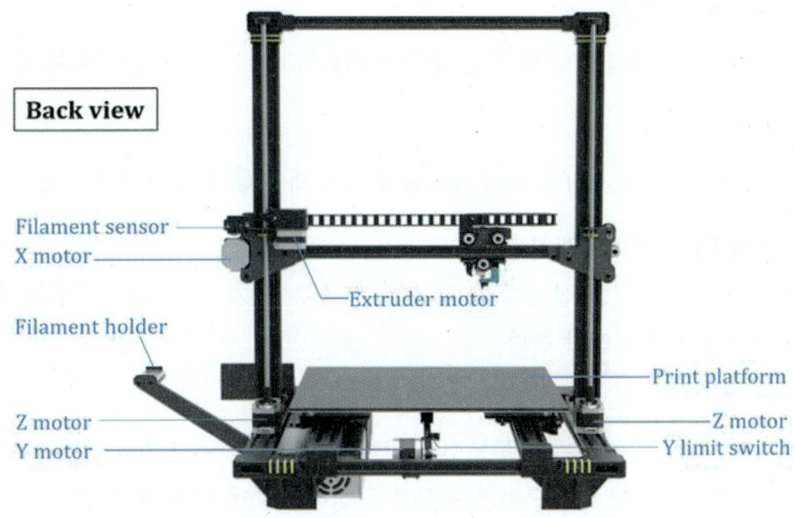

RepRap Prusa i3 프린터

실습 포인트 1
(조형 방식에 따른 기구 구조 파악하기)

조형 방식에 따른 기구 구조 파악
7개의 조형 방식에 대하여 검색 포털 사이트를 통하여 검색하고, 이들을 분석하여 각각의 조형 방식에 따른 기구 구조를 파악하고 기구에 대하여 설명할 수 있어야 한다.

실습 포인트 2
(부품 선정 및 부품 목록 작성)

1. 부품의 표준 기준을 검색하고 비교 분석
네이버 검색 엔진에서 'KS 표준 열람 서비스' 또는 'e-나라 표준 인증(국가 표준 인증 통합 정보 시스템)'에 접속하여 표준 부품에 대하여 검색한다.

2. 검색한 결과를 바탕으로 선정된 부품 리스트를 작성
부품의 분류 기준을 정하여 부품 리스트를 작성하고 표준 제품 또는 비표준 제품 등에 대한 정보를 표시한다.

(4) 기구 개발 계획 수립

디자인 시안, 기구 설계 방향 및 부품 수급 계획을 토대로 기구 개발 계획을 수립할 수 있다.

1) 디자인 시안

3D 프린터의 기구부의 개발을 위한 계획을 수립할 때 가장 먼저 디자인 시안을 정해야 한다.

2) 조형 방식에 따른 기구 설계 방향

조형 방식에 따른 기구를 설계할 때 구동부, 토출부 및 가공부, 재료 투입부 등을 유의하여 기구 설계 방향을 설정해야 한다.

① 구동부

3D 프린터에서 구동부는 대부분 3축으로 이루어진다. 기구부를 설계할 때 구동부를 어떻게 배치하고 어떤 방식으로 이송부를 구성하느냐에 따라 가격, 품질, 구조 등이 달라진다.

㉠ DC 서보 모터

서보 모터(servo motor)는 PWM 신호를 통해 회전을 제어할 수 있는 모터이다. DC 모터는 모터와 드라이버로 구성되어 있고 보통 0~180도의 회전각을 가지며, 펄스폭을 통해 비교적 정밀한 위치 제어가 가능하다. 그리고 제어성이 좋기 때문에 일반 사용자가 사용하기 좋다. 그러나 서보 모터에서 위치에 대한 데이터를 피드백하지 못하기 때문에 위치 제어를 할 때 정밀 제어는 힘들다. 그리고 브러시 마모의 기계 손실이 큰 편이고 브러시에 대한 보수가 필요하다.

㉡ AC 서보 모터

AC 서보 모터는 교류 전원으로 작동하는 모터를 말한다. 일반적으로 교류 전원 220V를 사용하고 고전압을 모터에 직접 공급한다. AC 서보 모터는 일반적으로 고가의 장비에 많이 사용하며 엔코더를 장착해 위치 피드백이 가능하기 때문에 고도의 정밀 이송이 요구되는 장비에 사용된다. AC 서보 모터는 브러시 및 유지 부품이 없고 고속에 큰 토크를 낼 수 있어 응답 특성이 빠르고 무게당 토크가 크므로 소형 및 경량화할 수 있다. AC 모터는 회전자에 따라 유도 모터, 동기 모터, 정류자 모터로 분류할 수 있다.

② 가공부

3D 프린터의 가공부는 3D 프린팅 기술 방식에 따라 달라진다. 가공부의 가공 방법에 따라 파악한 기구 구조를 반영하여 기구를 설계해야 한다.

㉠ Material Jetting

Material Jetting의 가공부는 광경화성 수지를 분사하는 Jetting 노즐과 분사된 재료를 경화하는 광 에너지 투사부가 있다.

ⓛ Vat Photopolymerization

Vat Photopolymerization의 가공부는 광 에너지를 투사하는 구조이다. 광 에너지의 종류에 따라 재료가 달라져야 한다. 그리고 가공 방식에 따라 전사 방식과 주사 방식으로 나뉜다. 전사 방식은 한 면을 광경화성 수지에 투사하여 구조물을 제작하는 방식이고, 주사 방식은 한 점의 이송에 의해 구조물을 제작하는 방식이다.

ⓒ Powder Bed Fusion

Powder Bed Fusion의 가공부는 높은 에너지를 파우더에 주사하여 파우더나 바인더의 용융에 의해 구조물이 제작되는 형식이다. Powder Bed Fusion의 가공부는 일반적으로 레이저를 사용하여 빛 반사 모듈을 통해 빛을 이송하거나 구동부를 이송하여 제작한다.

ⓔ Binder Jetting

Binder Jetting의 가공부는 파우더의 재료에 바인더를 Jetting 형태로 분사하는 시스템이다. 분사된 바인더는 파우더를 접착시켜 구조물을 제작하는 방식이다.

ⓜ Directed Energy Deposition

방향성 에너지 침착 가공부는 고에너지의 레이저나 전자빔을 재료에 직접 주사하여 구조물을 제작하는 형태이다. 방향성 에너지 침착 가공부는 고에너지의 레이저와 전자빔을 사용하기 때문에 안전장치가 필요하다.

ⓗ Sheet Lamination

Sheet Lamination의 가공부는 투입된 재료를 잘라내는 방식이다. 종이 및 판재 재료를 접촉식 가공부나 비접촉식 가공부를 이용하여 판재를 잘라내는 방식이다.

ⓢ Material Extrusion

재료 압출 방식은 필라멘트 재료를 용융하여 재료의 압출을 통해 구조물을 제작하는 방식이다. 재료 압출 방식은 가공부의 스텝 모터의 이송을 통해 필라멘트가 노즐로 투입되고 용융되어 노즐로 재료가 압출되는 방식이다.

실습 포인트 3
(부품 수급하기)

1. 3D 프린터 제작을 위한 프린터 부품 목록을 확인한다.
3D 프린터를 제작하기 위한 부품을 구매하려면 3D 프린터 기술 방식에 따른 부품 목록을 확인한다. 부품을 확인한 후 부품의 수량을 확인한다.

2. 3D 프린터 제작을 위한 프린터 부품 목록을 검색할 수 있다.
3D 프린터를 제작하기 위한 부품을 구매하려면 3D 프린터 기술 방식에 따른 부품 목록을 검색해야 한다. 부품 목록을 검색하여 부품 확인을 한 후 부품의 수량을 확인한다. 구글, 네이버, 다음 등의 사이트에서 부품 목록을 검색한다.

3. 부품 목록 검색 후 필요한 부품을 선정하고 구매할 수 있다.

실습 포인트 4
(3D 프린터 개발 계획서 작성하기)

1. 3D 프린터 개발 계획서 작성을 위한 기구별 특징을 파악할 수 있다.
3D 프린터를 제작하기 위한 기구의 구동부, 가공부, 재료에 대해 잘 파악한다.

2. 3D 프린터 개발 계획서에서 필요한 이송축을 선택하여 표기할 수 있다.
계획서에 표기되어 있는 X축, Y축, Z축, 재료 이송축, 재료 가공축에서 필요한 이송축에 대해 표기한다.

3. 3D 프린터 개발 계획서에서 필요한 가공부를 선택하여 표기할 수 있다.
3D 프린터 방식에 따른 가공부를 선택하여 표기한다.

2 기구 설계

(1) 기구 설계

내부 또는 외주를 통해 제작된 3D 프린터 디자인 시안을 바탕으로 기구 구조를 검토하고 부품을 배치한다. 이때 제작 시 생산성 향상을 위하여 작업자의 효율적인 생산 및 검사를 고려한 설계를 할 수 있어야 한다. 설계된 안에 따라 기구 설계 프로그램을 활용하여 2D 또는 3D로 설계를 구체화하고, 필요시 기구 시뮬레이션 프로그램을 활용하여 설계에 대한 동작 및 구조에 대한 점검을 실시하고 시제품을 제작할 수 있어야 한다.

1) 부품 배치

3D 프린터의 디자인 시안을 바탕으로 기구 구조를 검토해야 한다. 기술 방식별로 기구 구조를 검토 후 사용되는 부품의 목록을 작성해야 한다. 부품 목록은 사용되는 주요 부품을 먼저 작성하고 세부 부품 목록을 작성한다.

① 주요 부품

기술 부품의 주요 부품은 구동부, 토출부, 재료 투입부가 있다.

㉠ 구동부 부품

대부분의 이송 구동부의 이송 방식은 모터와 이송 스크루 및 벨트를 사용하여 토출부를 이송한다. 토출부의 이송은 3D 프린팅을 하면서 재료를 가공하기 위한 수단이다.

ⓐ 모터

대부분의 3D 프린터의 이송은 모터에 의해 이뤄진다. 모터의 종류는 스텝 모터, 리니어 모터, 갈바노 미러(galvano mirror) 등 기구 구조에 맞는 모터를 사용하면 된다. 스텝 모터는 모터의 회전에 의해 벨트나 스크루를 구동시켜 이송시키는 방법이다. 리니어 모터는 자석의 극성을 이용하여 이송하는 방식이다. 갈바노 미러는 빛의 반사에 의해 빛을 이송시키는 방식이다.

ⓑ 이송 방식

3D 프린터의 이송 방식은 벨트, 스크루, 자석 극성을 이용한 리니어 모터, 빛 이송을 위한 갈바노 미러 등이 있다. 3D 프린터의 이송 방식에 따라 벨트, 스크루, 자석, 거울 등 이송 장치에 대한 지식을 습득한 후 부품 목록을 작성해야 한다.

ⓒ 이송 가이드

3D 프린터의 모터 구동을 위해서는 이송 가이드가 있어야 한다. 이송 방식에 따른 모터의 구동에 의해 구동축이 이송되는데, 이송 가이드는 원형 이송 가이드와 LM 이송 가이드가 있다.

ⓛ 토출부 부품
　ⓐ Laser
　　Laser의 이송에는 빛의 반사 및 스테이지 이송의 방법을 사용한다. Laser는 거울에 반사되기 때문에 거울의 조작으로 빛이 이송되어 구조물이 제작된다. 또 모터에 의해 레이저가 이송되어 구조물이 제작된다.
　ⓑ Lamp(LED)
　　Lamp 및 LED의 빛을 축소하여 에너지를 한 점으로 집광시켜 구조물을 제작하는 시스템은 점을 이용하여 구조물을 제작하는 방식으로, 기구 구조를 설계할 때 빛의 이송 방법과 구동부의 이송을 고려해야 한다. 그리고 Lamp 및 LED의 빛을 원하는 패턴으로 반사시켜 구조물을 제작하는 방식이 있다. 이 방식은 반사부의 해상도에 따라 구조물의 정밀도가 결정되기 때문에 빛의 세기 및 빛의 평준화, 반사부의 해상도를 잘 고려하여 설계해야 한다.
　ⓒ 압출 방식 헤드
　　압출 방식의 헤드 모듈은 재료를 투입하는 구동 모터와 재료를 녹여서 압출할 수 있는 노즐 및 히터부, 그리고 온도를 피드백하는 온도 센싱부가 하나의 압출 방식 헤드의 모듈이 된다.
　ⓓ Jetting 헤드
　　Jetting 헤드는 광경화성 수지를 분사하는 장치로서 기존의 잉크젯 프린터의 기술을 응용하여 시스템에 적용한 것이다. Jetting 헤드 시스템은 재료를 토출하는 노즐부와 토출된 재료를 굳히는 광학부로 구성된다. Jetting 헤드 시스템을 설계할 때에는 재료의 토출과 토출된 재료가 굳는 과정에서 베드 부분에 재료가 접착되는 형상을 잘 고려하여 설계해야 한다.

2) 기구 설계 및 시뮬레이션 프로그램

3D 설계용으로 가장 많이 사용되는 프로그램에는 카티아, 솔리드웍스, 퓨전360 등이 있다. 2D 설계용으로는 오토캐드가 대표적이며 사용자의 환경에 적합한 프로그램을 선택하여 설계를 수행한다.

3 기구 안정성 확보

(1) 안정성 시험 항목 선정

제작된 기구가 요구하는 설계 조건을 만족하는지를 확인하기 위하여 안정성 시험 항목을 선정하고 각 항목에 따른 검사 방법을 결정한 후 필요한 검사용 장비를 확보해야 한다.

1) 안정성 시험

한국 산업 표준에서 KS 표준을 획득할 때 안정성 시험이 진행된다. 새로운 제품이 만들어지면 제품에 대한 안정성이 검증되어야 하기 때문에 새로 만들어진 제품은 한국 산업 규격에 맞춰서 안정성 시험을 거쳐야 한다.

① 안정성 시험 항목

안정성 시험은 기구의 넘어짐에 대한 안정성이나 제작한 기구물의 움직임이 정밀한지, 속도는 어느 정도인지 측정하기 위해 제품 개발 후 반드시 거쳐야 할 시험이다. 제품의 크기나 움직임을 측정하는 정밀 측정, 부품의 강도나 내부 결함 등을 시험하는 재료 시험, 소재 분석, 환경 시험 등 다양한 종류의 제품 안정성 시험들이 있다.

㉠ 넘어짐에 대한 안정성 시험

수직력과 수평력을 가하여 넘어지는 순간, 즉 힘을 준 반대편 다리가 들리는 순간의 수직력과 수평력의 힘을 측정하여 넘어짐에 대한 힘을 측정하는 시험으로서, 제품에 대한 설계 안정성을 시험하는 방식이다.

㉡ 계측에 대한 안정성 시험

제품에 대한 물리적 상태를 양적으로 측정하기도 하고, 제품을 제어하기 위한 방법, 장치를 측정하는 시험 방식이다. 3D 프린터 제품에 대한 계측은 수평 확인, 벨트 텐션 등 3D 프린터에 필요한 계측을 선정하여 시험한다.

㉢ 반복 정밀도에 대한 안정성 시험

동일 측정자가 해당 측정 제품을 동일한 방법과 장치, 장소에서 동작을 하여 측정하였을 때 차이가 나는 정도를 시험하는 방식이다. 보통 표준 편차 또는 상대 표준 편차로 나타낸다.

㉣ 위치 정밀도에 대한 안정성 시험

제품에 대한 모터의 위치, 베드의 높이, 나사의 구멍 등 위치 정밀도가 일정한지 측정하는 시험이다.

㉤ 재질의 재료에 대한 안정성 시험

재질의 충격 시험 및 비파괴 초음파 탐사 장비 등을 이용하여 제품의 강도나 내부 결함 등을 시험한다.

ⓑ 사용 환경에 대한 안정성 시험

사용되는 환경에 대한 시험으로, 고온/저온에 대한 온도 시험이나 열 충격 등에 대해 실시되는 안정성 시험이다.

2) 검사 방법의 결정과 검사용 장비 확보

① 검사 방법 결정

3D 프린터에 대한 안정성 시험을 실시할 때 정밀도에 대한 검사는 필수적이다. 그리고 조형 방식에 따라 높은 온도를 이용하여 출력물을 출력하는 3D 프린터도 있기 때문에 고온에 대한 온도 시험을 실시할 수 있다.

② 검사용 장비 확보

계측에 대한 장비는 여러 종류가 있으며, 레이저 장비, 재료 시험 장비 등이 검사용 장비로 사용된다.

㉠ 계측 장비

가우스미터, 정밀 수준기, 벨트 텐션 미터, 베어링 진단기, 경도계, 표면 조도 측정기 등이 있다.

정밀 수준기	제품의 수평을 측정할 때 사용한다.
벨트 텐션 미터	벨트 장력 측정, 자동차, 와이어, 케이블 등 산업에서 텐션 측정이 필요한 곳에 사용한다.
가우스미터	자석이나 기계 장치 내부의 자력을 측정하는 장비이다.
경도계	제품의 경도를 측정하는 장비로서, 강하게 눌러 표면의 영구 변형을 확인하거나, 반발력을 측정하는 방법을 이용하여 재료의 기계적 굳기를 측정하는 장비이다.
베어링 진단기	베어링 진단기는 베어링 마모 상태와 같은 작동 상태를 진단하거나 베어링 내부의 윤활유 상태를 진단할 수 있는 장비이다.
코팅 두께 측정기	제품에 코팅된 코팅의 두께를 측정하는 장비이다. 마이크론(µm) 단위로 측정이 가능하며, 대부분의 측정기가 비파괴 방식으로 두께 측정 검사를 진행한다.
토크 미터	동력이 발생하는 축의 토크를 측정하며 비틀림 동력계라고도 한다. 동력을 부하로 전달하는 축의 회전력에 비례한 비틀림을 측정하여 값을 구한다.
진동 측정기	제품에서 발생하는 진동의 변위, 속도, 가속도를 측정하는 장비이며 측정 방법에 따라 기계적, 광학적, 전기적 진동계로 구분된다.

㉡ 레이저 장비

계측 장비에서도 레이저를 활용한 장비가 많으며, 그중 검사 장비로 많이 쓰이는 레이저 인터페로미터 장비를 활용하게 되면, 반복 정밀도, 위치 정밀도, 이송 속도 등

　　　　3D 프린터의 움직임에 대한 대부분의 검사를 수행할 수 있게 된다.
　　ⓒ 재료 시험 장비를 활용한 검사 방법
　　　　재료 시험을 하기 위해서는 충격 시험기, 비파괴 초음파 탐사 장비 등 재료의 강도나 인장, 마모, 내부 결함 등을 알아볼 수 있는 장비들이 사용된다.

(2) 안정성 검사 수행과 신뢰성 확보

확보된 검사용 장비를 활용하여 기구에 대한 안정성 검사를 수행하고 그 결과를 바탕으로 문제점을 파악하여 설계를 개선함으로써 기구 안정성에 대한 신뢰성을 확보한다.

1) 안정성 검사 수행

① 정밀 측정 검사

　　정밀 측정 검사는 제품에 대한 형상과 크기 등을 정밀 측정하는 검사로서 정밀도를 요하는 제품에 정밀도를 검사하고 오차를 확인한다. 사용 장비로는 레이저 스캐너, 레이저 인터페로미터, 3차원 측정기 등이 있으며 이를 이용하여 2차원·3차원 치수 측정, 표면 분석, 반복·위치 정밀도 측정, 이송 속도 측정 등 정밀도에 포함되는 검사들을 시행한다.

② 재료 시험 검사

　　제품에 사용된 재료에 대해 강도, 인장, 마모 등 재료 성질을 알아보기 위해 인장 시험, 굽힘 시험, 비틀림 시험, 경도 시험, 피로 시험 등을 진행한다.

③ 소재 분석 검사

　　재료에 대한 미세 조직 분석, 화학 성분 분석, 나노 구조 분석 등을 실시한다. 소재 분석 시험을 위해 X선 형광 분석기, 금속 현미경, 주사 전자 현미경 등 재료에 대한 조직 분석이나 화학 성분에 이용되는 장비를 활용하여 검사한다.

④ 환경 시험 검사

　　검사할 제품에 대한 내식성, 내구성 등 환경 적응에 대한 검사를 실시한다. 염수 분무 시험기, 복합 환경 시험기 등의 장비를 이용하여 검사한다.

2) 신뢰성

① 신뢰성의 개념

　　신뢰성의 뜻은 제품이 명시된 기간 동안 주어진 환경과 운용 조건에서 요구되는 기능을 수행할 수 있는 능력으로 정의한다. 고장은 기대 또는 요구 수준에 미치지 못하거나 모자라는 것을 뜻하는데, 제품의 신뢰성을 높이기 위해서는 고장을 줄이는 것이 가장 중요하다.

② 신뢰성 시험의 목적
  ㉠ 제품의 신뢰성 보증 : 제품의 확정, 생산 라인의 합격 및 불합격 판정 등
  ㉡ 신설계, 신부품, 신프로세스, 신재료의 평가 : 안전 여유도, 내환경성, 잠재적 약점 등
  ㉢ 시험법의 검토 : 가속 수명 시험의 방법과 그 가속률, 스트레스의 종류와 수준, 샘플 수와 시험 시간, 랜덤 샘플링 시험 방법의 선정 등
  ㉣ 안정상 문제점의 발견
  ㉤ 사고 대책 : 사고 재현, 고장 해석, 대책 효과의 확인 등
  ㉥ 고장 분포의 결정 : 신뢰성 예측, 설계, 시험의 기초 자료
  ㉦ 신뢰성 데이터 수정

③ 신뢰성 시험의 분류
  ㉠ 수명 특성에 따른 분류

스크리닝 시험 (초기 고장 모드)	초기에 발생하는 고장을 없애기 위한 시험이다. 디버깅이라고도 한다. 보통 생산 품질의 편차와 설계 오류에 의해 발생하는 고장을 검출하는 것이다.
고장률 시험 (우발 고장 모드)	제품의 품질이 안정된 경우에는 고장률이나 평균 수명을 구하는 시험이다. 사용 환경에 대한 부하 및 고장을 일으키기 쉬운 요인에 의해 고장이 발생한다.
수명 시험 (마모 고장 모드)	재료의 열화 등에 의한 고장이 대상이다. 내구성 시험이라고도 한다. 평가 기간이 장시간 소요되며, 부품 교환 시기 결정과 고장의 증가 경향 파악이 중요하다.

  ㉡ 주요 인자에 따른 분류

수명 시험	일정한 조건 아래에서 소재의 수명을 점검하는 시험
환경 시험	부품의 환경에 대한 영향을 점검하는 시험. 특정한 환경에서 견디는지 시험 • 특정한 환경에서 정상적인 기능을 하는지 점검 • 초기 고장을 조기에 제거하고, 실제 사용 시간의 고장률을 저하 • 제품의 취약점을 발견

  ㉢ 시험 스트레스 수준에 따른 분류

정상 수명 시험	사용 조건과 일치한 조건에서 시험 진행
가속 시험	시험 기간을 단축하기 위해 기준보다 가혹한 조건에서 시험 실시 • 가속 수명 시험 : 정상 조건보다 가혹한 조건에서 신뢰성 평가 • 가속 열화 시험 : 고장에 관여하는 성능 특성치를 측정하는 시험

  ㉣ 자료의 형태에 따른 분류
    시험에 대한 분류는 아니지만 신뢰성 시험에 있어 시험 결과에 대한 자료도 자료의 종류에 따라 분류가 가능하다.

완전 자료	모든 신뢰성 시험 제품에 대해 시험에 사용된 제품 전부가 고장날 때까지 시험을 진행하여 고장 데이터를 얻은 자료이다.
중도 절단 자료	모든 신뢰성 시험 제품에 대해 고장 시간을 모두 파악하지 않고 고장이 나기 전에 시험을 중도 절단한 자료이다. 보통 시험에서 제외되거나 여러 가지 여건상 충분한 시험 시간을 줄 수 없는 경우이다. 중도 절단 자료는 제1종 중도 절단과 제2종 중도 절단으로 나뉜다. • 제1종 중도 절단 : 신뢰성 시험을 시작하기 전에 시험 종료 시점을 지정해 놓고 실시하는 것이 제1종 중도 절단이다. • 제2종 중도 절단 : 시험 대상이 총 N개라면 그보다 적은 R개의 시험 대상이 고장이 나게 되면 시험을 중단하는 경우이다.

④ 가속 수명 시험

정상적인 환경보다 가혹한 환경을 조성하여 제품의 고장을 가속하여 시험하는 것이 가속 수명 시험이다. 가혹한 환경의 정도를 표현할 때나 가속화의 정도를 나타낼 때 '스트레스(Stress)'라 표현한다.

㉠ 스트레스(Stress)

가속 수명 시험에서의 스트레스는 제품의 가혹한 환경을 조성할 때 가혹한 환경의 정도나 가속화의 정도를 뜻한다.

일정 스트레스	가속 수명 시험 시 가장 대표적으로 사용되는 스트레스 방법으로서, 정해 놓은 일정 수준의 스트레스를 지속적으로 부과하는 것이다.
계단식 스트레스	계단식으로 일정 간격을 두어 일정 간격마다 더 높은 스트레스를 부과하는 방식이다.
점진적 스트레스	연속적으로 스트레스 강도를 증가시키는 방법이다.
주기적 스트레스	스트레스 강도를 시간에 따른 그래프로 나타낼 때 사인(sine) 곡선 모양으로 나타나게 된다. 보통 금속 피로 시험에 주기적 스트레스를 부과한다.

3장 소재 관리

> **학습 목표** │ 3D 프린터의 제품 특성에 적합한 소재를 적용하기 위해 소재를 선정하고 소재 물성을 관리하며 소재 물성을 테스트한다.

1 소재 선정

(1) 소재 선정을 위한 계획 수립

1) 플라스틱 소재의 개요

① 용어

흔히 플라스틱이라 부르는 소재는 고분자(polymer), 수지(resin) 등의 용어로 사용된다. 각각의 용어에 대한 설명은 다음과 같다.

㉠ 플라스틱

플라스틱(plastic)은 재료에 변형이 영구히 남는 소성 변형(plastic deformation)에서 기반한 용어로, 고분자 재료에 열을 가해 성형하면 변형이 반영구적으로 남는 특성에서 사용되었다. 상업적으로 가장 널리 사용되는 용어이다.

㉡ 고분자

고분자(高分子, polymer)는 일반적으로 분자량이 10,000 이상인 큰 분자를 말하며, 분자량이 낮은 단량체(monomer)가 분자 결합으로 수없이 많이 연결되어 이루어진 높은 분자량의 분자(polymer)를 의미한다. '중합체'라고도 불리며 학술적으로는 가장 널리 사용되는 용어이다.

㉢ 수지

수지(樹脂, resin)는 초기의 고분자 재료가 식물이나 나무에서 추출된 것에 기인한 용어로, 보다 정확하게는 천연수지가 아닌 인공적으로 합성한 고분자를 일컬어 합성수지(合成樹脂)로 명명한다.

② 고분자의 합성

㉠ 포화 탄화수소

포화 탄화수소는 탄소와 수소가 C_nH_{2n+2}형으로 결합된 형태로 공유 결합에 의해 결합되어 있다. 사슬 중의 탄소 원자는 완전히 충만되어 4개의 인접한 수소 원자에 의해 포위되어 있으며, 이에 기인하여 포화 탄화수소로 명명한다. 이때 n의 개수에 따라 메탄(CH_4), 에탄(C_2H_6), 프로판(C_3H_8) 등으로 명명된다.

ⓒ 불포화 탄화수소

불포화 탄화수소는 포화 탄화수소에서 인접한 수소 원자 중 일부가 빠져나가고 대신 탄소 원자 간에 2중 또는 3중 결합을 갖는 경우(C_nH_{2n}형 혹은 C_nH_n형)에 해당된다. 이러한 형태를 단량체(monomer)라고 부르며 고분자를 구성하는 가장 기본적인 분자 구조에 해당한다.

ⓒ 고분자 중합 과정

상기 단량체를 수십~백만 개 정도를 결합하여 고분자를 제조하는 방법을 중합(polymerization)이라고 한다.

2) 플라스틱의 분류

플라스틱은 열가소성 플라스틱과 열경화성 플라스틱으로 구분된다. 열가소성 플라스틱은 결정 생성 여부에 따라 비결정성 플라스틱과 반결정성 플라스틱으로, 열경화성 플라스틱은 가교 결합의 강도에 따라 구분될 수 있다.

① 열가소성 플라스틱(Thermoplastic)

열가소성 플라스틱은 여러 번 재가열에 의해 성형이 가능한 수지로, 가열 및 냉각에 의해 용융 및 고화가 가역적으로 되풀이되는 물리적 변화를 보인다. 열가소성 플라스틱은 성형성이 우수하며 가공이 용이하여 압출 성형, 사출 성형 등의 공정에 주로 사용되며, 재료 압출형 3D 프린터용 소재로 사용된다. 재활용이 가능한 장점이 있어 전체 수지 사용량의 약 90%를 차지하나 열 안정성이 떨어져 고온에서는 사용이 제한적이다. 열가소성 플라스틱은 결정 구조에 따라 반결정성(semi-crystalline) 플라스틱과 비결정성(amorphous) 플라스틱으로 구분된다.

② 열경화성 플라스틱과 엘라스토머

ⓒ 열경화성 플라스틱

한 번 열을 가해 성형을 하고 나면 다시는 재가열에 의해 성형을 할 수 없는 수지로 분자 간 화학 반응에 의한 가교 결합을 형성한다. 다음과 같은 특성이 있다.

- 열 안정성이 우수하여 고온에서 강성이 필요한 곳에 많이 사용된다.
- 변형에 대한 치수 안정성이 우수하다.
- 높은 강성을 가지며 경도가 우수하다.
- 재활용이 어려워 제한적으로 사용된다(고온 강성이 요구되는 제품).
- 종류 : 페놀, 멜라민, 에폭시, 불포화 폴리에스테르 등

ⓒ 엘라스토머

엘라스토머는 상온에서 높은 탄성을 나타내는 물질로 천연고무를 모사하여 인공적으로 합성한 합성 고무이다. PDMS, 폴리우레탄 등이 이에 해당한다.

3) 광경화성 플라스틱

광경화성 수지는 액체 상태로 존재하다가 특정 파장의 빛에 노출되면 경화되는 특성을 갖는 플라스틱이다. 광경화성 플라스틱은 주로 광중합형(photopolymerization) 3D 프린터의 소재로 사용되는데, 대표적인 공정으로는 수조 광경화 방식, DLP, 재료 분사형 방식 등이 있다.

① 수조 광경화(Vat Photopolymerization) 방식

액상의 광경화성 수지가 담겨 있는 수조에 레이저가 원하는 단면에 따라 스캐닝을 수행하여 단면을 경화시키고, 이를 반복하여 적층함으로써 3차원 입체 형상을 제작하는 방식의 프린터로서 최초로 개발된 3D 프린터 방식이다. 수조 광경화 방식 프린터에서는 조사되는 레이저 파장에서 경화되는 광경화성 수지가 사용된다.

② DLP(Digital Light Processing)

빔 프로젝터와 유사하게 수조 안으로 빛을 조사하여 조사된 부분에 해당하는 광경화성 수지를 면(面) 단위로 경화시키고, 이를 반복하여 적층함으로써 3차원 입체 형상을 제작하는 방식의 프린터이다. 이때 프로젝터에는 자외선(UV)을 사용하며, 광경화성 수지 역시 해당 UV 파장에서 경화되는 수지가 사용된다.

③ 재료 분사(Material Jetting) 방식

1,000개 이상의 미세 노즐을 함유한 헤드가 원하는 단면에 해당되는 노즐에서 광경화성 수지 액적이 토출되며, 토출된 수지 액적은 헤드와 함께 이송되는 자외선 램프에서 조사된 자외선에 의해 경화되어 단면을 제작하는 방식이다. 이때 광경화성 수지는 해당 자외선 파장에서 경화되는 수지가 사용된다.

(2) 소재 선정을 위한 조사 항목 결정

1) 열가소성 플라스틱 소재의 분류

열변형 온도(Heat Deflection Temperature ; HDT)의 범위에 따라 범용(일반) 플라스틱, 기능성 플라스틱, 고기능성 플라스틱으로 구분된다.

① 범용 플라스틱

㉠ Polyethylene(PE)
- 강도, 내수성, 전기 절연성이 우수하고 내충격도 크며 저온 유연성도 좋음.
- 용도 : 전선 피복용, 필름재, 쇼핑백, 포장재, 뚜껑류, 가정 용기 등

㉡ Polypropylene(PP)
- 가볍고, 가공성이 용이하며 연화점이 높음(순수 PP는 175℃의 융점).
- 폴리에틸렌에 비하여 인장 강도, 탄성률 우수

- 용도 : 식기류, 가정 용기, 필름재(OPP, CPP 필름), 문구용, 비디오케이스 등
ⓒ Polystyrene(PS)
- 무색 투명하게 제조 가능하며 선명한 착색이 자유로움.
- 연화 온도가 낮고(95℃ 부근) 내열성 및 내충격성이 낮음.
- 용도 : 투명 용기, 카세트테이프/CD 케이스, 요구르트병, 전자 제품 하우징 등
ⓔ Polyvinyl Chloride(PVC)
- 기계적 성질이 우수하며 가격 저렴
- 무색 투명하게 제조 가능하며 선명한 착색이 자유로움.
- 내열, 내한성, 강인성 및 전기 절연성이 우수
- 내수성, 난연성이 우수하고 산, 알칼리에 안정
- 용도 : 우비/우산, 건축 자재용(바닥재, 벽재 등), 파이프(수도관, 전기 배관, 건축 배관 등), 완구, 문구, 장신구, 발포제(인조 가죽, 단열재, 방음재) 등
ⓜ Polymethyl methacrylate(PMMA)
- 내후성이 우수하며 열 또는 일광에서 변색되거나 퇴색되지 않음.
- 무색 투명하게 제조 가능하며 선명한 착색이 자유로움.
- 기계 가공성이 우수하며 가격 저렴
- 용도 : 광학 렌즈, 안경, 콘택트렌즈, 판유리, 간판, 형광등, 명패, 각종 케이스 등

② 기능성 플라스틱(Engineering Plastic)
ⓐ 인장 강도 50MPa 이상, 100℃ 이상의 내열성
ⓑ Base polymer에 강화제, 충진제, 난연제 등의 보강을 통해 특성 개질
ⓒ 5대 Engineering Plastic : 폴리아미드(PA), 폴리아세탈(POM), 폴리카보네이트(PC), 폴리부틸렌 테레프탈레이트(PBT), 변성 폴리페닐렌옥사이드(MPPO)

③ 고기능성 플라스틱(Super-engineering Plastic)
ⓐ 인장 강도 100MPa 이상, 150℃ 이상의 내열성
ⓑ 내열성이나 강도, 내마모성이 뛰어나 기계나 자동차, 항공기, 전자 기기의 부품 등에 쓰이는 공업용 플라스틱으로 금속(경금속) 대체를 목적으로 개발
ⓒ 종류 : 폴리이미드(PI), 폴리페닐렌 설파이드(PPS), 폴리아미드이미드(PAI), 폴리에테르에테르케톤(PEEK), 폴리에테르이미드(PEI), 액정폴리에스테르(LCP)

2) 3D 프린터용 플라스틱 소재(열가소성 필라멘트)
① PLA(Polylactic Acid)
ⓐ 옥수수 전분 기반 바이오 플라스틱(생분해성)으로 인체에 무해
ⓑ 3D 프린터 소재 중 융점이 가장 낮음(180~230℃).

ⓒ 열 수축 현상이 적어 큰 사이즈 출력물에도 적합
ⓔ 내구성이 떨어지고 표면 처리 및 도장 등 후공정이 어려움.

② ABS(Acrylonitrile Butadiene Styrene)
㉠ 융점 : 210~260℃
㉡ PLA에 비해 강도, 열에 대한 내구성, 가격 경쟁력이 우수
㉢ 열 수축 현상이 일어나 정밀한 제품 출력이 어려움(베드 가열 필요).
㉣ 제품 출력 후 증착, 착색, 광택 처리, UV 코팅, 도금이 가능
㉤ 작업 시 냄새가 심해 환기 필요

③ PA(Polyamide, Nylon)
㉠ 융점 : 235~270℃
㉡ 인장 강도, 내마모성, 내열성 우수(engineering plastic)
㉢ 유연성이 좋으며 표면이 깔끔함.
㉣ 3D 프린팅용 필라멘트에는 저융점 고분자인 PA11, 12가 주로 사용

④ PC(Polycarbonate)
㉠ 융점 270~300℃, 유리 전이 온도 150℃
㉡ 내열성과 내구성 우수(engineering plastic)
㉢ 열 수축 현상이 심해 정밀한 제품 출력이 어려움(가열 챔버 필요).
㉣ 개인용 프린터에서는 작업이 불가하여 산업용 프린터에서 사용 가능

⑤ PC-ABS
㉠ 융점 270~300℃, 유리 전이 온도 150℃
㉡ PC의 장점인 강도와 내열성, ABS의 장점인 유연성 추구
㉢ 충격 강도 우수
㉣ 개인용 프린터에서는 작업이 불가하여 산업용 프린터에서 사용 가능

⑥ PEI(Ultem9085)
㉠ 융점 300℃ 이상, 유리 전이 온도 186℃
㉡ PC의 장점인 강도와 내열성, ABS의 장점인 유연성 추구
㉢ 열 수축 현상이 심해 정밀한 제품 출력이 어려움(가열 챔버 필요).
㉣ 개인용 프린터에서는 작업이 불가하여 산업용 프린터에서 사용 가능

⑦ PVA(Polyvinyl Alcohol)
㉠ 융점 : 200℃ 내외
㉡ 물에 용해되는 재료로 수용성 지지대(support) 제작 시 활용

(3) 소재 선정 조사를 위한 조사 경로 결정

소재에 대한 선정 조사를 수행하기 위하여 온라인, 인적 네트워크, 전문 조사 기관의 발간 자료와 같은 조사 경로를 결정할 수 있다.

1) 온라인 재료 물성 데이터베이스 검색

MatWeb Site를 예로 설명한다. MatWeb 사이트는 고분자, 금속, 세라믹 등 다양한 재료의 물성을 제공하는 포털 사이트로 3D 프린팅 소재에 대한 물성도 제공된다(단, 3D 프린팅의 초창기 이름으로 사용되었던 'Rapid Prototyping Polymer' 명칭으로 제공된다). MatWeb 사이트에서 원하는 소재의 물성을 얻기 위한 과정은 다음과 같다.

① MatWeb 사이트(http://matweb.com)에 접속하여 좌측 하단의 'Physical Properties'를 선택한다(하단 그림 참조).

② 화면 좌측 하단의 Material Category 창에서 'Polymer 〉 Rapid Prototyping Polymer' 항목을 선택하고 화면 아래의 'Find' 버튼을 누른다.
③ 재료 압출형(FDM, FFF) 소재를 찾기 위해서는 7 페이지로 이동한다.
④ 출력된 재료 압출형 소재 리스트에서 원하는 소재를 선택하여 물성치를 확인한다.

2) 필라멘트 제조사 사이트에서 제공하는 소재 물성 조사

온라인 데이터베이스 사이트 이외에 필라멘트 제조사 사이트를 직접 방문하는 방법이 있다.

(4) 소재 선정 결과 보고서 작성

결정된 조사 경로를 통해 소재를 선정하여 결과 보고서를 작성하고 개발 방향에 적용할 수 있다. 다음의 절차를 거쳐 소재 선정 결과 보고서를 작성한다.

① 성능 요구 사항 : 개발 계획서에서 제시된 3D 프린터 방식의 성능 요구 사항을 기술한다.

② 국내에서 판매되는 소재 현황 조사 : 국내에서 판매되는 3D 프린터용 소재(필라멘트)를 검색하고, 검색한 자료를 기반으로 세부 정보(제조사, 소재 종류, 직경, 중량, 가격 등)를 추가한 비교표를 작성한다.

③ 국내에서 판매되는 소재 물성 조사 : 국내에서 판매되는 3D 프린터용 소재에 대한 물성 정보(인장 강도, 프린팅 온도, 베드 온도, 열변형 온도 등)를 추가한 비교표를 작성한다.

④ 요구 성능을 반영한 소재 선정 : 조사된 물성을 기초로 하여 요구 성능을 만족시키기 위한 소재를 선정한다. 소재 선정 시 필요한 경우 Material Selection Chart를 활용한다.

⑤ 소재 선정에 따른 프린터 개발 방향 적용 : 선정된 소재의 종류에 따라 그에 상응하는 프린터 개발 방향에 대한 기준을 수립한다.

PLA	노즐 온도는 180~230℃로 설정해야 하며, 베드 히팅이 없어도 무방하다. 단, 출력물 크기가 200×200mm 이상인 경우는 베드 히팅 기능을 추가하는 것이 좋다.
ABS	노즐 온도는 210~260℃로 설정해야 하며, 베드 히팅이 필수적이다. 베드 히팅은 100℃ 이상 설정해야 한다.
PC	노즐 온도는 270~300℃로 설정해야 하며, 베드 히팅이 필수적이다. 베드 히팅은 150℃ 이상 설정해야 하며, 단열 Chamber를 설정하여 Chamber 내 온도를 일정하게 유지하는 것이 바람직하다.

2 소재 물성 관리

(1) 소재 업체 제공 기술 자료의 수집

1) 소재의 기본 물성

소재의 기본 물성 신뢰성 시험(reliability test)은 제품이 주어진 조건에서 일정 기간 동안 요구되는 기능을 만족스럽게 수행하는지 여부를 평가하는 시험으로 그 필요성은 다음과 같다.

① 물리적 성질(Physical Properties)
  ㉠ 비중(Specific Density)
   제품의 경중을 비교하는 물리량으로 4℃의 순수한 물을 기준(1.0)으로 표시한다. 밀도와 유사한 값이나 단위가 없다.
  ㉡ 용융점(Melting Point)
   고체 상태의 액체를 가열할 경우 액체로 변하기 시작하는 온도이다. 금속의 경우 용융점이 존재하며, 플라스틱의 경우는 반결정성 플라스틱만 용융점이 존재한다.
  ㉢ 수축률(Shrinkage Ratio)
   플라스틱은 일반적으로 열을 가해 액상으로 성형을 한 후 냉각 과정을 통해 고체 상태로 되돌아가는데, 이때의 치수 변화(수축)를 수치적으로 나타낸 값이다. 일반적으로 %로 표시한다.
  ㉣ 유동 지수(Melt Flow Index ; MFI, MI)
   플라스틱 소재가 용융(혹은 연화)된 상태에서의 흐름성의 척도를 나타내기 위한 값으로, 용기 안에 소재를 넣고 가열한 후 일정 크기의 하중을 가하여 특정 시간에 용기 밖으로 빠져나온 수지의 양을 측정한다. '용융 흐름 지수'로도 표기하며 지수 값이 클수록 흐름성이 좋은 것으로 판단할 수 있다.

② 열적 성질(Thermal Properties)
  ㉠ 비열(Specific Heat)
   1g의 물질을 1℃ 높이는 데 필요한 열량으로, 비열이 클수록 재료를 가열할 때 더 많은 열을 필요로 함을 의미한다. 단위는 kcal/kg℃ 또는 cal/g℃ 등을 사용한다.
  ㉡ 열팽창 계수(Coefficient of Thermal Expansion ; CTE)
   재료가 가열되거나 냉각되면 재료 고유의 화학/물리적 구조에 의하여 팽창되거나 수축하게 된다. 열팽창 계수는 재료의 온도에 따른 길이의 변화를 나타내는 물성으로 단위 길이당, 온도 1℃ 변화당 재료의 길이 변화율로 환산하여 나타낸다.

ⓒ 열전도도(Thermal Conductivity)

열전도(heat conduction)는 물체의 분자로부터 열에너지의 이동을 의미하며, 두께 1m의 재료 양면에 1℃의 온도차가 있을 때, 재료의 표면적 1m²를 통해 1시간에 한 쪽에서 다른 쪽 면으로 전도되는 열량을 의미한다. 단위는 kcal/m²hr℃ 또는 cal/cm²sec℃ 등을 사용한다.

③ 기계적 성질(Mechanical Property)

㉠ 인장 특성

재료의 인장 시 재료가 받는 여러 가지 특성을 측정하는 시험 항목으로서 플라스틱의 기계적 물성 시험 중 가장 일반적인 항목이다. 인장 시험을 통해서는 소재의 탄성 계수(Elastic modulus, Young's modulus), 항복 강도(Yield strength), 인장 강도(Tensile strength), 연신율(Tensile elongation) 등을 얻을 수 있다.

㉡ 굴곡 특성

굴곡 특성은 재료를 휘게 하는 굽힘 하중을 가했을 때 발생하는 응력의 변화와 관련된 물성을 의미한다. 굽힘 하중을 적용할 때 하중이 더 이상 증가하지 않는 최댓값을 굴곡 강도(Flexural strength)로 정의하며, 굽힘 변위-하중 그래프에서 초기 직선 구간(탄성 영역)의 기울기를 굴곡 탄성률(Flexural modulus)로 정의한다.

㉢ 충격 특성

충격 특성은 충격 강도(Impact strength)로 정의하는데, 이는 충격 하중에 의해 재료를 파괴하는 데 필요한 에너지를 재료의 단위 면적당으로 나눈 수치(kJ/m²)를 말한다. 아이조드 충격 강도(Izod impact strength)는 시편의 중간 부위에 흠집(notch)을 낸 후 수직으로 세워 놓고 윗부분에 충격을 가해 파괴되는 데 소모되는 에너지를 의미한다.

㉣ 압축 특성

압축 강도는 원통형의 시편에 압축 하중을 인가하여 파괴될 때까지의 최대 하중을 시험편의 원단 면적으로 나누어 kg/㎠로 나타낸다. 파괴되지 않은 재료에 있어서는 규정 변형치에 대한 하중을 원단 면적으로 나눈 값으로 나타나는 경우가 있다.

2) 플라스틱 소재의 인장 특성

① 응력과 변형률

㉠ 응력(Stress)

단위 면적(A)당 부과되는 하중(F)의 크기로 『$\sigma = F / A$』의 식으로 계산한다. 단위는 Pa(N/m²), kgf/mm² 등의 단위로 사용한다.

㉡ 변형률(Strain)

하중에 의해 발생된 변형(ΔL)의 상대적인 값으로 원래 길이(L)로 나누어 『$\varepsilon = \Delta L / L$』의 식으로 계산한다. 단위는 무차원이며 %로도 표시한다.

ⓒ 응력-변형률 관계식

탄성 영역에서는 응력과 변형률 간에 선형 관계식을 유지하며, 『$\sigma = E\varepsilon$』의 식(Hooke의 법칙)으로 표현된다. 상기 관계식은 인장 시험에 의해 구해질 수 있다.

② 소재의 변형 거동

㉠ 탄성 변형과 소성 변형

탄성 변형 (Elastic deformation)	하중을 가하면 소재의 변형이 일어나는데, 하중을 제거하면 원래의 상태로 돌아오는 변형을 의미한다. 응력과 변형률 곡선에서 초기 선형 관계를 이루며 이때의 기울기는 탄성 계수(Elastic modulus)라고 한다. 응력-변형률 곡선에서 항복 응력에 도달하기 전까지의 영역이다.
소성 변형 (Plastic deformation)	하중을 제거해도 원래의 상태로 돌아오지 않고 영구 변형이 남아 있는 영역이다. 응력-변형률 곡선에서 대체적으로 비선형적으로 나타난다. 항복 응력 이후가 소성 변형 영역이며 인장 강도 이후에 응력이 감소하다가 파단이 일어난다.

㉡ 연성 재료와 취성 재료

연성 재료 (Ductile material)	소성 변형을 일으키는 영역이 큰 재료이다. 항복 응력 이후 응력이 집중되는 부위가 얇아지는 네킹(necking)이 일어나고 이후 네킹이 전반적으로 확장되면서 파단이 일어난다.
취성 재료 (Brittle deformation)	소성 변형을 거의 일으키지 않고 탄성 변형을 지속하다가 파단이 발생하는 재료이다. 항복 응력의 저점이 발견되지 않고 인장 응력이 발현된다.

㉢ 플라스틱의 점탄성 거동

금속이나 세라믹 등의 소재는 탄성 영역에서 Hooke의 법칙으로 표현할 수 있는 완전 탄성체(고체)로 정의할 수 있다. 반면 고분자 재료는 고체로서의 탄성체적 성질과 함께 유체로서의 점성체(Newton의 법칙으로 표현)의 성질을 함께 갖고 있는 점탄성(Visco-elastic)적인 특성을 갖고 있어서 보다 복잡한 변형 특성을 보인다. 다만 점탄성 관련 물성은 일반적으로 제공되는 소재의 물성표에는 제공되지 않으며(물성표에는 일반적으로 탄성체적 물성만 표현), 해당 물성을 얻기 위해서는 별도의 물성 시험을 수행해야 한다.

(2) 기술 자료 분류 및 적정성 검토

1) 고분자(플라스틱) 소재의 시험 항목

① 기계적 물성 테스트

㉠ 인장 시험

인장 시험기(Universal Testing Machine ; UTM)를 통하여 시험편의 주요 길이 방향 축을 따라 시험편이 파단될 때까지 또는 응력(하중)이나 변형(신장률)이 어떤 예정된 값에 도달할 때까지 일정한 속도로 신장되는 동안 시험편에 의해 지탱되는 하중과 신장률을 측정한다. 시험을 통해 인장 강도, 인장 탄성률, 항복 강도, 연신율을 측정, 응력-변형률 곡선 작성 등을 얻을 수 있다.

㉡ 굴곡 시험

플라스틱의 굴곡 강도(Flexural strength)와 굴곡 탄성률(Flexural modulus)을 측정하기 위한 시험으로 직사각형의 단면을 가진 시험편을 두 지지대에 놓고, 두 지지대 사이의 시험편 중앙에 하중을 가하여 구부린다. 시험편이 최대 변형 5%에 도달하거나 외부의 파열이 발생할 때까지 일정한 속도로 하중을 가하면서 시험 동안 시험편에 부하되는 하중을 측정한다.

㉢ 압축 시험

원통형 시험편이 파괴될 때까지 하중 또는 압축 변형량이 규정한 값에 도달할 때까지 시험편의 주축을 따라 일정한 속도로 압축하며 시험 중에 시험편이 지지하는 하중을 측정한다. 위아래 압축용 지그(jig) 사이에 측정하고자 하는 시편을 끼운 후 시편에 한 방향(위 방향)으로부터 힘을 가했을 때, 시편에 걸리는 하중 값이 로드셀(load cell)에 전달되어 압축 강도로 계산된다.

㉣ 경도 시험

경도(hardness)란 물체의 기계적 성질 중에서 단단하고 무름의 정도를 나타내는 수치이다. 경도를 측정하는 방법은 시편이 나타내는 저항의 대소, 저항의 종류, 시편의 재질 등에 따라 여러 가지로 나뉜다. 압연기용 롤러 등에는 쇼어 경도를 사용하고, 회전 축수, 절삭 공구, 스프링 판 등에는 로크웰 경도를 사용하며, 침탄, 질화, 탈탄, 도금 등의 표면 변질층 및 정밀 기기의 미소 부품에 대해서는 비커스 경도를 사용한다.

㉤ 충격 시험

소재의 충격 강도를 평가하기 위한 시험으로 시험편을 수직 상태로 지지시킨 후 진자로 타격하여 파괴시킨다. 진자는 시험편 고정대에서 일정한 거리를 유지하고 노치가 있는 시험편에 대해서는 노치의 중심선에서부터 일정 거리의 궤도를 그려야 한다. 충격 시험은 시편에 순간적인 충격력을 작용시켜 파괴하는 데 필요한 에너지를 측정한다. 충격 시험 방법으로는 아이조드(Izod)법, 샤르피(Sharpy)법, 가드너(Gardner)법이 있다.

② 열적 물성 테스트
    ㉠ 유리 전이 온도(Glass Transition Temperature, Tg)
        비정질 고분자 또는 준결정 고분자의 비결정 영역에서 점성이 있는 상태 또는 고무(rubbery)상의 상태에서 딱딱하고 상대적으로 깨지기 쉬운(glassy) 상태로 바뀌는 가역적 변화 또는 그 반대 방향으로의 변화를 유리 전이라고 하며, 유리 전이가 일어나는 온도 범위의 중간 지점을 유리 전이 온도(Glass Transition Temperature, Tg)라고 한다. 유리 전이 온도의 측정 방법은 KS M ISO 11357-2에 의거한 시차주사 열량계(DSC)를 사용하여 측정할 수 있다.
    ㉡ 비카트 연화 온도(Vicat Softening Temperature, VST)
        연화 온도란 재료가 사용될 수 있는 최고 한계 온도를 나타내는 척도로서 일정 하중에서 임의의 양만큼의 변형이 발생하는 온도를 말한다. 비카트 연화 온도(VST)는 하중(10N, 50N)과 승온 속도(50℃/시간, 120℃/시간)의 4종류의 시험에서 시편의 표면으로부터 침상 압자가 1mm 침투하였을 때의 온도를 말한다. 4종류의 시험 방법은 A50법(시험 하중 10N 및 승온 속도 50℃/h), B50법(시험 하중 50N 및 승온 속도 50℃/h), A120법(시험 하중 10N 및 승온 속도 120℃/h), 그리고 B120법(시험 하중 50N 및 승온 속도 120℃/h)이다. 측정 규격은 KS M ISO 306, KS M ISO 2507-1 등이 있다.
    ㉢ 열변형 온도(Heat Deflection Temperature, HDT)
        고분자 소재가 특정 온도 이상에 도달하면 적은 하중에서도 비정상적으로 큰 변형이 발생되는데, 이때의 온도를 열변형 온도(Heat Deflection Temperature ; HDT)라 정의한다. 열변형 온도 시험은 시료를 oil에 넣고 지정된 굽힘 응력을 인가한 상태에서 온도를 서서히 상승시켜 가며 시료에 일정 변형이 일어나는 온도를 측정한다.

2) 물질 안전 보건 자료(MSDS)

물질 안전 보건 자료(Material Safety Data Sheet ; MSDS)는 화학 물질을 안전하게 사용하고 관리하기 위하여 필요한 정보를 기재한 자료로 화학 물질 등 안전 Data Sheet라고도 한다. 일반적으로 플라스틱은 화학 물질로 분류되기 때문에 소재 제조 업체에서는 MSDS 자료를 제공하고 있다.

① MSDS 적용 대상 소재
    ㉠ 물리적 위험 소재 : 폭발성, 산화성, 인화성/고인화성, 금수성 소재
    ㉡ 건강 장해 소재 : 독성/고독성, 유해, 부식성, 자극성, 과민성, 발암성, 변이원성 소재

ⓒ 환경 유해 소재 : 생식 독성 소재(환경 호르몬 유발)

② MSDS 작성 항목

- 화학 제품과 회사에 관한 정보
- 위험성 및 유해성
- 폭발 혹은 화재 시 대처 방법
- 취급 및 저장 방법
- 물리 화학적 특성
- 독성에 관한 정보
- 폐기 시 주의 사항
- 법적 규제 현황
- 구성 성분의 명칭 및 함유량
- 응급조치 요령
- 누출 사고 시 대처 방법
- 노출 방지 및 개인 보호구
- 안정성 및 반응성
- 환경에 미치는 영향
- 운송에 필요한 정보
- 기타 참고 사항

3) 전기 기구/전자 제품 안전성 테스트(UL)

UL(Underwriter's Laboratory) 테스트는 미국 보험 회사들이 전기 기구나 전자 제품의 안전도를 평가하기 위한 목적으로 시작한 테스트로, 오늘날에는 세계적으로 확장되어 미주 지역은 물론 타 지역에서도 널리 사용된다. 따라서 전기 기구나 전자 제품에 사용되는 플라스틱 소재에서는 필수적으로 제공된다. UL 테스트에서 평가하는 주요 항목은 다음과 같다.

① 난연성 평가(UL94)

세계에서 가장 널리 사용되는 난연성 평가 기준으로 시편을 불꽃(flame)에 노출하여 타들어가는 길이를 평가한다. 시편의 방향에 따라 다음과 같은 두 가지 기준이 있다.

ⓐ Horizontal Burning(HB)

길이 125mm, 폭 13mm, 두께 1.5/3.0/6.0mm인 시편을 수평 방향으로 눕혀 설치한 후 한쪽 끝단에 불을 붙여 1분당 타들어간 길이로 평가한다. 시편 두께가 3mm 이상인 경우 분당 연소 길이가 35mm를 초과하면 안 되고, 시편 두께가 3mm 이하인 경우에는 분당 연소 길이가 75mm 이내여야 한다.

ⓑ Vertical Burning(VB)

길이 125mm, 폭 13mm, 두께 0.8/1.57mm인 시편을 수직 방향으로 세워 설치한 후 아래쪽 끝단에 10초간 불을 붙인 후 몇 초 만에 불이 자동 소화되는지로 평가하는데, CI(Cotton Ignition : 연소되는 시편에서 떨어진 불똥이 약 30cm 아래 위치한 솜에 발화되는 현상) 결과와 종합하여 판정한다.

② 전기적 특성 평가(UL746A)

UL746A는 플라스틱의 전기적 특성을 평가하는 항목인데, 주로 Ignition과 Tracking에 대한 평가로 다음과 같은 평가 항목이 있다.

ⓐ Hot Wire Ignition(HWI)

저항 Wire로 시편을 감싸고 전류를 흘렸을 때 발화되거나 발화 없이 타는 데 소요되는 평균 시간을 측정하는 평가로, 0등급이 가장 우수하며 5등급이 최하위이다.

ⓒ High Current Arc Ignition(HAI)

시편을 발화시키는 데 필요한 파열을 일으키는 데 소요되는 Arc의 평균 수치(Number of Arc ; NA)를 측정하는 평가로, 0등급이 가장 우수하며 4등급이 최하위이다.

ⓒ High Voltage Arc Resistance to Ignition(HVAR)

고압 Arc 환경에서 시편을 발화시키는 데 소요되는 평균 시간을 측정하는 평가로, 0등급이 가장 우수하며 3등급이 최하위이다.

ⓔ High Voltage Arc Tracking Rate(HVTR)

고압 Arc에 시편이 탄화되는 속도(Tracking rate)를 측정하는 평가로, 0등급이 가장 우수하며 4등급이 최하위이다.

ⓜ Comparative Tracking Index(CTI)

0.1% 염화암모늄 전해액을 50방울 떨어뜨린 후 시편이 탄화되는 전압을 측정하는 평가로, 0등급이 가장 우수하며 5등급이 최하위이다.

③ 장기적 내열 특성 평가(UL746B)

UL746B RTI(Relative Temperature Index)는 플라스틱의 장기 내열 온도를 평가하는 항목으로 특정 온도에서 장시간 연속 사용 후의 기계적 강도가 초기 강도의 50% 이상을 유지하는지를 평가하여 다음과 같은 형태로 표기한다.

㉠ Elec. 80 : 80℃에서 60000시간을 사용한 후 절연 강도가 초깃값을 50% 이상 유지
㉡ Imp. 80 : 80℃에서 60000시간을 사용한 후 충격 강도가 초깃값의 50% 이상 유지
㉢ Str. 80 : 80℃에서 60000시간을 사용한 후 인장 강도가 초깃값의 50% 이상 유지

(3) 소재 물성 검토 보고서 작성

1) 플라스틱 소재의 온도 의존 특성

① 온도에 따른 인장 특성 변화

플라스틱 재료는 일반적으로 온도가 높아질수록 연성이 증가하고, 온도가 낮아질수록 취성이 증가한다. 온도가 증가하면 항복 강도가 낮아지는 대신 연신율이 증가하는 반면, 온도가 감소하면 항복 강도는 높아지나 연신율이 감소한다. 특히 영하 25도의 경우는 항복점 없이 바로 파손이 발생하는 저온 취화 현상을 보임을 알 수 있다.

② 온도에 따른 충격 특성 변화

충격 강도는 온도가 감소할 경우 저하되는 특성을 보이며, 특히 상온에서 영하로 떨어지는 경우 강도 저하가 크다. 저밀도 폴리에틸렌(LDPE)이나 폴리프로필렌(PP)의 경우 온

도가 영하로 내려갈 때 충격 강도가 큰 폭으로 감소한다. 반면 PVC의 경우 영하로 떨어져도 충격 강도의 저하가 상대적으로 적으며, PMMA의 경우는 큰 변화가 없다.

③ 온도에 따른 강성(전단 탄성 계수) 변화

플라스틱 소재의 강성을 나타내는 전단 탄성 계수(Shear modulus, G)는 충격 강도와 반대의 특성을 보인다. 즉, 온도가 감소할수록 증가하고 온도가 증가할수록 감소하는데, 이는 전술한 바와 같이 온도가 감소할수록 저온 취화 현상을 나타내기 때문이다. 한편 비결정성 수지에 비해 반결정성 수지의 경우 온도 저하에 따른 강성 증가율이 크게 나타남을 알 수 있는데, 이는 내부의 결정 유무에 의한 차이로 볼 수 있다.

2) 성능 개선 보고서 작성

① 성능 시험 문제점 현상 기술

성능 시험 결과 발견된 문제점의 현상에 대해 기술하고, 출력물에 불량이 발생한 경우는 불량 발생 부위의 사진을 찍어 보고서에 첨부한다. 문제점이 여러 건 발생된 경우에는 건별로 구분하여 기술하도록 한다.

② 성능 시험 문제점의 원인 분석

성능 시험 결과 발생한 문제점의 원인을 분석한다. 출력물 불량의 원인 분석을 위해서는 관련 부품의 성능 검사(예 노즐부 온도, 베드부 수평도 등)를 실시하여 출력물의 품질에 영향을 미치는 항목을 찾아내야 한다.

③ 성능 시험 문제점의 개선 방안 도출 및 검증

문제점의 원인이 도출되면 이를 개선하기 위한 개선 방안을 도출하고, 개선 방안을 적용하여 문제점을 개선한다. 또한 개선된 결과를 기존의 결과와 비교하여 개선된 정도를 비교하고, 문제점이 일부 개선되기는 했으나 완전하지 않은 경우는 상기 과정(문제점 원인 추가 분석, 추가 개선 방안 도출 및 검증)을 반복한다.

④ 개선 결과의 적용 계획 수립

개선 결과를 적용하기 위한 추가적인 제품 개발 계획을 수립한다. 부품의 교체가 필요한 경우는 부품 교체로 인한 추가 설계 변경 계획을 수립해야 하고, 그에 따른 개발 단가 변경에 대해 분석해야 한다. 부품의 교체 없이 단순한 성능 조정만으로 개선이 가능한 경우는 개선 사항이 매뉴얼에 반영될 수 있도록 한다.

3 | 소재 물성 테스트

(1) 3D 프린터 적용 시험 항목 파악

1) 고분자 소재의 물성 테스트 항목별 시험 규격

시험명	설명	시험 규격
인장 시험	플라스틱의 인장 시험	ASTM D638
굴곡 시험	플라스틱의 굴곡 강도 시험	ASTM D790
압축 시험	플라스틱의 압축 강도 시험	ASTM D695
경도 시험	쇼어(Shore) 경도 시험	ASTM D2240
충격 시험	Izod 충격 강도 시험	ASTM D256
열팽창 계수	온도 변화에 따른 길이 변화율	KS M ISO 11359-2
유리 전이 온도	재료가 연화되는 온도	KS M ISO 11357-2
비카트 연화 온도	재료가 사용될 수 있는 한계 온도	KS M ISO 306
열변형 온도	재료가 사용될 수 있는 한계 온도	ASTM D648

2) 주요 규격 설명

① KS : 한국산업규격(Korean Industrial Standards)
② ASTM : 미국재료시험협회(American Society for Testing Materials) 규격
③ ISO : 국제표준화협회(International Organization for Standardization) 규격

(2) 물성 테스트를 위한 시험 방법 선정

1) 인장 시험 절차 및 방법

① 인장 시험편의 규격

㉠ 일반 시험편(1A, 1B형)

1A형은 사출 성형 및 압축 시험편에 사용되며, 1B형은 기계 가공 시험편에 사용된다.

1A형과 1B형 시험편의 치수

구분	시험편 유형	1A	1B
l_3	전체 길이	170	≥150
l_1	좁은 평행부의 길이	80±2	60.0±0.5
r	반지름	24±1	60±0.5

l_2	넓은 평행부 사이의 거리	109.3±3.2	108.0±1.6
b_2	끝부분의 폭	20.0±0.2	
b_1	좁은 부분의 폭	10.0±0.2	
h	권장 두께	4.0±0.2	
L_0	표선간 거리(권장) 표선간 거리(품질 관리에 필요하거나 규정된 경우 적용)	75.0±0.5 50.0±0.5	50.0±0.5
L	초기 그립 간격	115±1	115±1

a 1A형에 권장하는 전체 길이 170mm는 ISO 294-1 및 KS M ISO 10724-1과 일치한다. 일부 재료의 경우 맵 길이는 시험기의 조(jaw)에서 파손이나 미끄러짐을 방지하기 위해 연장이 필요할 수 있다. (예 l_3 = 200mm)

b $l_2 = l_1 + [4r(b_2 - b_1) - (b_2 - b_1)^2]^{1/2}$
(l_1, r, b_1, b_2를 사용하여 계산하고, 결과는 표시된 공차 이내로 한다)

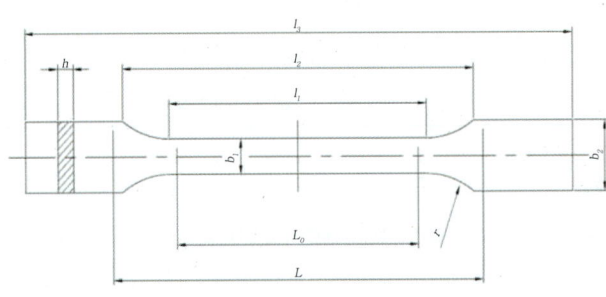

1A형과 1B형 인장 시험편

ⓒ 소형 시험편(1BA형, 1BB형)

사정에 의해 일반 시험편(1A, 1B)으로 제작하기 어려운 경우 소형으로 제작하여 사용할 수 있다.

1BA형과 1BB형 시험편의 치수

구분	시험편 유형	1BA	1BB
l_3	전체 길이	≥75	≥30
l_1	가운데 좁은 평행부의 길이	30.0±0.5	12.0±0.5
r	반지름	≥30	≥12
l_2	양쪽 넓은 부분 거리	58±2	23±2
b_2	끝부분의 폭	10.0±0.5	4±0.2

b_1	가운데 좁은 부분의 폭	5.0±0.5	2.0±0.2
h	시험편의 두께	≥2	≥2
L_0	표선간 거리	25.0±0.5	10.0±0.2
L	초기 그립 간격	$l_2{}^{+2}_{\ 0}$	$l_2{}^{+1}_{\ 0}$

비고 1BA형 및 1BB형 시험편은 1B형 시험편을 1:2 및 1:5로 두께를 제외하고 시험편의 크기를 축소한 것이다.

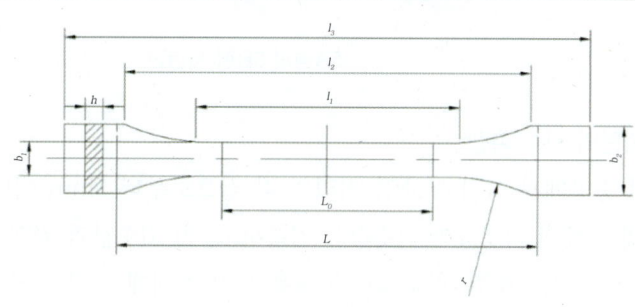

1BA형과 1BB형 인장 시험편

ⓒ 고연신율 필름 혹은 시트용(5A, 5B형)

아주 높은 연신을 갖는 필름이나 시트의 경우 5A형과 5B형을 사용할 수 있다. 5A형, 5B형 시험편은 각각 KS M ISO 527-3의 5호형과 비슷하고 KS M ISO 37의 2호형 및 4호형에 해당된다.

5A형과 5B형 시험편의 치수

구분	시험편 유형	5A	5B
l_3	전체 길이	≥75	≥35
b_2	끝부분의 폭	12.5±1	6±0.5
l_1	가운데 좁은 평행부의 길이	25±1	12±0.5
b_1	가운데 좁은 부분의 폭	4±0.1	2±0.1
r_1	작은 반지름	8±0.5	3±0.1
r_2	큰 반지름	12.5±1	3±0.1
L	초기 그립 간격	50±2	20±2
L_0	표선간 거리	20±0.5	10±0.2
h	시험편의 두께	2±0.2	1±0.1

비고 5A형 및 5B형 시험편은 각각 KS M ISO 527-3의 5호형과 비슷하고 각각 KS M ISO 37의 2호형 및 4호형에 해당한다.

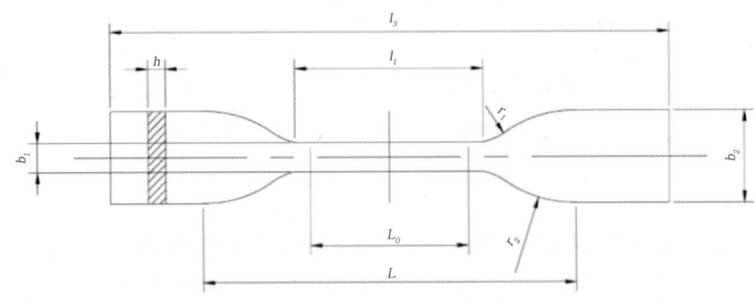

5A형과 5B형 시험편

② 인장 시험편의 치수 측정

시험편의 중앙에서 그리고 표점 거리의 각 끝으로부터 5mm 이내에서, 각각의 시험편의 너비와 두께의 최댓값과 최솟값을 기록하고, 이 최솟값과 최댓값이 주어진 물질에 대해 적용할 수 있는 표준 내에 제시된 허용 오차 이내에 존재한다는 점을 확인한다. 또한 시험편의 단면적을 계산하기 위해 측정된 너비와 두께의 평균값들을 이용한다.

③ 시험편 설치 조임

시험편의 길이 방향 축이 시험 장치의 축과 정렬되도록 주의해서 시험편을 그립 안에 놓는다. 시험 도중에 시험편이 미끄러지는 것과 그립이 움직이는 것을 막기 위해 그립을 균등하고 단단하게 조인다. 조임 압력이 시험편의 파절 또는 찌그러짐을 야기해서는 안 된다.

④ 초기 응력 점검

시험편은 시험하기 전에 실질적으로 응력을 받아서는 안 된다. 이러한 응력은 박막 시험편을 중앙에 정렬하는 동안 발생할 수 있거나 조임 압력에 의해 야기될 수도 있으므로 유의한다.

⑤ 연신계 설정

㉠ 초기 응력을 설정한 후에, 보정된 연신계를 설정하고 시험편의 표점 길이로 조정하거나 길이 방향 변형 게이지를 제공한다. 필요하다면 최초 거리(표점 거리)를 측정한다. 푸아송 비의 측정을 위해, 길이 방향과 횡단 방향 축들에서 동시에 작용하기 위해 2개의 신장률-측정 또는 변형-측정 장치가 제공되어야 한다.

㉡ 신장률의 광학적 측정을 위해 사용하는 시스템에서 요구된다면 시험편 위에 표점들을 놓는다. 연신계는 시험편의 평행 부분에서 대략 중간 부분과 중앙선 위에 대칭으로 위치시켜야 한다. 변형 게이지는 시험편의 평행 부분에서 중간 부분과 중앙선 위에 위치시켜야 한다.

⑥ 시험 속도
　㉠ 시험 재료의 표준에 따라 시험 속도를 결정한다. 별도의 정보가 없는 경우에는 인장 시험 속도에 관한 표준에 따르거나 당사자 간의 합의에 의해서 결정한다.
　㉡ 인장 모듈러스의 측정을 위해 선택된 시험 속도는 가능하면 1분당 표점 거리의 1%에 가장 가까운 변형 속도를 주어야 한다. 상이한 시험편 유형에 대한 결과로서 나온 시험 속도는 시험하고 있는 물질에 관련된 KS M ISO 527에 제시되어 있다.
　㉢ 항복점까지의 응력/변형 그래프에서 인장 모듈러스의 측정을 위해 그리고 항복점을 넘어서는 속성들의 측정을 위해 서로 다른 속도를 채택하는 것이 필요하거나 바람직할 수도 있다. 인장 모듈러스 측정을 위해 응력을 측정한 후에(변형 $\varepsilon=0.25\%$까지), 시험을 계속하기 위해 동일한 시험편이 사용될 수 있다.
　㉣ 서로 다른 속도에서 시험하기 전에 시험편의 하중을 제거하는 것이 바람직하지만, 인장 모듈러스를 측정한 후에 하중을 제거하지 않고 속도를 변경하는 것도 허용된다. 시험 도중에 속도를 변경할 때, 속도에서의 변화가 변형 $\varepsilon \leq 0.3\%$에서 발생한다는 것을 확실히 한다.
　㉤ 다른 모든 시험 목적을 위해 서로 다른 시험 속도에 대해서 별개의 시험편을 사용해야 한다.

⑦ 주의점
　3D 프린터로 제작한 인장 시험편은 이방성을 가지고 있기 때문에, 특히 Z 방향으로 출력한 시편을 인장 시험기에 설치 조임 시 시편이 쉽게 파단될 수 있으므로 조심해서 시편을 취급해야 한다.

2) 굴곡 시험의 절차 및 방법
　① 굴곡 시편 규격
　　㉠ KS 규격 확인
　　　국가표준인증 통합정보시스템(https://standard.go.kr)에 접속하여 KS M ISO 1209-1를 검색하여 경질 발포 플라스틱 – 굴곡 시험 – 제1부 : 굽힘 시험에 대한 내용을 숙지한다.

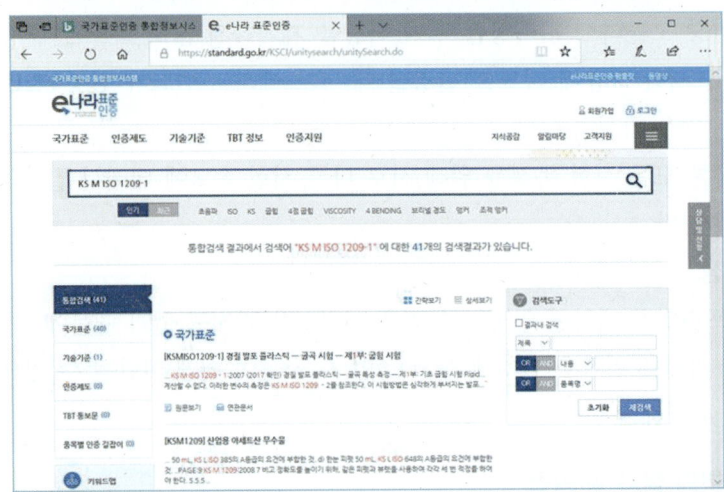

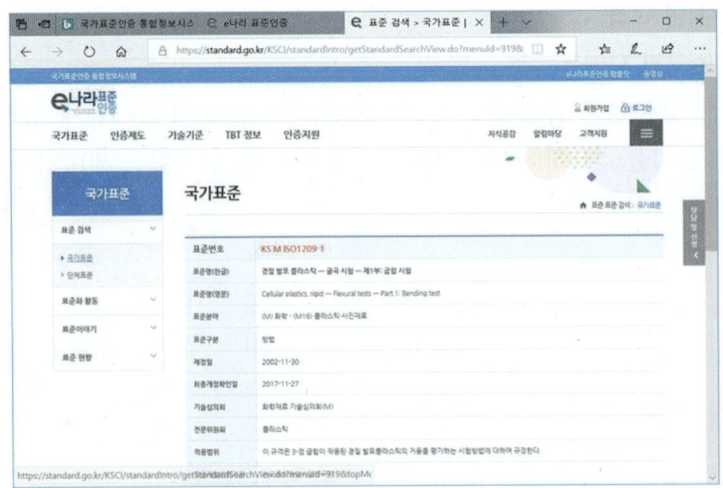

ⓒ 시험편 치수 확인

　　　KS 규격 PDF 파일을 확인하면 시험편 치수에 대한 자세한 내용을 확인할 수 있다.
- 길이 : (120±1.20)mm
- 너비 : (25±0.25)mm
- 두께 : (20±0.20)mm

② **시험편 준비**

시험편은 적어도 5개를 준비하고 KS M ISO 1923에 의해 시험편의 너비와 두께 치수를 버니어 캘리퍼스로 측정한 후 평균 두께(h)를 계산한다. 측정값이 허용 범위 이내에 있는지 확인하고, 해당 치수를 기록하여 응력 계산 시 활용할 수 있도록 한다.

③ 시험편을 지지봉 위에 대칭으로 위치시킨 후 시험편의 종축에 대해서 수직으로 하중이 가해지도록 한다.

④ **가압봉 초기 위치 결정**

가압봉을 시험편에 접촉할 때까지 하강시키고, 접촉이 발생한 위치를 무변형점으로 한다. 이때 시험편에 가한 하중이 최소화되도록 주의하고, 재료의 기준에 따라 시험 속도를 결정한다.

⑤ **굽힘 시험 실시**

　ⓐ (10±2)mm/min의 속도로 가압봉을 이동시키면서 시험편에 하중을 가한다.
　ⓑ 시험편의 휨 변형이 (20±0.2)mm에 대응하는 하중(N)을 기록한다.
　ⓒ 휨 변형이 20mm에 달하기 전에 시험편이 파괴된 경우에는 파괴 하중과 굴곡을 기록한다.

⑥ **데이터 획득**

준비된 최소 5개의 시험편에 대하여 ②~⑤ 순서에 따라 시험한 후 얻어진 물성에 대한 평균값과 표준 편차를 구한다.

3) 데이터(Data) 통계 분석

시험 결과의 통계적 처리는 KS A ISO 2602(시험 결과의 통계적 해석 – 평균의 추정 – 신뢰 구간)에 의거하여 실시한다.

① 평균의 추정

측정 데이터는 어떤 의심스러운 결과를 제외하면, 몇몇이 동일한 값을 가질 수도 있는 n개의 측정치 X_i(i=1, 2, 3, … n)로 구성된다. 기초가 되는 정규 분포의 평균 m은 n개 결과치의 산술 평균($\overline{X}$)에 의해 추정된다.

$$m = \overline{X} = \frac{1}{n}\sum_{i=1}^{n} X_i$$

몇몇이 동일한 값을 가질 수 있는 n개의 측정치 시험 결과의 산술 평균값을 계산한다. 필요에 따라 KS A ISO 2602에 규정한 방법으로 평균값의 표준 편차 및 95% 신뢰 구간을 계산한다.

② 표준 편차의 추정

산술 평균으로부터의 편차의 제곱에서 계산되는 표준 편차의 계산은 다음 식으로 주어진다.

$$S = \sqrt{\frac{1}{n-1}\sum_{i=1}^{n}(X_i - \overline{X})^2}$$

여기에서

X_i : i번째 측정(i=1, 2, 3, …, n)의 값

n : 측정의 총수

$\overline{X}$는 위의 평균 추정에서 계산된 n개 측정의 산술 평균이다.

③ 평균의 신뢰 구간

측정치를 X1 ≤ X2 ≤ … ≤ X3이 되도록 커지는 순서로 배열하면 W(= Xn − X1)는 샘

플 범위로 정의된다. 계속해서 모집단이 정규 분포를 한다고 가정하면 측정치의 수가 작을 때, 즉 12 또는 그 이하일 때 모평균에 대한 신뢰 구간은 샘플 범위로부터 계산될 수 있다. 모평균에 대한 양쪽 신뢰 구간은 다음의 이중 부등식으로 정의된다.

㉠ 신뢰 수준 95%에서

$$\overline{X} - q_{0.975}W < m < X + q_{0.975}W$$

㉡ 신뢰 수준 99%에서

$$\overline{X} - q_{0.995}W < m < X + q_{0.995}W$$

여기서 $q_{0.975}$, $q_{0.995}$, $q_{0.95}$, $q_{0.99}$는 KS A ISO 2602의 신뢰도별, 측정 개수별 q값에 관한 규정에 따른다.

(3) 3D 프린터 출력물의 문제점 파악

1) 소재의 열적 물성에 따른 출력 온도의 설정

소재마다 노즐 온도와 베드 온도를 다르게 설정하여 프린팅을 해야 한다. 각 소재마다 용융 온도(Tm, Melting temperature)와 유리 전이 온도(Tg, Glass transition temperature)가 다르기 때문에 소재 물성을 파악하여 출력 온도를 설정해야 한다.

2) 3D 프린팅 출력물의 직교 이방성 특성

① 직교 이방성

강성과 열 전달률과 같은 물체의 고유한 특성치가 물체 내에서 임의 방향으로 동일한 값을 가지면 등방성(isotropic)이라고 부르고, 그렇지 않은 경우를 통틀어 이방성(anisotropic)이라고 정의한다.

직교 이방성의 특수한 경우로 횡등방성(transversely isotropic)이 있다. 이것은 직교 이방성이면서 재료의 특성치가 어떤 한 면상에서 등방성을 나타내는 경우로, 가장 대표적인 재료가 일축 방향으로 보강재가 삽입된 섬유 복합재(unidirectional composite)이다. 횡등방성 재료의 구조적 거동은 2개의 탄성 계수, 2개의 프와송 비 그리고 1개의 전단 탄성 계수에 의하여 지배된다. 그리고 열 전달 거동은 2개의 열팽창 계수, 2개의 비열 그리고 2개의 열 전달 계수에 의해 지배된다.

② 직교 이방성을 가지는 3D 프린팅 조형

3D 프린팅 조형물은 한 층 한 층 연속적으로 적층하기 때문에 이방성 특성을 가진다. 즉, 직교를 이루는 X, Y, Z 3방향별로 서로 독립적인 성질을 가진다.

3) 출력 불량

① 시험편 높이에 따른 출력 문제

X, Y 방향으로 인장 시편을 출력할 때는 길이 방향이 길지 않기 때문에 출력에는 큰 문

제점이 발생하지 않는다. 하지만 길이 방향(Z)으로 인장 시편 출력 시 3D 프린터의 진동과 노즐의 움직임으로 인하여 불량으로 출력된다.

또한, 인장 시험편의 모양이 뼈다귀 모양이기 때문에 가운데 형상이 위아래의 너비는 넓지만 중간 부분은 너비가 얇아지면서 지지하는 힘이 약해진다. 이러한 형상이기 때문에 3D 프린터로 출력 시 출력물이 무너지거나 제대로 적층되지 않는 문제점이 나타난다. 이와 같은 문제점을 해결하기 위해 해결 방법을 찾아야 한다. 출력 변수를 변경하여 출력물의 품질을 높이거나 서로 지지할 수 있는 구조를 만들어 출력한다.

② **베드에서 출력물이 떨어지는 경우**

3D 프린팅 시 출력물이 베드에서 살짝 떨어지는 현상이 자주 발생한다. 이를 해결하기 위해 베드 온도를 소재의 유리 전이 온도(Tg, Glass transition temperature)까지 올려 출력하는 것이 가장 좋다. 또한 보통 헤어스프레이나 아세톤을 베드에 분사하여 베드와 출력물이 서로 접착이 되게 하여 출력하는 방법도 있다. 장비 소재가 발달함에 따라 베드 소재를 세라믹 유리판으로 바꾸거나 나이론 베드로 바꾸어 출력물이 베드에서 떨어져 나가는 것을 방지한다. 또한 내열성이 좋은 캡톤 테이프나 마스킹 테이프를 베드에 부착하여 사용하는 방법도 있다.

(4) 소재 물성 테스트 결과 보고서 작성

1) 3D 프린팅 출력물의 방향별 인장 시험 결과 보고서 작성

① **인장 시험 결과 보고서 기본 양식 작성** : 인장 시험 결과 보고서에 들어가야 할 내용을 결정하고, 결정된 항목으로 결과 보고서 양식을 작성한다.

② **시험 항목별 자료 준비** : 보고서 내용에 들어갈 시험편 사진, 시험 데이터, 시험 조건, 프린팅 조건 등을 준비한다.

③ **인장 시험 결과 보고서 작성** : 작성된 양식을 기초로 하여 시험 항목별 준비된 자료를 토대로 인장 시험 결과 보고서를 작성한다.

1 과목 | 핵심 문제 1

01 멀티미터의 사용법에 대한 설명으로 옳지 않은 것은?
① 전압 측정을 위해서는 대상과 병렬로 프로브를 연결한다.
② 전류 측정을 위해서는 대상과 직렬로 프로브를 연결한다.
③ 전류 측정 시 프로브를 병렬로 연결하면 쇼트 현상이 발생할 수 있다.
④ 저항 측정을 위해서는 회로에 연결된 상태에서 측정한다.

> 해설 ▶ 회로에 연결된 상태로 저항을 측정하면 멀티미터와 회로가 서로 간섭을 일으켜 정확한 값을 얻을 수 없다.

02 트랜지스터에 대한 설명으로 옳지 않은 것은?
① 바이폴라 트랜지스터(BJT)는 NPN형만 존재한다.
② 트랜지스터를 증폭기로 사용할 때의 동작 영역은 활성 영역이다.
③ 전체 효과 트랜지스터(FET)는 BJT보다 열영향이 적고 잡음에 강하다.
④ 트랜지스터를 스위치로 사용할 때는 포화 영역과 차단 영역을 사용한다.

> 해설 ▶ BJT(Bipolar Junction Transistor)는 양극성 접합 트랜지스터이며 NPN 또는 PNP의 형태로 접합되어 있다.

03 부품을 실장하기 위해 사용하는 납땜에 대한 설명으로 옳지 않은 것은?
① 기판과 와이어 사이에 공간이 없게 납땜한다.
② 기판과 소자 사이의 공간이 최소화되게 납땜한다.
③ 동기판에 비해 은기판과 금기판이 전기 전도율이 높다.
④ 무연납의 경우 녹는점이 낮아서 초보자가 사용하기 쉽다.

> 해설 ▶ 무연납은 녹는점이 높아 전용 인두기를 사용하지 않으면 납땜이 쉽지 않고 납땜을 한 후에도 깨끗하지 않으므로 초보자가 사용하기에 적합하지 않다.

04 다음 기하 공차 기호의 종류는?

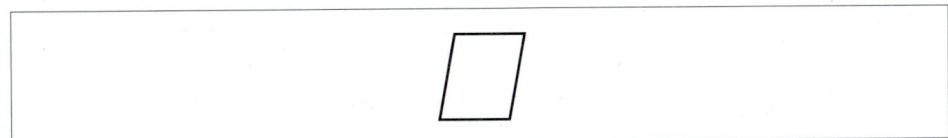

① 원통도 공차   ② 진원도 공차
③ 진직도 공차   ④ 평면도 공차

> 해설 ▶ 위 그림은 공차 기호 중 평면도 공차를 나타낸다.

05 신뢰성 평가에 사용하는 용어의 설명으로 옳지 않은 것은?

① MTBR : 고장 수리 후 다음 고장 수리까지의 시간
② MTBF : 고장에서 다음 고장까지의 시간으로 시스템의 평균 고장 시간 산출
③ MTTR : 제품에 고장이 발생한 경우 고장에서 수리되는 데까지 소요되는 시간
④ MTTF : 고장 평균 시간으로 주어진 시간에서 고장 발생까지의 시간으로 수리 후 다음 고장까지의 시간

> 해설 ▶ 시스템의 신뢰성 예측 방법에 관한 내용이며 MTBF, MTTR, MTTF로 구분된다. (상세한 내용은 4과목의 '품질 보증' 내용 참조)

06 키르히호프의 법칙에 대한 설명으로 옳지 않은 것은?

① 하나의 폐회로를 따라 모든 전압을 대수적으로 합하면 0이다.
② 노드(Node)에 들어오는 전류는 나가는 전류의 2배가 된다.
③ 노드(Node)에 들어오고 나가는 모든 전류의 대수적인 합은 0이다.
④ 하나의 폐회로를 따라 모든 전압 강하의 합은 전체 전원 전압의 합과 같다.

> 해설 ▶ 전류 법칙에서 노드에 들어오거나 나가는 전류의 합은 0이 된다.

07 온도가 증가하면 저항이 감소하는 음(-)의 온도계수를 갖고 있어 온도 감지 센서로 응용할 수 있는 부품은?

① 광전도 셀(CdS Cell)
② 서미스터(Thermistor)
③ 광 다이오드(Photodiode)
④ 버렉터(Varactor) 다이오드

> 해설 ▶ Thermistor는 온도가 올라갈수록 저항이 감소하는 전기적 성질을 가지므로 열적 신호를 전기적 신호로 바꾸는 센서의 역할을 한다. 온도 측정 장치, 자동 온도 조절 장치 등에 사용된다.

08 직렬 연결된 두 저항에 직류 전원이 가해진 다음 회로에서 전류가 I=100mA일 때 저항 R의 전력 규격으로 적절한 것은?

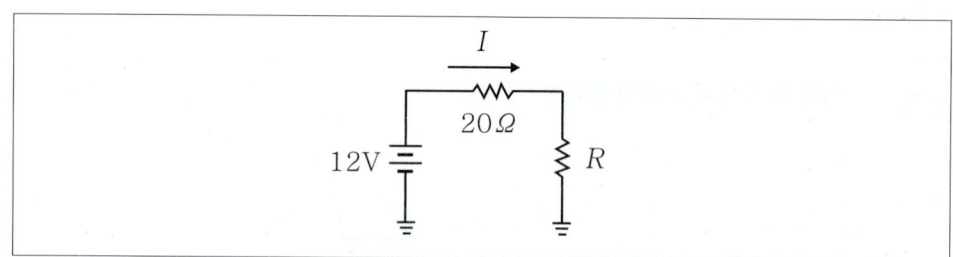

① $\frac{1}{8}$ w
② $\frac{1}{4}$ w
③ $\frac{1}{2}$ w
④ 1w

해설 ▶ 직렬 회로이므로 두 저항에 흐르는 전류값은 같으며 I = 100mA = 0.1A이다. 20Ω 저항에 걸리는 전압 = 전류×저항 = 0.1×20 = 2V이므로 저항 R에는 12V − 2V = 10V가 걸리게 된다. R의 전력(w) = 전류×전압 = 0.1×10 = 1w가 된다.

09 다음 달링턴(Darlington) 회로에서 전류 Ic의 값은?

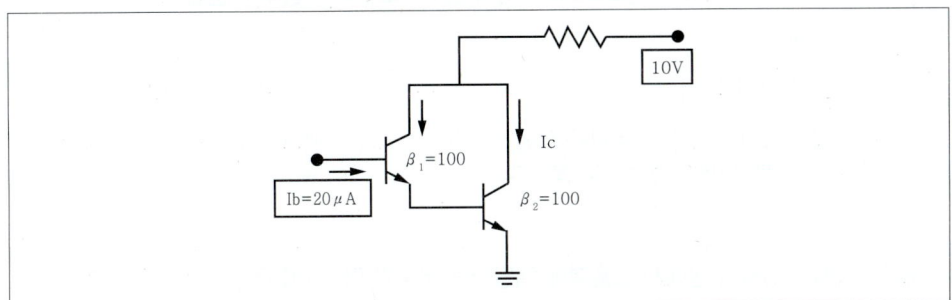

① 10mA ② 20mA
③ 100mA ④ 200mA

해설 ▶ 달링턴 회로는 2개의 트랜지스터를 하나로 결합시킨 것이다. 전류 증폭도가 높기 때문에 고출력 회로에 사용되며 1개의 트랜지스터처럼 취급한다. 총 증폭률은 2개 트랜지스터 각각의 증폭률의 곱으로 표시한다. 즉, 각 트랜지스터에 대하여 증폭률 = Ic/Ib = 100이므로, 총 증폭률은 100×100 = 10,000이 된다. Ib = 20μA = 0.00002A이므로 Ic = 10,000×0.00002 = 0.2A = 200mA이다.

10 스테핑 모터의 회전 속도를 나타내는 단위는?

① pps ② lps
③ cpm ④ spm

해설 ▶ 스테핑 모터의 회전 속도는 pps(pulse per second), 즉 초당 인가된 펄스의 수로 나타낸다.

11 3D 프린터로 출력하고자 하는 대상 제품에 따른 소재 선정 시 검토해야 할 항목으로 거리가 먼 것은?

① 출력물의 강도 ② 출력물의 연성
③ 출력물의 체결성 ④ 출력물의 해상도

해설 ▶ 출력물의 체결성은 소재 선정과는 관련이 없다.

12 전기 기구/전자 제품 안정성 테스트(UL 인증 기준)에서 플라스틱 소재의 필수적인 평가 항목이 아닌 것은?

① 난연성 ② 착화 온도
③ 전기적 특성 ④ 장기적 내열 특성

> **해설**
> • 난연성 평가 : 시편을 불꽃에 노출하여 타들어가는 길이를 평가
> • 전기적 특성 평가 : 발화(ignition) 및 탄화(tracking)되는 속도를 측정
> • 장기적 내열 특성 평가 : 특정 온도에서 장시간 연속 사용 후 기계적 강도가 초기 강도의 50% 이상을 유지하는지 평가

13 회전 운동을 직선 운동으로 바꾸어 주는 3D 프린터 구동부 부품은?
① 레이저
② 익스트루더
③ 리니어 모터
④ 마이크로프로세서

> **해설** 출제자의 의도는 리니어 모터(LM) 가이드의 기능에 대하여 질문한 것으로 보이나 ③번이 '리니어 모터'로 표기되어 전항 정답으로 처리

14 3D 프린터 구성에서 토출부에 해당하는 부품이 아닌 것은?
① 핫 엔드
② 콜드 엔드
③ 제팅 헤드
④ 리밋 스위치

> **해설** 토출부의 부품은 3D 프린팅 기술 방식에 따라 차이가 있으며 리밋 스위치는 토출부 부품이 아니다.

15 SLS 방식 3D 프린터 가공 시 공기와 반응하여 폭발 가능성이 높아 단일 금속으로 사용하기 어려운 것은?
① 철
② 구리
③ 백금
④ 마그네슘

> **해설** 분말 형태의 마그네슘은 공기 중에서 쉽게 불이 붙어 폭발하는 성질을 가지므로 보통 합금 형태로 사용된다.

16 3D 프린터 방식 중 Material Jetting에 포함되는 적층 기술이 아닌 것은?
① Polyjet
② SLS
③ Inkjet
④ Thermojet

> **해설** 재료 분사(Material Jetting) 방식은 광경화성 수지나 왁스 등의 액체 재료를 미세한 방울로 만들어 선택적으로 분사하는 방식이다. SLS(Selective Laser Sintering) 방식은 선택적 레이저 소결법으로 분말 재료에 레이저를 투사하여 표면을 용융시키는 방식이다.

17 열가소성 수지의 특성으로 옳지 않은 것은?
① 열 안정성이 우수하여 강성이 필요한 곳에 많이 사용된다.
② 여러 번 재가열에 의해 성형이 가능한 수지이다.
③ 용융점이 존재하며 용융점에 이르면 급격한 부피 변화가 나타난다.
④ 결정 구조에 따라 결정성 수지와 비결정성 수지로 구분된다.

해설> 열가소성 수지는 재활용이 가능한 장점이 있으나 열 안정성이 떨어져 고온에서는 사용이 제한적이다.

18 플라스틱 소재의 변형 거동에 관한 설명으로 옳지 않은 것은?
① 탄성 변형은 하중을 제거하면 원래 상태로 되돌아오는 변형이다.
② 소성 변형은 하중을 제거해도 원래 상태로 되돌아오지 않고 영구 변형된다.
③ 연성 재료는 소성 변형이 큰 재료로 항복 응력 이후 특정 부위가 얇아진다.
④ 취성 재료는 탄성 변형이 거의 없고 소성 변형을 천천히 지속하다 파단이 발생한다.

해설> 취성 재료 변형 거동은 소성 변형이 거의 없고 탄성 변형을 지속하다가 바로 파단이 발생하는 것을 말한다.

19 동일 측정자가 해당 측정 제품을 동일한 방법과 장치, 장소에서 동작을 하여 측정하였을 때 차이가 나는 정도를 시험하는 것은?
① 반복 정밀도 시험   ② 위치 정밀도 시험
③ 넘어짐 안정성 시험   ④ 사용 환경 안정성 시험

해설> 기구의 안정성 시험 항목(63쪽)에 관한 내용 참조

20 다음 그림과 같이 정교하게 가공된 직선형 레일을 접촉점이 한 점으로 된 볼이 구르면서 블록을 직선으로 이송시키는 장치는?

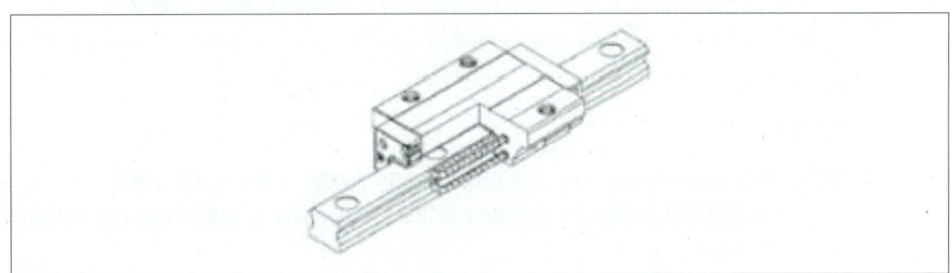

① 서포터   ② 커플링
③ LM 가이드   ④ 타이밍 벨트

해설> 이송 장치 중 직선 이송 가이드(linear motion guide)에 관한 사항이며 모터로부터 발생하는 동력으로 정밀 직선 이송을 구현하기 위해 사용된다.

핵심 문제(1) 정답

01	02	03	04	05	06	07	08	09	10	11	12	13	14	15	16	17	18	19	20
④	①	④	④	①	②	②	④	④	①	③	②	전항정답	④	④	②	①	④	①	③

1 과목 핵심 문제 2

01 3D 프린터의 개념 및 특징에 관한 내용으로 옳지 않은 것은?

① 컴퓨터로 제어되기 때문에 만들 수 있는 형태가 다양하다.
② 제작 속도가 매우 빠르며 절삭 가공하므로 표면이 매끄럽다.
③ 재료를 연속적으로 한 층 한 층 쌓으면서 3차원 물체를 만들어내는 제조 기술이다.
④ 기존 잉크젯 프린터에서 쓰이는 것과 유사한 적층 방식으로 입체물을 제작하는 방식도 있다.

> 해설 3D 프린터는 적층 가공 방식이며 절삭 가공이 아니다.

02 다음 설명에 해당하는 데이터 포맷은?

- 최초의 3D 호환 표준 파일 포맷이다.
- 형상 정보를 나타내는 엔터티(entity)로 이루어져 있다.
- 점, 선, 원, 자유 곡선, 자유 곡면 등 3차원 모델의 거의 모든 정보를 포함한다.

① XYZ ② IGES
③ STEP ④ STL

> 해설 IGES(Initial Graphics Exchange Specification)는 1980년 그래픽 정보의 교환을 위해 미국 국가표준국에서 제정한 표준 규격이며, 제품 정의 데이터의 수치적 표현 및 교환을 위한 중립 데이터 형식의 제공을 목적으로 한다.

03 모델을 생성하는 데 있어 단면 곡선과 가이드 곡선이라는 2개의 스케치가 필요한 모델링은?

① 돌출(extrude) 모델링
② 필렛(filet) 모델링
③ 쉘(shell) 모델링
④ 스윕(sweep) 모델링

> 해설 파이프라인 형태의 CAD 모델링 작업 시 sweep 기능을 사용하며 단면을 선택하고 경로를 나타내는 가이드 곡선을 선택하면 파이프라인이 생성된다.

04 다음 그림 기호에 해당하는 투상도법은?

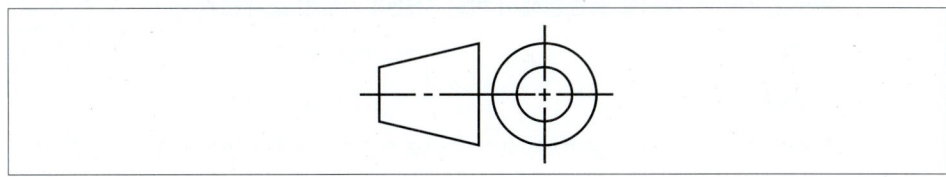

① 제1각법 ② 제2각법
③ 제3각법 ④ 제4각법

> 해설 ▶ 물체를 제1각(제1사분면)에 놓고 물체 뒤의 투상면에 투사하는 방법은 제1각법이고, 물체를 제3각(제3사분면)에 놓고 물체 앞의 투상면에 투사하는 방법은 제3각법이다. 즉, 우측면도가 정면도의 좌측에 있으면 제1각법, 우측면도가 정면도의 우측에 있으면 제3각법이 된다.

05 물체의 보이지 않는 안쪽 모양을 명확하게 나타낼 때 사용되며 일반적으로 45℃의 가는 실선을 단면부 면적에 일정한 간격의 경사선으로 나타내어 절단되었다는 것을 표시하는 것은?

① 해칭 ② 스머징
③ 커팅 ④ 트리밍

> 해설 ▶ 해칭에 관한 설명이다. 동일 부품의 해칭 방향은 같아야 하고 접촉하는 경우에도 다른 부품에 대해서는 해칭의 방향을 다르게 해야 한다.

06 다음 도면의 치수 중 A 위치에 기입될 치수의 표현으로 가장 정확한 것은? (단, 도면 전체에 치수 편차 ±0.1을 적용한다)

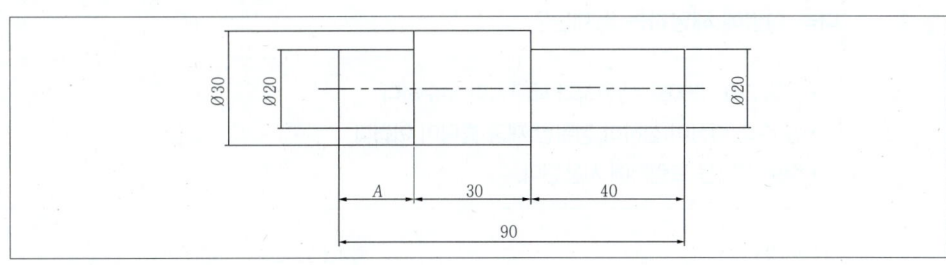

① □20 ② (20)
③ 20   ④ SR20

> 해설 ▶ A에 부득이 치수를 기입해야 할 경우 괄호(참고 치수)를 사용

07 치수 보조 기호를 나타내는 의미와 치수 보조 기호가 잘못 표시된 것은?

① 지름 : ø10 ② 참고 치수 : (30)
③ 구의 지름 : Sø40 ④ 판의 두께 : □4

> 해설 ▶ 두께를 나타낼 경우에는 기호 t를 기입하여 치수를 표시한다.

08 내마모성이 우수하고, 고무와 플라스틱의 특징을 가지고 있어 휴대폰 케이스의 말랑한 소재나 장난감, 타이어 등으로 프린팅해서 바로 사용이 가능한 소재는?

① TPU ② ABS
③ PVA ④ PLA

> 해설 ▶ TPU는 고무의 탄성을 가지는 플라스틱으로 열을 가하면 형태 변형이 생겨 잘 휘어지고 충격 흡수력이 좋다.

09 FDM 델타 방식 프린터에서 높이가 258㎜일 때 원점 좌표로 옳은 것은?

① (258, 0, 0) ② (0, 258, 0)
③ (0, 0, 258) ④ (0, 0, 0)

> 해설 ▶ 델타 방식에서 원점 좌표는 Z값의 최대치이다.

10 3D 프린터의 종류와 사용 소재의 연결이 옳지 <u>않은</u> 것은?

① FDM → 열가소성 수지(고체)
② SLA → 광경화성 수지(액상)
③ SLS → 열가소성 수지(분말)
④ DLP → 열경화성 수지(분말)

> 해설 ▶ DLP(Digital Light Processing)는 수조 광경화 방식의 일종이며 액상 광경화성 수지를 사용한다.

11 다음 설명에 해당하는 소재는?

- 융점 270~300도, 내열성과 내구성이 우수하다.
- 열 수축 현상이 심하며 정밀한 제품 출력이 어렵다.
- 주로 산업용 프린터에 사용된다.

① ABS ② PLA
③ Nylon ④ PC(Polycarbonate)

> 해설 ▶ 열가소성 플라스틱 소재 중 폴리카보네이트에 관한 설명이다.

12 분말을 용융하는 분말 융접(Powder Bed Fusion) 방식의 3D 프린터에서 고형화를 위해 주로 사용되는 것은?

① 레이저 ② 황산
③ 산소 ④ 글루

> 해설 ▶ 분말 융접 방식에는 SLS, SLM이 있으며 분말 재료 위에 레이저를 투사하여 제작하는 방식이다.

13 3D 프린터의 출력 방식에 대한 설명으로 옳지 <u>않은</u> 것은?

① DLP 방식은 선택적 레이저 소결 방식으로 소재에 레이저를 주사하여 가공하는 방식이다.
② SLS 방식은 재료 위에 레이저를 조사하여 소결하는 방식이다.
③ FDM 방식은 가열된 노즐에 필라멘트를 투입하여 가압 토출하는 방식이다.
④ SLA 방식은 용기 안에 담긴 재료에 적절한 파장의 빛을 주사하여 선택적으로 경화시키는 방식이다.

> 해설 ▶ DLP 방식은 수조 광경화 방식이며 광경화성 액체 수지를 사용하고 Image Projector를 사용하여 한 개의 층을 동시에 경화시킨다.

14 3D 프린터에서 출력물 회수 시 전용 공구를 이용하여 출력물을 회수하고 표면을 세척제로 세척한 후 출력물을 경화기로 경화시키는 방식은?

① FDM　　② SLA
③ SLS　　④ LOM

> 해설 ▶ SLA 방식에서는 광경화성 액체 수지를 사용하기 때문에 전용 공구를 사용하고 표면을 세척해서 경화시킨다.

15 3D 프린터 출력 시 성형되지 않은 재료가 지지대(Support) 역할을 하는 프린팅 방식은?

① 재료 분사(Material Jetting)
② 재료 압출(Material Extrusion)
③ 분말 적층 용융(Powder Bed Fusion)
④ 광중합(Vat Photopolymerization)

> 해설 ▶ 분말 용융 방식의 SLS는 분말 표면을 소결시키는 방식이므로 성형되지 않은 재료가 지지대 역할을 할 수 있으나 SLM 방식에서는 금속 재료를 녹여 적층하므로 지지대를 필요로 한다.

16 3D 프린팅의 특징을 가장 잘 나타내는 단어는?

① 적층식 가공 방식이다.　　② 절삭식 가공 방식이다.
③ 대량 생산이 가능하다.　　④ 금형을 사용한다.

> 해설 ▶ 모든 3D 프린터는 적층 가공(additive manufacturing) 방식이다.

17 다음 중 액체 광경화수지를 사용하는 프린팅 방법은?

① FDM　　② SLA
③ DED　　④ SLS

> 해설 ▶ SLA(Stereolithography) 방식에서 액체 광경화성 수지의 재료를 사용한다.

18 Material Extrusion 방식의 대표적인 기술은?
① SLS   ② SLA
③ Polyjet   ④ FDM

> 해설 ▶ 재료 압출 방식의 대표적인 기술은 FDM이다.

19 재료 분사 노즐에 레이저, 전자빔을 연결하여 재료 분사와 동시에 소결, 적층하는 방식은?
① PBF(Powder Bed Fusion)
② BJ(Binder Jetting)
③ DED(Directed Energy Deposition)
④ Material Extrusion

> 해설 ▶ DED 방식의 노즐에는 재료와 광원(레이저, 전자빔)이 함께 연결되어 있다.

20 다음 중 액상 광경화성 수지 재료를 사용하지 않는 방식은?
① SLA   ② DLP
③ SLS   ④ Material Jetting

> 해설 ▶ SLS 기술은 분말 융접 방식의 일종이며 분말 형태의 금속, 수지, 세라믹 재료를 사용한다.

21 다음의 특성을 나타내는 소재는?

- 융점 : 210~260℃
- PLA에 비해 강도, 열에 대한 내구성, 가격 경쟁력이 우수
- 열 수축 현상이 일어나 정밀한 제품 출력이 어려움(베드 가열 필요).
- 제품 출력 후 증착, 착색, 광택 처리, UV 코팅, 도금이 가능
- 작업 시 냄새가 심해 환기 필요

① PVA   ② ABS
③ PC   ④ PA

> 해설 ▶ 플라스틱 소재의 일종인 ABS 소재에 관한 내용이며 PLA 다음으로 많이 사용되지만 냄새가 심하고 다루기가 어렵다.

22 다음 스테핑 모터의 경우 구동축을 1mm 이동하기 위해 모터에 인가해야 하는 펄스 수는? (단, 벨트 피치 2mm, 풀리 잇수 20개, 마이크로 스텝 1/16)
① 80   ② 160
③ 1600   ④ 3200

> **해설** 스텝 모터 자체 특성상 1펄스 = 1.8도이므로 360도/1.8 = 200펄스(즉, 모터가 1회전하는 데 200펄스 필요), 모터 드라이버에서 1/16의 마이크로 스텝을 사용하므로 제어용 펄스는 1회전당 200×16 = 3200펄스가 필요하다.
> 한편, 풀리가 1회전할 때 이동거리는 20×2mm = 40mm이므로, 즉 모터가 1회전하면 축이 40mm를 이동하게 되므로, 1mm를 이동시키기 위해서는 3200(펄스)/40(mm) = 80(펄스/mm)가 필요하다.

23 설계 조건 분석 단계에서 검토해야 할 사항이 아닌 것은?
① 구동 방식
② 원가 분석
③ 제어 방식
④ 필요한 모터 및 사양

> **해설** 설계 조건 분석은 회로 개발의 첫 번째 단계에서 실시하며, 원가 분석은 개발 계획 수립 단계에서 실시한다.

24 3D 프린터의 가공부에 관한 설명으로 옳지 않은 것은?
① Material Jetting : 광경화성 수지를 분사하는 노즐과 분사된 재료를 경화하는 광에너지 투사부가 있다
② Vat Photopolymerization : 가공 방식에 따라 전사 방식과 주사 방식이 있으며 광에너지의 종류에 따라 재료가 달라져야 한다.
③ Powder Bed Fusion : 일반적으로 파우더 형태의 재료에 바인더를 분사하여 접착시킨다.
④ Directed Energy Deposition : 고에너지의 레이저나 전자빔을 재료에 직접 주사하며 안전장치가 필요하다.

> **해설** 분말 융접 방식(powder bed fusion)은 파우더(분말) 형태의 재료에 레이저를 투사하는 방식이다.

25 '화학 물질을 안전하게 사용하고 관리하기 위하여 필요한 정보를 기재한 자료'를 뜻하는 것은?
① UL
② MSDS
③ VST
④ HDT

> **해설** 소재 개발에 관한 사항이며, MSDS(Material Safety Data Sheets, 물질 안전 보건 자료)는 화학 물질을 안전하게 사용하고 관리하기 위하여 필요한 정보를 기재한 Sheet이다. 명칭 및 함유량, 응급조치 요령, 안전·보건상의 취급 주의 사항, 건강 유해성 및 물리적 위험성 등을 설명한 자료를 말한다.

26 다음 중 미국 보험회사들이 전기 기구나 전자 제품의 안전도를 평가하기 위한 목적으로 실시하는 테스트는?
① ABS
② ISO
③ UL
④ ASTM

> **해설** 소재의 적정성 검토에 관한 사항으로 UL(Underwriter's Laboratory) 테스트 항목에는 난연성 평가, 전기적 특성 평가, 장기적 내열 특성 평가가 있다.

27 개발을 위해 제작된 회로의 검증을 하기 위해서는 회로에 맞는 지그를 제작하여야 하며 방식과 크기에 따라 분류된다. 다음 중 그 종류에 속하지 <u>않는</u> 것은?

① 검사용 지그
② 설계용 지그
③ 완제품 검사용 지그
④ 신뢰성 전용 작업 지그

> **해설** 지그는 생산 또는 제품의 검증 등에 필요한 도구를 말한다.

28 다음 중 토출부 부품이 <u>아닌</u> 것은?

① 이송 가이드
② 레이저
③ 압출 헤드
④ Jetting 헤드

> **해설** 이송 가이드는 이송부에 해당한다.

29 새로운 제품이 만들어지면 제품에 대한 안정성이 검증되어야 하므로 요구되는 표준 규격에 따라 안정성 시험을 거쳐야 한다. 안정성 검사에 대한 설명으로 옳지 <u>않은</u> 것은?

① 정밀 측정 검사 : 제품에 대한 형상과 크기 등을 정밀 측정하는 검사로 정밀도를 요하는 제품에 대하여 실시하고 오차를 확인한다.
② 재료 시험 검사 : 제품에 사용된 재료에 대해 강도, 인장, 마모 등 재료 성질을 알아보기 위해 인장, 굽힘, 비틀림, 경도, 피로 시험 등을 실시한다.
③ 소재 분석 검사 : 재료에 대한 미세 조직 분석, 화학 성분 분석, 나노 구조 분석 등을 실시한다.
④ 환경 시험 검사 : 제품에 대한 넘어짐, 진동 등 환경 적응에 대한 검사를 실시한다.

> **해설** 기구 개발에 관한 사항이다. 안정성 시험은 한국산업표준에서 KS 표준을 획득할 때나 새로운 제품이 만들어지면 안정성 검증을 위해 실시된다. 환경 시험 검사에서는 제품에 대한 내식성, 내구성 등 환경 적응에 대한 검사를 실시한다.

30 다음 신뢰성 시험 중 초기 고장을 제거하기 위해 실시하는 시험으로, 디버깅이라고도 하며 제조 품질의 편차와 설계 미숙에서 비롯되는 고장을 검출하는 시험은?

① 스크리닝 시험
② 고장률 시험
③ 수명 시험
④ 환경 시험

> **해설** 기구 개발 분야의 기구 안정성 확보에 관한 내용으로 신뢰성 시험의 스크리닝 시험에 관한 문제이다.

핵심 문제(2) 정답

01	02	03	04	05	06	07	08	09	10	11	12	13	14	15	16	17	18	19	20
②	②	④	①	①	②	④	①	③	④	④	①	①	②	③	①	②	④	③	③
21	22	23	24	25	26	27	28	29	30										
②	①	②	③	②	③	②	①	④	①										

1장 빌드 장치 개발

학습 목표 | 빌드 장치 개발이란 개발하고자 하는 3D 프린터의 특성에 맞는 노즐, 광학 모듈 및 하이브리드 시스템을 설계하고 제작하는 능력이다.

선행 학습

3D 프린터를 개발하는 입장에서 보면 3D 프린터는 크게 빌드 장치와 이송 장치로 구분된다. 3D 형상을 제작하는 방식에서 보면 접착제나 소재를 노즐로 분사하는 방식과 레이저나 전자 빔, UV 빛을 주사하는 광학 모듈 방식으로 구분된다. 이송 장치는 빌드 장치의 종류에 따라서 이송 장치의 영역이 결정된다. 노즐을 이용하는 방식에서는 노즐이 이송되는 속도와 정확도가 제품 생산의 속도와 정확도를 결정하게 된다. 하지만 광학 모듈 방식에서는 적층 작업을 할 때는 이송 장치가 필요가 없고, 적층을 위한 전, 후 공정에서 이송 장치를 필요로 하게 된다.

3D 프린터 빌드를 하는 방식을 노즐을 통하여 분사하는 방식과 광학 모듈을 이용한 주사 방식으로 구분할 수 있다.

이 장에서는 노즐 설계 및 광학 모듈 설계에 대해 이해하고 일본을 중심으로 개발되어 출시되고 있는 하이브리드 시스템에 대해 이해한다.

1 노즐 설계

(1) 3D 프린터 노즐의 구조 이해

1) 노즐의 정의

노즐은 그 단면적의 크기가 변화하면서 유체의 유속이 증가하게 하는 장치이며, 흔히 파이프(pipe) 혹은 튜브(tube) 형상이다. 노즐은 유속뿐만 아니라 유체의 방향을 제어하거나 변경 혹은 유체의 압력을 제어할 때도 사용된다. 아래 그림은 노즐의 개념도를 나타내며 출구 유속이 입구 유속보다 크게 설계한다. 이러한 노즐은 제트 엔진(jet engine) 등에서 연료의 분사, 페인팅 장비에서 스프레이, 공작 기계에서 금속이나 플라스틱의 사출 등 다양한 분야에서 사용되는 매우 일반적인 장치이다.

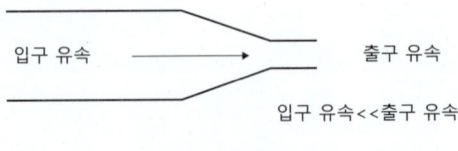

노즐의 개념도

노즐의 반대 개념으로 적용하면 이것을 디퓨저(diffuser)라고 하고 유체의 속도가 감소하며 압력이 증가하는 데 사용하는 장치이다. 아래 그림은 디퓨저의 개념도를 나타내고, 출구 유속이 입구 유속보다 작게 설계한다. 주로 공기 조화 장치(HVAC, Heat, Ventilating, and Air-Conditioning)에 많이 사용된다.

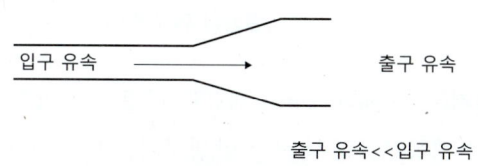

디퓨저의 개념도

(2) 조형 방식별 노즐의 종류 및 특징

앞에서 언급했듯이 3D 프린팅 장비는 적용 기술에 따라서 노즐을 사용하는 경우와 사용하지 않는 경우로 구분된다. 노즐을 사용하는 공정이더라도 공정 특성 및 재료 특성에 따라서 각기 다른 종류의 노즐이 사용되고 큰 차이점을 가지게 된다. 그중 가장 큰 차이점은 주로 노즐을 사용하는 공정에서는 최종 성형품의 재료(모델 재료)가 3D 프린터 외부에서 노즐을 통해서 전달되어 적층이 이루어지며, 그렇지 않은 3D 프린팅 공정에서는 재료 공급을 위한 재료 컨테이너(공급 장치)가 따로 있는 경우이다. 노즐을 사용하는 대표적인 공정은 제팅(Jetting) 공정, FDM 공정, 그리고 다이렉트 프린팅(Direct printing) 공정 등이 있다.

1) 제팅 방식

① 노즐 기술

제팅 방식은 잉크 분사를 이용하는 종이 인쇄 공정과 매우 유사하다. 단, 종이 인쇄 공정에 비해서 잉크의 점도가 상대적으로 높다. 잉크 카트리지의 액추에이터(actuator)에 의해서 매우 작은 잉크 방울, 즉 액적(droplet)이 생성되고, 이의 연속적인 분사에 의해 원하는 단면 형상을 제작할 수 있다. 이러한 제팅 방식에는 크게 열팽창 방식(혹은 bubble-jet)과 압전 방식이 있다.

열팽창 방식은 아래 그림과 같이 히터에 의해 유체의 부피가 증가하고, 증가한 부피만큼의 유체가 매우 작은 구멍인 오리피스(orifice)를 통과하여 최종적으로 잉크 방울(액적, 液摘, droplet)이 생성된다. 이 방식은 열에 의한 방식으로 재료의 열변형이 일어날 가능성이 있다.

열팽창 제팅 방식

압전 방식은 압전(piezoelectricity) 재료로 만들어진 얇은 박막을 이용하여 미세 변형을 일으켜 그 부피 변형량만큼 액적을 발생시키는 방식이다. 이 방식은 전기 신호에 의해 압전 재료의 변형을 일으키는 방식이기 때문에 매우 빠른 속도로 제팅이 가능하여 고속 프린팅에 많이 사용되고 있다. 또한 열에 의한 재료 변형이 거의 없기 때문에 현재 가장 많이 사용하는 방식이다.

압전 제팅 방식

현재 이 방식을 이용하는 상용 장비는 3D Systems 사와 Stratasys 사에서 주로 생산하며, 점도가 비교적 높은 광경화 재료를 이용하여 재료를 분사하고 난 다음 자외선광으로 바로 경화한다. 주로 모델 재료와 서포트 재료 두 가지가 사용되며, 서포트 재료는 가공이 완료된 후에 고압 워터젯(waterjet)으로 제거된다.

이와 유사하지만 모델 재료가 직접 사용되지 않는 공정도 있다. 바인더 제팅(Binder Jetting) 공정이라고도 불리며, 분말이 재료 컨테이너(분말 공급 장치)에 위치하고 있으며 분말을 접착할 수 있는 바인더를 잉크젯 방식으로 뿌려서 원하는 단면을 형성한다. 이 방식은 별도의 서포트 재료가 없으며 바인더에 의해 재료가 바로 굳어지고 바인더가 도달하지 않은 분말 재료들이 서포트 역할을 수행하게 된다. 바인더를 사용하기 때문에 비교적 재료의 강도가 약하다는 단점이 있다. 하지만 다양한 색상을 만들어 낼 수 있기 때문에 컨셉 모델러(concept modeler) 등에서는 많이 사용된다. 재료는 주로 모래로 주조용 사형을 만드는 데 사용된다. 금속 파우더를 사용할 경우에는 별도의 신터링(sintering) 열처리가 필요하다. 바인더 재료는 모델 재료를 잘 결합할 수 있는 재료가 사용된다.

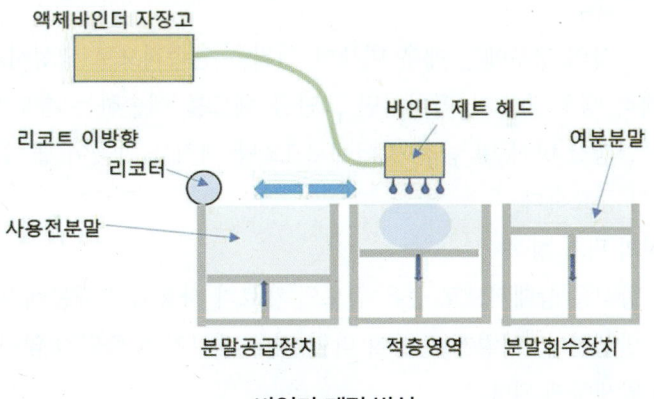

바인더 제팅 방식

② 노즐 설계 파라미터

이러한 제팅 방식에서 사용하는 노즐은 그 크기에 따라서 액적의 크기가 정해진다. 액적의 크기는 프린팅 장비의 해상도 및 치수 정밀도에 직접적인 영향을 미친다. 따라서 노즐 크기가 중요한 인자 중의 하나이다. 또한 흔히 종이 인쇄에서 일컫는 해상도는 dpi(dot per inch)로 결정된다. 즉, 1인치 안에 몇 개의 개별 액적을 분사할 수 있는지를 나타내는 척도인데, 그 수치가 높으면 높을수록 해상도가 높아진다. 현재 상용 장비는 보통 XY 평면상에서 600dpi, 적층 방향인 Z축으로 1200dpi 이상의 정밀도를 가진다. 그리고 가공 속도 또한 중요하다. 이는 액적을 얼마만큼 빨리 생성하는지에 달려 있으며, 노즐의 개수가 많을수록 한꺼번에 넓은 영역을 프린팅할 수 있어 가공 속도가 상승하게 된다.

이 방식의 가장 큰 장점은 높은 정밀도와 다중 재료의 사용에 있다. 종이 잉크젯 방식과 유사하게 재료를 섞어서 프린팅할 수 있다. 예를 들어 유연한 재료와 단단한 재료가 있을 경우, 두 재료의 양을 조절하여 하나의 구조물 안에 다양한 강도를 가진 성형물을 가공할 수 있다.

이 방식의 단점은 주로 점도가 높은 광경화성 재료가 사용되기 때문에 노즐이 막힐 우려가 상대적으로 높다. 따라서 정기적인 노즐 클리닝을 통해 관리할 필요가 있다.

③ 노즐의 평가 항목
   ㉠ 노즐의 치수 검증

필요로 하는 성능에 따라 설계된 노즐은 일정한 크기의 액적을 연속적으로 프린팅하기 위해 치수가 보장되어야 한다. 제팅 방식의 경우에는 오리피스의 직경 및 오리피스 사이의 간격이 허용 공차 내에 들어와야 한다. 오리피스는 기본적으로 원형으로 설계되기 때문에 원형도 또한 공차를 만족해야 한다.

ⓛ 동작 주파수

제팅 방식의 경우에는 매우 미세한 액적을 연속적으로 생성시켜야 한다. 만약 이러한 액적 생성 속도가 떨어지면 그만큼 헤드를 이송하는 속도가 느려지게 된다. 따라서 열팽창 방식 및 압전 방식에서 1초당 액적을 만들어 낼 수 있는 속도인 주파수(Hz)가 중요하다.

ⓒ 그 외의 평가 항목

제팅 방식은 상대적으로 높은 점도의 재료가 사용되기 때문에 막힘(clogging) 현상이 자주 발생한다. 이렇게 노즐이 막힐 경우 재료가 토출되지 않아 결국엔 성형품에 결함이 발생하게 된다.

2) FDM 방식

① 노즐 기술

FDM 방식은 열을 가하면 흐를 수 있는 열가소성 재료로 기제작된 필라멘트를 가열된 노즐에서 녹여서 다시 가는 필라멘트 형태로 토출시켜 단면을 형성시키고 최종적으로 3차원 형상을 제작하는 공정이다. 그래서 필라멘트 형태의 고체 상태의 열가소성 재료를 준액상(semi-liquid)으로 녹일 수 있는 노즐 헤드(핫 엔드, hot end)와 노즐 헤드로 재료를 균일하게 공급하는 재료 공급 장치 그리고 준액상 재료를 다시 토출하여 매우 미세한 선(필라멘트 혹은 비드[bead])을 형성할 수 있는 노즐 팁(tip) 등이 필요하다.

재료 공급 장치와 노즐 헤드

노즐 헤드는 다음과 같이 구성된다.

㉠ 온도를 분산할 수 있는 방열 핀

ⓛ 프린팅 정밀도를 결정하는 매우 미세한 노즐 팁

노즐 헤드부 구성

재료 공급 장치는 프린팅 속도에 맞춰 재료를 공급하며, 저가형에서는 주로 스테핑 모터로 구동된다.

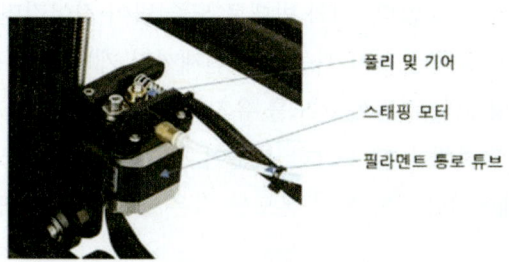

재료 공급 장치의 구성

다양한 열가소성 재료가 존재하고 각각의 재료는 녹는점이 다르기 때문에 재료의 특성에 맞춰 노즐의 온도가 정해져야 하고 또한 재료 공급 속도도 정해져야 한다. 너무 높은 온도에서는 재료가 토출되면서 제대로 경화되지 않아 원하는 형상을 얻지 못하며, 너무 낮은 온도에서는 재료 자체가 잘 흐르지 않아서 결과적으로 토출이 이루어지지 않는다. 따라서 온도 제어가 가장 중요한 부분 중의 하나이다. 또한 고가의 장비에서는 재료의 특성에 맞춰 노즐의 온도가 정해져야 하고 또한 재료 공급 속도도 정해져야 한다

저가형 장비에서는 1개의 노즐을 사용하며, 모델 재료와 서포트 재료가 동일하다. 서포트는 모델 형상보다 상대적으로 약하게 제작하여 후처리 과정에서 쉽게 제거할 수 있게 한다. 균일한 필라멘트가 토출되게 하기 위해 노즐의 온도 및 헤드의 이송 속도 제어가 중요하다.

② 노즐 설계 파라미터

FDM 노즐을 설계하기 위해 첫 번째로 고려해야 할 부분은 노즐 팁의 직경이다. 노즐 팁의 직경이 작을수록 정밀한 필라멘트를 토출할 수 있으나, 단위 면적을 가공하는 데 있어 상대적으로 긴 성형 시간이 걸린다. 따라서 저가 및 중고가 장비의 목표 성능에 따라서 팁 사이즈를 결정해야 한다. 중고가의 경우에는 팁을 교체할 수도 있으며, 교체 직후

팁의 높이를 보정해야 한다. 이는 팁 사이즈에 따라서 토출된 필라멘트의 사이즈가 달라지므로, 토출이 된 이웃 필라멘트 사이의 간격이 달라지며 이를 가공 경로 생성에 반영해야 한다. 또한 팁과 조형 받침대 사이의 간격도 토출 필라멘트의 크기에 맞게끔 보정해야 하며 동시에 적층 두께도 조절해야 한다. 또한 동일한 팁을 사용하는 경우라도 재료에 따라서 토출된 필라멘트의 사이즈가 달라지기 때문에 이 또한 보정해야 한다. 주로 고가용에서는 127~330마이크론 정도의 팁이 사용되며 교체가 가능하다. 저가형 FDM 장비에서는 주로 300~400마이크론 정도의 팁이 사용된다.

노즐 팁의 길이 또한 설계 대상이다. 노즐 팁의 길이가 짧으면 상대적으로 온도를 제어하기가 용이하지만, 길이가 길어지면 상대적으로 균일하지 않은 온도 분포가 발생해서 온도 제어가 쉽지 않다. 이와 반대로 노즐 팁이 길어지면 자유 곡면과 같이 복잡한 곡면 위에도 프린팅하는 것이 가능하나 현재까지 개발된 상용 장비는 없다. 이를 위해서 노즐 팁을 히팅 코일로 감싸 온도를 유지할 수도 있다.

이와 함께 고려해야 할 중요한 부분이 노즐 장치의 온도를 고온으로 유지시킬 수 있는 히터 및 제어기다. 즉, 특정 온도를 작은 오차 범위로 연속적으로 제어하는 것이 중요하다.

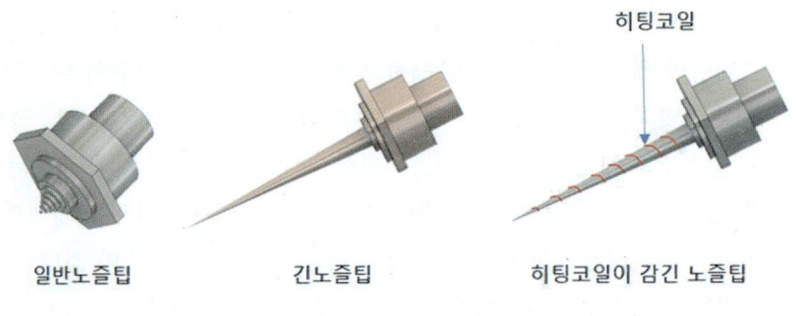

다양한 노즐 팁

FDM 방식의 가장 큰 장점은 열가소성 재료를 사용하기 때문에 다른 공정에 비해서 상용 노즐 팁과 이송 장치 등으로 비교적 간단한 장비를 구성할 수 있다는 것이다. 또한 열가소성 재료를 이용하여 프린팅 원재료를 개발하는 것도 상대적으로 용이하다. 실제로 거의 대부분의 저가형 장비는 개발의 용이성으로 인해 FDM 방식을 취하고 있다.

이 방식의 단점 또한 열가소성 재료 이외의 다른 종류의 재료를 사용할 수 없다는 것이다. 즉, 액상 혹은 페이스트(paste)와 같은 재료는 사용할 수 없다. 최근 들어 고온에서 사용되는 재료를 포함해서 다양한 재료가 개발되고 있으나, 재료의 종류 면에서는 다른 공정에 비해 다양하지 않다.

③ 노즐의 평가 항목
　㉠ 노즐의 치수 검증

　　FDM 방식도 제팅 방식과 마찬가지로 노즐의 치수가 가장 중요한 부분 중의 하나이다. 노즐의 내경에 따라서 필라멘트의 크기가 정해지고 이는 곧 장비의 가공 정밀도가 된다. 따라서 제작된 노즐의 외경 및 내경이 공차를 만족하는지 평가해야 한다. 또한 노즐의 길이는 일정해야 하며, 그렇지 않을 경우에는 팁과 기판 사이의 간격인 갭(gap)이 달라져서 결과적으로 다른 크기의 필라멘트가 생성되거나 필라멘트가 조형판에 부착되지 않을 수도 있다. 그리고 팁의 끝단은 버(burr)가 없어야 하며, 이는 일정한 크기 및 원형의 필라멘트를 형성하는 데 영향을 미친다.

　㉡ 노즐 온도

　　노즐의 온도는 재료의 녹는점에 따라서 다르게 세팅되어야 한다. 또한 설정된 온도는 오차 범위 내에서 지속적으로 제어되어야 한다.

　㉢ 재료 토출 속도

　　재료의 공급 속도는 모터에 연결된 풀리(pulley)의 회전 속도로 결정된다. 재료 공급 속도는 재료 토출 속도를 결정한다. 이송 장치의 가감속에 따라서 재료 토출 속도가 조절되어 단위 길이당 항상 일정한 양이 토출되도록 해야 한다. 또한 정속 구간에서는 일정한 토출 속도가 유지되어야 한다.

　㉣ 그 외의 평가 항목

　　FDM 방식은 재료를 녹여서 토출하는 방식으로 사용 후 남은 재료가 팁에 남아 있더라도 다음 사용 시에 노즐의 온도를 상승시켜 잔류 재료를 쉽게 토출시켜 제거할 수 있다. 그러나 이물질이나 변형된 재료가 재료 끝단에서 막힘 현상을 발생시킬 수 있다.

3) Direct-Print(DP) 방식

① 노즐 기술

　DP 방식은 Direct-Write(DW)라고도 불리며 FDM 방식과 매우 유사하지만, 액상 혹은 페이스트(paste)의 재료를 사용할 수 있다는 차이점이 있다. 즉, 고체 형태의 재료를 고온으로 녹여서 토출하는 방식이 아니라, 원재료가 유동이 가능한 액상이나 페이스트이기 때문에 재료가 담긴 노즐 장치에 압력을 가해서 재료를 토출시킨다. 원재료의 특성이 다른 것을 제외하고는 FDM 방식과 유사하다. 토출된 재료의 모양도 필라멘트 형태이며, 재료가 토출되고 난 다음에도 유동이 가능하기 때문에 그 모양을 유지하는 것이 FDM 방식에 비해서 상대적으로 어렵다. 이는 다양한 재료 및 기계적 방법으로 해결된다. 노즐 팁의 직경 및 길이는 온도에 영향을 받지 않기 때문에 다양하게 설계할 수 있다. 노즐 팁의 직경은 필라멘트의 크기에 영향을 미치며, 이는 직접적으로 성형품의 품질 및 전체 가공 시간에 영향을 미친다. 따라서 성형품의 적용 분야에 따라 중고가 및 저가형으로 구분하여 노즐 팁을 설계해야 한다. 특히 긴 노즐 팁은 자유 곡면 등에 프린팅이 가능하여 최근 들어 많은 연구가 진행되고 있으나, 아직 상용화된 기술은 없는 실정이다.

또한 다중 재료를 사용하는 데 있어 매우 용이하다. 각 재료를 담고 있는 다른 헤드를 하나의 가공 플랫폼에 한꺼번에 설치하고 이들을 개별 제어함으로써 다중 3차원 프린팅이 가능하다.

최근 들어 이 기술을 이용한 음식 프린팅 장비가 많이 개발되고 있다. 즉, 초콜릿과 같은 재료를 주사기에 넣고 압력을 가하여 토출시키고 이를 XY 평판 위에 그리는 방식이다. 유동성이 있는 재료는 거의 다 사용할 수 있기 때문에 그 활용 폭도 매우 넓다. 예를 들면, 액상의 재료와 다양한 나노 입자를 섞어서 전기적 성질을 띠게 할 수도 있으며, 그 외에도 자기적 성질 부여 혹은 기계적 강도를 높일 수도 있다. 따라서 재료의 활용도 측면에서는 매우 우수한 방식이다.

② 노즐 설계 파라미터

DP 방식의 노즐을 설계할 때, 가장 먼저 고려해야 할 부분이 팁의 직경이다. 이는 FDM 방식과 마찬가지로 성형품의 품질 및 전체 가공 시간에 영향을 미치는 중요한 인자이기 때문이다. 노즐 팁의 내경은 토출된 필라멘트의 크기를 결정하며, 외경은 토출된 필라멘트와 간섭을 일으켜 형상 변화를 초래한다. 따라서 내외경을 고려해서 팁을 설계한다. 또한 사용할 재료의 점도가 높을 경우에는 비교적 큰 노즐을 사용해서 막힘을 방지해야 한다. 노즐 팁의 길이는 성형물과의 간섭 정도에 따라서 설계해야 한다. 노즐 팁은 금속 혹은 플라스틱으로 되어 있으며 주로 단면이 원형 형상이다.

DP 방식의 장점은 다양한 크기 및 모양의 주사기와 팁이 이미 많이 상용화되어 있어서 쉽게 구매해서 조립할 수 있다는 것이다. 또한 가격이 상대적으로 저렴하며, 다양한 형태의 팁을 주문 제작할 수도 있다.

DP 방식의 단점은 재료의 유동성으로 인해서 필라멘트가 형성되고 난 다음에 변형이 일어날 수 있으며, 이에 따라서 성형품의 품질이 떨어질 수 있다는 것이다. 따라서 재료가 토출되고 난 다음에 필라멘트의 변형이 일어나기 전에 이차적인 방법으로 재료를 경화시켜야 한다. 이는 재료와 공정의 조합으로 해결할 수 있다.

③ 노즐의 검증 항목

㉠ 노즐의 치수 검증

DP 방식 또한 제팅 및 FDM 방식처럼 노즐의 치수가 가장 중요한 부분 중의 하나이다. 가공 해상도는 노즐의 내경에 따른 토출 필라멘트의 직경이 된다. 따라서 제작된 노즐의 외경 및 내경이 공차를 만족하는지 평가해야 한다. 또한 노즐의 길이는 일정해야 하며, 그렇지 않을 경우에는 팁과 기판 사이의 간격인 갭이 달라져서 결과적으로 다른 크기의 필라멘트가 생성된다. 그리고 팁의 끝단은 버(burr)가 없어야 하며, 이는 일정한 크기 및 모양의 필라멘트를 형성하는 데 영향을 미친다.

ⓒ 재료 토출 속도

재료의 공급 속도는 스크루 방식의 경우 이의 회전 속도에 비례한다. 또한 재료의 점도가 높을 경우 더 높은 회전 속도가 필요하며 스크루의 일정한 회전 속도가 중요하다.

ⓒ 그 외의 평가 항목

DP 방식은 유동성이 있는 재료를 사용하기 때문에 사용하고 남은 재료가 팁의 끝단에 남아 경화될 수도 있다.

4) 노즐 평가 방법

① 노즐의 크기 측정 방법 : 노즐의 치수를 평가하는 방법은 직접 노즐의 크기를 측정하는 방법과 필라멘트 혹은 액적을 생성시켜 측정하는 방법이 있다.

직접적 측정	노즐 팁의 외경과 길이를 버니어 캘리퍼스, 마이크로미터 등으로 직접 접촉을 통하여 측정하는 방식이다. 노즐 팁 외경의 경우 주사 현미경 등을 이용하여 광학식으로 측정할 수 있다.
간접적 측정	노즐을 통하여 토출되는 액적이나 토출 필라멘트를 측정하는 방식이다. 주로 광학식으로 측정한다.

② 액적 생성 속도 평가 방법 : 액적 생성 속도는 액추에이터의 변형 주파수에 달려 있다. 이를 측정하기 위해서는 고속 카메라를 이용하여 생성되는 액적을 측정할 수 있다.

③ 필라멘트 토출 속도 평가 방법 : 필라멘트는 상대적으로 느린 속도로 토출되기 때문에 일반 카메라로 측정이 가능하다.

④ 노즐 온도 평가 방법 : 노즐의 온도는 적외선 측정기와 같이 비접촉식 방법으로 측정할 수 있다.

⑤ 그 외 항목 평가 방법 : 노즐의 막힘은 실험을 통해서 평가할 수 있다. 즉, 몇 시간 사용에 몇 회의 막힘이 발생하는지를 통계적으로 평가할 수 있다.

(3) 노즐 도면의 이해와 설계

1) 노즐 설계 규격서

기본적인 제품 설계 규격서는 아래와 같은 항목으로 구성된다. 다양한 양식이 존재하며, 노즐을 개발하기 위한 모든 정보들을 포함해야 한다. 설계 규격서를 토대로 각 부품에 대해 부품도와 조립도로 이루어진 제작도가 생성된다.

① 성능

노즐의 성능은 최종 성형품의 적용 분야에 따라 다양하게 정의될 수 있다. 이를 위해서 아래와 같이 품질 및 속도에 대해서 알아본다.

성형물의 품질	성형물에 대하여 높은 품질을 요구하는 경우에는 직경이 작은 노즐을 사용해야 한다. 이는 노즐에서 생성되는 액적이나 토출 필라멘트가 직접적으로 품질에 영향을 미치기 때문이다. 액적이나 토출 필라멘트의 사이즈가 작을수록 표면 거칠기 품질은 좋아진다. dpi로 품질을 확인할 수 있다. FDM 방식에서는 100마이크론 정도가 일반적인 최소 크기이고, DP의 경우에는 50마이크론 정도까지 일반적으로 사용한다.
성형 속도	성형물의 가공 속도는 노즐의 사이즈가 작을수록 오래 걸린다. 이는 액적이나 토출 필라멘트의 직경이 작을수록 더 많은 가공 경로가 필요하기 때문이다.

② 크기

노즐 팁의 직경	노즐의 직경은 성능과 품질에 영향을 미친다. 노즐 직경은 외경과 내경으로 구분할 수 있는데, 토출 필라멘트의 크기는 내경에 의하여 결정된다. 노즐의 치수는 허용 공차를 함께 제공하여 치수 정밀도를 확보해야 한다.
노즐 팁의 길이	노즐의 길이는 전체 3차원 프린터의 장치의 구성과 연관이 있다. 노즐의 길이가 짧은 FDM 헤드 같은 경우에는 다른 부품과의 간섭을 고려해야 한다. 일반적으로 노즐의 길이는 토출 필라멘트의 크기와 상관이 없으나, 재료의 종류에 따라 길이가 결정되어야 할 때도 있다. 즉, 재료의 점성이 높으면 짧은 노즐이 유리하고, 그렇지 않은 경우에는 긴 노즐의 적용도 가능하다.
노즐 헤드의 크기 및 중량	노즐 헤드는 다양한 부가 장치가 결합되어 있다. 이들의 제어를 위해서는 전기선들도 연결되어야 한다. 따라서 이송 장치 설계를 위해서는 전체 크기와 중량을 고려해야 한다.

③ 재료 토출 속도

제팅 속도	제팅 속도는 1초당 생성 가능한 최대 액적의 수에 대한 정보를 제공한다. 이는 보통 Hz 단위로 나타낸다.
FDM 토출 속도	FDM 방식의 경우에는 필라멘트의 공급 속도가 토출 속도를 결정하므로 토출 속도에 대한 정보를 제공해야 한다.
DP 토출 속도	DP 방식에서는 공기압 혹은 스크루의 회전으로 재료가 토출되기 때문에 최대 공기압 및 최대 스크루 회전 속도에 대한 정보를 제공해야 한다.

④ 수량

일반적으로 동일한 종류의 노즐이 사용된다고 가정하고, 중고가의 FDM 장비의 경우에는 모델 재료 및 서포트 재료를 토출할 2개의 노즐이 하나의 노즐 헤드에 장착된다. 저가형 FDM의 경우에는 보통 1개가 사용되나, 적용 분야에 따라 2개 이상의 노즐이 사용될 수도 있다. DP 방식에서는 적용 분야 및 재료의 종류에 따라 1개 혹은 여러 개의 노즐을 사용할 수 있다. 제팅 방식은 1개의 노즐 헤드에 보통 여러 개의 오리피스(작은 구멍)가 존재한다. 다중 재료 제팅 방식에서는 2개 이상의 노즐 헤드가 사용되어 재료가 가공 중 혼합되게 할 수 있다.

⑤ 비용

비용은 성능과 직접적으로 연관이 있으며, 전체 시스템의 비용에서 헤드의 비용을 별도로 산정할 수 있다.

⑥ 노즐 가공 재료

노즐은 금속, 플라스틱, 세라믹 등 다양한 방식으로 제작될 수 있다. 또한 각 구성품은 각기 다른 종류의 재료로 제작이 가능하다. 따라서 노즐 가공 시 각 부품에 대한 가공 재료를 지정해야 한다.

⑦ 마감

작동 환경에 따라 노즐의 마감에 대한 내용을 지정해야 한다. 이는 특정 재료에 대해 부식이 발생함을 방지할 수 있으며, 표면을 매끄럽게 함으로써 재료의 유동을 도울 수도 있다.

⑧ 사용 가능 재료

각 방식에 따라서 다양한 재료의 사용이 가능하다. 제팅 방식의 경우에는 주로 광경화성 고점도 재료가 사용된다. 모델 재료와 서포트 재료가 사용되며, 서포트 재료는 물에 의해 세척이 가능한 재료가 사용된다. 또한 다중 재료의 사용이 가능하며, 이에 준해서 재료를 명시한다. 모델 및 서프트 재료는 토출되고 난 다음에는 자외선으로 경화된다.

FDM 방식의 경우, ABS와 같은 열가소성 재료가 사용되며 노즐 헤드의 온도 동작 범위에 따라서 재료를 구분해야 한다.

DP 방식에서는 흐를 수 있는 재료면 거의 사용이 가능하나, 점도가 높은 재료의 경우에는 공기압 및 스크루의 토크가 매우 중요하다. 따라서 헤드의 성능에 따라서 사용 가능 재료를 지정해야 한다.

⑨ 유지 관리

각 방식에서의 노즐에 대해서 유지 관리를 명시해야 한다. 노즐을 정기적으로 세척해야 할 경우에는 주기, 세척액, 세척 방법에 대해 명시한다.

⑩ 수명

노즐은 소모품이기 때문에 주기적으로 교환해야 한다. 액적 및 필라멘트의 생성이 원활하지 않을 경우 노즐의 이상에 대해 의심해야 하며 주기적으로 점검하고 수명을 고려해서 적시에 교체하도록 한다. DP 방식의 경우 다양한 노즐 팁이 있으며 비교적 저가이기 때문에 잦은 교체에 유리하다.

⑪ 안전 사항

각 방식별로 안전 사항을 명시해야 한다. 제팅 방식의 경우 UV에 유의해야 하며, FDM 방식에서는 고온에 유의해야 한다.

⑫ 운용 환경

노즐을 운용하기 위한 환경도 명시해야 한다. 이는 온도, 습도를 포함해서 노즐 구동을 위한 전기 파워, 공압을 위한 압력 등을 명시한다. 또한 공압에 대해 습기 및 이물질을 제거할 수 있는 필터의 종류 및 필터 메시(mesh)의 크기를 명시한다. 광경화성 재료의 경우에는 일반 빛에 의해서도 경화가 가능하기 때문에 빛이 투과되지 않게 보호막을 설치해야 한다. 이는 또한 자외선 광이 외부로 노출되어 인체에 영향을 미치는 것을 동시에 방지할 수 있다. 제팅 방식의 경우 액적을 발생시키는 동작 주파수도 명시해야 한다. FDM 방식의 경우에는 주로 가공 챔버가 히터로 가열되는 경우가 있으며, 이 경우에는 동작 온도를 명시하도록 한다.

⑬ 노즐 온도

FDM 방식의 경우에는 노즐의 온도를 상승시켜 고체 상태의 재료를 녹여서 토출시켜야 한다. 따라서 사용 가능한 재료의 녹는점을 바탕으로 노즐 온도가 정해져야 하며, 오차 범위 내에서 작동해야 한다.

2) 노즐 설계 제작도

노즐 설계 제작도는 크게 부품도와 조립도로 나뉜다. 부품도는 부품을 제작하기 위한 형상, 치수, 재료, 마감, 공차, 가공 정보 등의 정보를 포함해야 하고, 조립도는 완성품을 만들기 위한 이들 각각의 부품의 조립에 대한 과정, 동작 범위 등에 대한 정보를 포함해야 한다.

부품도	부품도는 각각의 부품에 대해서 작성되어야 하며, 부품 가공을 위한 상세 정보를 포함해야 한다. 부품의 구조, 형상, 재료, 치수, 마감, 공차 등을 반드시 포함해야 한다. 경우에 따라서는 상세도가 필요하다. 그리고 강조하거나 혼란을 일으킬 수 있는 사항에 대해서는 '주의 사항(Note)'에 별도로 기입하는 것이 일반적이다. 아래 그림은 부품도의 예이다.
조립도	조립도는 완성품을 만들기 위해서 필요한 모든 부품을 리스트와 함께 포함하며, 조립에 대한 과정 및 동작 범위 등이 포함되어야 한다. 아래 그림은 조립도의 예이며, 조립에 필요한 각 부품의 이름, 수량 및 설명이 포함된다. 경우에 따라서는 상세 조립도를 포함시킬 수 있으며, 이송에 대한 정보, 즉 이송 범위 방향 등에 대해서도 별도의 상세 정보를 포함시킬 수 있다.

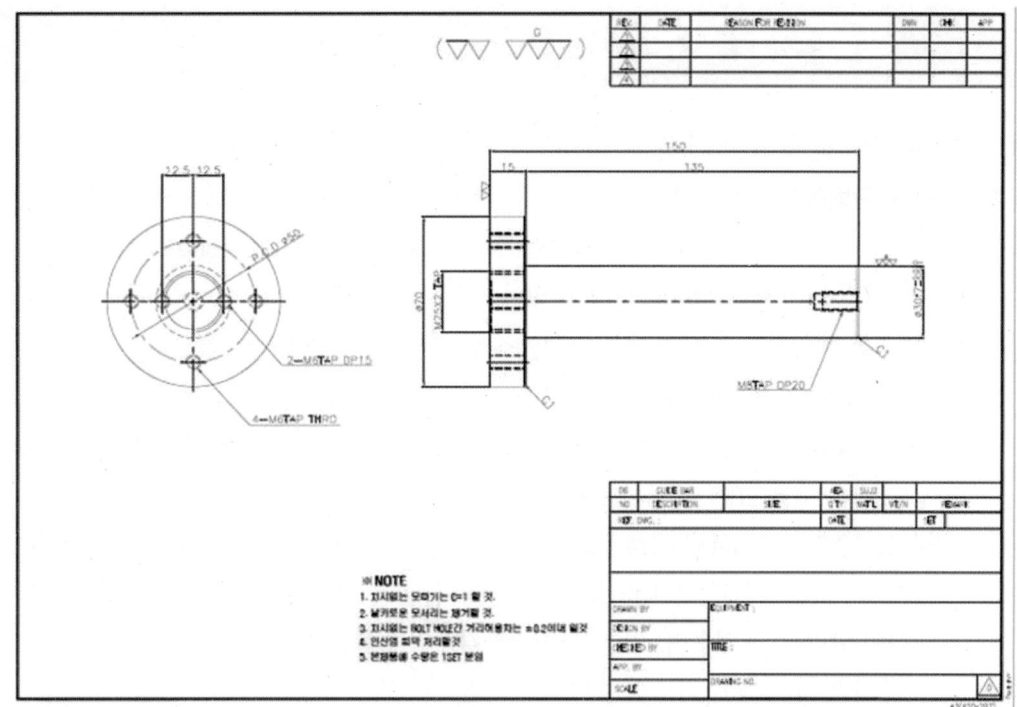

부품도의 예

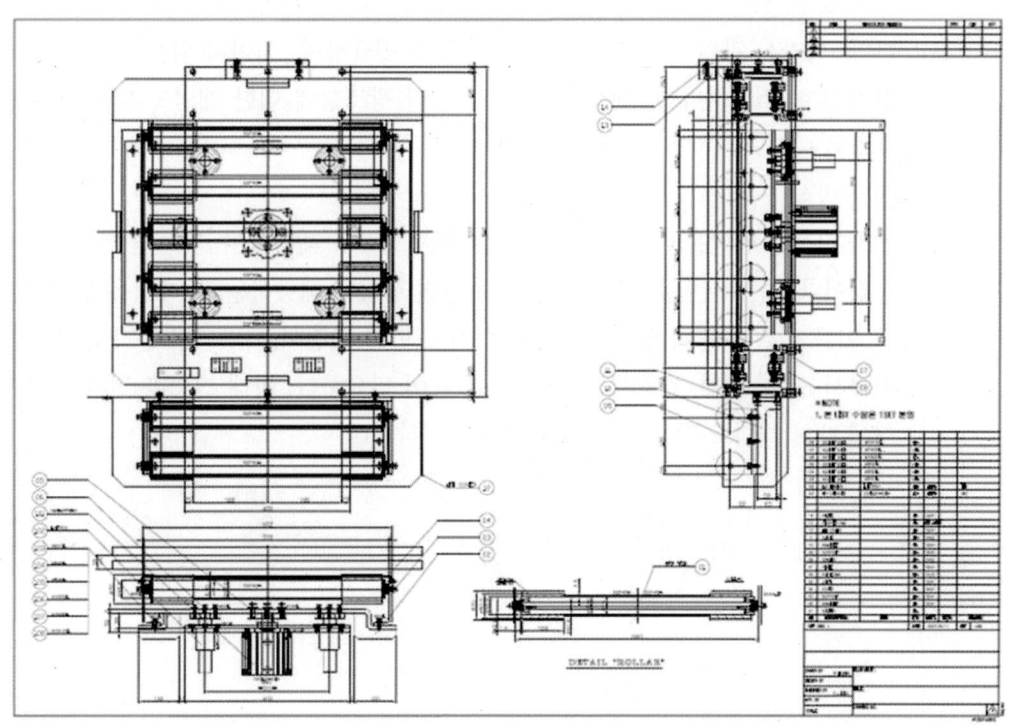

조립도의 예

2 광학 모듈 설계

(1) 3D 프린터 광학 모듈의 구조 이해

1) 3차원 프린팅에서의 광학 기술

3차원 프린팅에서 광학 기술을 이용하는 공정은 크게 광조형(Stereolithography) 및 선택적 소결(Selective Laser Sintering)이 있다. 박판 성형(Laminated Object Manufacturing) 공정에서도 레이저 등을 이용해서 판재를 절단 성형할 수 있다.

① 광조형 공정에서의 광학 기술

광조형 공정은 광경화성 액상 수지를 컨테이너에 넣고 자외선 혹은 가시광 레이저의 집광된 빔을 재료 표면 위에 주사함으로써 재료를 경화시켜 한 층을 생성하고 이를 적층하여 최종적으로 3차원 성형품을 제조한다. 레이어(layer)를 형성하는 방법에 따라서 주사(scanning) 방식과 전사(projection) 방식이 있다. 각 방식에 따라서 광원 및 광학계의 구성이 달라질 수 있으며, 이에 따라서 규격서 및 설계도를 준비해야 한다.

㉠ 주사 방식

주사 방식은 집광된 레이저 빔을 이용해서 액상 수지 표면을 주사(scanning) 혹은 해칭(hatching)함으로써 레이저가 닿은 부위의 수지를 경화시켜 고체의 한 층을 형성한다. 따라서 광원을 주사할 수 있는 장치가 필요하며, 레이저 빔을 집광할 수 있는 장치 또한 필요하다. 아래 그림은 주사 방식 광조형에 대한 개념도 및 필요한 구성 요소를 나타낸다.

㉡ 전사 방식

전사 방식은 단면을 한꺼번에 경화하는 방식으로 광 패턴을 수지 표면 위에 조사하는 공정이다. 즉, 패턴 형성기를 이용하여 단면 형상에 해당하는 광 패턴을 생성시킨 다음 이를 적절한 광학계를 거치면서 수지 표면에 초점이 이루어지게 해서 경화한다. 따라서 광원, 패턴 형성기, 초점 광학계 등이 필요하다. 아래 그림은 전사 방식 광조형에 대한 개념도 및 필요한 구성 요소를 나타낸다.

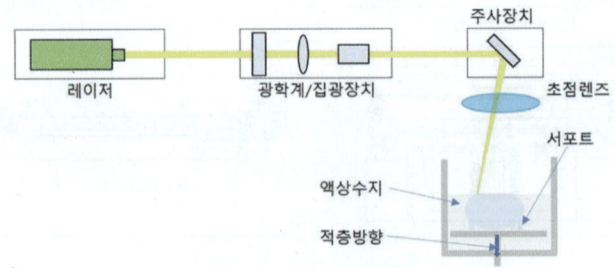

주사 광조형 방식의 개념도 및 광학계

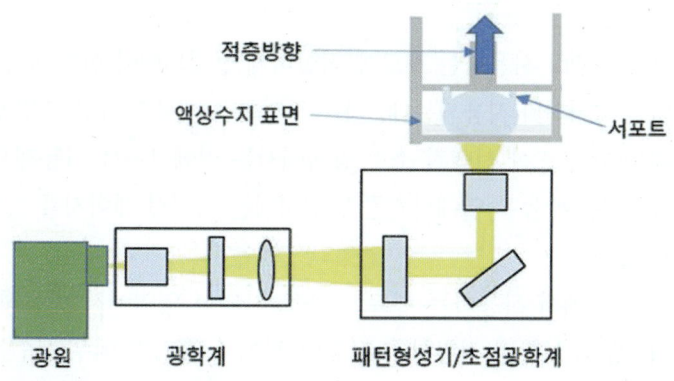

전사 광조형 방식의 개념도 및 광학계

② 선택적 소결 공정에서의 광학 기술

선택적 소결 공정에서는 주로 높은 에너지의 적외선 레이저를 이용하여 재료 챔버에 담긴 고분자 파우더를 소결 혹은 용융시켜 단면을 형성하고 최종적으로 3차원 성형품을 제작한다. 이를 위해서 집광된 레이저 빔은 파우더 표면 위를 스캔하여 주사하는데, 주사 방식 광조형과 유사하다. 따라서 광원, 주사 장치, 집광 장치 등이 필요하다. 아래 그림은 선택적 소결 공정의 개념도 및 구성 요소를 나타낸다.

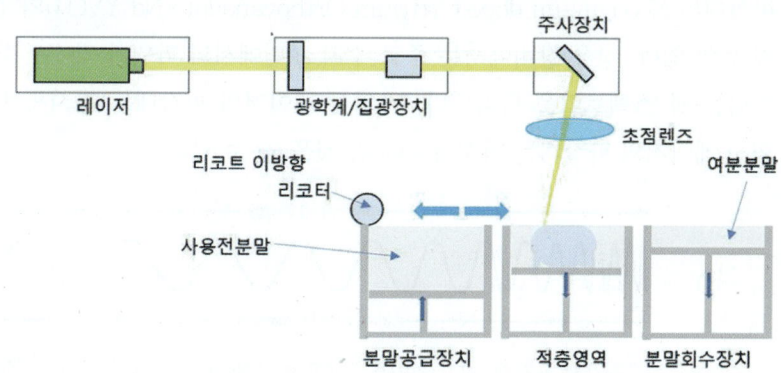

개념도 및 광학계

(2) 광학 모듈의 종류 이해 및 선정
1) 주사 방식에서의 광원 및 광학계의 구조

위의 그림에 나타낸 것과 같이 주사 방식은 크게 광원, 초점 제어 광학계 및 재료 표면을 주사할 수 있는 광학계로 구성된다. 각 광학계는 광원의 파장대와 적합하도록 설계되어야 한다.

① 광원

광원은 각 공정별로 사용하는 재료에 적합하게 선정되어야 한다. 즉, 광조형 공정에서는 주로 자외선 레이저가 사용되는데, 이는 광경화성 재료의 반응 파장대가 주로 자외선 영역이기 때문이다. 또한 선택적 소결 방식에서는 열에너지를 이용해서 재료를 소결 혹은 용융시키기 때문에 높은 열에너지를 발생시키는 적외선 레이저를 많이 사용한다.

㉠ 광조형 공정

광조형 공정에서 사용하는 재료는 주로 자외선 영역에서 반응하는 광 개시제를 포함한다. 광 개시제는 적합한 파장대의 광에 노출되면 매우 불안정한 상태인 라디칼(radical)들이 생성되고 이 라디칼들은 단량체(monomer)의 약한 부분(주로 탄소 이중 결합)의 결합을 끊어 스스로가 단량체와 결합하게 된다. 이렇게 결합된 단량체는 또 다시 라디칼 상태가 되어 주변의 단량체들의 이중 결합을 끊으면서 결합을 연속적으로 하게 된다. 최종적으로 더 이상 결합할 단량체가 없거나, 라디칼들끼리 반응함으로써 반응이 종결되며, 이러한 연속 반응으로 최종적으로 폴리머가 생성된다. 주로 광 개시제의 파장대는 넓은 영역이며 레이저는 그 특성상 단파장이다. 따라서 레이저의 파장대가 광 개시제의 파장대 영역에 포함되어야 한다. 이를 고려해서 레이저를 선정해야 한다. 또한 레이저의 파워가 높을수록 고속 주사가 가능하다.

대표적인 레이저로는 325나노미터 파장대의 헬륨-카드미늄(HeCd), 354나노미터 파장대의 Neodymium doped Yttrium Orthovanadate(Nd:YVO4)와 같은 고체 레이저 등이 있다. 상용 장비에서는 주로 수지 표면에서의 파워가 약 1W 정도 된다. 아래 그림은 광 스펙트럼을 나타낸다. 자외선 레이저의 파장대는 가시광보다 짧으며, 적외선 레이저의 파장대는 가시광보다 긴 것을 알 수 있다.

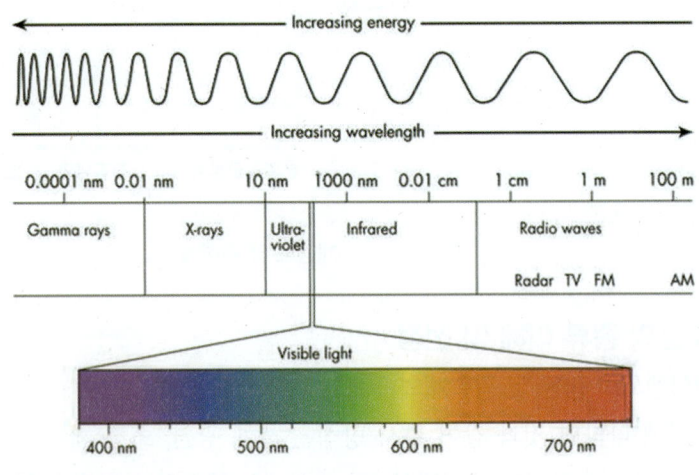

광 스펙트럼

ⓛ 선택적 소결 공정

선택적 소결 공정에서 사용되는 레이저는 적외선 영역의 고에너지를 발산할 수 있는 레이저다. 대표적인 것으로는 CO_2 레이저 등이 있다. 적외선 에너지는 고온이며 재료를 소결 혹은 용융시킬 수 있다. 광학계를 설계할 시 레이저의 사양을 고려해야 한다.

② 광학계

주사 방식에서의 광학계는 광원으로부터 생성된 레이저 빔을 최종적으로 재료 표면에 집광하고 또한 주사하는 역할을 수행한다. 이를 위해서는 다음과 같은 구성 요소들이 필요하며, 레이저의 종류를 고려한 광학계를 선정해야 한다. 광학계의 역할은 재료 표면을 광학계의 초점면과 동일하게 하고 동시에 요구되는 빔의 크기를 제어하는 것이다.

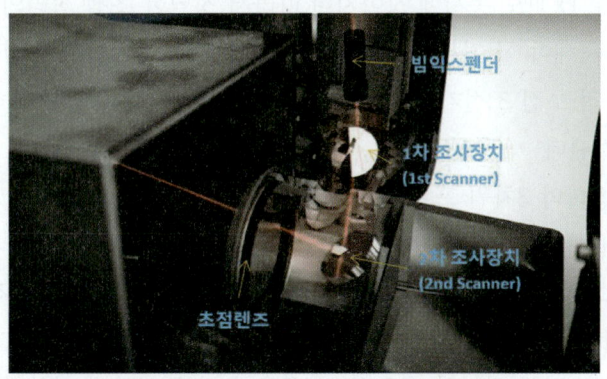

주사 방식 3차원 프린팅에서의 기본 광학계

아래 그림과 같이 초점면에서의 레이저 빔의 크기(W_0)는 레이저의 파장(λ), 광학계로 입사하기 전의 레이저 빔의 직경(D), 그리고 광학계의 초점 거리(F)로 아래 식과 같이 정의된다. 이와 더불어 DOF(depth of focus)는 초점 심도를 나타내며, 이는 빔의 직진 방향에서 초점이 생성되는 구간이다. 즉, 이 초점 구간을 벗어나게 되면 레이저 빔의 초점이 맺히지 않게 되어 결과적으로 원하는 크기의 빔 및 에너지를 얻을 수 없게 된다.

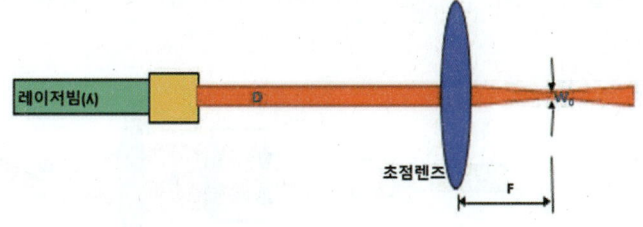

레이저 빔의 크기

$$2w_0 = \left(\frac{4\lambda}{\pi} \cdot \frac{F}{D}\right) \quad \text{빔의 크기 산출식}$$

$$DOF = \left(\frac{8\lambda}{\pi} \cdot \frac{F}{D}\right)^3 \quad \text{초점 거리 산출식}$$

빔의 크기 산출식에서 보이는 바와 같이 레이저의 파장대가 짧고, 초점 거리가 짧으며, 레이저광의 직경이 크면 클수록 집광된 광의 빔의 크기(W_0)는 작아진다. 레이저는 단파장이기 때문에 레이저의 종류가 결정되면 파장대는 변화할 수가 없다. 레이저 헤드로부터 나오는 빔의 크기는 일정하지만 특정 광학계를 사용하면 그 직경을 크게 할 수 있다. 또한 초점 거리는 장비의 크기 및 광학계의 위치에 따라 어느 정도 조절이 가능하다. 따라서 설계 가능한 변수는 광학계의 초점 거리(F)와 레이저의 입력 직경(D)이다. 마찬가지로 DOF도 동시에 작아지며 따라서 정밀한 초점 거리의 제어가 요구된다. 넓은 면적을 주사해야 할 경우에는 가공 영역의 가장자리에서도 초점이 맺힐 수 있게 특수한 광학계(동적 초점 조절기 등)를 사용하여 전 영역에서 초점이 잡히도록 설계해야 한다.

㉠ 빔 익스팬더

주사 방식의 3차원 프린터를 개발할 때, 가장 기본적으로 고려해야 할 부분은 재료 표면에서 레이저 빔의 직경을 작게 하는 것이다. 레이저 빔의 단면이 작으면 작을수록 최소 성형 가능한 크기, 즉 가공 해상도는 높아져서 결과적으로 정밀한 성형품을 제작할 수 있다. 또한 레이저 빔의 단면적을 작게 함으로써 그만큼 단위 면적당 에너지는 상승하여 광경화 혹은 소결/용융이 빠른 시간에 이루어지게 된다. 그러나 너무 작은 빔 사이즈는 더 많은 주사 경로를 만들어야 하기 때문에 가공 시간이 오래 걸린다. 따라서 해상도와 가공 시간을 고려해서 광학계를 설계해야 한다.

이를 위한 가장 기본적인 광학계가 빔 익스팬더(beam expander)이다. 이는 아래 그림과 같이 초점 렌즈에 입사하는 레이저 빔의 크기(D')를 크게 하면 결과적으로 빔의 직경(W_0)을 작게 할 수 있다. 빔 익스팬더는 볼록 및 오목 렌즈의 조합으로 구성할 수 있으며, 보통 두 개의 렌즈 사이의 거리를 조정함으로써 빔의 직경(D')의 크기를 조절할 수 있다. 또한 빔 익스팬더는 빔의 광분포를 균일하게 만드는 역할도 동시에 한다.

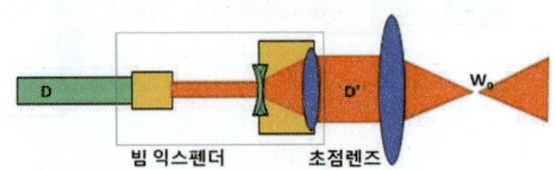

빔 익스팬더를 이용한 레이저 빔의 크기 감소

ⓛ 반사경

반사경은 좁은 영역에서 긴 광경로를 생성할 때 필요하다. 또한 광의 방향을 전환하여 렌즈와 렌즈 사이 혹은 다른 광학계로 광이 입사되게 한다. 이러한 반사경의 정렬(alignment)이 틀어지게 되면 결과적으로 재료 표면의 빔의 위치는 매우 큰 오차를 가지게 된다. 따라서 반사경을 정렬할 경우에는 가능한 한 먼 거리의 목표 위치를 설정하고 정렬 과정을 진행한다. 이러한 반사경은 레이저의 파장대에 따라서 전반사가 일어나게끔 표면에 특수 코팅을 한다.

ⓒ 주사 장치

주사 장치는 정렬된 광을 원하는 재료 표면 위에 도달하게끔 위치 제어를 수행하며 동시에 속도 및 가속도를 제어한다. 보통 2차원 평면상에서의 레이저 빔의 위치를 제어하기 위해서 X, Y 2개의 모터를 사용하여 반사경을 회전시킨다. 이러한 반사경은 레이저가 종류에 맞게끔 전반사가 일어날 수 있도록 특수 코팅을 수행한다. 빠른 위치 제어를 위해서 모터의 정밀도, 회전 속도 및 가감속 제어가 주사 장치의 성능을 결정하게 된다.

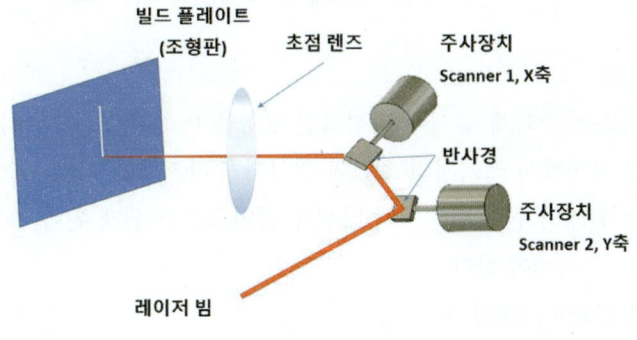

주사 제어(Scan) 장치

ⓔ 초점 렌즈

가공 전 영역에서 재료 표면이 초점면과 일치되게 하기 위해서 특수 렌즈를 사용한다. 주사 미러만을 사용할 경우에는 재료 표면에 초점면이 생기는 것이 아니라 구면에 초점면이 생기게 된다. 이는 동일한 초점 거리를 주사 장치로부터 적용하면 원형이 생기기 때문이다. 따라서 초점 렌즈를 사용하여 렌즈의 입사각에 따라서 초점 위치를 보정하여 최종적으로 재료 표면에 초점이 맺히게 한다. 아래 그림은 이러한 초점 렌즈의 예를 보여준다. 초점 렌즈는 빌드 영역의 크기에 따라 그 크기 및 초점 거리가 선정되어야 한다. 보통 F-theta 렌즈를 이용해서 이러한 초점 제어를 수행하게 되며, 주사 미러가 사용될 경우는 보통 함께 사용된다.

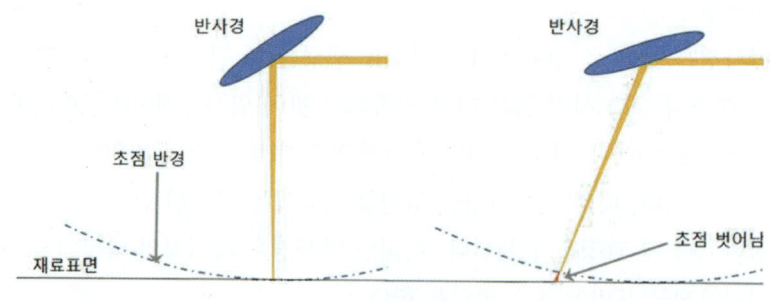

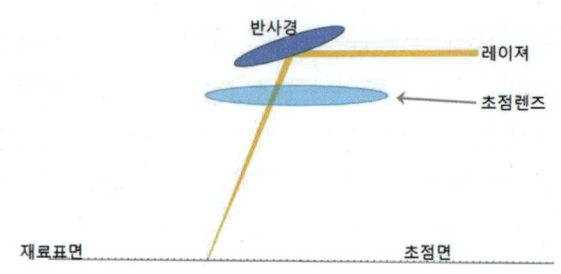

주사 장치에서의 초점면 및 초점 렌즈

③ 빌드 사이즈

빌드 사이즈는 광학계 설계에 직접적인 영향을 미친다. 이는 위의 초점 렌즈의 사용 이유처럼 전 영역에서 레이저의 초점이 형성되게 하기 위함이다. 또한 레이저 빔은 입사각에 따라서 원래의 원형 단면에서 타원형 단면으로 바뀌게 된다. 이 또한 레이저 주사 경로 생성 시 고려해야 한다.

㉠ 초점면(Focal plane)

빌드 사이즈에 따라서 재료 표면에 초점이 생길 수 있도록 위 그림과 같이 초점 렌즈를 설계해야 한다.

㉡ 레이저 빔의 모양

레이저 빔의 모양은 재료 표면에 입사하는 각도에 따라서 변형된다. 아래 그림은 이러한 레이저 빔의 단면 변화를 보여준다. 따라서 레이저 빔의 단위 면적당 에너지 및 단면 크기가 변화하기 때문에 이를 고려해서 주사 경로 및 속도를 제어해야 한다. 이러한 레이저 빔의 모양 또한 특수 광학계로 어느 정도 일정하게 유지할 수 있다.

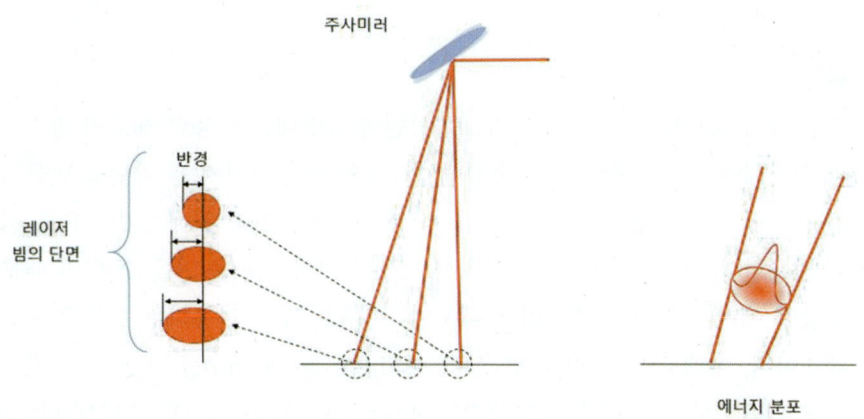

레이저 빔의 단면 변화

ⓒ 레이저 빔의 유효 직경 및 에너지 분포

레이저 빔의 주사 위치에 따라서 에너지 분포도 달라진다. 보통 레이저는 가우시안 형태의 에너지를 가지고 있는데, 아래 그림과 같이 레이저 광이 단면에 경사지게 입사하기 때문에 광에너지 분포가 변화하게 된다. 또한 레이저의 직경(W_0)을 나타낼 때는 레이저 빔의 최대 에너지(H_0)의 약 13.5%($1/e_2$)가 되는 지점까지의 거리를 사용한다. 이를 위해서는 에너지 분포를 측정하여 빔 직경을 산정할 수 있다.

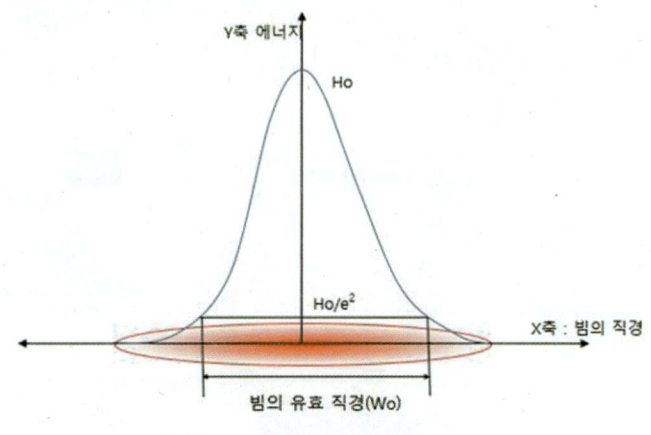

레이저 빔의 유효 직경

2) 전사 방식에서의 광원 및 광학계의 구조

전사 방식 광조형 공정에서는 레이어를 형성하기 위해 광 패턴을 형성하고 이를 광경화성 수지 표면에 초점을 맞춰서 한꺼번에 한 층을 형성한다. 따라서 광원 및 광 패턴을 생성시키고 수지 표면에 조사할 수 있는 광학계가 필요하다. 아래 그림은 이러한 전사 방식 광조형 시스템의 예를 나타낸다.

① 광원

주사 방식 광조형 공정과 마찬가지로 광원의 파장대는 사용한 재료의 광 개시제의 반응 파장대 내에 있어야 한다. 광 패턴 형성기에 광을 입사시켜 광 패턴을 만들기 때문에 광 패턴을 만들기에 충분히 큰 광이 입사되어야 한다. 이를 위해 일반적으로 램프 광을 많이 사용한다. 이는 레이저보다 상대적으로 큰 면적의 광을 만들 수 있기 때문이고, 또한 다양한 에너지 피크가 존재하기 때문이다. 주로 많이 사용하는 광원은 수은(Mercury) 램프이며, 아래 그림과 같은 광 스펙트럼(light spectrum)을 가진다. 광의 파장대가 넓으면 넓을수록 광의 오차, 즉 색수차(chromatic aberration)가 발생한다. 따라서 특정 영역의 파장대만 추출하기 위해서 필터(filter)를 많이 사용한다. 주로 많이 사용하는 파장대는 자외선 영역인 365나노미터와 가시광선 영역인 405나노미터이다. 또한 수은 램프에서 존재하지 않는 파장을 사용하기 위해 제논(Xenon)과 결합한 램프를 사용하기도 한다. 광의 세기가 클수록 짧은 시간에 단면을 경화할 수 있다. 보통 200W 출력의 램프가 많으며, 필터와 광학계를 거치면서 수지 표면에서는 보통 수십 mW/cm² 정도의 단위 면적당 파워를 가지게 된다.

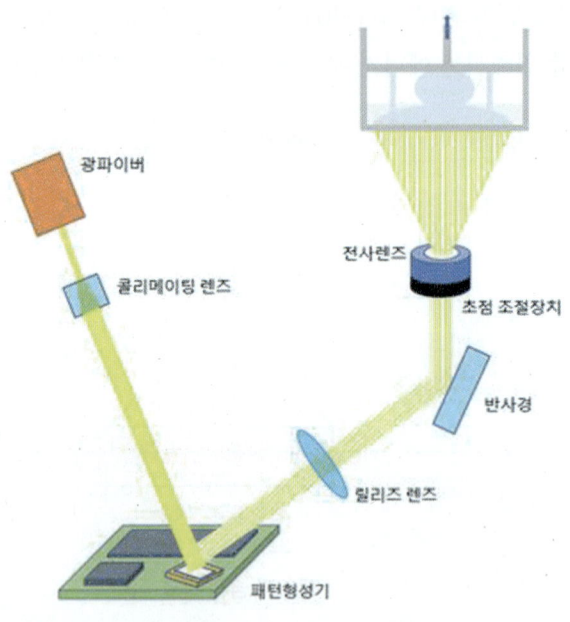

전사 방식 광조형 시스템의 광학계

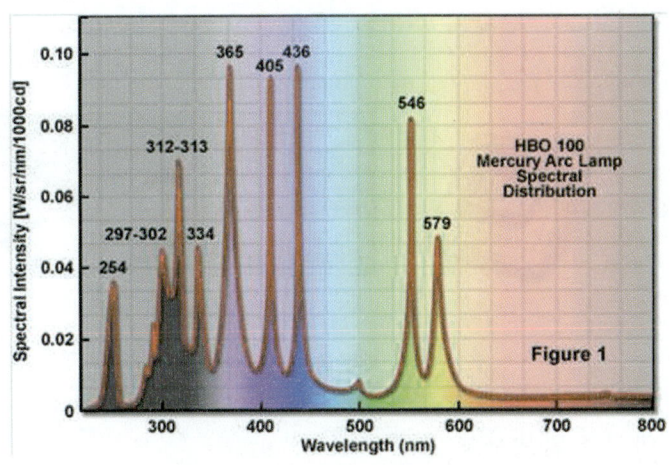

수은 램프의 광 스펙트럼

② 광학계

주사 장치와는 달리 주사를 위한 별도의 구동 장치가 존재하지 않는다. 슬라이싱 단면에 해당하는 비트맵 이미지가 패턴 생성기로 전송되면, 색상에 따라 패턴 생성기가 광을 투과하거나 반사시켜 특정 형상을 생성하게 된다. 이렇게 생성된 광 패턴은 릴레이 렌즈, 반사경, 초점 렌즈 등을 거치면서 최종적으로 수지 표면에 이르게 된다.

㉠ 패턴 생성기(Pattern generator)

패턴 생성기는 크게 LCD(Liquid Crystal Display)와 DMD(Digital Micromirror Device)가 있다. LCD는 액정들의 배치를 제어해서 특정 셀에서 빛을 투과시키거나 막을 수 있으며, 이를 이용해서 광 패턴을 형성할 수 있다. 이와는 달리 DMD에서는 매우 미세한 마이크로미러(micro-mirror)가 특정 방향으로 회전하면서 빛의 반사 경로를 제어할 수 있다. 즉, 입력 데이터인 비트맵 이미지를 바탕으로 백색에 해당하는 마이크로미러는 +12도 각도로 회전하고, 흑색에 해당하는 마이크로미러는 -12도 회전해서 백색과 흑색에 해당하는 광이 각각 다른 쪽으로 반사된다. 이를 이용하여 반사된 광이 특정 패턴을 가지게 된다. LCD와 DMD 모두 백색과 흑색으로 이루어진 비트맵 이미지를 패턴 제어기에 보내서 특정 영역의 빛을 투과 혹은 반사함으로써 광 패턴을 생성시킨다. 최근 들어, 높은 채움률(fill factor) 및 효율로 인해서 DMD를 많이 사용하고 있다. 아래 그림은 DMD 제어기 및 DMD를 보여준다. 이러한 DMD는 광원의 파장대에 따라서 자외선, 적외선 및 가시광선용이 별도로 존재하며, 광원을 바탕으로 선정해야 한다.

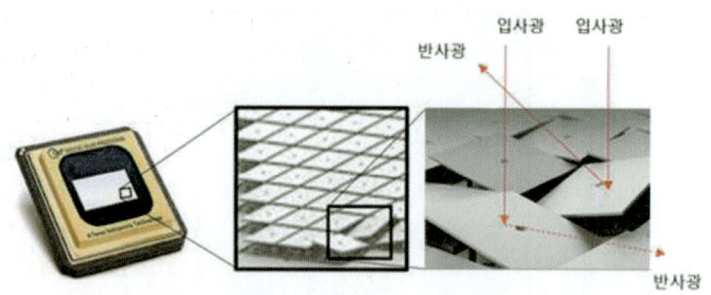

패턴 형성기의 예 – DMD

ⓒ 릴레이 렌즈 및 반사경

주사 방식과 마찬가지로 광 패턴을 수지 표면 혹은 최종 전사 렌즈까지 이송시키기 위해서는 적절한 렌즈 및 반사경이 필요하다. 이는 광학 설계를 통해서 렌즈 사이의 거리가 정해지며 광 패턴을 광경화성 수지 표면 방향으로 굴절시키기 위해 반사경이 사용된다. 광의 파장대에 맞게끔 특수 코팅된 렌즈 및 반사경을 사용해야 한다.

ⓒ 전사 렌즈(Projection lens)

전사 렌즈는 광 패턴을 수지 표면에 초점이 맺히게끔 전사하는 역할을 한다. 이는 일반 빔 프로젝터에서의 이미지 출력과 비슷하다. 요구되는 빌드 사이즈에 따라서 전사 렌즈의 배율을 계산하고 각종 수차(abberations)를 제거할 수 있도록 광학계를 설계해야 한다. 이를 위해서 일반 렌즈 공식을 사용하여 렌즈들의 기본적인 위치를 계산할 수 있다. 아래 그림은 일반 렌즈 공식을 나타낸다. 물체와 이미지 사이의 배율은 s'/s 혹은 h'/h가 된다.

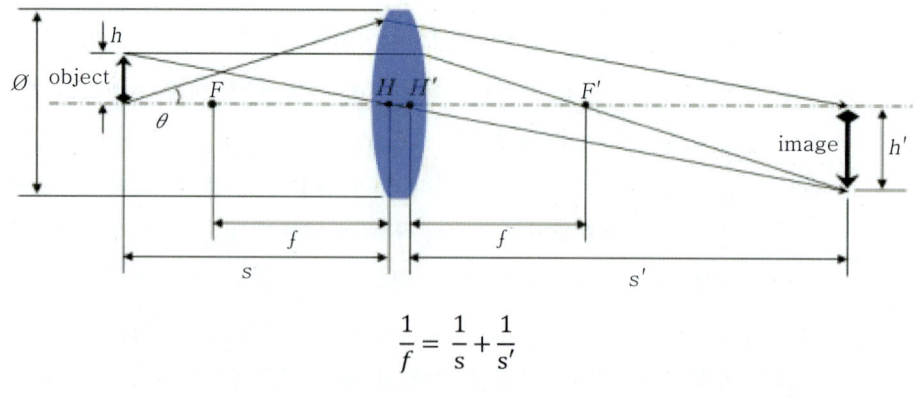

$$\frac{1}{f} = \frac{1}{s} + \frac{1}{s'}$$

렌즈 공식

(3) 광학 모듈 도면의 이해와 설계

1) 광학계 설계 규격서

광학계의 설계 규격서는 아래와 같으며, 조형 방식 및 재료에 따라 달리 작성될 수 있다. 설계 규격서는 광원을 포함해서 재료를 경화 혹은 소결·용융할 수 있게끔 에너지가 재료 표면에 도달하기까지 필요한 모든 부분이 포함되어야 한다. 이러한 설계 규격서를 토대로 각 부품에 대해서 부품도와 조립도로 이루어진 제작도가 생성된다.

① 성능

광원 및 광학계의 성능은 최종 성형품의 품질(표면 거칠기 등)과 가공 속도에 따라 달리 적용될 수 있다. 성형물의 품질은 재료 표면에서의 레이저 빔의 직경이 작을수록 좋아진다. 이와 반대로 더 많은 가공 경로로 인해 가공 시간은 더 오래 걸리게 된다. 노즐을 이용하는 공정과는 달리 동일한 광학계에서 다른 크기의 빔 사이즈를 생성시킬 수도 있다. 보통은 테두리 가공용의 작은 사이즈의 빔을 사용하고, 내부 영역 가공에는 큰 사이즈의 빔을 사용한다. 이는 최종 성형품의 표면 거칠기를 좋게 하면서 동시에 가공 속도를 높이기 위한 것이다. 이를 수행하기 위해서는 빔의 크기를 동적으로 변화시킬 수 있는 특수 렌즈가 포함되어야 한다. 따라서 레이저 빔의 직경에 대한 정보를 규격서에 포함해야 하며, 여러 개의 직경이 사용된다면 각 경우에 대해서 정의해야 한다.

성형물의 가공 속도는 레이저 빔의 사이즈가 작으면 오래 걸리지만, 품질에 직접적인 영향을 미치는 외관 부분을 가공할 시 작은 빔으로 하고 내부는 큰 빔으로 주사함으로써 품질과 가공 속도를 동시에 만족시킬 수 있다. 램프를 이용하는 전사 방식에서는 복잡하고 단면적이 큰 경우 주사 방식과 비교해 가공 속도가 현저히 빠르다. 레이저/램프의 파워, 빔의 직경, 파장대 등에 따라서 제품의 성능이 바뀌기 때문에 이러한 내용들을 규격서에 포함해야 한다.

② 광원

광원은 사용 가능 광경화성 수지의 반응 파장대에 맞게끔 설계되어야 한다. 또한 가공 속도를 높이기 위해서는 높은 파워의 광원이 사용되어야 한다. 빔의 크기 및 모양에 대한 정보도 제공해야 한다.

③ 가공 속도

주사 방식의 경우에는 주사 미러의 회전 속도 및 가속도가 가공 속도에 직접적인 영향을 미친다. 광원의 파워와 재료의 경화 속도는 주사 미러의 최대 주사 속도를 제한한다. 전사 방식의 경우에는 재료의 경화 속도에 따라 전사 시간이 정해지며, 주사 방식에 비해서 매우 빠른 가공 속도를 가진다.

④ 수량

레이저는 보통 1개가 사용되며, 빌드 사이즈가 크면 2개 이상을 고려할 수 있다. 광학계 또한 레이저와 한 쌍으로 이루어져야 하며, 레이저의 개수만큼 광학계가 설치되어 개별 제어가 이루어져야 한다.

⑤ 비용

주사 방식의 3차원 프린팅에서 광원 및 광학계의 비중이 전체 비용에서 가장 큰 부분을 차지한다. 전체 시스템의 가격을 고려해서 광원의 비용을 산정한다. 또한 광원의 경우에는 최대 사용 시간이 정해져 있기 때문에 이에 대한 정보를 제공해야 한다.

⑥ 광학계 재료

광원의 파장대에 따라서 투과율, 반사율 등이 다르며 이에 따라 광학계 재료를 선정해야 한다. 따라서 렌즈의 경우에는 Anti Reflection(AR) 코팅이 되어 최대한 많은 양의 에너지가 렌즈를 통과할 수 있도록 해야 하고, 반사경의 경우 전반사가 일어나게 코팅이 되어 있어야 한다.

⑦ 마감

보통 광학계는 매우 높은 정밀도를 요구하기 때문에 광학계에 사용되는 기계 부품의 마감은 높은 수준으로 해야 한다.

⑧ 사용 가능 재료

광원 대비 사용 가능 재료의 정보를 포함해야 한다. 이는 반대로, 사용 가능한 재료를 바탕으로 광원을 설계 및 선정할 수도 있다.

⑨ 유지 관리

광은 작은 이물질에도 난반사가 일어날 수 있기 때문에 정기적으로 광학계를 유지 보수해야 한다. 정기적으로 세척을 해야 할 경우에는 주기, 세척액, 세척 방법에 대해서 명시한다. 광학계는 보통 먼지 등의 외부 영향을 제거하기 위해 밀폐 공간에 설치된다.

⑩ 수명

광원은 그 수명이 있으며 이를 적시해야 한다. 광학계는 반영구적이지만 오랜 사용으로 코팅이 벗겨질 수 있다. 따라서 재료 표면에서의 에너지가 원하는 수준에 도달하지 않을 경우에는 광원을 교체하거나 광학계를 수리 혹은 교체해야 할 수도 있다. 따라서 광원의 수명 및 광학계의 코팅 수명에 대해서도 명시해야 한다.

⑪ 안전 사항

보통 높은 에너지의 광원을 사용하기 때문에 직접 광원을 응시하는 것을 피해야 하며 광원이 피부에 직접 닿지 않도록 유의해야 한다. 따라서 보안경, 장갑, 소매가 긴 옷을 입는 것이 필수적이며, 이를 규격서에 포함해야 한다. 높은 에너지의 레이저가 사용되고 있다는 표식을 해 둬야 한다.

⑫ 운용 환경

광학계를 운용하기 위한 환경도 명시해야 한다. 이는 온도, 습도를 포함해서 광학계 구동을 위한 전기 파워 등을 명시한다.

2) 광학계 설계 제작도

광학계 설계 제작도는 크게 부품도와 조립도로 나뉜다. 부품도는 부품을 제작하기 위한 형상, 치수, 재료, 마감, 공차, 가공 정보 등의 정보를 포함해야 하고, 조립도는 완성품을 만들기 위한 이들 각각의 부품의 조립에 대한 과정, 동작 범위 등에 대한 정보를 포함해야 한다.

부품도	부품도는 각각의 광학 부품 및 기계 부품에 대해서 존재해야 하며, 부품 가공을 위한 상세 정보를 포함해야 한다. 이는 부품의 구조, 형상, 재료, 치수, 마감, 공차 등을 반드시 포함해야 한다. 경우에 따라서는 상세도가 필요하다.
조립도	조립도는 완성품을 만들기 위해서 필요한 모든 부품을 포함하며 조립에 대한 과정 및 동작 범위 등이 포함되어야 한다.

3. 하이브리드 시스템 설계

(1) 하이브리드 구성의 이해

하이브리드(Hybrid)는 이종의 개체에서 새로운 개체가 생성되는 것을 나타내는 용어이다. 즉, 3차원 프린팅에서 이종 기술을 토대로 새로운 기술 혹은 이전에 없던 기능을 가진 공정을 개발하는 것이라고 할 수 있다.

(2) 하이브리드형 노즐의 종류 이해 및 선정

1) 하이브리드 3D 프린터의 종류

다음과 같이 다양한 하이브리드 3D 프린팅 공정이 있으나 상용 장비는 많지 않은 실정이며 활발한 연구가 진행되고 있다.
① DP와 광조형 공정을 이용한 하이브리드
② FDM과 DP를 이용한 하이브리드
③ FDM과 Ultrasonic Consolidation(UC)을 이용한 하이브리드
④ 로봇 기반 3차원 프린팅

2) 하이브리드 3D 프린터의 공정별 특성

① DP와 광조형 공정을 이용한 하이브리드

DP에서는 유동성을 가진 액상 혹은 페이스트 재료를 사용하기 때문에 재료가 토출됨과 동시에 경화시켜야 한다. 이를 위해서 광경화성 재료를 토출하고 이를 광을 이용해서 곧바로 경화시키는 방법이 있다. 이러한 광은 광학 파이버와 렌즈 등으로 집광할 수도 있고, 아래 그림과 같이 링 형태의 광학계를 사용해서 특정 영역에 광을 조사할 수도 있다. 이 공정에서 주의할 부분은 토출된 재료만 경화시키고 노즐 내부의 재료는 경화되지 않게 하는 것이다.

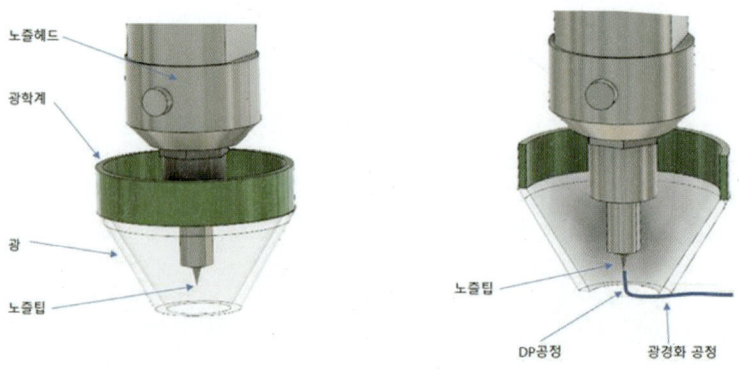

DP + 광경화 하이브리드 가공 개념도

② FDM과 DP를 이용한 하이브리드

FDM 공정은 열가소성 재료만 사용할 수 있고, DP 공정은 주로 열경화성이면서 유동성이 있는 재료를 사용한다. FDM에서 사용 가능한 재료는 ABS와 같이 비교적 기계적 강도가 우수하며 DP 방식에 비해서 가공 성능이 우수하다. 이에 반해서, DP 공정에서 사용하는 재료는 매우 다양하며, 유동성이 있는 재료는 거의 대부분 사용이 가능하기 때문에 다양한 고분자 복합재가 사용된다. 따라서 이 두 방식을 결합함으로써 FDM으로는 기계적 성질이 우수한 구조물을 제작하고, DP 방식으로는 다양한 복합재를 사용함으로써 단일 공정에서는 제작할 수 없는 다양한 종류의 성형품을 가공할 수 있다. 아래 그림은 FDM 헤드로 플라스틱을 제작하고, DP 헤드로 실버 잉크를 이용해서 전극(electrode)을 제작하는 개념도를 예시로 보여준다.

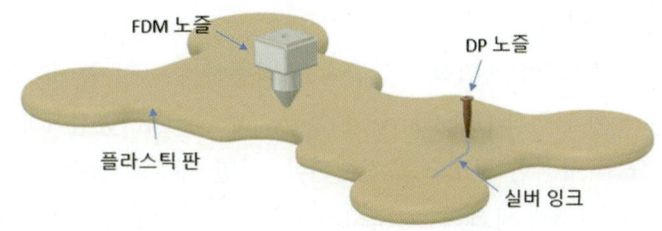

FDM과 DP 하이브리드 프린터 개념도의 예

③ FDM과 Ultrasonic Consolidation(UC)을 이용한 하이브리드

UC 공정은 금속 박판을 초음파 에너지를 이용해서 기판 혹은 이전의 층과 접합시키고 CNC를 이용해서 필요 없는 부분을 잘라내면서 3차원으로 성형하는 공정이다. 이 공정은 얇은 금속 박판을 사용하여 상하로 초음파 진동하는 로터에 의해서 아래층과 접합된다.

접합 공정을 진행할 때 바로 아래층에 가공된 재료가 없을 경우, 즉 서포트 재료가 없을 경우에는 UC 공정으로 인해 재료의 처짐 현상이 발생한다. 따라서 FDM 공정을 이용해서 이러한 빈 공간에 서포트 형상을 제작할 수 있다. 이렇게 사용된 서포트 재료는 가공(성형)이 끝난 다음 제거할 수 있으며, 최종적으로 내부가 빈 3차원 금속 성형품을 얻을 수 있다.

④ 로봇 기반 3차원 프린팅

CNC 장비처럼 툴 매거진(tool magazine)이 있고 이를 로봇의 그리퍼(gripper)에 장착함으로써 여러 종류의 헤드를 선택적으로 사용할 수 있다. 또한 FDM 등과 같은 장비로 구조물을 제작하고 동시에 로봇으로 전자 부품 등을 가공 중에 pick-and-place 방식으로 실장할 수도 있다.

(3) CNC 구조의 이해와 연동 메커니즘 이해

1) CNC 구조의 이해

수치 제어(Numerical Control)와 컴퓨터 수치 제어(Computerized Numerical Control)는 현장에 보급된 기계들은 거의 대부분 NC 기계를 약해서 CNC라 부르고 있다. CNC란 'Computer Numerical Control'의 약자로서 Computer를 내장한 NC를 말한다. NC와 CNC는 다소 차이는 있으나 최근 생산되는 CNC를 통상 NC라 부르고, NC와 CNC를 외관상으로 쉽게 구별하는 방법은 모니터가 있는 것과 없는 것으로 구별할 수 있다.

일반적으로 범용 공작 기계는 사람의 두뇌로써 도면을 이해하고, 눈으로 끊임없이 공구의 끝을 감시하여 손과 발로 기계를 운전하여 원하는 가공물을 완성한다. 그러나 NC 공작 기계는 범용 공작 기계에서 사람이 하는 일을 컴퓨터가 대신한다.

2) 연동 메커니즘의 이해

3D 프린터를 이용하여 직접적으로 금속을 적층하는 공정 중에서 DMLS(Direct Metal Laser Sintering) 공정과 DED(Direct Energy Deposition) 공정이 있다. DMLS 공정은 전반적으로 SLS와 유사한 공정으로 진행된다. 다만 재료로 금속 파우더를 사용한다는 것이 차이점이다. 그래서 SLS(Selective Laser Sintering)와 유사하게 SLM(Selective Laser Melting)이라고도 한다. DED 공정은 금속 표면에 직접 금속 파우더를 주사하거나 금속 와이어를 공급하여 레이저로 녹여서 단면을 형성하고 한 층씩 쌓아서 3차원 형상을 만드는 공정이다.

금속 파우더를 이용한 3D 프린팅 공정은 표면이 매끄럽지 못하기 때문에 이를 CNC 공정으로 매 층 혹은 수층마다 머시닝을 병행할 수 있다. 이는 DMLS 공정의 표면 거칠기의 한계와 이를 극복할 수 있는 CNC 장비의 결합에서 탄생한 공정이다. 일반적으로 장비가 닿기 어려워 가공이 쉽지 않은 부분은 파트의 적층 가공이 진행되는 동안 필요한 (모든/절삭) 가공을 마무리하는 것이 효율적이다. 메탈 프린팅 기술을 CNC 공작 기계와 통합하여 분말 금속 또는 와이어 공급 원료를 쌓아 올린 파트를 같은 장비를 이용하여 정확한 크기로 가공할 수 있다.

또한 다양한 레이저 기술을 활용해서 성형 중인 가공품에 대해서 템퍼링, 담금질 등의 열처리를 할 수도 있다. 실시간으로 가공 중인 형상을 CCD로 모니터링하고 오차가 발생할 경우 수정도 가능하다.

아래 그림은 CNC 장비와 연동되는 3D 프린터에 대해 설명한다. 첫 번째 그림은 금속 분말을 평탄하게 펴는 공정이다. 두 번째 그림은 레이저를 주사하여 성형하는 공정이다. 세 번째 그림은 CNC 선반으로 가공하는 공정을 설명한다.

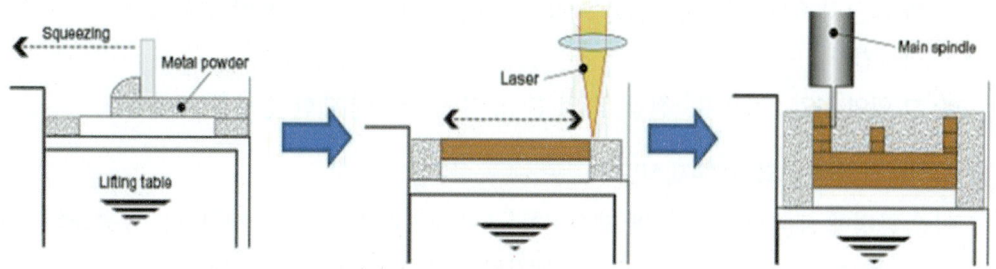

DMLS + CNC 하이브리드 가공 개념도

출처 : 〈마쓰우라사, www.matsuura.co.jp〉

(4) 하이브리드형 3D 프린터 도면의 이해와 설계
1) 하이브리드형 빌드 장치 설계 규격서

하이브리드형 빌드 장치의 설계 규격서는 2종 이상의 3차원 프린팅 기술 혹은 CNC 기술, 로봇 기술과 결합되기 때문에 각각에 대한 정보를 포함해야 한다. 설계 규격서를 토대로 각 부품에 대해서 부품도와 조립도로 이루어진 제작도가 생성된다.

① 성능

최종 성형품에 대해서 정밀도, 속도 등에 대한 정보를 포함한다. 이에 따라서 노즐, 광학계, 그리고 CNC에 대한 정보를 포함한다. 노즐 및 광학계의 경우는 이전 학습의 필요 지식에서 제시한 설계 규격서를 따르고 CNC 및 로봇의 경우는 아래와 같은 정보를 포함해야 한다.

CNC는 절삭을 통해 3차원 형상을 제작하는 방식으로 3차원 프린팅의 표면 거칠기가 좋지 않을 경우에 사용될 수 있다. 따라서 원하는 표면 거칠기에 대한 정보를 포함하도록 한다. 또한 절삭 가공 시간에 대한 정보를 포함시켜 가공 속도 정보를 적시한다. 사용하는 툴의 종류 및 가공 가능 빌드 사이즈 또한 기술한다.

로봇을 이용할 경우에는 로봇이 지정된 위치에서 가공 혹은 부품을 위치시킬 수 있는 위치 정밀도 및 반복 정밀도에 대한 정보를 포함한다. 또한 로봇의 회전 및 직선 이송축의 개수를 명시한다. 로봇의 그리퍼에 3D 프린터의 헤드를 장착할 경우, 이러한 헤드들을 나열하고 빌드 사이즈 정보를 포함한다.

② 이송 거리 : CNC 장비 및 로봇의 각 축의 길이 및 이송/이동 가능 거리에 대한 정보를 포함시켜야 한다.
③ 최대 가공 속도 : CNC 장비 및 로봇의 최대 가공/이송 속도를 포함시킨다.
④ 최대 토크/힘 : CNC 장비의 스핀들(spindle) 회전 속도와 최대 토크를 포함시킨다. 로봇의 경우에는 최대 이송 하중을 기술한다.

⑤ 툴 체인지 속도 : 툴 매거진을 이용하여 여러 개의 툴을 사용할 경우 툴 교환 속도를 포함시킨다.
⑥ 그 외의 사양 : 윤활유, 전압, 작업 환경, 유지 관리에 대한 정보를 포함한다.

2) 하이브리드 프린터 설계 제작도

이종 공정에 대해서 각각 설계 제작도를 구비해야 하며, 각각의 제작도는 부품도와 조립도를 포함해야 한다. 부품도는 부품을 제작하기 위한 형상, 치수, 재료, 마감, 공차, 가공 정보 등의 정보를 포함해야 하고, 조립도는 완성품을 만들기 위한 이들 각각의 부품의 조립에 대한 과정, 동작 범위 등에 대한 정보를 포함해야 한다.

부품도	부품도는 각각의 광학 부품 및 기계 부품에 대해서 존재해야 하며, 부품 가공을 위한 상세 정보를 포함해야 한다. 이는 부품의 구조, 형상, 재료, 치수, 마감, 공차 등을 반드시 포함해야 한다. 경우에 따라서는 상세도가 필요하다.
조립도	조립도는 완성품을 만들기 위해서 필요한 모든 부품을 포함하며, 조립에 대한 과정 및 동작 범위 등이 포함되어야 한다.

4 레이저 장치

(1) 레이저 장치와 원리

레이저(LASER ; Light Amplification by Stimulated Emission of Radiation)는 유도 방출에 의한 빛의 증폭, 즉 빛을 증폭시켜 유도 방출을 하는 장치다. 최초의 레이저는 1960년에 미국의 '시어도어 메이먼'이 루비 막대를 사용해서 만들었다. 빛은 경도가 가장 크고 열에 가장 강한 물질을 증발시킬 정도로 강하다.

레이저 장치는 결론부터 말하자면 빛을 한쪽 방향으로 진행시키는 기술이다. 원자들은 안정된 상태에 있다가 에너지를 받으면 전자들이 들뜨게 되어 에너지가 높아진다. 이 상태는 에너지가 높아 굉장히 불안정하기 때문에 이내 빛을 내면서 안정된다. 이를 자연 방출이라고 한다. 이 과정을 통해서 나온 빛은 위상과 파장이 각기 달라 잘 퍼지게 되고 멀리 가지 못한다. 이는 우리가 흔히 보는 빛이라고 생각하면 된다.

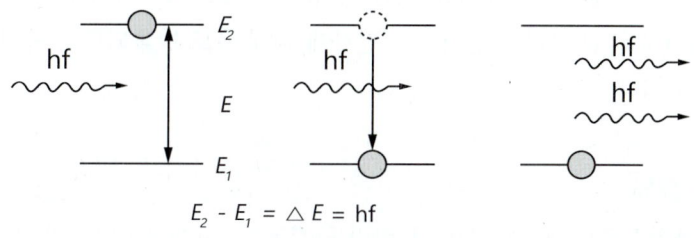

에너지 자연 방출

그러나 들떠 있는 순간의 원자가 자신이 자연 방출하는 빛과 동일한 파장의 빛과 충돌하면 파장과 위상, 진행 방향이 동일한 빛을 방출하는 성질이 있다. 이를 유도 방출이라고 하는데 레이저는 이 원리를 이용한다.

매질을 사용하는 일반적인 레이저의 경우, 내부에 좌우로 거울을 설치하여 광 공진기를 구성하여 그 사이에 레이저 발진에 쓰이는 물질을 넣어 놓는다. 이때 한쪽 거울은 빛을 100% 반사(전체 반사)하지만 다른 한쪽은 일부분 투과시키는 반투명(부분 반사) 거울을 사용한다. 그리고 사이의 물질을 자극시키면 빛이 거울 사이를 몇백 번 왕복하면서 유도 방출로 인해 서서히 빛이 가지런히 정렬된다. 그러고는 이런 과정을 거쳐 일정한 에너지 이상이 되면서 레이저광으로 방출된다.

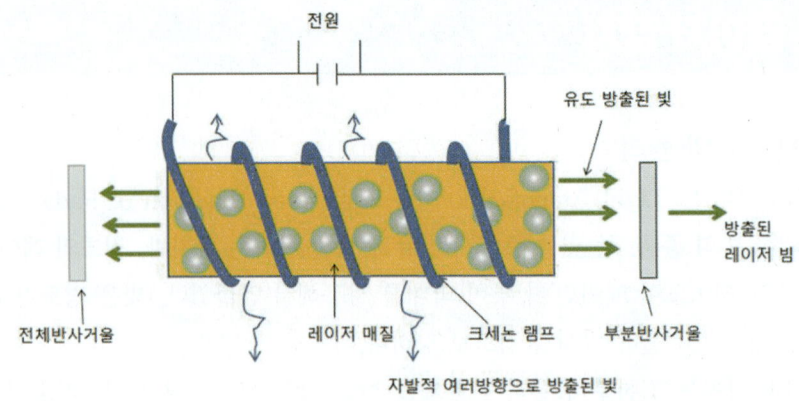

유도 방출

1) 레이저 빛의 특징

① 같은 위상으로 간섭 실험에 용이하다.
② 직진성이 강한 평면파의 형태로 거울 축 방향의 빛만 계속하여 증폭된다.
③ 같은 에너지 준위 차이를 전이하는 전자에 의해 유도 방출되므로 동일한 진동수의 단색 광이 방출된다.

(2) 레이저의 종류

레이저는 통상적으로 매질의 형태에 따라 구분된다. 고체 레이저, 가스 레이저, 반도체 레이저, 색소 레이저, 펄스 레이저, 광섬유 레이저, 화학 레이저 등이다. 각 레이저의 펌핑 방법은 다음과 같다.

1) 고체 레이저

가장 먼저 개발된 레이저는 루비 레이저이며, 루비 레이저는 3준위의 에너지 준위를 갖는 레이저로 발진 파장은 694nm의 가시 영역에 속한다. 3준위 레이저는 에너지를 많이 잃어버려 효율이 떨어지지만 발진 파장대가 색소에 다소 예민하게 반응하기 때문에 문신 제거 용도로 응용된다.

대표적인 고체 레이저로는 의료용 및 산업용으로 널리 쓰이는 Nd:YAG 레이저를 들 수 있다. 기본 발진 파장은 1064nm이며 4준위 레이저로 고출력이 가능하다. Nd:YAG 레이저는 이산화탄소 레이저와 함께 가장 많이 사용되는 산업용 레이저이다.

대부분의 고체 레이저는 빛을 사용하는 광펌핑을 이용한다. 레이저 다이오드가 개발되기 전에는 대부분 플래시램프를 사용한 광펌핑을 하였으나, 최근에는 레이저 다이오드 개발에 따라 레이저 다이오드로 광펌핑한 고체 레이저(Diode Pumped Solid State Laser, DPSSL)가 많이 개발되고 있다.

유도 방출이 일어나려면 에너지가 높은 상태의 원자들이 낮은 상태 원자들보다 수가 많아야 한다. 이 상태를 이루기 위해서는 외부에서 에너지를 공급해 주어야 하는데 이를 펌핑(pumping)이라고 한다. 펌핑하는 방법에는 빛을 비추어 펌핑하는 광펌핑(고체 레이저, 색소 레이저), 방전에 의한 전자를 충돌시켜 펌핑하는 전기적 펌핑(기체 레이저), 전류를 주입시켜 펌핑하는 전류 펌핑(반도체 레이저) 등이 있다.

2) 가스 레이저

이득 매질이 기체로 이루어진 레이저이다. 헬륨-네온(He-Ne) 레이저, 이산화탄소(CO_2) 레이저 등이 해당한다. 기체 레이저는 가스의 특성으로 인해 대부분 유리관 등의 용기를 사용하여 이득 매질이 되는 가스를 가두어 기체 방전을 펌핑에 이용한다.

헬륨-네온 레이저의 경우 실제 빛을 내는 원소는 네온이며, 헬륨은 단지 네온을 효율적으로 들뜬 상태에 이르도록 하기 위하여 사용된다. 헬륨과 네온의 혼합비는 5:1~10:1이다.

이산화탄소(CO_2) 레이저는 대표적인 4준위 가스 레이저이고, 따라서 고출력을 가진다. 효율적인 펌핑을 위하여 이산화탄소 가스 이외에 질소 가스를 혼합한 방전을 많이 사용한다. 개발 초기에는 수W의 출력을 가졌으며, 최근에는 수백W 이상의 출력을 가진 레이저가 개발되어 산업 현장에 응용되고 있다. 산업에서 금속이나 세라믹을 절삭하는 이산화탄소 레이저는 출력이 보통 1kW 이상이다.

3) 반도체 레이저

이득 매질로 반도체를 사용하는 레이저이다. 일반적인 레이저 다이오드의 p형과 n형의 반도체를 접합한 상태에서 전류를 흘려주는 펌핑 작용을 통해 전자와 정공이 만나 안정된 상태로 돌아가면서 발생하는 빛을 사용하는 과정을 거친다.

최근 양자 폭포 레이저(Quantum Cascade Laser)가 활발히 연구되는데 주로 장파장의 발진 파장을 위해 연구되고 또 상용화되고 있다.

4) 색소 레이저

옷을 염색할 때 사용하는 염료를 에탄올 등에 혼합한 액체를 이득 매질로 사용한다. 광학적인 펌핑을 주로 사용한다. 염료의 농도를 조절하면 발진하는 레이저 빛의 파장을 가변할 수 있는 장점이 있어서 분광학에 넓게 사용된다. 그러나 이득 매질로 사용되는 액체의 특성상 물리적·화학적인 외부 요인에 의한 매질의 손상이 쉽고 이로 인해 빔의 정밀 제어가 어려운 데다가 유지 보수에 많은 애로 사항이 발생하여 실용적인 문제점이 많다.

5) 펄스 레이저

펄스 레이저는 강한 출력의 레이저의 파동(펄스) 간 간격, 즉 주파수를 줄여서 매우 짧은 시간 안에 강력한 레이저를 발사하는 것이다. 펄스 레이저는 무려 페타와트까지 출력을 낼 수 있지만, 이 광선의 지속 시간은 0.1초도 안 된다.

6) 광섬유 레이저

광섬유 코어에 희토류 입자 등을 도핑하여 펌프 레이저를 도파시키면 희토류 이온의 전자가 들뜨게 되어 밀도 반전(population inversion)이 일어나게 되는데, 여기에 이보다 짧은 파장의 빛을 도파시키면 그 파장의 빛이 증폭된다. 또한 광섬유 레이저는 직경이 좁으며 길이가 길기 때문에 열 관리가 용이하며 빔 품질을 좋게 할 수 있다는 이점이 있다.

7) 화학 레이저

화학 반응을 이용해서 밀도 반전과 유도 방출을 일으키는 레이저이다. 대량의 화학 약품을 반응시킬 수 있기 때문에 연속 발진형으로 MW급 고출력도 가능하며 주로 미사일 요격 용도의 군용 레이저로도 연구된다. 하지만 사용되는 화학 약품 자체가 워낙 독성도 강하고 상당히 위험하다. 불화수소 레이저, 불화중수소 레이저, 화학 산소 요오드 레이저가 대표적인 화학 레이저이다.

(3) 레이저 장치의 문제점

1) 레이저 장치의 위험 등급

레이저를 사용하는 경우 또는 판매를 목적으로 하는 레이저 제품에 대하여, 레이저광으로 인한 장애로부터 인체를 보호할 목적으로 정한 기준이다. 특히 규제를 수반하는 경우를 규준이라 한다. 미국의 레이저 안전 사용법에 관한 미국 표준 협회(ANSI) 기준, 레이저 제품에 관한 BRH(The Bureau of Radiological Health) 규준, 국제 전기 표준 회의(IEC) 규준 등이 있다. 미국 표준 협회(ANSI)는 레이저에 대하여 다음과 같이 4단계로 안전 등급을 분류한다.

1등급	사람 눈에 노출되었을 때 손상이 거의 발생하지 않는 수준
2등급	혐오 반응이 눈의 손상을 방해할 수 있는 상대적으로 낮은 출력의 가시광. 1000초 이하의 노출에는 위험하지 않으나 그 이상의 노출에는 위험
3등급	직접 노출이 해로울 수 있는 수준에서 방출할 수 있는 중간 출력의 레이저. 분산 반사된 빛은 눈에 위험을 주지 않는 수준
4등급	분산 반사로부터의 손상 효과가 일어날 수 있는 수준에서 방출되는 고출력 레이저

레이저 종류	파장(μm)	1등급	2등급	3등급	4등급	비고
He-Ne	0.6328	6.98μW	1mW	0.5W	>0.5W	연속
Ar-ion	0.515	0.4μW	1mW	0.5W	>0.5W	연속

CO₂	10.6	0.8mW	–	0.5W	>0.5W	연속
CO₂	10.6	80μJ	–	10J/cm²	>10J/cm²	(100ns, 펄스)
Nd:YAG	1.06	0.2mW	–	0.5W	>0.5W	연속
Nd:YAG	1.06	2μJ	–	0.16J/cm²	>0.16J/cm²	(20ns, 펄스)

2) 레이저 장치의 안전상 주의 사항
① 레이저를 취급할 때에는 반드시 차광용 보안경을 착용한다.
② 예기치 못한 반사광이 눈에 들어올 때가 있으므로 광선의 방출 방향에 대해 충분히 주의하고 반사하는 벽 등이 없음을 확인한다.
③ 레이저 장치는 전체를 덮는 것이 바람직하다.

3) 레이저 안전 교육
레이저 안전 관리에 대한 교육은 미국의 경우 레이저 사용 기관의 관리자를 대상으로 특성에 맞추어 다양한 교육 과정으로 매년 수차례 실시되고 있다. 교육 과정으로는 Laser Safety Officer with Hazard Analysis, Laser Safety Officer, Medical Laser Safety Officer, Advanced Concept in Laser Safety, On-line Laser Safety 등으로 레이저를 사용하는 기관들이 자신들의 여건과 특성에 맞추어 파견한 관리자를 대상으로 교육을 실시한다. 이 중에서 레이저 안전 관리자 양성 프로그램은 레이저 위해성 평가에 대한 교육을 포함하는 경우 일주일 동안의 일정으로 소화한다.

국내에서도 레이저 안전에 대한 평가 기준을 마련하고 더 나아가 레이저 안전 교육 실시를 대비하기 위하여 우선적으로 미국 레이저 학회에서 실시하는 레이저 안전 교육과 레이저 위해성 평가에 대한 이해가 필요할 것으로 보인다.

미국 레이저 학회가 수행하는 레이저 교육 내용

1. Introduction to ANSI Z136.1 Safe Use of Lasers Standard
2. Basic Concept of Lasers
3. Laser Regulations and Consensus Standards for Laser Users
4. Non-Beam Hazard
5. Laser Accident History
6. Laser Safety Program Administration
7. Laser Safety Control Measures
8. Laser Hazard Analysis
9. Laser Bioeffects
10. Laser Safety Standards for Manufacturers
11. Course Review and Post Test

이러한 교육 과정을 통하여 레이저에 대한 개념으로부터 레이저 안전에 이르기까지 많은 양의 지식을 집약적으로 주입할 수 있다. 레이저 위해성 평가는 각종 레이저의 종류와 주변 장치의 환경적 요소를 감안하여 MPE와 AEL을 계산에 의하여 결정하는 것으로, 레이저의 출력, 파장, 레이저 광선에 노출되는 인체 조직 등에 대하여 표를 이용하여 결과를 도출할 수 있다.

① 표준 : IEC60825-1

등급	설명	피폭 방출
등급 1	위험 수준 가장 낮고 인체에 무해	-
등급 1M	렌즈가 있는 광학 기기 사용 시 위험	-
등급 2	눈을 깜박여서 위험으로부터 보호할 수 있는 정도(0.25s)	등급 1 적용(0.25s 이하) 최대 1mW(0.25s 이상)
등급 2M	렌즈가 있는 광학 기기 사용 시 위험	
등급 3R	레이저 빔이 눈에 들어오면 위험	50mW (비가시광 영역, 등급 1의 5배) 5mW(가시광 영역, 등급 2의 5배)
등급 3B	직·간접적으로 반사되어 눈에 손상을 줄 수 있는 가시광·비가시광 레이저 광원을 가까이서 볼 때 또는 최대 출력일 때 반사광도 위험	500mW (315-1000nm, 0.25s 이상)
등급 4	• 직·간접적인 레이저 빔 입사는 매우 위험 • 눈 또는 피부 손상, 화재 위험	〉500mW

② ANSI Z136.1-2000

등급	설명	예
등급 1	눈과 피부를 포함한 인체에 무해	CD player
등급 2	• 주의를 요구하는 가시광 레이저 • 눈을 깜박여서 위험으로부터 보호할 수 있는 정도(0.25s)	바코드 스캐너
등급 3a	눈에 손상을 줄 수 있는 가시광 레이저	• 레이저 포인터 • 측량 장비
등급 3b	직·간접적으로 반사되어 눈에 손상을 줄 수 있는 가시광·비가시광 레이저 광원을 가까이서 볼 때 또는 최대 출력일 때 반사광도 위험	레이저 실험 장비
등급 4	• 항상 위험하며, 직접 노출 시 눈과 피부에 심각한 손상 유발 • 반사광으로도 눈 손상 유발 가능, 화재 위험 • 엄격한 제어 수단 요구됨.	의료용, 산업용, 연구용, 군 사용

2장 구동 장치 개발

> **학습 목표** 구동 장치 개발이란 3D 프린터를 통해 안정적인 조형물 제작과 소재 재사용을 위하여 이송 장치, 수평 인식 장치, 소재 재사용 장치를 개발하는 능력이다.

1 이송 장치 개발

(1) 이송 장치의 이해

3D 프린터의 빌드 장치 또는 이와 관련된 장치를 하나의 단면(layer)을 제작하거나 적층하기 위하여 사용하는 장치가 이송 장치이다. 조형 방식에 따라 이송 장치의 수가 결정되며, 1개의 이송 장치는 일반적으로 1개의 이송 축으로 이루어진다. 이송 장치는 기본적으로 다음과 같이 장치와 부품들로 구성된다.

① 동력 발생 장치
② 동력 전달 장치
③ 직선 이송 가이드
④ 엔코더

(2) 구동 부품의 종류 및 선정

1) 동력 발생 장치

동력을 발생할 때 사용되는 동력원은 주로 전기, 공압, 유압 등을 이용한다. 힘을 발생시키는 종류에 따라 동력 발생치는 다양하게 구성된다.

3D 프린터에 적합한 동력 발생 장치는 주로 전기 에너지를 운동 에너지로 바꾸는 전동기, 즉 전기 모터를 많이 사용한다. 모터에서 전기 에너지를 이용하여 축에 회전 운동을 일으키고, 그 회전 운동을 기구학적인 동력 전달 장치와 결합하여 직선 운동으로 변환하여 이를 기어 등을 이용하여 적당한 속도로 가감속을 시켜서 이송이 가능하게 하는 것이다. 기어의 감속비를 적정하게 선정하면 원하는 속도를 얻을 수 있다.

모터의 회전력의 기본 원리는 자기장과 전류 흐름에 따른 힘의 발생을 이용하는 것이다. N극과 S극을 양쪽에 고정시키면 그 사이에 자기장이 발생한다. 이 자기장 내부에 도체를 위치시키고, 그 도체에 전기를 흐르게 하면 도체는 일정한 방향으로 운동하려는 힘이 발생하게 된다. 이 운동 방향을 설명하는 것이 플레밍의 왼손 법칙(Fleming's left hand rule)이다. 아래 그림은 자기장의 방향과 도체의 전류 방향에 따라 도체의 운동 방향을 설명한다.

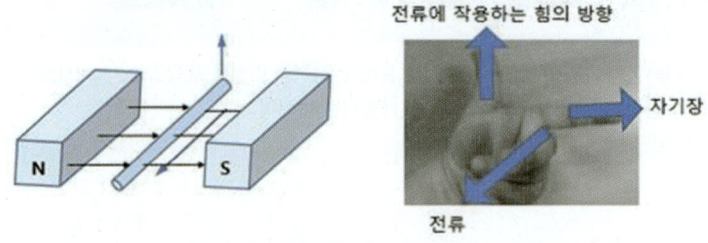

플레밍의 왼손 법칙

이 원리에 의하여 모터의 회전력이 발생한다. 영구 자석(혹은 고정자, stator)을 한 직선 상에 설치하고 그 사이에 전기 코일을 감은 전자석(회전자, rotor)을 위치시킨다. 이 전자석에 전기를 공급하면 플레밍의 왼손 법칙에 따라 엄지 방향으로 전자석이 이동하려는 힘이 발생한다. 이때 전자석을 회전이 가능하도록 고정시키면 전자석은 자기장 내부에서 회전 운동을 하게 된다. 이때 회전력은 전류의 세기, 코일이 감긴 수 등에 비례한다. 아래 그림은 모터의 회전 원리를 설명한다.

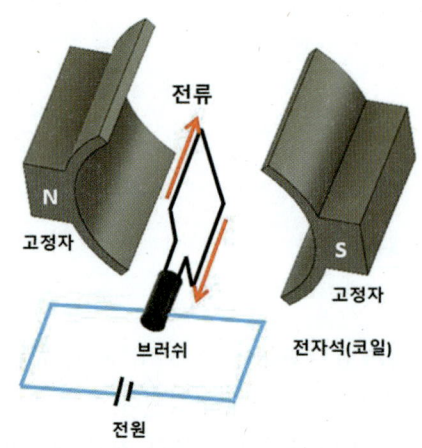

모터의 회전 원리

이러한 기본 방식을 이용하여 아래와 같이 다양한 종류의 모터를 구성할 수 있다.

① 서보 모터(Servo motor)

　서보 모터는 위치 피드백(feedback)을 통하여 정밀한 위치와 속도, 가속도의 제어가 가능한 폐회로 제어(클로즈드 루프 제어, closed loop control) 방식으로 구성된다. 구성을 보면 정확한 위치를 피드백 받기 위해서는 이송 위치를 측정하는 엔코더(encoder)가 필요하다. 그리고 동력 전달 장치와 직선 이송 가이드(Linear Motion Guide, LM Guide)를 이용하여 회전 운동을 직선 운동으로 변환한다. 주로 공작 기계나 로봇 등에 많이 사용되며, 큰 이송력이 필요한 경우에 많이 사용된다. 서보 모터의 특징을 다음과 같이 정리할 수 있다.

    ㉠ 클로즈드 루프 제어(closed loop control) : 정확한 위치, 속도, 가속도 제어
    ㉡ 엔코더(encoder) : 위치 피드백
    ㉢ 동력 전달 장치와 직선 이송 가이드(linear motion guide) : 직선 운동 전환
    ㉣ 큰 이송력 필요 : 공작 기계, 로봇에 적용

② 스테핑 모터(Stepping motor)

스테핑 모터는 위치 피드백이 없으며 한 번의 전기 신호(pulse)로 매우 작은 각도로 회전하는 것으로 스텝(step) 운동을 하는 개회로 제어(오픈 루프 제어, open loop control) 방식으로 구성된다. 전기 신호를 연속적으로 보냄으로써 원하는 만큼의 회전량을 만들어 낸다. 전기 신호를 바꾸어서 명령하면 쉽게 역회전을 할 수 있다.

아래의 그림은 2상 여자 방식의 스테핑 모터의 구동 방식을 보여준다. 그림상에서 1(상, 하)에 신호를 보내면 회전자가 90° 회전한다. 2(좌, 우)에 신호를 보내면 다시 90° 회전한다. 1 → 2 → 1 → 2 순으로 신호를 보내면 회전자는 계속 회전하고, 신호가 없으면 멈추게 된다. 회전 각도는 90°뿐만 아니라 다양하게 설계할 수 있다.

이러한 회전 운동을 직선 운동으로 변환하기 위해서 서보 모터와 마찬가지로 동력 전달 장치와 LM 가이드가 필요하다. 비교적 작은 이송력이 필요할 경우에 많이 사용되며, 제어가 비교적 간단하며 분해능이 높고 정회전 및 역회전이 용이하여 저가형의 3D 프린터에 많이 사용된다. 스테핑 모터의 특징을 다음과 같이 정리할 수 있다.

    ㉠ 오픈 루프 제어(open loop control) : 위치, 속도, 가속도 피드백 없음.
    ㉡ 전기 신호(pulse)로 회전하는 스텝(step) 운동
    ㉢ 동력 전달 장치와 직선 이송 가이드(linear motion guide, LM 가이드)
    ㉣ 정회전과 역회전이 용이
    ㉤ 작은 이송력 : 3D 프린터에 적용

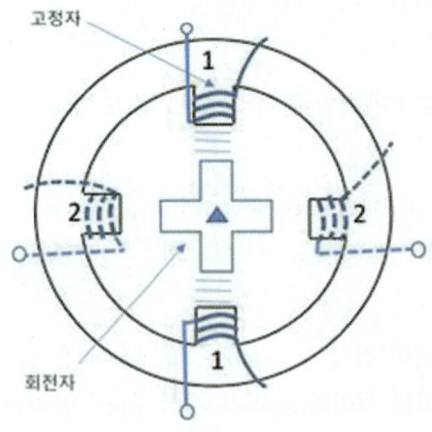 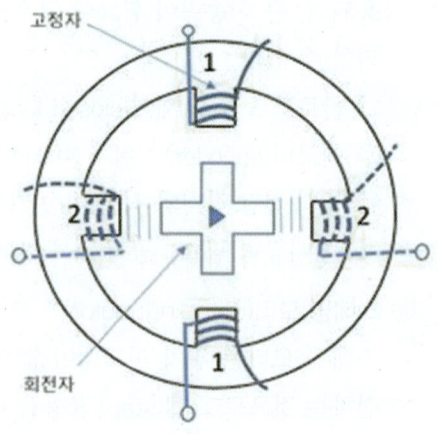

고정자 1에 전원이 투입되어 고정자가 여자되면 회전자는 오른쪽으로 90° 회전한다. (단, 회전 각도는 스텝 모터의 구성에 따라 달라진다)

고정자 2에 전원이 투입되어 고정자가 여자되면 회전자는 오른쪽으로 90° 회전한다.

스테핑 모터의 회전 원리(2상 여자 방식)

③ 선형 모터(Linear motor)

선형 모터는 고정자와 회전자가 평면으로 되어 있다. 즉, 고정자도 평면으로 되어 있고, 원형 모터의 회전자에 대응하여 평상판의 주행자로 되어 있다. 원형 모터의 회전자에 해당되는 주행자에 전류를 흘려서 구동하는 방식이다. 이렇게 하면 회전자는 직선 운동을 일으키게 된다. 그래서 별도의 동력 전달 장치가 필요 없이 LM 가이드만 설치하면 직선 이동이 가능하다. 원형 모터에 비하여 비교적 고가이고, 대형 이송 장치에 많이 사용된다. 백래시(backlash)가 없기 때문에 고정밀 제어가 가능하다. 고정자와 회전자(주행자)의 공기 틈새(공극)가 필요하다. 고속 철도에 적용하고 있다. 선형 모터의 특징을 다음과 같이 정리할 수 있다.

㉠ 평면형 고정자와 회전자 : 직선 운동
㉡ LM 가이드 : 동력 전달 장치 필요 없음.
㉢ 백래시가 없음 : 고정밀 제어 가능

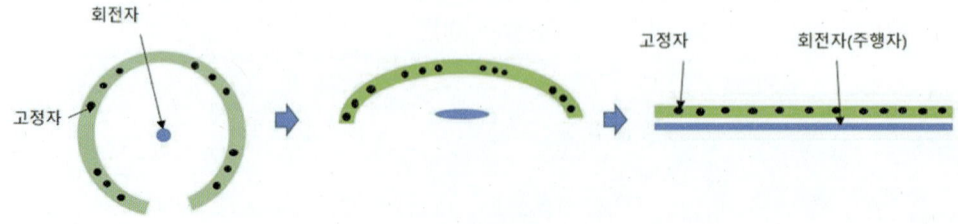

선형 모터의 개념도

2) 동력 전달 장치

대부분의 모터는 전기 에너지를 투입하면 회전자에 의해 회전/원형 운동을 한다(선형 모터 제외). 그러나 구동 장치는 주로 직선 운동을 요하는 경우가 많다. 3D 프린터의 경우 대부분의 구동 장치는 직선 운동을 필요로 한다. 따라서 이러한 회전/원형 운동을 직선 운동으로 변환시켜야 하는데 이 역할을 담당하고 있는 장치가 동력 전달 장치이다. 3D 프린터에서 주로 사용하는 동력 전달 장치는 볼 스크루(ball screw)와 기어(gear)/벨트(belt) 조합이다.

① 볼 스크루(Ball screw)

볼 스크루는 아래 그림과 같이 긴축에 볼(ball)이 지나갈 수 있는 나선형 홈이 파져 있는데, 여기에 고정측 너트 사이에 강구(steel ball), 즉 볼 베어링(ball bearing)을 삽입하여 볼의 구름 접촉을 통한 부드러운 이송을 구현한다. 모터의 회전축과 볼 스크루 샤프트는 직접 연결되어 모터의 회전으로 샤프트를 직접 회전시킨다. 이때 볼 베어링 접촉을 통한 너트측의 직선 이송을 구현한다. 주로 높은 하중을 비교적 낮은 마찰로 이송하고자 할 때 사용된다.

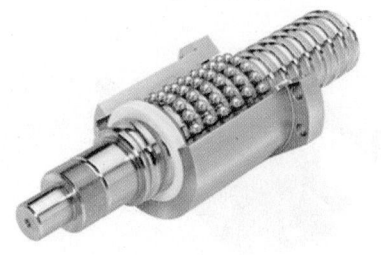 

볼 스크루 및 이송판

② 기어(Gear)/벨트(Belt) 조합

모터의 회전축에 기어를 연결하고 기어에 벨트를 연결하면 기어의 회전 운동이 벨트에 의해 직선 운동으로 전환된다. 구조는 매우 간단하며 작은 이송력을 필요로 할 경우에 많이 사용된다. 3D 프린터에는 저가형에 많이 사용된다. 기어비와 모터 축의 회전 속도에 따라서 직선 이송 속도를 조절할 수 있다.

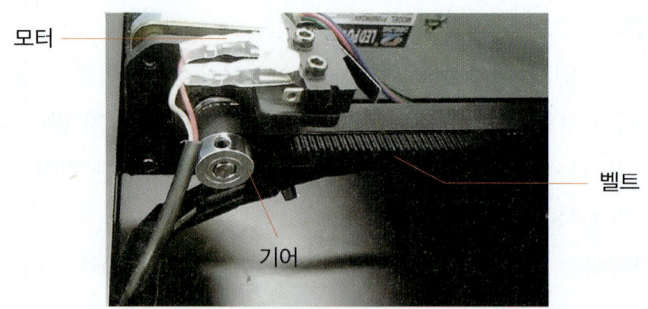

기어/벨트 조합

3) 직선 이송 가이드(Linear Motion(LM) Guide)

동력 전달 장치를 이용하여 직선 운동으로 변환된 운동을 정밀한 직선으로 이송할 수 있도록 LM 가이드를 설치한다. LM 가이드는 정밀한 직선 운동의 이송을 할 뿐만 아니라 이송 대상이 가진 하중을 견디는 역할도 수행한다. 그래서 LM 가이드의 단면은 원형 혹은 다각형을 가진다. 부드러운 이송을 위하여 볼 베어링을 사용하는 경우가 많으나, 저가형의 경우에는 베어링 없이 주로 원형 가이드만을 사용한 직접 접촉 방식을 사용한다.

다각형 LM 가이드 개념도

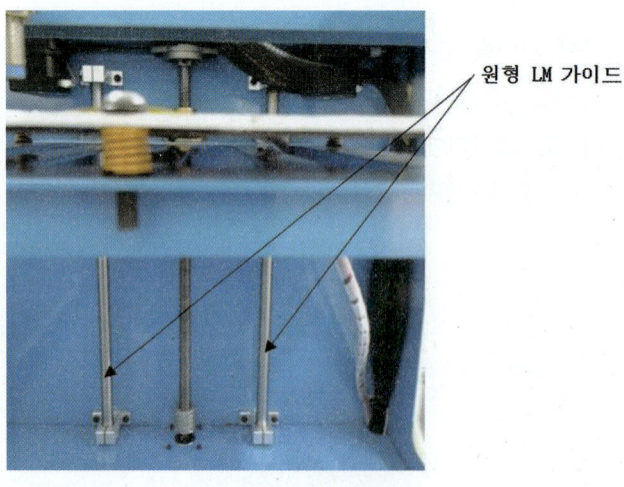

원형 LM 가이드

4) 엔코더(Encoder)

엔코더는 이송 장치의 위치를 인식하기 위하여 사용된다. 엔코드를 구분할 때는 위치 검출 방식, 위치 인식 방식 및 측정하고자 하는 운동 형태에 따라 구분할 수 있다.

■ 위치 검출 방식에 따른 구분
  ① 기계식(mechanical)
  ② 광학식(optical)
  ③ 자기식(magnetic)
  ④ 정전 용량식(capacitive)

■ 위치 인식 방식에 따른 구분
  ① 증분형(incremental) : 현재 위치에서의 상대적인 위치 인식만이 가능
  ② 절대 위치(absolute) : 절대 위치(absolute) 방식은 고정된 절대 좌표에 의한 위치 인식이 가능

■ 측정하고자 하는 운동 형태에 따른 구분
  ① 로터리(rotary) 엔코더 : 회전 운동을 검출
  ② 선형(linear) 엔코더 : 직선 운동을 검출

① 로터리 엔코더(Rotary encoder)

로터리 엔코더는 모터의 회전축과 연결되어 있다. 모터의 회전량을 검출하여 이동 위치를 피드백하기 위한 것이다. 검출 방식은 주로 빛을 이용한 광학 방식이 이용되고 있으나, 자장, 정전 용량 등을 이용한 방식도 있다. 아래 그림은 광학식 로터리 엔코더의 개념을 설명한다. LED(Light Emitting Diode, 발광 다이오드) 빛이 회전판(rotor plate)을 통과하여 고정 슬릿의 A, B, Z 슬릿으로부터 통과하여 검출기(photo detector)에 검출된 양을 인식하여 그 회전량을 측정할 수 있다. 회전량과 휠의 반지름을 반영하여 계산하면 실제 이송 거리를 환산할 수 있다.

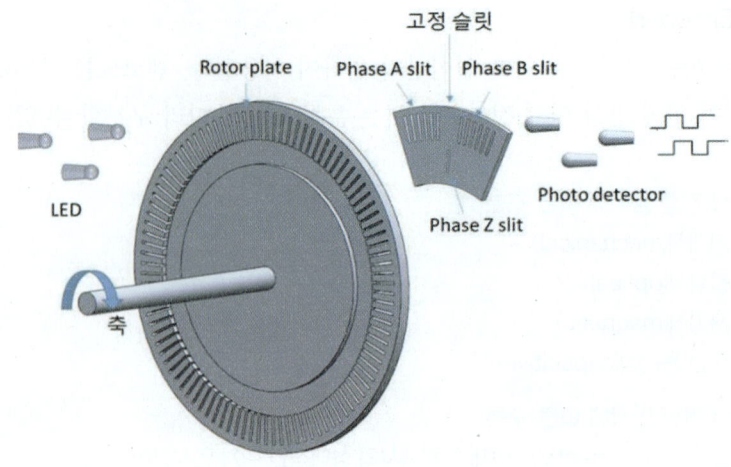

광학식 로터리 엔코더 개념도

② 선형 엔코더(Linear encoder)

선형 엔코더는 리니어 스케일(linear scale)이라고도 하는데, 이송하는 방향에 이송축의 커버 등의 외부 구조물에 주로 부착되어 있다. 내부에 직선형 유리 혹은 금속을 내장하며 거기에 보통 10 혹은 20마이크론(μm) 간격으로 눈금이 새겨져 있다. 눈금이 새겨진 부분은 센서 모듈이 직선으로 지나면서 mm당 50~2500펄스 이상을 읽어들여 직선 이동 거리를 환산하여 알려주는 장치이다. 펄스를 읽어 내는 방식에 따라서 광학, 자기, 정전 용량 등의 방식으로 구분된다. 이는 보통 모터와 같이 설치되는 로터리 엔코더와는 달리 이송축에 설치되기 때문에 상대적으로 부피가 작아지는 장점이 있다.

선형 엔코더

5) 센서(Sensor)

센서는 일상의 물리량이나 화학량을 감지하여 우리가 알 수 있는 신호로 처리하는 기능을 갖춘 장치를 말하는데, 일반적으로 전기 신호로 취급하고 있다.

3D 프린터에는 위치를 제어하는 센서가 있다. 위치 제어 센서는 기본적으로 접촉식과 비접촉식으로 구분되는데, 접촉식은 기계적으로 접촉이 되어 위치를 제어하는 것이고 비접촉식 근접 센서는 검출 대상에 따라 ① 광학식 센서, ② 자기식 센서, ③ 정전 용량식 센서로 구분된다.

광학식 센서는 가시광선을 비롯하여 자외선, 적외선을 검출 대상으로 하며 다양한 센서의 사용이 가능하다. 광센서라고 하고 검출 대상, 검출 파장, 사용 목적에 따라 엘리먼트(element, 소자)를 잘 구분하여 사용한다. 광원과 광전소자로 구성된 광전 스위치가 많이 쓰인다.

자기식 센서는 자기장 또는 자력선의 크기와 방향을 측정하는 센서로 다양한 물질의 성질 등이 자기장의 영향으로 변화하는 것을 이용하여 자기장을 측정한다. 영구자석 주위에 자기장이 발생하기 때문에 자기식 센서를 측정 대상물에 가깝게 배치하면 자선의 변위에 따라 출력이 변하게 된다. 이 값의 변화로 인하여 위치를 제거할 수 있다. 자기식 센서는 반도체 소자를 사용한다.

정전 용량 센서는 정전 용량을 감지하는 센서로 화면 주변에 정전 압력 센서를 배치하여 검출체로 인하여 발생하는 정전 용량의 변화를 감지하여 검출한다.

홈 센서(home sensor)는 절대 좌푯값 '0'으로 이동할 수 있도록 장치된 센서이다. 절대 좌표 '0'은 장비의 설치 시에 장비 시작점이 될 수 있는 위치를 좌푯값으로 나타낸 것이다.

엔코더의 경우 이송 장치의 시작 위치를 세팅하기 위해서 홈 센서(home sensor)를 사용하면 절대 좌표를 읽을 수 없는 경우도 적용이 가능하다. 이송 작업을 시작하기 전에 먼저 홈 센서로 이동하여 모든 좌표를 초기화하고 난 다음에 입력된 좌푯값으로 이동하게 된다. 홈 센서를 사용하여 이동한 위치는 주로 좌푯값 "0"으로 가진다.

홈 센서로 이동하도록 명령을 입력하면 장비는 홈 센서가 있는 절대 좌표 '0'점으로 지나쳐서, 즉 − 방향으로 이송을 하였다가 다시 홈 센서가 있는 절대 좌표 '0'으로 이동한다. 이것은 절대 좌표 '0' 이송을 시작할 때 발생할 수 있는 백래시를 제거하기 위한 것이다.

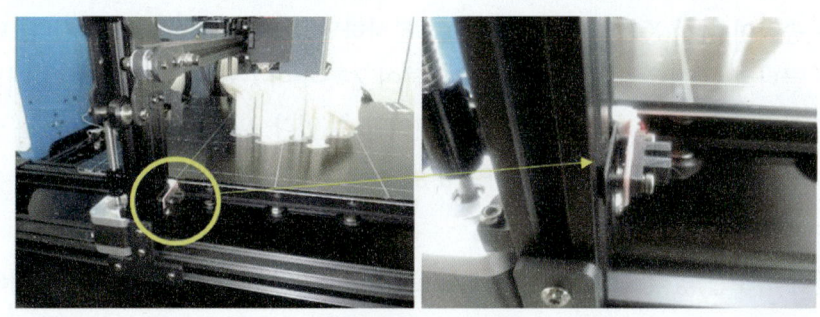

광학식 홈 센서의 예

6) 조형 방식에 따른 이송 장치

조형 방식에 따라 이송 장치의 축의 개수가 달라진다. 최소 1개에서 여러 개로 이루어질 수 있다. 동일한 조형 방식일지라도 3D 프린터를 설계하는 방식에 따라서 이송 장치의 수량 및 구성이 달라진다. 대부분 X, Y, Z 좌표를 이용하는 Cartesian 좌표계를 이용한다. 평면은 XY축으로 나타내며 수직 방향을 Z축으로 나타낸다. XY축은 대부분 1개의 층(layer)을 가공하는 데 사용되며, Z축은 적층을 위해서 사용된다. 또한 공정에 따라 재료의 공급을 위한 이송 장치, 공급된 재료의 평탄화 작업을 위한 이송 장치 등이 추가된다. 이와 관련된 이송 장치의 내용을 살펴본다.

① XY축 이송 방식

　㉠ XY축 동시 제어

　　XY축 동시 이송 제어가 필요한 방식은 토출(extrusion) 방식과 박판 가공(sheet lamination) 방식이다. 먼저 토출 방식은 헤더가 2차원 단면을 생성하며, 박판 가공 방식은 레이저 혹은 커터가 2차원 단면 형상을 재단한다. 형상의 단면을 형성하거나 재단하기 위해서는 반드시 XY 두 방향의 동시 제어가 필요하다. 하지만 3D 프린터의 설계 방식에 따라 동시 제어 대상이 달라지게 된다. 조형판(build plate)을 고정시키고 토출 헤드 혹은 레이저, 카터를 이송하는 방식과 토출 헤드 혹은 레이저, 카터를 고정시키고 조형판(build plate)을 이송하는 방식이다. 이러한 단면 가공이 끝난 다음에는 적층을 위하여 Z축이 이송하게 되며, 따라서 XY축과 Z축이 동시에 이송할 필요가 없다.

　㉡ XY축 개별 제어

　　제팅(jetting) 방식의 3D 프린터는 여러 개의 노즐에서 동시에 원료를 분사하여 단면(layer)을 형성하기 때문에 어느 하나의 축만을 이송하여 프린팅하는 것이 가능하다. 그래서 XY축을 동시에 제어할 필요가 없다. 요즘 흔히 볼 수 있는 종이용 프린터와 비슷한 방식으로, 한꺼번에 여러 개의 노즐로부터 재료가 분사되기 때문에 1축(X축)의 이송으로 비교적 넓은 면적을 프린팅하고, 다른 축(Y축)이 다음 위치로 헤드를 이송하여 다시 X축 방향으로 재료를 분사하면서 단면 가공을 하게 된다. 단면 가공이 끝나고 난 다음, 다음 층 가공을 위하여 Z축이 이송되며, X, Y, Z축을 개별적으로 제어하거나 2개의 축을 개별적으로 제어할 수 있다. 다중 노즐을 이용하는 방식은 대부분 각 축의 개별 제어로 단면이 형성된다.

② XZ축 이송 방식

　선택적 소결 방식(Selective Laser Sintering, SLS)의 3D 프린터는 레이저의 에너지를 국부적으로 주사하여 분말을 소결하여 단면(layer)을 형성하는 방식이다. 레이저는 주사하는 방식을 미러를 활용하여 적외선 레이저로 주사하는 방식과 XY축을 이용하여 레이저를 주사하는 경우로 구분할 수 있다.

　미러를 통하여 분말 위에 주사하는 방식의 경우에는 단면(layer) 형성 시에 미러의 방향을 결정해주는 스캔(scan) 장치가 필요하다. X, Y 방향에 대응하는 미러가 2개가 있는데, 미러의 각도를 조정하여 XY 평면의 분말을 소결, 용융하는 에너지를 보내는 방식이다. 이때는 2개의 미러의 스캔 장치의 동시 제어가 필요하다. 미러가 아니라 XY축으로 레이저를 이송하여 주사 방식의 경우에는 XY축 동시 제어가 필요하다.

새로운 층의 가공을 위해 새로운 분말 재료 공급 장치가 필요하다. 이를 위해서 추가적으로 XZ축의 제어가 필요하다. 즉, 재료 공급부의 피스톤이 Z축으로 상승하여 필요한 양만큼의 분말을 기준 표면 이상으로 밀어올리고, X축에는 롤러 혹은 블레이드가 부착되어서 상승한 재료를 레이저로 가공할 XY 평면으로 이송시킨다. 이러한 새로운 재료 공급 공정 이전에 단면(layer)이 형성된 가공부의 피스톤은 Z축 방향으로 하강하여 새로운 재료의 공급이 가능하게끔 빈 공간을 형성한다. 따라서 최소 2개의 Z축과 1개의 X축이 필요하며, 새로운 소재를 공급하는 재료 저장부가 빌드부(단면 형성부)의 양쪽에 위치할 경우에는 3개의 Z축이 필요하게 된다. 재료를 공급하는 롤러 장치가 보통 회전을 하면서 이송하게 되는 경우에는 1개의 회전축이 더 필요하게 된다. 롤러의 이송 및 회전은 동시에 제어되어야 하지만, 그 외 다른 이송 장치는 개별적으로 제어가 가능하다.

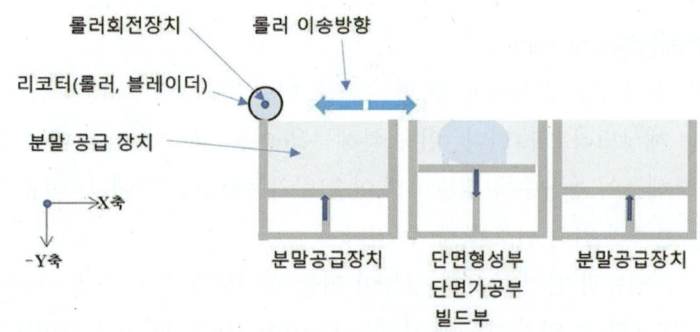

SLS 방식의 분말 공급 장치

③ Z축 이송 방식

광조형(Stereolithography, Vat photopolymerization, SLA) 방식 3D 프린터의 경우 자외선 레이저 빔이 재료 표면에 주사되는 방식은 2개의 미러와 스캔 장치를 이용한다. 2개의 미러는 X축과 Y축에 입력된 위치의 재료 표면을 경화하는 방식으로 진행한다. 따라서 1개의 층을 형성할 때는 XY 제어가 별도로 필요가 없다. 다만 2개의 미러와 스캔 장치를 동시 제어해야 한다. 레이저 빔을 스캔/미러를 사용하여 주사하는 방식을 사용하지 않고 XY축으로 이송하여 사용하는 경우에는 XY축의 동시 제어가 필요한데, 현재는 생산 효율적 측면에서 XY 이송 주사 방식으로 3D 프린터를 개발하는 경우가 드물다.

각 층의 제작이 완료된 다음에 다음 층의 제작을 위해 이송 시 Z축이 필요하다. 상부 조형 방식에서는 SLS 방식과 유사하게, 재료의 공급 및 표면의 평탄화를 위해서 재료 리코터(recoater)가 필요하다. 1개의 X축이 추가적으로 필요하게 된다. 단, 하부 조형 방식에서는 재료의 자중에 의해 재료가 이동되어 새로운 재료 층을 형성하기 때문에 추가의 이송 장치가 불필요하다.

7) 이송 장치 부품 선정 시 고려 사항

이송 장치를 구성하는 부품을 선정할 때에는 몇 가지 고려할 사항들이 있다. 이송 장치와 각 부품들은 3D 프린터의 가공 정밀도, 가공품의 치수 정밀도에 직접적인 영향을 미치기 때문에 이러한 고려 사항들을 잘 반영하여 부품을 선정하도록 해야 한다. 고려 사항은 다음과 같다.

① 이송 분해능(resolution)
② 이송 정밀도
③ 반복 정밀도
④ 이송 속도
⑤ 이송 하중

① 이송 분해능(Resolution)

한 번의 단위 신호로 움직일 수 있는 최소 이송 거리를 이송 분해능이라고 한다. 다른 말로 이송 해상도라고도 한다. 이송 분해능은 이송 장비에 있어 매우 중요한 성능에 해당한다. 분해능이 높을수록 정밀하게 이송이 가능하고 고가이다. 이송 장치는 분해능에 해당하는 만큼의 입력 신호를 줄 수 있다.

이송 분해능과 같이 중요한 성능이 이송 정밀도와 반복 정밀도이다. 실제 위치에서는 오차가 발생할 수 있기 때문에 분해능 및 이송 정밀도와 반복 정밀도를 동시에 고려해서 성능을 판단해야 한다.

② 이송 정밀도(Precision)

이송 정밀도는 입력, 명령된 거리와 실제 이동한 위치의 오차를 의미한다. 이송 정밀도는 보통 이송 거리당 오차량으로 표시한다. 예를 들면, ±50μm/100mm는 100mm 이송을 명령하였을 때 ±50μm의 오차 범위 내에서 실제로 이동하는 것을 의미하며 장치는 199.95mm~100.05mm 사이로 항상 이동한다는 뜻이다. 이송 정밀도는 제어기의 성능, 축 및 가이드의 직진도 등에 의해 영향을 받으며 보통은 이송 거리에 비례하여 오차값이 증가한다. 3D 프린터를 선정할 때에 이송축을 길게 설계하거나 높은 정밀도로 설계할 경우 비용 문제가 발생한다.

이송 정밀도를 결정하는 요소는 X축에 대한 롤(roll), Y축에 대한 피치(pitch), Z축에 대한 요(yaw) 등의 축에 대한 뒤틀림 각이 있다. 아래 그림은 롤, 피치, 요에 대한 설명이다.

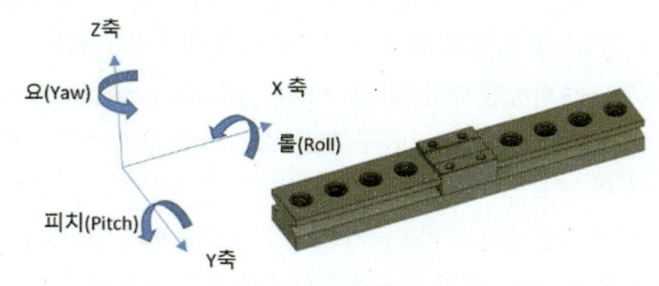

이송 정밀도에 영향을 미치는 인자

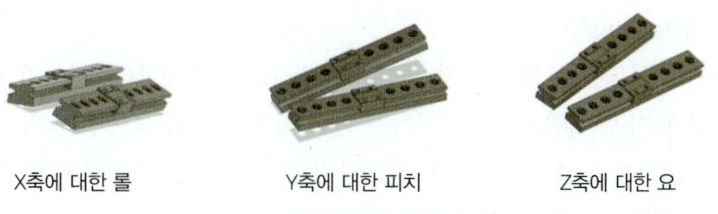

롤, 피치, 요에 대한 예시

③ 반복 정밀도(Accuracy)

반복 정밀도는 일정한 위치를 반복적으로 이동하였을 때 해당 위치에서 발생하는 오차의 최대치이다. 아래 그림은 이송 정밀도와 반복 정밀도에 대한 이해를 돕고자 개념도로 설명하였다.

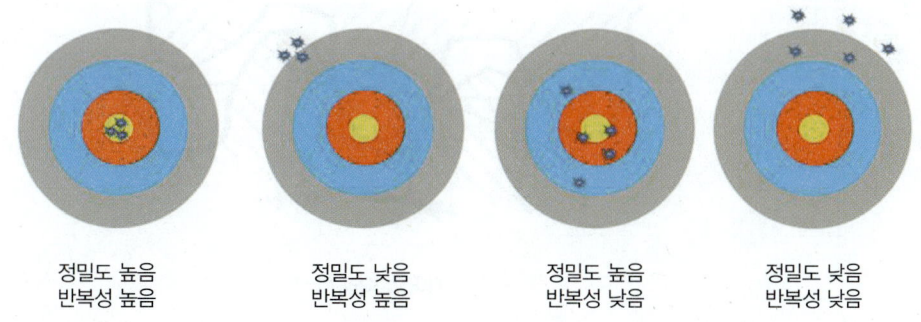

정밀도와 반복 정밀도

정밀도는 동작을 통하여 목표점에 도달하는 능력을 말하며, 반복 정밀도는 동작 상태를 변화시키지 않은 상태에서 반복적으로 동작한 경우에 나타나는 능력 간의 오차값을 의미한다.

반복 정밀도가 높은 것은 비록 원하는 위치와는 오차가 있지만 연속적으로 비슷한 크기의 오차를 가지는 것을 나타낸다. 반복 정밀도가 높을수록 고품질의 제품을 프린팅할 수 있으나, 정밀도를 높이기 위한 고가의 이송 장치가 필요하다.

반복 정밀도는 단방향 반복 정밀도(unidirectional repeatability)와 양방향 반복 정밀도(bidirectional repeatability)로 구분된다. 3D 프린터는 XY축상에서 항상 같은 시간에 양방향으로 이송하므로 양방향 반복 정밀도를 고려해야 한다. Z축은 한 층(layer)의 형성이 완료되면 다음 층으로 이동하기 때문에 단방향 반복 정밀도를 고려해야 한다. 하지만 각 층 가공 시 상승, 하강 이송의 동시 수행이 필요한 공정도 있기 때문에 이때는 양방향 반복 정밀도를 고려해야 한다. 적층 두께는 제품의 치수 정밀에 직접적인 영향을 미치기 때문에 원하는 적층 두께 대비 우수한 정밀도를 가진 Z축을 사용해야 한다.

④ 백래시(Backlash)

기어는 맞물림 부분에 약간의 간격이 발생하도록 설계한다. 기어와 기어 간의 맞물림을 원활하게 하기 위한 것이다. 기어가 한 방향으로 처음 돌아갈 때와 회전 방향을 전환할 때 이 공간으로 인하여 이송이 일어나지 않는 것을 백래시라고 한다. 볼 스크루에서는 볼과 나선형 홈 사이의 간격으로 인해 백래시가 발생하며 기어와 벨트에서는 양쪽의 기어들이 맞물리는 부분에서 발생한다. 이러한 백래시는 거의 모든 기계 장비에서 존재하는데, 백래시가 일정한 크기로 일관성 있게 발생할 경우에는 제어가 용이하다. 백래시는 이송 정밀도 및 반복 정밀도에 영향을 미치므로 장비 설계 시에 요구되는 정밀도에 부합하게끔 백래시 사양이 정해져야 한다.

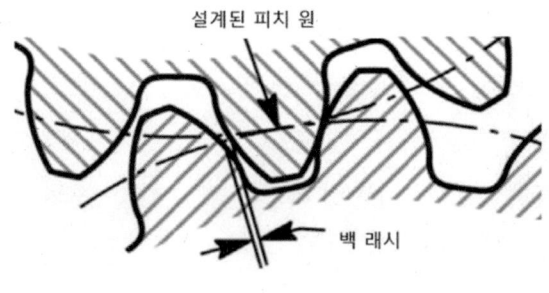

기어의 백래시

⑤ 이송 속도

이송 속도는 3D 프린터의 성능에서 효율성을 좌우하는 아주 중요한 요소이다. 즉, 높은 이송 속도는 빠른 가공(단면 형성)이 가능하여 전체적으로 조형 시간이 단축된다. 하지만 높은 이송 속도는 고가의 제어기가 필요하거나, 성능 이상의 속도에서는 탈조 현상이 발생하여 제대로 된 이송이 이루어지지 않게 된다. 이러한 탈조 현상은 입력 전압의 오류, 벨트 장력의 저하가 있을 때 주로 발생한다. 주로 스테핑 모터는 저속 고정밀 이송에 맞게 개발되었기 때문에 고속 이송에는 맞지 않다. 따라서 3D 프린터의 속도 성능을 결정지을 때 모터의 사양을 기초로 하여 결정해야 한다.

⑥ 이송 하중

이송 하중은 주로 Z축을 설계할 때 많이 고려되어야 한다. 대부분의 빌드 플레이트는 Z축으로 구동하기 때문에 빌드 플레이트와 구조물의 하중으로 인하여 이송 정밀도에 영향을 미치게 된다. 상대적으로 XY축의 경우에는 하중을 받는 방향과 수직 방향으로 이동하기 때문에 영향을 덜 받는다. 따라서 3D 프린터를 설계할 때 최대 이송 하중에 대해 XY축과 Z축으로 나눠서 고려해야 한다. 이송 가능 하중이 크면 클수록 고가의 이송 장치가 필요하다.

이송 장치의 구성에 따라서 작은 이송 하중으로 설계할 수 있다. 예를 들면, 비교적 무게가 가벼운 헤드를 XYZ 이송축에 부착하고 구조물을 포함하는 조형 받침대를 고정하게 설계하면 프린팅 구조물의 하중을 고려할 필요가 없다.

(3) 동작 해석 프로그램의 이해

1) 이송 장치 설계

이송 장치의 설계와 해당 부품과 사양이 정해지면 3차원 모델링 소프트웨어를 이용하여 이송 장치를 부품별로 설계하여 소프트웨어에서 가상 조립한다. 고정부와 이동부에 대한 구속 조건을 부여하여 실제 이송과 같은 시뮬레이션을 수행하면서 발생 가능한 오류에 대해 미리 검증한다.

각 이송 장치의 속도, 이송 하중 등을 입력하고 기구학 해석 프로그램을 이용하여 가공 헤드에 대한 위치, 속도, 가속도 시뮬레이션을 수행한다. 부품 간의 간섭, 가공 속도 및 가공 오차 등을 시뮬레이션해 볼 수 있다. 또한 실제 하중을 고려한 각 부품의 휨 정도 및 이에 따른 가공 오차에 대한 시뮬레이션도 수행할 수 있다.

2 | 수평 인식 장치 개발

(1) 선행 학습

3차원 프린팅은 기본적으로 한 층씩 제작 및 적층해서 최종적으로 3차원 형상을 제작하는 공정으로, 각 층의 제작에 있어 치수 정밀도가 보장되어야 한다. 이를 위해서는 빌드 장치와 조형 받침대가 모든 가공 영역에서 수평을 이뤄야 한다. 대표적인 3차원 프린팅 공정인 SLA, SLS, 제팅, FDM에 대해 빌드 장치와 조형 받침대의 수평 인식 방법에 대해서 알아본다.

1) 광조형(Stereolithography, SLA) 방식

광조형 방식은 액상의 광경화성 수지를 컨테이너에 저장하고 수직으로 이동하는 Z축에 부착된 플랫폼(조형 받침대) 위에 광경화성 수지를 각 층의 형상에 따라 경화시키고 적층하여 최종적으로 3차원 구조물을 형성시키는 방법이다. 또한 초기의 여러 층은 지지대(support)만을 제작하여 조형 받침대의 수평과 관계없이 제작된 지지대는 수평을 이루게 된다. 따라서 조형 받침대를 직접적으로 수평으로 맞추는 공정이 없다. 즉, 설치된 조형 받침대가 레이저 주사 장치 대비 수평이 어긋났다고 해도, 수십 층의 지지대를 형성함으로써 이러한 어긋난 수평이 상쇄되고 자동 보정이 이루어진다. 광조형 방식에서는 별도의 수평 맞춤 공정이 없다.

또한 지지대가 모두 제작되고 본 모델이 제작되는 과정에서도 별도의 수평 맞춤 공정이 필요 없다. 광경화성 수지는 점도가 있는 액상 재료이며, 각 층을 제작하고 난 다음 새로운 층을 제작하기 위해 Z축이 하강하고 리코팅 공정, 즉 리코터가 재료의 표면을 평탄하게 하며, 일정 시간이 지나면 재료의 자중으로 인해 재료 표면이 자동으로 수평이 맞춰지기 때문이다. 아래 그림은 광조형 공정에서의 받침대를 보여준다.

광조형 방식의 조형 받침대

2) 선택적 소결(Selective Laser Sintering, SLS) 방식

선택적 소결 방식은 고분자 분말 재료를 중앙 빌드 챔버에서 제작하고 양쪽 챔버(재료 공급 장치)에서 보급된 재료를 롤러를 이용하여 중앙의 빌드 챔버로 공급하는 방식을 취한다. 적외선 레이저로 재료를 소결 혹은 용융시키면서 적층하게 된다. 이 방식은 별도의 지지대(support)가 필요 없으며, 가공되지 않은 분말이 지지대 역할을 수행한다. 즉, 별도의 조형 받침대가 존재하지 않으며, 대신 적층 공정을 위하여 재료 가공부를 하강시키기 위한 금속 기판이 Z축 피스톤과 연결되어 있다. 재료의 수평은 롤러에 의해 맞춰진다. 따라서 선택적 소결 방식 역시 별도의 수평 맞춤 공정이 필요 없다. 아래 그림은 공정 선택적 소결 방식 3D 프린터의 적층 개념도를 나타낸다.

유사한 방식으로 금속 분말을 사용하는 3D 프린팅 공정이 있는데, 이를 선택적 용융(Selective Laser Melting, SLM) 방식이라고 한다. 이 공정의 경우에는 고분자 분말을 사용할 때보다 훨씬 높은 온도의 레이저 빔을 사용한다. 따라서 성형품에서 가공 전후의 온도 차가 매우 심하며 이로 인해 성형품의 뒤틀림 현상이 심하게 발생한다. 이를 해결하기 위해 고정 조형 받침대를 사용하고 지지대(support)를 제작한다. 고정 조형 받침대는 평면을 이룰 수 있도록 가공하여 사용한다.

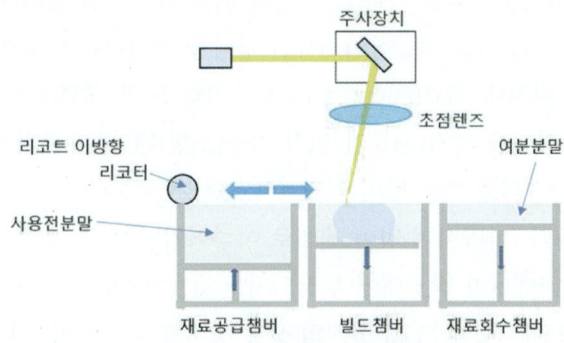

선택적 소결 방식(조형 받침대 없음)

3) 제팅(Jetting) 방식

제팅 공정은 초기 지지 재료로 일정 높이를 먼저 성형하고 난 다음에 모델을 제작한다. 일반적으로 제팅 헤드와 조형 받침대 사이의 거리가 멀지 않아, 수평이 맞지 않아 불균일한 높이의 지지 재료가 성형되면 헤드와 조형물이 부딪힐 가능성이 있다. 따라서 광조형 및 선택적 소결 방식과는 달리 조형 받침대가 정밀하게 수평을 이루어야 한다.

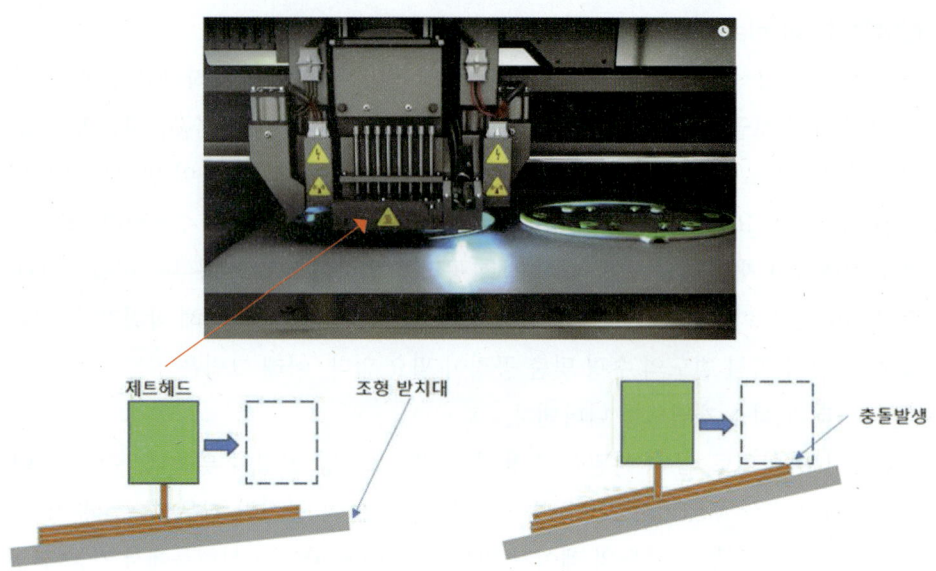

XYZ축으로 이루어진 토출 공정

4) FDM(Fused Deposition Modeling) 방식

FDM 방식은 열가소성 재료를 용융점 이상의 노즐에서 녹여 필라멘트 형태로 토출하여 2차원 단면을 제작하고 이를 적층하여 3차원 형상을 제작하는 방식이다. 일반적으로 2개의 노즐이 사용되어 지지대 재료(support material)와 모델 재료(model material)가 동시에 사용되며 조형 받침대에 지지 재료가 먼저 가공(조형)된다. 재료가 토출되는 노즐 팁과 조형 받침대 사이의 거리는 보통 팁의 직경과 유사하기 때문에 100~300마이크론 정도의 갭(gap)을 가지게 된다. 따라서 수평이 제대로 이루어지지 않을 경우, 노즐 팁이 조형 받침대에 부딪히거나 필라멘트가 받침대에 부착되지 않을 수도 있다. 따라서 정밀한 수평 제어가 필요하다. 아래 그림은 실제 FDM 방식의 상용 장비를 나타내며, 지지대, 성형물 및 헤드를 보여준다.

대부분의 저가형 장비는 FDM 방식을 취하여 거리 센서가 부착되어 있다. 거리 센서를 이용하여 조형 받침대의 세 군데 이상의 위치를 자동 혹은 수동으로 지정하고 각 위치에서 거리를 측정한다. 측정값들을 바탕으로 수평 여부를 판단하고 수동 혹은 자동으로 수평을 조절한다. 수평을 맞추는 방법은 다음 학습에서 설명하기로 한다.

FDM 방식에서의 수평

(2) 자동 수평 방식의 이해

자동 수평 인식은 XYZ축 이송이 가능한 장치에서 하나의 점으로 여겨지는 센서와 평면으로 여겨지는 수평판(조형 받침대) 사이에서 이루어진다. 센서는 주로 성형 방향인 Z축 방향으로 이송 가능한 축에 위치해 있으며, 센서가 수평판과의 사이의 거리를 접촉 혹은 비접촉으로 측정하고 이를 여러 위치에서 비교하여 수평 여부를 결정한다.

1) 접촉식 수동 수평 인식

다이얼 높이 게이지(dial height gauge)를 이용하여 조형 받침대와 토출 헤드 사이의 거리를 측정할 수 있다. 최소 세 지점에 대한 수행이 필요하다. 보다 높은 수준으로 수평을 맞추기 위해서는 더 많은 위치에서 측정할 필요가 있다.

다이얼 게이지(아래 그림 참조)를 클램프(clamp) 등을 이용하여 Z축에 고정시키고, Z축 높이를 이동하여 측정자가 조형 받침대 한 점에 접촉하게 한다. 눈금판을 돌려서 장침이 "0"이 되도록 한다. Z축 높이를 일정하게 유지하여 나머지 점에 이동하여 높이를 측정하여 오차값을 구한다.

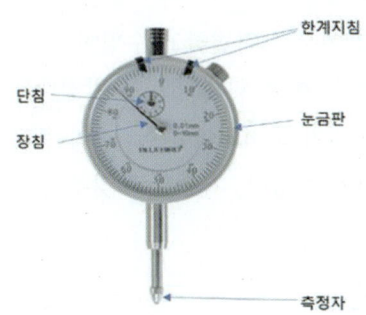

다이얼 게이지의 예시

조형 받침대의 각 점에서의 측정 오차가 허용 공차(tolerance) 내에 들어올 때까지 수평 받침대의 높이를 조절하면서 수평을 맞춰 나간다. 수평 받침대를 XY 평면으로 놓으면 보통

하나의 축(X축 혹은 Y축)에 대해 먼저 수평을 맞추고 난 다음 다른 축에 대해 수평을 맞추는 것이 용이하다.

2) 비접촉식 수동 수평 인식

비접촉식 수평 인식은 빌드 장치(노즐) 부근 혹은 빌드 장치가 연결된 동일한 축상에 설치된 센서에서 조형 받침대까지의 거리를 측정하고, 조형 받침대의 높이를 각 위치에서 조절하여 그 오차값을 줄임으로써 수평을 맞춘다. 아래 그림은 FDM 방식의 3D 프린터에서 비접촉식 인덕턴스(inductance) 센서를 이용하여 총 네 개의 지점에서 조형 받침대까지의 거리를 측정하여 수평을 맞추는 방법을 설명한다. 미리 프로그래밍된 위치에서 거리를 측정하고 그 오차값을 사용자에게 알려 주면 사용자는 수동으로 조형 받침대를 틸트(tilt)한다. 이러한 세 점 혹은 네 점을 이용한 위치 인식은 그 오차가 허용 공차 안에 들어갈 때까지 반복 수행한다. 레이저 삼각 측량법을 이용하는 공정에서도 동일한 방법으로 수평을 맞출 수 있다.

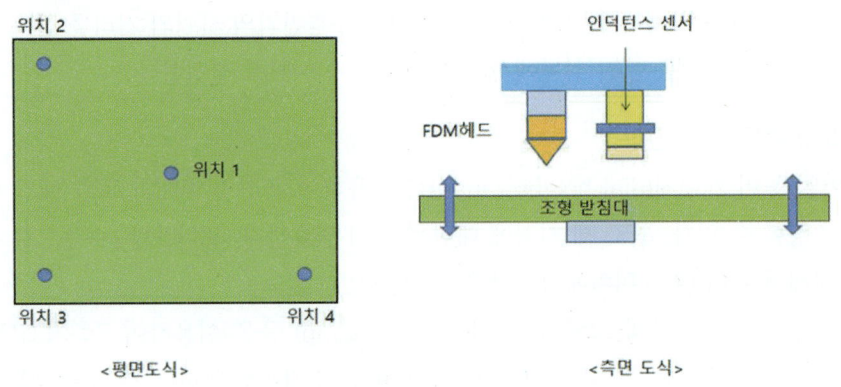

FDM 장비에서의 비접촉식 수동 수평 맞추기의 예

3) 자동 수평 맞춤 장치

수평 인식 장치로부터 수평 여부를 판별하고 수평이 이루어지지 않았을 경우에는 조형 받침대를 수평으로 맞춰야 한다. 이를 위해서 조형 받침대는 최소 세 점 이상 빌드 방향으로 미소하게 이송할 수 있는 장치가 구비되어야 한다. 이는 피치가 작은 스크루(screw)를 사용하거나 액추에이터를 사용할 수 있다. 자동으로 맞추기 위해서는 액추에이터에 모터가 장착된 것을 사용해야 한다.

4) 자동 수평 인식 장치 테스트

자동 수평 인식 장치의 테스트를 위해서는 실제 출력을 하면서 판단해야 한다. 이때 조형물은 조형 받침대 전체를 차지하거나 동일 형상을 넓게 배치하여 각 조형물의 형상이 제대로 조형되는지를 판별한다. 수평이 맞지 않을 경우에는 많은 문제점들이 발생할 수 있다. 조형 방식별로 예상되는 현상과 문제점을 살펴보자.

① FDM 방식

FDM 방식을 예로 들 경우, 일부 가공(성형) 영역에서는 필라멘트가 제대로 형성되지만 반대쪽 혹은 다른 영역에서는 가공이 이루어지지 않거나 필라멘트가 찌그러져 나오는 경우가 있다.

고온 노즐에서 토출된 필라멘트가 받침대에 부착되기 위해서는 허용되는 높이가 있다. 보통은 적층 두께와 유사한 정도의 높이로 한다. 조형 받침대의 수평이 맞지 않을 경우에는 일부 영역에서는 가공(성형)이 되지만 허용 높이를 초과하는 영역에서는 필라멘트가 조형 받침대에 부착되지 않는다. 따라서 이러한 경우에는 가공되지 않은 쪽에 대해 거리를 다시 측정하고 조형 받침대가 헤드와 가까워지도록 수평을 다시 맞춘다. 재조정한 후에 다시 필라멘트를 가공해서 정상적으로 가공될 때까지 수평 맞춤을 반복 수행한다.

이와 반대로 허용 높이에 비해 노즐과 조형 받침대가 너무 가까울 경우에는, 필라멘트가 조형 받침대에 부착되어 가공은 이루어지나 필라멘트가 가공되면서 찌그러지게 된다. 이런 경우에는 노즐 팁이 조형 받침대와 충돌하여 부러지는 심각한 문제가 발생하기도 하기 때문에 주의해야 한다. 각 점에서 적절한 허용 높이 범위를 만족하도록 수평을 조정하는 것이 실제 작업을 시작하기 전에 반드시 이루어져야 한다.

② 제팅 방식

제팅 방식은 FDM 방식에 비해 매우 정밀하고 자동화된 수평 인식 및 제어가 필요하다. FDM 방식에서 노즐 팁과 조형 받침대가 충돌할 경우에는 부러진 노즐 팁을 비교적 쉽게 교환할 수 있다. 하지만 제팅 방식에서는 제팅 헤드가 매우 고가이기 때문에 원천적으로 이러한 충돌을 배제해야 한다. 따라서 제팅 방식은 주로 고가형이며, 자동화된 수평 인식 및 조절 장치가 존재할 수 있다.

(3) 센서의 종류와 특성

조형 받침대(빌드 플레이트)에 조형물이 부착되는 3D 프린터의 경우에는 조형 받침대의 수평이 무엇보다 중요하다. 광조형(SLA, Stereolithography) 방식, FDM(Fused Deposition Modeling) 방식, 제팅(Jetting) 방식 등의 3D 프린터에서 조형물은 조형 받침대(빌드 플레이트)에 부착되어 제작(조형)되기 때문에 가공(조형) 시작 전에 이러한 조형 받침대의 수평을 맞추어 가공 중에 발생할 수 있는 가공(조형) 오류를 미리 제거해야 한다.

수평을 맞추는 방법은 주로 조형 받침대 위의 여러 위치에서 거리를 측정하여 그 오차값으로 수평 여부를 판단한다. 미리 장착된 센서에서 읽힌 거리값을 이용하기도 한다. 이러한 거리 측정 방법은 크게 접촉식과 비접촉식으로 나뉜다. 접촉식은 측정 프로브(probe)가 빌드 플레이트와의 접촉 시에 발생하는 변화를 감지하는 센서를 이용하거나 직접 눈금을 읽는 방식이다. 비접촉식은 물리적인 접촉 없이 센서와 피측정물 사이의 다양한 전자기 신호 혹은 음파 신호의 변화를 감지함으로써 거리를 측정할 수 있는 방식이다. 아래는 이러한 측정 방식에 대해 설명한다.

1) 접촉식 변위 측정

접촉식 측정은 그 사용이 간편하고 눈으로 바로 확인 가능하여 직관적이다. 하지만 측정용 프로브가 측정하고자 하는 피측정물과 항상 접촉해야 하기 때문에 피측정물의 재질이나 형상이 복잡할 경우에는 적용이 어렵거나 불가능할 수도 있는 문제점이 있다. 접촉식 변위 측정 방식은 아래와 같은 대표적인 방법들이 존재한다.

① Linear Variable Differential Transformer(LVDT, 유도형 변위 센서)

LVDT(유도형 변위 센서)는 길이 방향 변위를 측정하는 센서로 변위를 전기적 신호로 변환하는 센서이다. LVDT는 원형 튜브 내에서 원형의 막대자석을 3개의 솔레노이드 코일이 감싸는 형태로 구성된다. 막대자석이 이동하면서 발생시킨 전기 신호의 변화를 환산하여 이송 거리를 측정하는 방식이다. 피측정물에 측정 프로브가 직접 닿으며, 프로브와 연결된 튜브 내부 자석이 프로브의 접촉으로 인해 움직이게 된다. 이러한 자석의 움직임은 솔레노이드 코일과 자석 사이에서 유도 전류를 발생시킨다. 아래 그림은 이러한 LVDT 센서의 개념도를 나타내며, 3개의 솔레노이드 코일, 원형의 자석, 회로 및 프로브를 나타낸다. 3개의 솔레노이드 코일은 자석 주위를 감고 있으며, 이해도를 높이기 위해 일정 부분을 제거한 형태를 개념도에서 보여준다. 프로브의 형상은 피측정물에 따라 달라질 수 있다. 비교적 정밀도가 높으며 반복 정밀도 및 재현성이 매우 우수하다. 자동차, 항공기, 로봇 분야에서 위치 센서로 많이 사용되고 있다. 3차원 프린팅의 수평 인식을 위한 위치 측정에 사용이 가능하다.

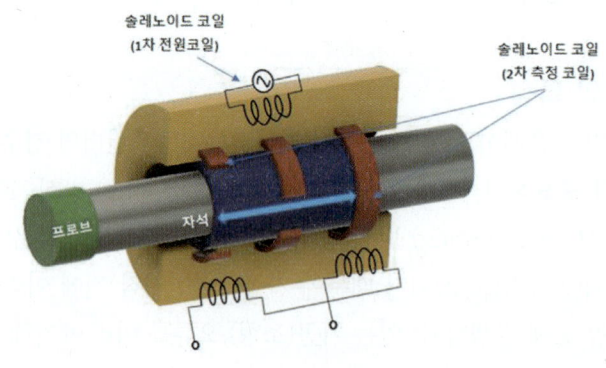

LVDT 센서 개념도

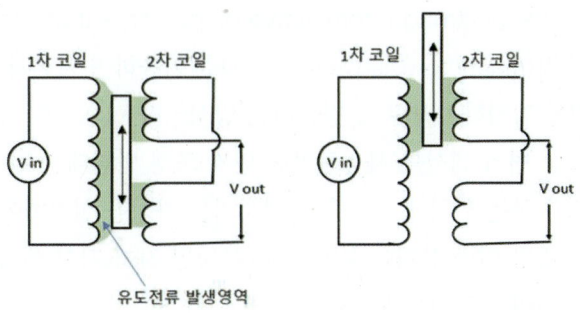

LVDT 센서 측정 원리의 개념도

② 마이크로미터(Micrometer)

마이크로미터는 산업용으로 널리 사용되고 있는 수동 측정 기구이다. 피측정물에 직접 접촉하여 거리를 측정하는 측정자이다. 수동으로 스핀들을 회전시켜 측정 프로브와 피측정물의 접촉을 통해서 어미자와 아들자의 눈금을 읽는 방식이다. 이는 길이, 외경, 내경, 깊이 등의 측정에는 우수하며 매우 직관적이다. 하지만 3D 프린팅 장비에서 정밀한 측정이나 반복적인 측정에 사용하는 경우에는 수동 조작과 눈금을 눈으로 직접 읽는 방식으로 인하여 사용하기에 적합하지 않다.

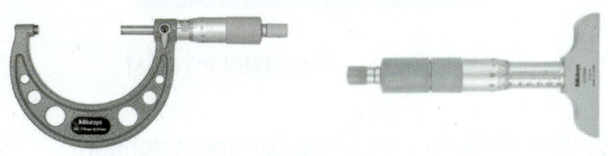

마이크로미터. 외경 측정용과 깊이 측정용

2) 비접촉식 변위 측정

물리적인 접촉이 없어 표면의 재질이나 형상의 복잡도에 크게 영향을 받지 않기 때문에 널리 적용되며, 비접촉식 변위 측정에는 다양한 측정 방식이 있다. 변위 센서는 측정 방식으로 분류하면 다음과 같이 구분할 수 있다.

> ① 자기 저항식 변위 센서(magnetoresistive displacement sensor)
> ② 정전 용량형 변위 센서(capacitive displacement sensor)
> ③ 초음파 변위 센서(ultrasonic displacement sensor)
> ④ 인덕턴스 변위 센서(inductance displacement sensor)
> ⑤ 광학식 변위 센서(optical displacement sensor)

각 센서는 장점과 단점이 있는데, 이를 잘 파악하여 개발하고자 하는 3D 프린터에 적합한 센서를 선별해야 한다.

① 자기 저항식 변위 센서(magnetoresistive displacement sensor)

자기 저항 소자(magnetoresistive element)를 이용하여 자석과의 거리에 따라 달라지는 자기의 세기를 감지하여 변위를 검출하는 방식이다.

자기 저항식 변위 센서를 사용하려면 먼저 조형 받침대가 자석으로 되어 있거나 변위를 측정하고자 하는 위치에 자장을 발생시키는 자석을 설치해야 한다. 다음으로 자기 저항 센서를 Z 방향 이송 장치에 부착한다. 부착된 자기 저항 센서를 이동하여 측정하고자 하는 위치의 거리 측정이 가능하다.

하지만 조형 받침대가 자장을 생성하는 재질이거나 별도의 자장을 발생하는 장치가 부착되어 있어야 하는 문제점으로 인하여 3D 프린터에 적용하기에는 다소 부적합한 면이 있다.

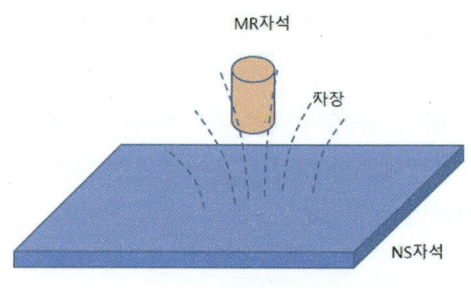

자기 저항식 변위 센서

② 정전 용량형 변위 센서(capacitive displacement sensor)

정전 용량형 변위 센서는 센서에서 발생시킨 자기장을 이용하여 측정한다. 정전 용량은 두 전극 사이의 거리에 반비례하여 증가하기 때문에 정전 용량의 변화를 감지하여 이를 변위 검출에 사용하는 방식이다.

정전 용량형 변위 센서를 이용하기 위해서는 피측정물이 전도성 소재여야 하며, 원거리 측정에는 사용이 어렵다. 정전 용량은 상하 도선이 겹치는 단면적(A) 및 도선 사이 물질의 유전율에 비례하고 도선 사이의 거리(d)에 반비례한다. 따라서 정전 용량은 센서부가 피측정물에 다가갈수록 그 거리가 가까워져 정전 용량이 커지게 되며, 이러한 변화를 감지해서 변위 측정에 사용한다. 비교적 매우 정밀한 측정이 가능하며 나노미터까지 측정이 가능하여 반도체 등 고정밀을 요구하는 곳에 많이 사용된다. 이 방식을 3차원 프린팅에 사용하기 위해서는 조형 받침대가 금속이어야 하며 측정부 또한 금속을 포함하여 정전 용량을 변화시킬 수 있어야 한다. 빌드 장치에 근접한 위치에 센서를 설치하고 조형 받침대에 접근함으로써 미소 위치 측정이 가능하다. 아래 그림은 정전 용량형 변위 센서의 개념도를 나타낸다.

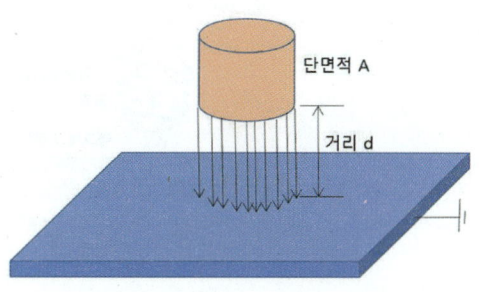

정전 용량형 변위 센서의 개념도

③ 초음파 변위 센서(ultrasonic displacement sensor)

초음파 송신부에서 음파를 조형 받침대로 발사하고 피측정물에서 반사된 음파가 수신부까지 돌아오기까지 걸린 시간을 계산하여 거리를 측정하는 방식이다. 즉, 음파의 속도는 알려져 있으며, 초음파 송수신 시간을 측정함으로써 거리를 구하는 방식이다. 송신부와 수신부의 위치는 동일하다. 다른 센서와는 달리 피측정물의 재질과 관계없이 사용할 수 있으며 3D 프린터에서도 측정 거리와 상관없이 사용이 가능하다. 그러나 초음파를 측정하는 방식상 정밀한 측정이 불가능하여 고정밀을 요구하는 3D 프린터에서는 사용이 적합하지 않다. 아래 그림은 초음파 변위 센서의 개념도를 나타낸다.

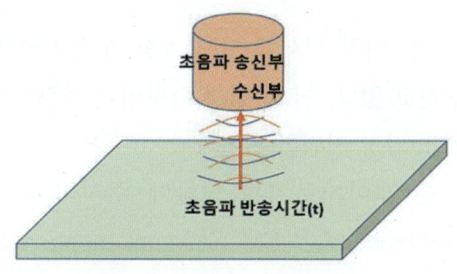

초음파 변위 센서의 개념도

④ 인덕턴스 변위 센서(inductance displacement sensor)

인덕턴스 변위 센서는 센서에서 인덕션 코일을 통해서 자기장을 형성하게 되는데, 이 자기장은 외부의 금속 물체가 근접하면 변형이 발생하게 된다. 이 변형된 자기장에 따른 유도 전류값을 측정하여 변위 정보를 얻는 센서이다. 접촉식의 LVDT에서 유도 전류값은 측정하는 것과 동일한 원리이다. 3D 프린터에 사용하기 위해서는 조형 받침대가 금속이어야 하며 비교적 근접 거리에서의 측정이 요구된다. 측정 정밀도는 비교적 높은 편이다. 저가형 3차원 프린팅 장비에서 많이 사용하는 방식이다. 아래 그림은 인덕턴스를 이용한 변위 센서의 개념도를 나타낸다.

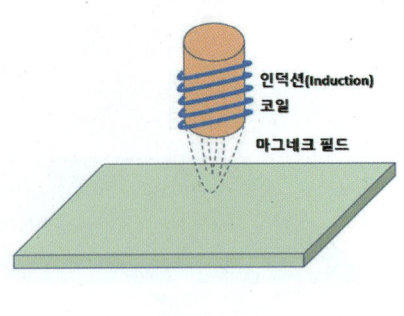

인덕션 센서

⑤ 광학식 변위 센서(optical displacement sensor)

광학식 변위 센서는 비접촉 변위 측정에서 가장 많이 쓰이는 센서로 그 종류도 다양하다. 주요한 광학식 변위 센서의 종류는 다음과 같이 구분할 수 있다.

㉠ 삼각 측량법 : 단파장 광과 CCD, 혹은 CMOS 카메라 이용
㉡ 광위상 간섭법 : 단파장 광의 간섭을 이용
㉢ 백색광 주사 간섭법 : 다파장 광의 간섭을 이용
㉣ 공초점 측정법 : 초점의 세기를 측정
㉤ 모아레 측정법 : 격자 간섭을 이용

광학식 변위 센서는 다른 센서에 비해 측정 시간이 빠르며, 1마이크로미터 이하의 매우 높은 해상도를 갖고 있다. 이 중 삼각 측량법이 가장 먼저 개발되었으며 가장 많이 사용된다. 또한 가격도 가장 저렴한 편이다.

삼각광 측정법은 레이저로 피측정물에 주사하고 그 반사광을 수광부인 CCD(Charge-Coupled Device) 혹은 CMOS(Complementary Metal-Oxide Semiconductor) 카메라에서 인식하여 거리를 측정하는 방식이다. 삼각광 측정법이 계산 목적으로 하는 것은 레이저 발진부와 피측정물의 거리(d1)이다. 그래서 이 거리(d1)를 첫 번째 변으로 하는 삼각형을 만들어 보면, 두 번째 변은 반사되는 레이저 빔의 거리(피측정물과 수광부 거리), 마지막 세 번째 변은 수광부와 발진부의 거리(d3)로 정의할 수 있다. 세 번째 변(d3)은 알고 있는 값이고, 첫 번째 변과 두 번째 변은 수직이다. 그래서 삼각 함수를 이용하여 레이저와 피측정물 간의 거리(d1)를 구할 수 있다. 이렇게 CCD 혹은 CMOS에서 측정되는 반사광의 위치를 이용하여 삼각 측량법으로 쉽게 거리를 구할 수 있다. 피측정물이 이동한 경우에도 다른 삼각형을 만들어서 (d2)를 계산하여 측정할 수 있다.

아래 그림은 삼각 측량법의 개념도를 나타내고, 그 아래 그림은 삼각 측량법에서 사용되는 삼각 함수의 사인 법칙을 나타낸다.

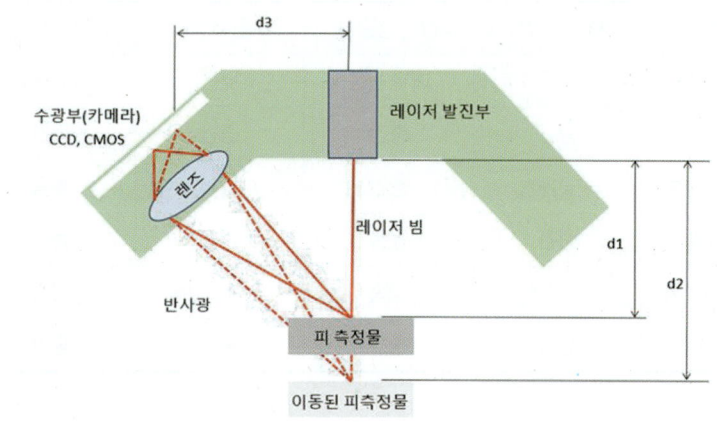

레이저 삼각 측량법의 개념도

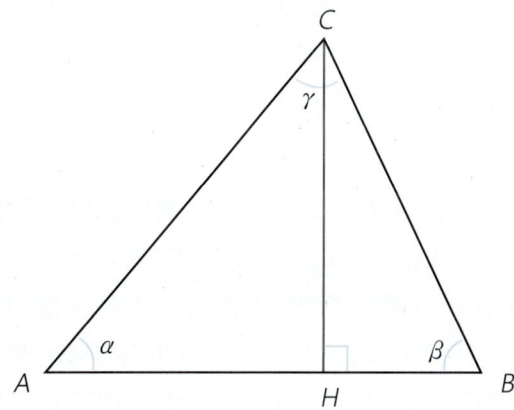

삼각 함수의 사인 법칙

$$\frac{\sin \alpha}{BC} = \frac{\sin \beta}{AC} = \frac{\sin \gamma}{AB}$$

$$AC = \frac{AB \cdot \sin \beta}{\sin \gamma}$$

$$BC = \frac{AB \cdot \sin \alpha}{\sin \gamma}$$

$$HC = AC \cdot \sin \alpha = BC \cdot \sin \beta$$

삼각 함수의 사인 법칙

3) 비접촉식 센서의 장단점 비교

아래 표는 위에서 나열한 센서에 대해 장단점을 비교한 것이다. 3D 프린터의 구성 방식, 사양, 용도에 따라서 측정 범위, 해상도, 정밀도, 반복 정밀도, 선형성, 온도 적응성, 장기 신뢰성, 피측정물(조형 받침대) 재질, 가격 등을 고려해서 센서를 선택해야 한다.

센서 비교

구분	자기 저항식	정전 용량식	초음파 방식	인덕턴스 방식	광학식
측정 범위	2.5 – 500mm	0.25 – 10mm	up to 1,000mm	0.5 – 500mm	0.5 – 1,000mm
해상도	중간	높음	낮음	높음	높음
정밀도	중간	높음	낮음	매우 높음	높음

구분	자기 저항식	정전 용량식	초음파 방식	인덕턴스 방식	광학식
반복 정밀도	낮음	매우 높음	낮음	매우 높음	높음
선형성	중간	중간	중간	중간	높음
온도 적응성	낮음	중간	-	높음	낮음
장기 신뢰성	중간	높음	높음	높음	중간
피측정물 소재	자성체	금속	금속/비금속	금속	금속/비금속
상대 가격	높음	중간	중간	중간	높음

4) 거리 측정 센서의 분석

3D 프린터 개발을 위해서는 센서의 적정한 선택이 매우 중요하다. 위에서 언급한 다양한 거리 측정 센서를 평가하기 위해서는 위의 비접촉 센서에 대한 분석 및 다음과 같은 사양들을 고려해야 한다. 개발하고자 하는 3차원 프린터에 사용되는 재료, 공정 및 장비의 크기 등에 따라 사양을 분석하고 적합한 센서를 선정해야 한다.

① 측정 범위

주로 가공(조형) 작업 전에 조형 받침대와 빌드 장치의 수평을 맞추는 작업을 수행해야 한다. 따라서 측정 범위가 그리 크지 않아도 되며, 가공(조형) 전 수평을 맞추고 난 다음 본 가공(조형)을 수행한다. 가공(조형) 작업 중에는 수평 보정을 하지 않는다. 수평을 맞추는 작업을 수행할 경우에는 주로 수 mm 이내에서 거리가 측정되는 센서 혹은 근접 센서(proximity sensor)가 필요하다. 하지만 가공(조형) 작업 중에 수평을 맞춰야 할 경우 비교적 측정 범위가 넓어야 하며, Z축의 최대 빌드 높이에서도 거리 측정을 할 수 있어야 한다. 이는 가공(조형) 중에는 가공된 성형품으로 인해 조형 받침대로 센서가 접근하기 어렵기 때문이다.

② 분해능(해상도)

일반적으로 적층 두께는 100마이크론(μm)이며, 공정 및 적용 분야에 따라서 수십 마이크론에서 수백 마이크론까지 다양하다. 따라서 분해능, 즉 최소로 읽을 수 있는 센서 거리의 단위는 적층 두께보다 훨씬 작아야 한다. 적층 두께 대비 1% 미만의 분해능이 추천된다.

③ 반복 정밀도

일반적으로 조형 받침대의 수평을 측정하기 위해서는 최소 3점에서 위치를 측정하여 그 수평을 보정한다. 센서는 동일한 위치를 반복적으로 측정하였을 때 발생하는 오차의 정도로 나타내는 반복 정밀도를 고려해야 한다. 적층 두께 대비 1% 미만의 반복 정밀도가 필요하며, 이는 분해능 및 다른 요소들과 동시에 고려해야 한다.

④ 선형성

특정 센서의 경우, 피측정물과의 실제 거리와 센서의 신호가 비선형으로 나올 경우도 있다. 이는 주로 자기장, 와전류 등의 센서에서 발생한다. 이러한 센서를 사용할 경우에는 센서 신호를 보정하여 실제 거리가 계산될 수 있도록 유의해야 한다. 따라서 측정 거리가 큰 경우에는 선형성이 높은 센서를 사용하는 것이 추천되며, 선형성이 낮은 센서는 비교적 작은 거리에서 사용한다.

⑤ 접촉/비접촉

특정 3차원 프린팅 공정에서는 접촉식으로 측정하기가 곤란할 경우가 있다. 또한 공정 중에 거리 측정할 경우에는 이미 만들어진 조형물과의 간섭으로 인해 접촉이 힘들 수도 있다. 따라서 조형 방식 및 보정 방식에 따른 접촉 혹은 비접촉 방식을 선정해야 하며, 대부분의 3D 프린터에서는 비접촉 방식이 사용된다.

⑥ 피측정물의 소재

특정 센서 신호를 송신하고 수신하여 거리를 측정할 경우, 신호의 변화, 반사, 변형 등이 가능한 재료를 이용하여 피측정물, 즉 조형 받침대를 제작해야 한다. 조형 받침대의 재료가 이미 정해져 있고 이러한 신호의 변화, 반사, 변형 등이 불가능할 경우에는 다른 종류의 센서를 고려해야 한다. 정전 용량 및 인덕션 센서에서는 피측정물이 금속이어야 하며, 자기 저항식에서는 자성을 띠는 피측정물이어야 한다. 또한 레이저를 이용한 삼각 측량법의 경우에는 금속 및 비금속이 모두 가능하나 투명한 피측정물은 피해야 한다. 마지막으로 초음파를 이용할 경우에는 금속, 비금속 및 투명한 피측정물도 사용이 가능하나 센서 정밀도를 고려해야 한다.

⑦ 보정

대부분의 센서는 온도, 습도 등의 외부 환경에 의해 초기 설정값과 달라지게 된다. 이러한 외부 환경에 대해 덜 민감한 센서를 사용하는 것이 중요하며, 특정 주기마다 센서를 보정할 필요성이 있다.

3 소재 재사용 장치 개발

(1) 소재 재사용 제어 방식

3D 프린터의 조형 방식에 따라서 사용된 소재 및 사용하고 남은 소재의 재사용 가능 여부가 다르다. 사용된 소재는 빌드 플레이트로 이송되었으나 조형물로 형성되지 않은 소재를 의미하고, 남은 소재는 빌드 플레이트로 옮겨지지 않고 재료 컨테이너 등에 보관되어 있는 소재를 의미한다.

재료가 컨테이너에 담겨 있고 외부 에너지(레이저, 열 등)로 가공이 이루어질 경우 남은 재료는 기본적으로 재사용이 가능하다. 이 경우 사용된 재료, 즉 성형물을 이루고 있는 재료는 열경화성(thermoset) 또는 열가소성(thermoplastic)의 성질에 따라서 재사용 가능 여부가 결정된다.

재료가 재료 공급 헤드로부터 토출 혹은 분사되어 가공이 이루어질 경우에는 가공에 필요한 양만큼만 사용되고, 남은 재료는 재료 저장/공급 장치(카트리지 혹은 스풀 등)에 보관되어 다음 가공(조형)에 사용된다. 이미 사용한 재료의 경우에는 열경화성/열가소성 재료 성질에 따라 리사이클링 과정을 통해 재사용 가능 여부가 결정된다.

공정별로 재료의 사용 방법 및 재사용 여부를 다음과 같이 알아본다.

1) 광조형(SLA) 공정

광조형 3D 프린터의 재료인 액상 수지(resin)는 컨테이너에 담겨 있다. 이 액상 수지에 집광된 자외선(ultraviolet) 혹은 가시광선 레이저를 주사하여 국부적인 광경화(photocrosslinking) 반응을 일으켜 한 층씩 적층하여 최종적으로 3차원 형상을 제작한다. 재료는 컨테이너에 채워지게 되고, 레이저가 지나가는 부분만 광경화 반응을 일으켜 고체화되고 나머지 재료는 액상 그대로 존재한다. 이러한 공정 특성상 컨테이너에 있는 재료는 재료의 양이 부족하기 전까지는 계속하여 사용할 수 있다. 따라서 특별한 재료 재사용 공정이 필요 없다. 단, 광경화용 액상 수지는 오랜 시간 동안 외부 공기 및 빛에 노출되면 매우 느린 속도지만 서서히 경화 반응을 일으켜 재료의 점도가 서서히 상승하게 되어 원하지 않는 가공 결과 및 가공 품질의 저하를 초래할 수도 있다. 그렇기 때문에 일정한 관리 시간이 경과되면 새로운 액상 수지를 일정량 섞어서 사용한다. 다른 종류의 재료를 사용할 경우에는 기존 컨테이너를 제거하고 다른 수지를 보유하고 있는 컨테이너를 설치한 후에 사용하게 된다. 재료 자체가 경화성이기 때문에 한 번 제작된 형상은 다시 액상으로 전환되지 않고, 사용한 재료는 재활용이 불가능하다.

 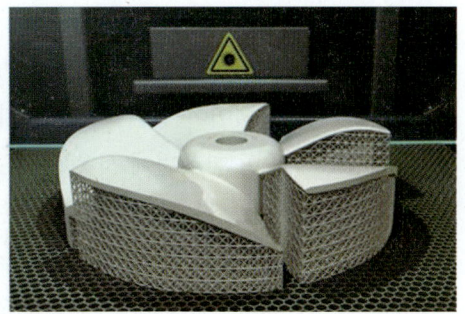

광조형 공정에서 사용되는 재료 컨테이너 및 광경화성 재료

2) 제팅 공정

카트리지(catridge)에 저장된 재료를 미세한 노즐을 통해 제팅으로 분사하여 2차원 단면을 제작하는 과정은 종이 프린팅과 유사하다. 단면을 Z 방향으로 적층하여 3차원 형상을 제작하는 공정이다. 광경화성 재료를 사용하며, 제팅된 2차원 단면 형상이 자외선 램프로 경화된다. 제팅 공정은 주로 모델(model) 재료와 서포트(support) 재료 두 가지가 사용된다. 모델 재료는 실제 형상을 이루는 부위에만 제팅이 되고, 서포트 재료는 모델 재료를 지지하기 위해 조형되어서 전체 성형이 완료된 이후에는 이를 제거하기 위한 세척 과정을 거치게 된다. 이렇게 제거된 서포트 재료는 재사용이 불가능하며, 따라서 이 공정에서는 재료 재사용 공정이 존재하지 않는다.

각 재료는 카트리지에 보관되며, 각 카트리지가 3D 프린터에 장착되어서 사용된다. 여러 개의 카트리지를 동시에 사용할 수 있어 이종 재료의 동시 사용이 용이한 공정이다. 사용 재료는 경화성 재료이기 때문에 한 번 가공(조형)되고 나면 액상으로 전환되지 않기 때문에 재료 재사용이 불가능하다.

제팅 공정에서 사용되는 재료 카트리지

3) FDM 공정

FDM 3D 프린팅 공정은 열가소성 필라멘트를 재료의 녹는점 이상으로 가열된 노즐로 녹여서 토출 방식으로 조형판에 단면을 생성하고 이를 적층해서 최종적으로 3차원 형상을 제작

한다. 따라서 재료 공급은 연속적으로 필라멘트를 공급할 수 있는 스풀(spool)과 같은 장치가 필요하다. 아래 그림은 이러한 스풀을 나타내며, 필라멘트의 직경은 프린터의 노즐 사이즈에 맞게 선정되어야 한다. 보통 저가형에서는 단일 노즐만 사용되며, 중고가형에서는 2개 이상의 노즐이 한꺼번에 사용된다. 특히 2개 이상의 재료를 사용할 경우, 하나의 노즐은 모델 재료용으로 사용하고 다른 하나는 서포트 재료용으로 사용하며, 최종적으로 서포트 재료는 제거하게 된다. 이렇게 제거된 서포트는 가소성 재료이기 때문에 열을 주면 다시 녹아서 흐르게 된다. 또한 제작된 형상도 열을 주면 녹아서 흐르기 때문에 재료 재사용이 용이하다. 즉, 사용하고 남은 재료와 사용한 재료 모두 재료 압출기(extruder)를 사용하여 새로운 필라멘트 스풀을 만들 수 있다.

FDM 공정에서 사용되는 재료 스풀

4) 선택적 소결 공정(SLS)

선택적 소결 공정은 고분자 파우더(polymer powder) 재료를 조형판(빌드 플레이트) 위에 평평하게 채우고 그 위를 적외선 레이저가 스캔하면서 재료를 소결 혹은 용융시켜서 2차원 단면을 형성한다. 조형판은 하강시키고 파우더 공급 장치는 상승시킨다. 롤러(혹은 블레이드)가 이동하면서 공급된 분말을 평평하게 채운다. 이 작업들을 반복하면서 적층함으로써 최종적으로 3차원 형상을 제작하게 된다.

메인 가공 챔버에서는 조형판(빌드 플레이트)을 예열하는 열과 레이저로 국부적으로 주사할 때 발생하는 재료의 용융점보다 조금 낮은 온도까지 방사열(radiation heat)이 발생하고, 보온을 위해서 방열막을 설치한다. 방열막은 힌지로 연결되어 롤러(roller)가 지나갈 때 방해하지 않도록 설계되어 있다.

적외선 레이저가 재료 표면 위를 주사할 때 낮은 에너지로 빠른 가공이 가능하게끔 하기 위해서 미리 온도를 상승시킨다. 다음 층의 가공을 위해 양쪽에 위치한 사용하지 않은 재료가 피스톤에 의해 상승하고 롤러에 의해 메인 가공 챔버로 공급되어 새로운 층이 형성된다. 따라서 가공이 끝날 때까지 메인 가공 챔버 위에 쌓인 재료는 높은 온도에 계속 노출된다. 이와 같은 높은 열로 인해 재료의 변성이 일어날 수도 있으며 일부 재료는 소결이 이루어질 수도 있다. 파우더 공급 챔버에서는 상대적으로 재료의 변성이 덜 발생하지만 메인 챔버로부터의 열 전달로 인해 미약하나마 영향을 받을 수 있다. 가공(조형)이 끝난 다음에는 냉각 과정을 거쳐서 최종적으로 제품을 얻는다.

따라서 메인 가공 챔버 내의 재료는 다음 가공(조형)을 위해서 적절한 배합을 통한 재사용이 필요하다. 일반적으로 메인 챔버 내의 재료를 1/3, 파우더 공급 챔버 내의 재료를 1/3, 새로운 재료를 1/3로 혼합하여 다음 가공에 사용하며, 이 비율은 재료 혹은 공정에 따라서 바뀔 수 있다.

금속 파우더를 이용하는 공정에서는 재료의 용융점 및 재료 특성에 따라서 고분자 파우더를 이용하는 공정과는 재료 재사용 과정이 다를 수 있음을 유의한다.

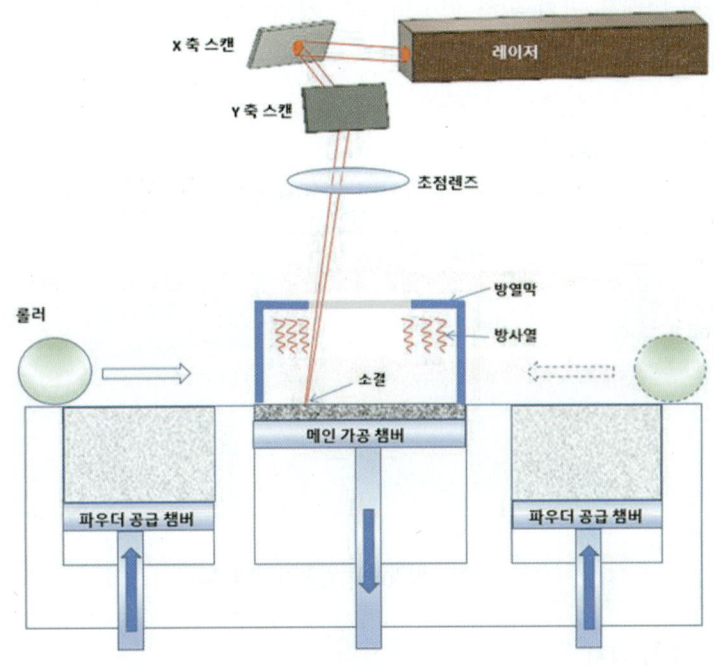

SLS 공정의 소결 과정

(2) 제어 방식 핵심 부품의 종류와 특성

1) FDM 공정에서 소재 재사용을 위한 핵심 부품

FDM 공정에서 사용되는 재료는 열가소성 재료로, 열을 가하면 유연해지고 열을 더 가하면 흘러내릴 정도가 되는데, 냉각하면 굳어지는 성질을 가진다. 따라서 사용하고 남은 재료나 이미 만들어진 성형품도 다시 녹여서 필라멘트를 만들면 재사용이 가능하다. 이를 위해서는 필라멘트를 생산할 수 있는 고온 필라멘트 압출기와 만들어진 필라멘트를 스풀에 감을 수 있는 수집 장치가 필요하다.

① 필라멘트 압출기

필라멘트 압출기는 기본적으로 재료를 공급할 수 있는 호퍼(hopper), 재료를 녹여서 잘 교반할 수 있는 스크루와 스크루를 구동할 모터, 그리고 재료를 고온으로 가열할 히터 및 제어기로 구성된다.

아래 그림은 플라스틱 압축기를 설명한다. FDM 성형품을 호퍼에 들어갈 크기만큼 잘게 비드를 만든다. 호퍼를 통해서 비드와 같은 작은 재료들은 스크루로 이동되고 스크루 끝단의 가열 장치로 인해 재료들은 천천히 녹기 시작하며 교반이 이루어진다. 이때 스크루 회전 속도 및 가열 온도가 매우 중요하며 이는 재료의 녹는점 및 특성에 따라 조정해야 한다. 압출기 끝단에는 냉각팬이 달려 있으며, 이는 필라멘트가 제작되고 난 다음에 더 이상의 변형을 막기 위한 일종의 냉각 장치이다. 이렇게 압출된 필라멘트는 와인더(winder) 장치에서 스풀에 감기게 된다.

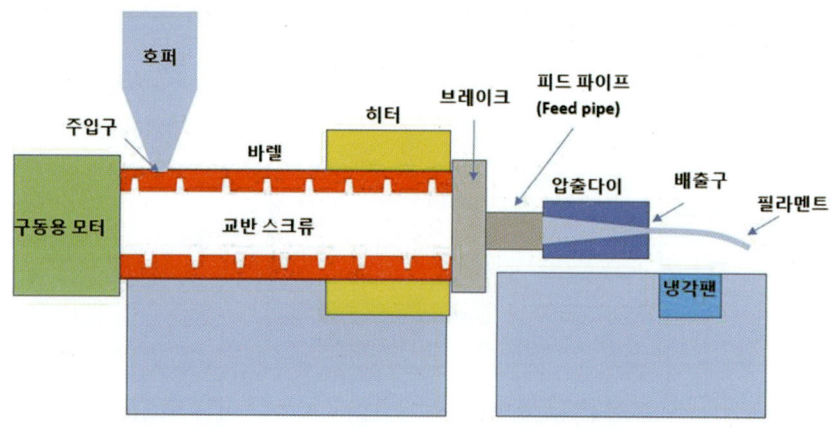

필라멘트 압출기의 개념도

② 필라멘트 수집 장치

압출기를 통해 생성된 필라멘트는 3D 프린터에 사용이 용이하게끔 스풀에 감겨져야 한다. 이는 압출기의 압출 속도에 맞게 스풀의 회전 속도가 비례해야 한다. 이를 위해서 위치 검출 센서를 설치한다. 이 위치 검출 센서는 필라멘트가 있으면 와인더가 일정 속도로 돌아가게 신호를 주고 필라멘트가 아래로 처져서 검출되지 않으면 와인더를 더 빠르게 돌리게끔 신호를 보내 필라멘트가 다시 센서의 검출 영역으로 돌아오게 하는 역할을 한다.

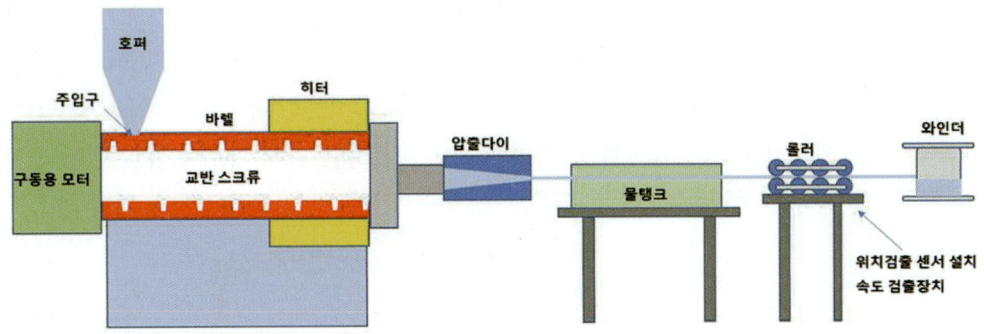

필라멘트 수집 장치

2) SLS 방식에서 소재 재사용을 위한 핵심 부품

SLS 방식에서는 이미 사용한 소재를 재사용하려면 특별한 공정이 필요하다. 특히 메인 가공 챔버 내에서는 고온의 내부 환경으로 인해 소결되어 덩어리가 된 파우더 및 변성이 일어난 다양한 파우더들이 존재할 수 있다. 다음 가공(조형)을 위한 재료의 재사용을 위해서는 기존에 사용한 재료를 모두 수집하는 장치가 필요하며, 파우더 덩어리를 제거하기 위한 필터 장치가 필요하다. 또한 기존 및 새로운 재료를 골고루 섞을 수 있는 교반 장치가 필요하다. 일반적으로 산업용 SLS 장비는 반자동화된 소재 재사용 장치가 동반된다. 메인 가공 챔버는 이동이 가능하게끔 장착된 경우도 있으며, 가공이 끝난 다음 메인 가공 챔버는 가공된 파트 및 소결되지 않은 재료와 함께 가공품을 손질하며 재료를 수집하는 스테이션으로 이동하게 된다. 이 스테이션에서 가공품을 수거한 다음 남은 재료는 자동화된 재료 재사용 장치로 보내진다. 이때, 사용하지 않은 재료 혹은 재료 공급 챔버에 남아 있는 재료와 혼합하게 되고, 최종적으로 메인 가공 챔버로 다시 재료가 옮겨지게 된다. 이러한 일련의 반자동 과정은 단계별로 수작업으로 진행될 수 있으며, 메인 가공 챔버와 재료 재사용 스테이션이 자동으로 연결되어 있지 않음을 가정하고 아래와 같은 핵심 부품들을 나열한다.

① 진공 펌프 및 집진 장치

메인 가공 챔버에 남아 있는 소결되지 않은 재료를 수거하기 위해서 고압 진공 펌프와 재료들을 수거해서 교반기로 이송할 집진 장치가 필요하다. 진공압과 챔버의 크기는 재료의 밀도 및 전체 부피에 따라서 결정된다. 진공 펌프, 필터, 재료 집진 장치를 이용하여 메인 가공 챔버의 재료를 수집한다. 아래 그림과 같이 메인 가공 챔버에 속이 빈 엔클로저(encloser)를 씌우고 재료를 들어올려서 하단 부분을 막고 난 다음 가공품 수거 스테이션으로 옮겨 재료를 수집할 수도 있다.

② 교반 장치 및 필터

이렇게 수집된 재료는 재료 재사용 매뉴얼에 따라 사용한 재료와 새 재료를 적절한 배율로 섞는다. 교반 장치와 거름 장치는 보통 같이 구성되어 있으며, 이를 따로 분리해서 구성할 수도 있다. 교반 장치는 경사축에 대해서 회전하는 것이 유리하며, 필터는 메시 사이즈가 큰 것에서부터 작은 것으로 순차적으로 사용한다. 메시 사이즈 및 필터링 횟수 등은 재료에 따라서 결정된다. 이렇게 교반된 재료는 다시 파우더 공급 챔버로 이송되어 다음 가공을 준비한다. 다음 그림은 재료 재사용을 위한 교반 장치를 나타낸다.

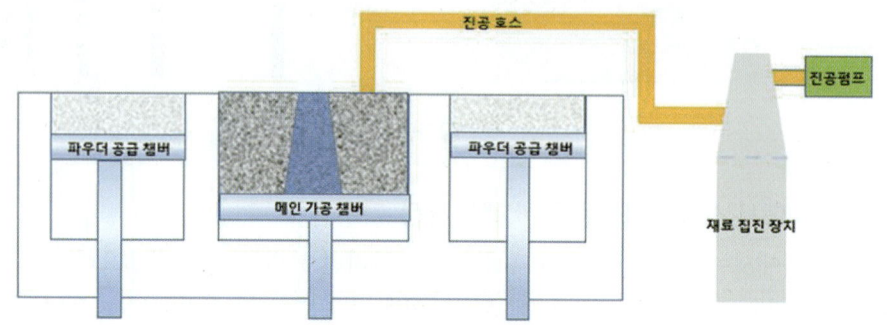

재료 수집 과정

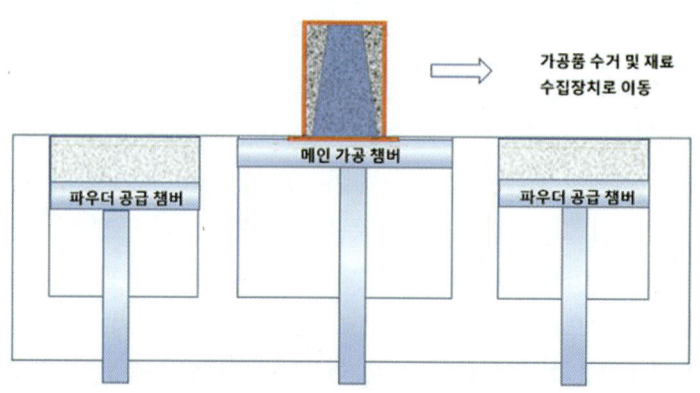

가공 챔버 내의 재료 및 가공품 이동

3) 소재 재사용 장치의 효율

① FDM 공정

FDM 공정에서는 소재 재사용 장치의 효율은 압출기의 효율이며, 이는 필라멘트의 압출 속도, 필라멘트의 균일한 크기 및 재료 품질 등으로 평가할 수 있다. 또한 압출된 필라멘트가 스풀에 고르게 감겨서 3차원 프린팅 장비에 원활한 재료 공급이 이루어지게 하는 것도 중요하다. 이를 토대로 압출기 및 와인더 장치의 각 구성 요소를 평가하고 전체 시스템을 설계할 수 있다.

㉠ 필라멘트 생산 속도

필라멘트의 생산 속도는 열가소성 재료의 녹는점, 필라멘트 스크루의 크기 및 회전 속도, 스크루의 용해 온도, 압출기 끝단의 냉각기의 성능 등에 달려 있다. 따라서 높은 생산 속도를 위해서는 재료의 녹는점 근처의 온도를 일정하게 유지할 수 있는 히터 및 이의 제어 장치가 중요하다. 또한 높은 온도로 압출된 재료가 변형을 일으키지 않고 필라멘트 형상을 그대로 유지할 수 있게끔 급속 냉각이 필요하다. 스크루는 호퍼에 재료가 많고 적음에 관계없이 일정한 속도, 즉 일정한 토크를 유지할 수 있는 것이 중요하며 회전 속도 제어가 중요하다.

ⓒ 필라멘트의 품질

필라멘트의 품질은 일정한 크기의 필라멘트가 끊어지지 않고 연속적으로 압출될 때 높아진다. 필라멘트의 직경은 3차원 프린팅 장비의 노즐 사이즈에 의존적이며, 이에 맞게끔 압출기의 출구 크기를 조절해야 한다. 이를 위해서는 고속보다는 중저속의 일정 속도로 스크루가 회전하면서 기포 등을 제거할 수 있어야 하며, 여러 가지 재료가 한꺼번에 들어갈 경우 모든 재료가 용융되어 재료의 균질성이 유지되도록 해야 한다.

ⓒ 스풀

3차원 프린팅에 사용하기 전의 필라멘트는 스풀에 감겨져 있어야 하며, 프린팅 시 서로 얽힘이 없이 자연스럽게 풀려야 한다. 이를 위해서는 냉각된 필라멘트가 어느 정도 장력을 가지면서 고르게 감겨야 한다. 이는 필라멘트의 위치를 필라멘트 이송 방향 대비 좌우로 움직여줌으로써 한 부분에만 재료가 감기는 것을 방지하면서 전체적으로 고르게 감기게 할 수 있다.

② SLS 공정

SLS 공정에서 재료 재사용 장치의 효율은 리사이클링된 재료가 얼마만큼 균질하게 섞이고, 어느 정도 불순물이 제거되었는지로 판별할 수 있다. 이를 통해서 적절한 부품을 테스트하고 전체 시스템을 디자인할 수 있다.

㉠ 파우더 재료 크기의 균질성

파우더 재료는 일정한 크기 이하로 제한되어야 한다. 이는 최종 성형품의 표면 거칠기를 좌우하는 부분으로 각 장비별로 제공하는 기준이 있다. 따라서 그 기준에 맞게끔 파우더의 크기가 제한되어야 한다. 이는 적절한 필터를 사용함으로써 가능하며, 하나의 필터보다는 여러 개의 필터를 사용하는 것이 효율적이다.

㉡ 파우더 재료 성질의 균질성

파우더 재료는 일반적으로 높은 온도로 인해서 그 특성이 저하될 수 있다. 이는 SLS 공정의 고유한 특성이며, 재사용 재료와 새로운 재료의 적절한 배합비로 이를 극복할 수 있다. 각 장비별, 재료별로 배합비에 대한 가이드라인이 있으며, 이에 따라서 재료를 준비한다.

4) 효율성 점검 방법

재사용 장치의 효율성을 점검하는 방법에는 직접 재료를 만들어 실험하는 것과, 만들어진 재료를 이용해서 성형하는 방법이 있다.

① FDM 공정

필라멘트는 온도 제어 및 압출 속도에 따라 그 품질이 달라진다. 이러한 파라미터들이 제대로 제어되지 않았을 경우에는 다양한 문제점이 발생한다. 필라멘트가 휘어지거나 꺾여져 있다면 이는 프린팅할 경우에 제대로 재료를 공급하지 못해 가공 오류가 발생할 가능성이 크다. 따라서 압출된 필라멘트의 원형도에 대한 오차를 측정함으로써 그 품질을 가늠할 수 있다. 또한 와인더 장치에 감길 때도 필라멘트의 압출 속도에 맞게끔 얽히지 않게 해야 하며, 이는 3차원 프린팅을 통해서 그 품질을 측정할 수 있다. 또한 시편을 제작해서 기계적 특성을 실험함으로써 필라멘트에 대한 성능, 즉 재료 재사용 장치에 대한 효율성을 점검할 수 있다.

② SLS 공정

재사용 장치를 통해서 생산된 파우더는 SEM(Scanning Electron Microscopy) 등의 장비로 무작위로 추출한 개별 파우더의 크기 및 크기 분포를 알 수 있다. 이를 통해 필터링의 성능 및 재료 교반기의 성능을 알 수 있다. 새로운 재료만으로 가공한 시편과 재사용한 재료로 가공한 시편을 이용해서 기계 특성을 비교 분석함으로써 재사용 장치의 효율을 검증할 수도 있다.

2과목 핵심 문제 1

01 노즐에 대한 정의로 옳지 않은 것은?
① 노즐은 그 단면적의 크기가 변화하면서 유체의 유속이 증가하게 하는 장치이다.
② 흔히 파이프(pipe) 혹은 튜브(tube) 형상이다.
③ 출구 유속이 입구 유속보다 크게 설계한다.
④ 유체의 압력을 증가시키는 데 사용하는 장치이다.

> 해설 ▶ 디퓨저(diffuser)는 유체의 속도가 감소하며 압력이 증가하는 데 사용하는 장치이다.

02 노즐에 대한 정의로 옳지 않은 것은?
① 제트 엔진(jet engine)의 연료의 분사 장치에 적용 가능
② 페인팅 장비에서 스프레이 장치에 적용 가능
③ 공기 조화 장치에 적용 가능
④ 유체의 방향을 제어하거나 변경 혹은 유체의 압력 제어에 적용 가능

> 해설 ▶ 노즐은 제트 엔진(jet engine) 연료의 분사, 페인팅 장비에서 스프레이, 공작 기계에서 금속이나 플라스틱의 사출 등에 사용되는 장치이다.

03 노즐을 사용하지 않는 3D 프린팅 공정은 어느 것인가?
① 제팅(Jetting) 공정
② 선택적 소결 공정
③ 다이렉트 프린팅(Direct printing) 공정
④ FDM 공정

> 해설 ▶ 선택적 소결 공정에는 레이저 장치와 스캔이 사용된다.

04 제팅 방식에 대한 설명으로 옳지 않은 것은?
① 잉크 분사를 이용하는 종이 인쇄 공정과 유사하다.
② 오리피스(orifice)를 통과하여 잉크 방울(액적, 液摘, droplet)이 생성된다.
③ 재료 컨테이너(재료 공급 장치)가 따로 있는 경우이다.
④ 제팅 방식은 모델 재료가 직접 사용되는 공정이다.

> 해설 ▶ 제팅(jetting) 공정은 카트리지의 액추에이터(actuator)로 액적(droplet)을 생성·분사하여 단면을 형성하므로 별도의 컨테이너(재료 공급 장치)가 필요하지 않는다. 이와 유사한 공정으로 바인더 제팅(binder jetting) 공정이 있는데 이 경우에는 SLS 방식과 유사하게 별도의 재료 컨테이너(분말 공급 장치)로 분말을 공급하고, 이 분말을 접착할 수 있는 바인더를 잉크젯 방식으로 뿌려서 원하는 단면을 형성하는 것으로 제팅(jetting) 공정과 구분된다.

05 제팅 방식에서 열팽창 방식(혹은 bubble-jet)에 대한 설명으로 옳지 않은 것은?

① 전기 신호에 의해서 압전 재료의 변형으로 액적 형성
② 유체의 부피가 증가에 의해 제팅됨.
③ 열에 의한 재료 변형이 거의 없음.
④ 오리피스(orifice)를 통과하여 최종 잉크 방울(액적, droplet)이 생성

> 해설 열팽창 방식은 히터에 의해 유체의 부피가 증가하고, 증가한 부피만큼의 유체가 매우 작은 구멍인 오리피스(orifice)를 통과하여 최종적으로 잉크 방울(액적, 液摘, droplet)이 생성된다. 이 방식은 열에 의한 방식으로 재료의 열변형이 일어날 가능성이 있다.

06 제팅 방식에서 압전 방식에 대한 설명으로 옳지 않은 것은?

① 오리피스(orifice)를 통과하여 최종 잉크 방울(액적, droplet)을 생성한다.
② 매우 빠른 속도로 제팅이 가능하나 열변형에 주의해야 한다.
③ 압전(piezoelectricity) 재료로 만들어진 얇은 박막을 이용한다.
④ 현재 가장 많이 사용하는 방식이다.

> 해설 압전 방식은 전기 신호에 의해서 압전 재료의 변형을 일으키는 방식이기 때문에 열에 의한 재료 변형이 거의 없다.

07 제팅 방식에서 압전 방식에 대한 내용으로 옳지 않은 것은?

① 점도가 비교적 높은 광경화 재료를 분사 후 자외선광으로 바로 경화한다.
② 모델 재료와 서포트 재료는 별도로 구분하지 않아 효율적이다.
③ 서포트 재료는 가공이 완료된 후에 고압 워터젯(waterjet)으로 제거한다.
④ 3D Systems 사와 Stratasys 사에서 상용 장비를 주로 적용한다.

> 해설 현재 이 방식을 이용하는 상용 장비는 3D Systems 사와 Stratasys 사에서 주로 생산하며, 점도가 비교적 높은 광경화 재료를 이용하여 재료를 분사하고 난 다음 자외선광으로 바로 경화한다. 주로 모델 재료와 서포트 재료 두 가지가 사용되며, 서포트 재료는 가공이 완료된 후에 고압 워터젯(waterjet)으로 제거된다.

08 바인더 제팅(Binder Jetting) 공정에 대한 설명으로 옳지 않은 것은?

① 바인더를 잉크젯 방식으로 뿌려서 원하는 단면을 형성한다.
② 별도의 서포트 재료가 필요 없다.
③ 재료의 공급 측면에서는 제팅(Jetting) 공정과 동일하다.
④ 주로 모래로 주조용 사형을 만드는 데 사용된다.

> 해설 바인더 제팅(Binder Jetting) 공정은 모델 재료가 직접 사용되지 않는다. 분말이 재료 컨테이너(분말 공급 장치)에 위치하고 있으며 분말을 접착할 수 있는 바인더를 잉크젯 방식으로 뿌려서 원하는 단면을 형성한다. 이 방식은 바인더에 의해 재료가 바로 굳어지고 바인더가 도달하지 않은 분말 재료들이 서포트 역할을 수행하게 된다. 바인더를 사용하기 때문에 비교적 재료의 강도가 약하다는 단점이 있다. 재료는 주로 모래로 주조용 사형을 만드는 데 사용되고 있다.

09 바인더 제팅(Binder Jetting) 공정에 대한 설명으로 옳지 않은 것은?

① 다양한 색상을 만들어 낼 수 있다.
② 금속 파우더를 사용한 경우 별도의 신터링(sintering) 열처리가 필요하다.
③ 바인더가 도달하지 않은 분말 재료들이 서포트 역할을 수행한다.
④ 바인더를 사용하기 때문에 비교적 재료의 강도가 강하다.

> 해설 바인더 제팅(Binder Jetting) 방식은 별도의 서포트 재료가 없으며 바인더에 의해 재료가 바로 굳어지고 바인더가 도달하지 않은 분말 재료들이 서포트 역할을 수행하게 된다. 바인더를 사용하기 때문에 비교적 재료의 강도가 약하다는 단점이 있다. 하지만 다양한 색상을 만들어 낼 수 있기 때문에 컨셉 모델러(concept modeler) 등에서는 많이 사용된다. 금속 파우더를 사용할 경우에는 별도의 신터링(sintering) 열처리가 필요하다. 바인더 재료는 모델 재료를 잘 결합할 수 있는 재료가 사용된다.

10 제팅 방식의 노즐을 설계할 때 중요한 사항에 대한 기술로 옳지 않은 것은?

① 노즐은 그 크기가 프린팅 장비의 해상도에 직접적인 영향을 미친다.
② 현재 상용 장비는 Z축으로 1200dpi 이상의 정밀도를 가진다.
③ 노즐의 개수가 많으면 속도는 상승되지 않으나 해상도는 높아진다.
④ 해상도는 dpi(dot per inch)로 결정된다.

> 해설 제팅 방식에서 사용하는 노즐은 그 크기에 따라서 액적의 크기가 정해진다. 액적의 크기는 프린팅 장비의 해상도 및 치수 정밀도에 직접적인 영향을 미친다. 해상도 dpi(dot per inch)는 1인치 안에 몇 개의 개별 액적을 분사할 수 있는지를 나타내는 척도인데, 그 수치가 높으면 높을수록 해상도가 높아진다. 현재 상용 장비는 보통 XY 평면상에서 600dpi, 적층 방향인 Z축으로 1200dpi 이상의 정밀도를 가진다. 그리고 가공 속도 또한 중요하다. 이는 액적을 얼마만큼 빨리 생성하는지에 달려 있으며, 노즐의 개수가 많을수록 한꺼번에 넓은 영역을 프린팅할 수 있어 가공 속도가 상승하게 된다.

11 제팅 방식의 노즐을 설계할 때 중요한 사항들에 대한 기술로 옳지 않은 것은?

① 유연한 재료와 단단한 재료가 있을 경우, 두 재료의 양을 조절하여 하나의 구조물 안에 다양한 강도를 가진 성형물을 가공할 수 없다.
② 액적을 얼마만큼 빨리 생성하는지에 가공 속도가 달려 있다.
③ 노즐 분사 방식의 큰 장점은 높은 정밀도와 다중 재료의 사용에 있다.
④ 노즐의 막힘에 대비해서 정기적인 노즐 클리닝이 필요하다.

> 해설 제팅 방식은 가공 속도가 중요한데 이는 액적을 얼마만큼 빨리 생성하는지에 달려 있다. 이 방식의 가장 큰 장점은 높은 정밀도와 다중 재료의 사용에 있다. 주로 점도가 높은 광경화성 재료가 사용되기 때문에 노즐이 막힐 우려가 상대적으로 높다. 따라서 정기적인 노즐 클리닝을 통해 관리하는 것이 필요하다. 유연한 재료와 단단한 재료가 있을 경우, 두 재료의 양을 조절하여 하나의 구조물 안에 다양한 강도를 가진 성형물을 가공할 수 있다.

12 다음 중 제팅(Jetting) 방식 프린터의 성능을 높이기 위한 노즐 평가 항목이 아닌 것은?

① 오리피스 사이의 간격 ② 오리피스의 두께
③ 오리피스의 원형도 ④ 동작 주파수

> 해설 액적을 연속적으로 프린팅하기 위해서 치수가 보장되어야 한다. 제팅 방식의 경우에는 오리피스의 직경 및 오리피스 사이의 간격이 허용 공차 내에 들어와야 한다. 오리피스는 기본적으로 원형으로 설계되기 때문에 원형도 또한 공차를 만족해야 한다. 그리고 만약 이러한 액적 생성 속도가 떨어지면 그만큼 헤드를 이송하는 속도가 느려지게 된다. 따라서 열팽창 방식 및 압전 방식에서 1초당 액적을 만들어 낼 수 있는 속도인 주파수(Hz)가 중요하다.

13 FDM 방식의 노즐의 구성에 대한 설명으로 옳지 않은 것은?

① 노즐 헤드 : 필라멘트 형태의 고체 상태의 열가소성 재료를 준액상(semi-liquid)으로 녹이는 장치
② 재료 공급 장치 : 노즐 헤드로 재료를 균일하게 공급하는 장치
③ 노즐 팁 : 준액상 재료를 다시 토출하여 매우 미세한 선을 형성
④ 자외선광 : 액체 상태를 경화하는 장치

> 해설 FDM 방식은 필라멘트 형태의 고체 상태의 열가소성 재료를 준액상(semi-liquid)으로 녹일 수 있는 노즐 헤드(핫 엔드, hot end)와 노즐 헤드로 재료를 균일하게 공급하는 재료 공급 장치 그리고 준액상 재료를 다시 토출하여 매우 미세한 선(필라멘트 혹은 비드[bead])을 형성할 수 있는 노즐 팁(tip) 등이 필요하다.

14 FDM 방식의 노즐에 대한 설명으로 옳지 않은 것은?

① 재료의 특성에 맞게 노즐의 온도와 재료 공급 속도를 정한다.
② 1개의 노즐을 사용하면 모델과 서포트의 강도가 동일하여 서포트 제거가 어렵다.
③ 노즐의 온도가 높거나 낮아도 이송 속도를 조절하면 가공에 문제가 없다.
④ 노즐의 온도 및 헤드의 이송 속도 제어가 중요하다.

> 해설 FDM은 재료의 특성에 맞춰서 노즐의 온도가 정해져야 하고 또한 재료 공급 속도도 정해져야 한다. 그리고 1개의 노즐을 사용하는 타입에서는 모델 재료와 서포트 재료가 동일하다. 서포트는 모델 형상보다 상대적으로 약하게 제작하여 후처리 과정에서 쉽게 제거할 수 있게 한다. 균일한 필라멘트가 토출되게 하기 위해 노즐의 온도 및 헤드의 이송 속도 제어가 중요하다.

15 FDM 방식의 노즐을 설계할 때 주의 사항으로 옳지 않은 것은?

① 첫 번째로 고려해야 할 부분은 노즐 팁의 길이이다.
② 노즐 팁의 길이가 길어지면 온도 제어가 쉽지 않다.
③ 동일한 팁을 사용해도 재료에 따라 토출된 필라멘트의 사이즈가 달라지기 때문에 이것을 보정해야 한다.
④ 저가형 FDM 장비에서는 주로 300~400마이크론 정도의 팁이 사용된다.

> 해설 FDM 노즐을 설계하기 위해 첫 번째로 고려해야 할 부분은 노즐 팁의 직경이다.

16 FDM 방식의 노즐을 설계할 때 주의 사항으로 바르지 않은 것은?

① FDM 노즐을 설계하기 위해서 노즐 팁의 직경을 먼저 고려해야 한다.
② 장비의 목표 성능에 따라서 팁 사이즈를 결정해야 한다.
③ 고가용에서는 127~330마이크론, 저가형 장비에서는 주로 300~400마이크론 정도의 팁이 사용된다.
④ 노즐 팁의 길이가 짧으면 상대적으로 온도를 제어하기가 어렵다.

해설 ▶ 노즐 팁의 길이가 짧으면 상대적으로 온도를 제어하기가 용이하지만, 길이가 길어지면 상대적으로 균일하지 않은 온도 분포가 발생해서 온도 제어가 쉽지 않다.

17 FDM 방식의 노즐을 설계할 때 주요 설계 대상과 거리가 먼 것은?

① 노즐 팁의 직경
② 노즐 팁의 재질
③ 노즐 팁의 길이
④ 노즐 장치의 온도를 유지시킬 히터 및 제어기

해설 ▶ FDM 노즐을 설계하기 위해 첫 번째로 고려해야 할 부분은 노즐 팁의 직경이다. 노즐 팁의 길이 또한 설계 대상이다. 이와 함께 고려해야 할 중요한 부분이 노즐 장치의 온도를 고온으로 유지시킬 수 있는 히터 및 제어기이다.

18 FDM 방식의 노즐 설계 시 노즐 팁 직경 결정 시 고려해야 할 사항과 거리가 먼 것은?

① 직경이 작을수록 거칠지만 긴 성형 시간이 짧아진다.
② 팁 사이즈에 따라서 토출 사이즈가 달라지므로, 토출된 이웃 필라멘트 사이의 간격이 달라지므로 가공 경로 생성에 반영해야 한다.
③ 동일한 팁을 사용해도 재료에 따라서 토출 사이즈가 달라지므로 보정해야 한다.
④ 팁 사이즈에 따라서 조형 받침대와의 간격도 토출 필라멘트의 크기에 맞게끔 보정해야 하며 동시에 적층 두께도 조절해야 한다.

해설 ▶ FDM 노즐을 설계하기 위해 첫 번째로 고려해야 할 부분은 노즐 팁의 직경이다. 노즐 팁의 직경이 작을수록 정밀한 필라멘트를 토출할 수 있으나, 단위 면적을 가공하는 데 있어 상대적으로 긴 성형 시간이 걸린다.

19 FDM 방식의 노즐의 주요 평가 항목과 가장 거리가 먼 것을 고르시오.

① 조형 정밀도
② 노즐의 치수
③ 노즐 온도
④ 재료 토출 속도

해설 ▶ 노즐의 평가 항목은 노즐의 치수, 노즐 온도, 재료 토출 속도 등이다.

20 FDM 방식의 노즐의 치수 검증에 대한 내용으로 가장 거리가 먼 것을 고르시오.

① 노즐의 외경 및 내경의 공차 만족 여부
② 동작 주파수
③ 노즐의 길이
④ 팁의 끝단은 버(burr)가 없어야 함.

> 해설 ▶ 노즐의 외경 및 내경이 공차를 만족하는지 평가해야 한다. 또한 노즐의 길이는 일정해야 하며 팁의 끝단은 버(burr)가 없어야 한다.

21 FDM 노즐 헤드부의 구성으로 옳지 않은 것은?

① 보온대
② 히팅 블록
③ 방열핀
④ 히트 브레이크

노즐 헤드부의 구성

22 FDM 재료 공급 장치의 구성이 아닌 것은?

① 풀리 및 기어
② 스테핑 모터
③ 필라멘트 통로 튜브
④ 히트 브레이크

재료 공급 장치의 구성

23 FDM 3D 프린터의 특성으로 가장 거리가 먼 것은?

① 재료의 종류 면에서는 다른 공정에 비해서 다양하지 않다.
② 액상 혹은 페이스트(paste)와 같은 재료도 효율적으로 사용이 가능하다.
③ 열가소성 재료를 효율적으로 사용할 수 있다.
④ 상용 노즐 팁과 이송 장치 등으로 비교적 간단한 장비를 구성할 수 있다.

> 해설 ▶ FDM 방식의 단점은 열가소성 재료 이외의 다른 종류의 재료를 사용할 수 없다는 것이다. 즉, 액상 혹은 페이스트(paste)와 같은 재료는 사용할 수 없다. 최근 들어 고온에서 사용되는 재료를 포함해서 다양한 재료가 개발되고 있으나, 재료의 종류 면에서는 다른 공정에 비해서 다양하지 않다.

24 DP(Direct Print) 방식에 대한 설명으로 옳지 않은 것을 고르시오.
① FDM 방식과 매우 유사하다.
② 노즐 장치에 압력을 가해서 재료를 토출시킨다.
③ 고체 형태의 재료를 고온으로 녹여서 토출하는 방식이다.
④ 재료가 토출된 다음에도 유동이 높아서 모양 유지가 어렵다.

> 해설 ▶ DP 방식은 Direct-Write(DW)라고도 불리며 FDM 방식과 매우 유사하지만 고체 형태의 재료를 고온으로 녹여서 토출하는 방식이 아니라, 원재료가 유동이 가능한 액상이나 페이스트이기 때문에 재료가 담긴 노즐 장치에 압력을 가해서 재료를 토출시킨다.

25 DP(Direct Print) 방식에 대한 설명으로 옳지 않은 것을 고르시오.
① 다중 재료를 사용하는 데 있어서 매우 용이하다.
② 재료를 주사기에 넣어서 출력하는 방식은 FDM과 다르지만 고온 환경에서 재료를 토출시키는 것은 FDM과 유사하다.
③ 음식 프린팅 장비가 많이 개발되고 있다.
④ 액상 재료와 나노 입자를 섞어서 전기적 성질을 띠게 할 수도 있다.

> 해설 ▶ DP 방식은 액상 혹은 페이스트(paste)의 재료를 사용할 수 있다. 고체 형태의 재료를 고온으로 녹여서 토출하는 방식이 아니라, 원재료가 유동이 가능한 액상이나 페이스트이기 때문에 재료가 담긴 노즐 장치에 압력을 가해서 재료를 토출시킨다. 원재료의 특성이 다른 것을 제외하고는 FDM 방식과 유사하다.

26 DP(Direct Print) 방식 노즐 설계 시 주의 사항으로 거리가 먼 것은?
① 가장 먼저 고려해야 할 부분이 팁의 직경이다.
② 노즐 팁의 직경은 투입되는 필라멘트 선택에서 중요한 요소가 된다.
③ 재료 토출 후 변형 방지를 위하여 2차적 방법으로 경화시켜야 한다.
④ 노즐 팁의 길이는 성형물과의 간섭 정도에 따라 설계해야 한다.

> 해설 ▶ DP 방식은 고체 형태의 재료를 고온으로 녹여서 토출하는 방식이 아니라, 원재료가 유동이 가능한 액상이나 페이스트이기 때문에 재료가 담긴 노즐 장치에 압력을 가해서 재료를 토출시킨다.

27 DP(Direct Print) 방식 노즐의 검증 항목으로 거리가 먼 것은?
① 점도가 높을 경우를 대비해서 노즐의 온도를 높게 설정할 수 있어야 함.
② 재료 토출 속도
③ 제작된 노즐의 외경 및 내경의 공차 만족도
④ 팁의 끝단은 버(burr)가 없어야 함.

> 해설 ▶ DP 방식은 사용할 재료의 점도가 높을 경우에는 비교적 큰 노즐을 사용해서 막힘을 방지해야 한다.

28 노즐의 크기 측정 방법 중 직접 측정법에 대한 내용으로 거리가 먼 것은?

① 버니어 캘리퍼스, 마이크로미터로 측정
② 제팅 방식 프린터 노즐의 오리피스를 측정하는 데 적합한 방식
③ 현미경, 주사 현미경(scanning electron microscopy)으로 측정
④ 노즐 팁의 외경의 경우에는 광학식으로 측정

해설 ▶ FDM 및 DP 방식의 노즐 팁의 외경 및 길이를 측정하는 방법은 버니어 캘리퍼스, 마이크로미터 등으로 직접 접촉을 통해 측정할 수 있다. 노즐 팁의 외경의 경우에는 광학식으로 측정할 수 있다. 이는 현미경, 주사 현미경(scanning electron microscopy) 등을 이용하여 수행할 수 있다. 제팅 방식의 오리피스는 접촉을 통한 측정이 힘들기 때문에 광학식으로 측정할 수 있다.

29 노즐의 크기 측정 방법 중 간접 측정법에 대한 내용으로 거리가 먼 것은?

① 액적 생성 속도는 고속 카메라를 이용하여 생성되는 액적을 측정할 수 있다.
② 액적 혹은 토출 필라멘트를 측정하는 방식이다.
③ 재료를 토출시킨 후 광학식으로 측정하는 방식이다.
④ 직접 노즐을 측정하는 것이 아니다.

해설 ▶ 간접식 측정은 직접 노즐을 측정하는 것이 아니라 액적 혹은 토출 필라멘트를 측정하는 방식이다. 즉, 특정 재료를 이용해서 재료를 토출시키고 난 다음 그 액적 혹은 필라멘트의 모양을 광학식으로 측정하는 방식이다.

30 노즐 설계 규격서에 포함되어야 하는 항목으로 거리가 먼 것은?

① 노즐의 목표 성능
② 노즐의 크기
③ 노즐의 도장 색상
④ 재료 토출 속도

해설 ▶ 성능, 크기, 재료 토출 속도, 수량, 비용, 노즐 가공 재료, 마감, 사용 가능 재료, 유지 관리, 안전 사항, 운용 환경, 노즐 온도

31 노즐 설계 규격서에 포함되어야 하는 항목으로 거리가 먼 것은?

① 노즐의 사용 온도
② 노즐의 운용 환경
③ 노즐 사용의 안전 사항
④ 노즐의 이송 속도

해설 ▶ 성능, 크기, 재료 토출 속도, 수량, 비용, 노즐 가공 재료, 마감, 사용 가능 재료, 유지 관리, 안전 사항, 운용 환경, 노즐 온도

32 노즐 수량에 대한 설명으로 거리가 먼 것은?

① FDM 장비에서 2개의 노즐로 설계할 때 일반적으로 하나의 노즐 헤드에 장착된다.
② DP 방식에서는 1개 혹은 여러 개의 노즐을 사용할 수 있다.
③ 다중 제팅 방식에서 2개 이상의 노즐 헤드가 사용될 경우 재료가 혼합되지 않도록 주의해야 한다.
④ 제팅 방식은 1개의 노즐 헤드에 여러 개의 오리피스가 존재한다.

> 해설 ▶ 다중 재료 제팅 방식에서는 2개 이상의 노즐 헤드가 사용되어 재료가 가공 중 혼합되게 할 수 있다.

33 부품도에 포함되어야 할 내용으로 거리가 먼 것은?

① 가공을 위한 상세 정보
② 부품의 마감 정보
③ 부분 상세도
④ 부품 이송 범위

> 해설 ▶ 부품도는 부품을 제작하기 위한 형상, 치수, 재료, 마감, 공차, 가공 정보 등의 정보를 포함해야 하고, 각각의 부품에 대해 작성되어야 하며, 경우에 따라서는 상세도가 필요하다. 그리고 강조하거나 혼란을 일으킬 수 있는 사항에 대해서는 주의 사항(Note)에 별도로 기입하는 것이 일반적이다.

34 조립도에 포함되어야 할 내용으로 거리가 먼 것은?

① 부품 리스트
② 부품의 공차
③ 상세 조립도
④ 각 부품의 이름

> 해설 ▶ 조립도는 부품 리스트, 조립 과정, 동작 범위, 조립에 필요한 각 부품의 이름, 수량 및 설명이 포함되어 있다. 경우에 따라서는 상세 조립도를 포함시킬 수 있으며, 이송에 대한 정보, 즉 이송 범위 방향 등에 대해서도 별도의 상세 정보를 포함시킬 수 있다.

35 광학 기술을 이용한 3D 프린팅 공정이 아닌 것은?

① 광조형(Stereolithography) 공정
② 열팽창 방식 제팅(Jetting) 공정
③ 선택적 소결(Selective Laser Sintering) 공정
④ 박판 성형(Laminated Object Manufacturing) 공정

> 해설 ▶ 박판 성형 공정은 광학 기술이 적용되지 않는다.

36 광조형 공정 3D 프린터에 대한 설명으로 거리가 먼 것은?

① 주사(scanning) 방식과 전사(projection) 방식이 있다.
② 광경화성 액상 수지를 재료로 사용한다.
③ 광조형 공정에서는 초점 렌즈는 설치하지 않아도 된다.
④ 광학계화 집광 장치가 필요하다.

> 해설 ▶ 초점 렌즈를 사용하여 렌즈의 입사각에 따라서 초점 위치를 보정하여 최종적으로 재료 표면에 초점이 맞히게 한다.

37 주사 광조형 방식에서 빛의 경로를 바르게 연결한 것은?

① 레이저 – 주사 장치 – 집광 장치 – 초점 렌즈 – 액상 수지
② 레이저 – 집광 장치 – 초점 렌즈 – 주사 장치 – 액상 수지
③ 레이저 – 초점 렌즈 – 집광 장치 – 주사 장치 – 액상 수지
④ 레이저 – 집광 장치 – 주사 장치 – 초점 렌즈 – 액상 수지

해설

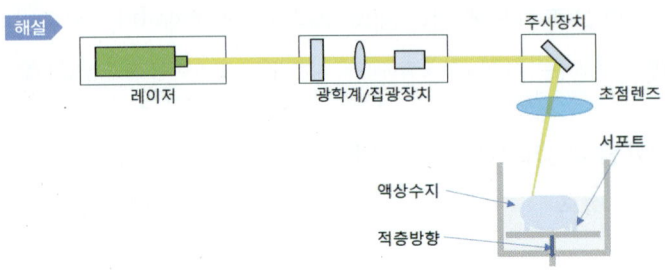

38 다음에서 설명하는 3D 프린팅 공정은 어느 것인가?

> 패턴 형성기를 이용하여 단면 형상에 해당하는 광 패턴을 생성시킨 다음 이를 적절한 광학계를 거치면서 수지 표면에 초점이 이루어지게 해서 경화한다. 따라서 광원, 패턴 형성기, 초점 광학계 등이 필요하다.

① 전사(projection) 광조형 공정
② 해칭(hatching) 광조형 공정
③ 주사(scanning) 광조형 공정
④ 패턴(pattern) 광조형 공정

해설

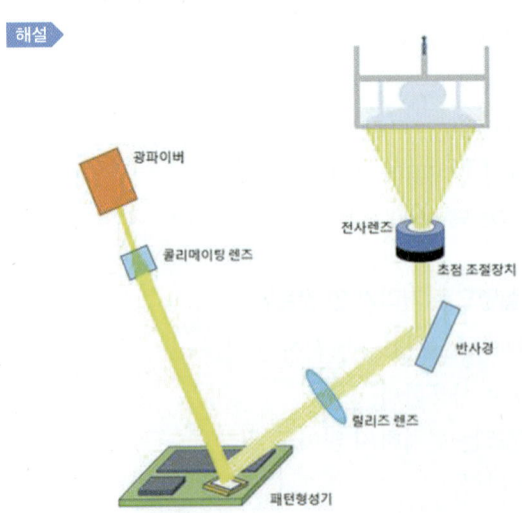

전사 광조형 방식의 개념도 및 광학계

39 전사 광조형 방식에서 빛의 경로를 바르게 연결한 것은?
① 레이저(광파이버) – 릴리즈 렌즈 – 패턴 생성기 – 전사 렌즈 – 액상 수지
② 레이저(광파이버) – 패턴 생성기 – 릴리즈 렌즈 – 전사 렌즈 – 액상 수지
③ 레이저(광파이버) – 전사 렌즈 – 릴리즈 렌즈 – 패턴 생성기 – 액상 수지
④ 레이저(광파이버) – 릴리즈 렌즈 – 전사 렌즈 – 패턴 생성기 – 액상 수지

해설 ▶ 38번 문제 [해설] 참조

40 선택적 소결 공정에서의 광학 기술에 대한 설명으로 옳지 않은 것은?
① 높은 에너지의 적외선 레이저로 재료 챔버에 담긴 고분자 파우더를 소결한다.
② 스캔 방식은 주사 방식 광조형 공정과 유사하다.
③ 재료는 별도의 튜브를 통하여 공급된다.
④ 집광된 레이저 빔은 파우더 표면 위를 스캔한다.

해설 ▶ 선택적 소결 공정에서는 주로 높은 에너지의 적외선 레이저를 이용하여 재료 챔버에 담긴 고분자 파우더를 소결 혹은 용융시켜 단면을 형성하고 최종적으로 3차원 성형품을 제작한다.

41 주사 방식에서의 광원 및 광학계의 구조를 설명한 것으로 옳지 않은 것은?
① 광원 – 자외선 레이저 혹은 적외선 레이저이다.
② 빔 익스팬더 – 초점 렌즈에 입사하는 레이저 빔을 크게 하여 빔의 직경을 작게 한다.
③ 반사경 – 전반사를 위해 특수 코팅되어 좁은 영역에서 긴 광경로를 생성할 때 사용한다.
④ 주사 장치 – 전반사를 위해 특수 코팅되어 X축 모터로 빔의 위치를 제어한다.

해설 ▶ 보통 2차원 평면상에서의 레이저 빔의 위치를 제어하기 위해서 X, Y 2개의 모터를 사용하여 반사경을 회전시킨다.

42 광조형 공정에서 레이저를 선정할 때 주의 사항으로 옳지 않은 것은?
① 광경화성 재료의 반응 파장대가 자외선 영역이기 때문에 주로 자외선 레이저를 사용한다.
② 재료는 자외선 영역에서 반응하는 광 개시제를 포함한다.
③ 광에 노출되면 불안정한 라디칼(radical)이 생성되고 이 라디칼이 단량체(monomer) 결로을 끊어 스스로가 단량체와 결합한다.
④ 주로 광 개시제의 파장대는 넓은 영역이며 레이저는 그 특성상 장파장이다.

해설 ▶ 주로 광 개시제의 파장대는 넓은 영역이며 레이저는 그 특성상 단파장이다.

43 선택적 소결 공정에서 레이저를 선정할 때 주의 사항으로 옳지 않은 것은?

① 적외선 영역 레이저를 사용한다.
② 대표적으로 CO_2 레이저를 많이 쓴다.
③ 레이저 에너지는 고온이며 재료를 소결 혹은 용융시킬 수 있어야 한다.
④ 파장대는 가시광보다 짧다.

> 해설 ▶ 선택적 소결 공정에서 사용되는 레이저는 적외선 영역의 고에너지를 발산할 수 있는 레이저다. 대표적인 것으로는 CO_2 레이저 등이 있다.

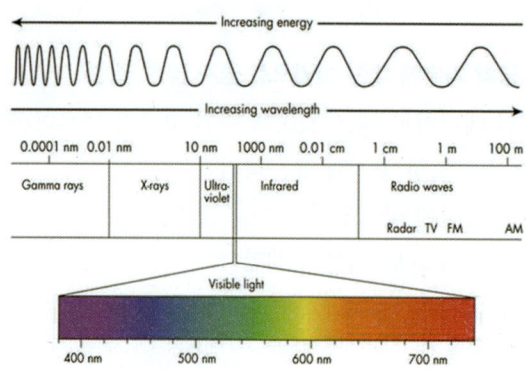

44 선택적 소결 공정에서의 빔 익스팬더에 대한 설명으로 옳지 않은 것은?

① 초점 렌즈에 입사하는 레이저 빔의 크기를 크게 하여 직경을 작게 한다.
② 두 개의 렌즈의 거리를 조정하여 빔의 직경의 크기를 조절한다.
③ 오목 렌즈만의 조합으로 구성된다.
④ 광분포를 균일하게 만드는 역할도 있다.

> 해설 ▶ 빔 익스팬더는 볼록 및 오목 렌즈의 조합으로 구성할 수 있으며, 보통 두 개의 렌즈 사이의 거리를 조정함으로써 빔의 직경(D')의 크기를 조절할 수 있다.

45 선택적 소결 공정에서의 반사경에 대한 설명으로 옳지 않은 것은?

① 반사경을 정렬할 때는 가능한 한 미세한 범위를 목표로 설정한다.
② 두 개의 렌즈의 거리를 조정하여 빔의 직경의 크기를 조절한다.
③ 오목 렌즈만의 조합으로 구성된다.
④ 광분포를 균일하게 만드는 역할도 있다.

> 해설 ▶ 반사경을 정렬할 경우에는 가능한 한 먼 거리의 목표 위치를 설정하고 정렬 과정을 진행한다.

46 광학계 3D 프린터의 빌드 사이즈를 결정하는 광학계 설계 요소가 아닌 것은?

① 초점면(focal plane)
② 레이저 빔의 모양
③ 빔 익스팬더(beam expander)
④ 레이저 빔의 유효 직경 및 에너지 분포

> 해설 ▶ 빌드 사이즈를 결정하는 요소는 초점면(focal plane), 레이저 빔의 모양, 레이저 빔의 유효 직경 및 에너지 분포 등의 광학계 설계 요소를 고려해야 한다.

47 전사 방식에서의 광학계 요소가 아닌 것은?

① 수은(Mercury) 램프 광을 사용
② 패턴 생성기(pattern generator)
③ 릴레이 렌즈 및 반사경
④ F-theta 렌즈

> 해설 ▶ F-theta 렌즈는 초점 렌즈인데, 주사 방식에서의 광학계 요소이다.

48 패턴 생성기(pattern generator)에 대한 설명으로 옳지 않은 것은?

① LCD(Liquid Crystal Display)와 DMD(Digital Micromirror Device)가 있다.
② LCD와 DMD 모두 백색과 흑색으로 이루어진 비트맵 이미지를 패턴 제어기에 보내서 특정 영역의 빛을 투과 혹은 반사함으로써 광 패턴을 생성시킨다.
③ LCD는 액정들의 배치를 제어해서 특정 셀에서 빛을 산란시켜서 광 패턴을 형성할 수 있다.
④ DMD에서는 매우 미세한 마이크로미러(micro-mirror)가 특정 방향으로 회전하면서 빛의 반사 경로를 제어할 수 있다.

> 해설 ▶ LCD는 액정들의 배치를 제어해서 특정 셀에서 빛을 투과시키거나 막을 수 있으며, 이를 이용해서 광 패턴을 형성할 수 있다.

49 전사 방식의 광학계 방식의 3D 프린터의 전사 렌즈(projection lens)에 대한 설명으로 옳지 않은 것은?

① 일반 빔 프로젝터에서의 이미지 출력과 비슷하다.
② 전사 렌즈는 광 패턴을 구형 초점면에 초점이 맺히도록 하는 역할을 한다.
③ 요구되는 빌드 사이즈에 따라서 전사 렌즈의 배율을 계산한다.
④ DMD에서는 매우 미세한 마이크로미러(micro-mirror)가 특정 방향으로 회전하면서 빛의 반사 경로를 제어할 수 있다.

해설 ▶ 전사 렌즈는 광 패턴을 수지 표면에 초점이 맺히게끔 전사하는 역할을 한다. 이는 일반 빔 프로젝터에서의 이미지 출력과 비슷하다.

50 광학계의 설계 규격서에 포함되는 항목에 대한 설명으로 옳지 않은 것은?

① 동일한 광학계에서 동일한 크기의 빔 사이즈를 생성한다.
② 성형물의 품질은 재료 표면에서의 레이저 빔의 직경이 작을수록 좋아진다.
③ 광원은 사용 가능한 광경화성 수지의 반응 파장대에 맞게 설계되어야 한다.
④ 광원의 파워와 재료의 경화 속도는 주사 미러의 최대 주사 속도를 제한한다.

해설 ▶ 노즐을 이용하는 공정과는 달리 동일한 광학계에서 다른 크기의 빔 사이즈를 생성시킬 수도 있다. 보통은 테두리 가공용의 작은 사이즈의 빔을 사용하고, 내부 영역 가공에는 큰 사이즈의 빔을 사용한다.

51 광학계의 설계 규격서에 포함되는 항목에 대한 설명으로 옳지 않은 것은?

① 광학계는 보통 먼지 등의 외부 영향을 제거하기 위해 개방 공간에 설치된다.
② 성형물의 품질은 재료 표면에서의 레이저 빔의 직경이 작을수록 좋아진다.
③ 렌즈의 경우에는 Anti Reflection(AR) 코팅이 되어 최대한 많은 양의 에너지가 렌즈를 통과할 수 있도록 해야 한다.
④ 반사경의 경우 전반사가 일어나게 코팅이 되어 있어야 한다.

해설 ▶ 광학계는 보통 먼지 등의 외부 영향을 제거하기 위해 밀폐 공간에 설치된다.

52 DMLS와 CNC 머시닝(Machining)을 이용한 하이브리드 공정에 대한 설명으로 옳지 <u>않은</u> 것은?

① 금속 파우더를 이용한 공정에서는 표면이 매끄럽지 못하기 때문에 이를 CNC 공정으로 매 층 혹은 수층마다 머시닝을 병행할 수 있다.
② 다양한 레이저 기술을 활용해서 성형 중인 가공품에 대해 템퍼링, 담금질 등의 열처리를 할 수도 있다.
③ 실시간으로 가공 중인 형상을 CCD로 모니터링하고 오차가 발생할 경우 수정도 가능하다.
④ DMLS 공정의 표면 가공 속도의 한계와 이를 극복할 수 있는 CNC 장비의 결합에서 탄생한 공정이다.

> 해설 DMLS와 CNC 머시닝을 이용한 하이브리드 공정은 표면이 매끄럽지 못하기 때문에 이를 CNC 공정으로 매 층 혹은 수층마다 머시닝을 병행할 수 있고 다양한 레이저 기술을 활용해서 성형 중인 가공품에 대해서 템퍼링, 담금질 등의 열처리를 할 수도 있다. 실시간으로 가공 중인 형상을 CCD로 모니터링하고 오차가 발생할 경우 수정도 가능하다.

53 DP와 광조형 공정을 이용한 하이브리드에 대한 설명으로 옳지 <u>않은</u> 것은?

① DP에서 광경화성 재료를 토출한 후 광을 이용해서 경화시키는 방법이다.
② 광은 광학 파이버와 렌즈 등으로 집광한다.
③ 링 형태의 광학계를 사용하여 광을 조사하는 것은 피해야 한다.
④ 토출이 된 재료만 경화시키고 내부의 재료는 경화되지 않게 하는 것이 중요하다.

> 해설 DP와 광조형 공정을 이용한 하이브리드 프린터는 링 형태의 광학계를 사용해서 특정 영역에 광을 조사할 수도 있다.

54 FDM과 DP를 이용한 하이브리드에 대한 설명으로 옳지 <u>않은</u> 것은?

① FDM 공정은 열가소성 소재를, DP 공정은 주로 열경화성 소재를 사용한다.
② DP 방식으로는 기계적 성질이 우수한 구조물을 제작하고, FDM 방식으로는 다양한 복합재를 사용함으로써 단일 공정에서는 제작할 수 없는 다양한 종류의 성형품을 가공할 수 있다.
③ DP 공정에서 다양한 고분자 복합재가 사용된다.
④ FDM에서 사용 가능한 재료는 ABS와 같이 비교적 기계적 강도가 우수하며 DP 방식에 비해서 가공 성능이 우수하다.

> 해설 FDM으로는 기계적 성질이 우수한 구조물을 제작하고, DP 방식으로는 다양한 복합재를 사용함으로써 단일 공정에서는 제작할 수 없는 다양한 종류의 성형품을 가공할 수 있다.

55 FDM과 Ultrasonic Consolidation(UC)을 이용한 하이브리드에 대한 설명으로 옳지 않은 것은?

① 하이브리드 공정으로 인하여 최종적으로 내부에 틈이 없는 3차원 금속 성형품을 얻을 수 있다.
② UC는 금속 박판을 초음파 에너지를 이용해서 기판 혹은 이전의 층과 접합시키고 CNC를 이용해서 필요 없는 부분을 잘라내면서 3차원으로 성형하는 공정이다.
③ FDM 공정을 이용해서 이러한 빈 공간에 서포트 형상을 제작할 수 있다.
④ UC는 얇은 금속 박판을 사용하여 상하로 초음파 진동하는 로터(Rotor)에 의해서 아래층과 접합된다.

해설 FDM 공정을 이용해서 이러한 빈 공간에 서포트 형상을 제작하여 최종적으로 내부가 빈 3차원 금속 성형품을 얻을 수 있다.

56 레이저(LASER)에 대한 설명으로 옳지 않은 것은?

① 유도 방출에 의한 빛의 증폭, 즉 빛을 증폭시켜 유도 방출을 하는 장치이다.
② 최초의 레이저는 1960년에 미국의 '시어도어 메이먼'이 루비 막대를 사용해서 만들었다.
③ 전자들이 에너지와 빛을 내면서 들뜨게 되어 에너지가 높아진다.
④ 빛을 한쪽 방향으로 진행시키는 기술이다.

해설 에너지를 받으면 에너지가 높아 굉장히 불안정하기 때문에 이내 빛을 내면서 안정된다.

57 레이저(LASER)에 대한 설명으로 옳지 않은 것은?

① 내부에 좌우로 거울을 설치하여 광 공진기를 구성한다.
② 에너지 준위 차이를 전이하는 전자에 의해 유도 방출되므로 다양한 진동수의 백색광이 방출된다.
③ 한쪽 거울은 빛을 100% 반사(전체 반사)하지만 다른 한쪽은 일부분 투과시키는 반투명(부분 반사) 거울을 사용한다.
④ 평면파의 형태로 거울 축 방향의 빛만 계속하여 증폭된다.

해설 같은 에너지 준위 차이를 전이하는 전자에 의해 유도 방출되므로 동일한 진동수의 단색광이 방출된다.

58 레이저(LASER)의 매질의 형태에 따라 구분한 것으로 옳지 않은 것은?

① 고체 레이저
② 가스 레이저
③ 반도체 레이저
④ 액상 레이저

해설 레이저는 통상적으로 매질의 형태에 따라 구분된다. 고체 레이저, 가스 레이저, 반도체 레이저, 색소 레이저, 펄스 레이저, 광섬유 레이저, 화학 레이저 등이다.

59 미국 표준 협회(ANSI)는 레이저에 대하여 안전 등급을 4단계로 분류하고 있다. 그 내용으로 옳지 <u>않은</u> 것은?

① 1등급 : 사람 눈에 노출되었을 때 손상이 거의 발생하지 않는 수준
② 2등급 : 혐오 반응이 눈의 손상을 방해할 수 있는 상대적으로 낮은 출력의 가시광. 1000초 이하의 노출에는 위험
③ 3등급 : 분산 노출에도 해로울 수 있는 수준. 반사된 빛은 눈에 비치면 각막이 손상되는 수준
④ 4등급 : 분산 반사로부터의 손상 효과가 일어날 수 있는 수준에서 방출되는 고출력 레이저

> 해설 3등급 : 직접 노출이 해로울 수 있는 수준에서 방출할 수 있는 중간 출력의 레이저. 분산 반사된 빛은 눈에 위험을 주지 않는 수준

60 레이저 장치의 안전상 주의 사항으로 옳지 <u>않은</u> 것은?

① 레이저를 취급할 때에는 벽은 전반사가 일어나도록 하고 벽을 등지고 레이저를 취급한다.
② 레이저를 취급할 때에는 반드시 차광용 보안경을 착용한다.
③ 반사광이 눈에 들어올 때가 있으므로 광선의 방출 방향에 대해 충분히 주의해야 한다.
④ 레이저 장치는 전체를 덮는 것이 바람직하다.

> 해설 예기치 못한 반사광이 눈에 들어올 때가 있으므로 광선의 방출 방향에 대해 충분히 주의하고 반사하는 벽 등이 없음을 확인한다.

핵심 문제(1) 정답

01	02	03	04	05	06	07	08	09	10	11	12	13	14	15	16	17	18	19	20
④	③	②	③	①	②	②	③	④	③	①	②	④	③	①	④	④	①	①	②
21	22	23	24	25	26	27	28	29	30	31	32	33	34	35	36	37	38	39	40
①	④	②	④	②	④	①	②	①	③	④	③	④	②	④	③	④	①	②	③
41	42	43	44	45	46	47	48	49	50	51	52	53	54	55	56	57	58	59	60
④	④	④	④	①	③	④	③	②	①	①	④	③	①	③	②	③	④	③	①

2과목 핵심 문제 2

01 3D 프린터에서 빌드 장치 또는 이와 관련된 장치로 하나의 단면(Layer)을 제작하거나 적층하기 위한 이송 장치의 구성품이 아닌 것은?
① 동력 발생 장치
② 동력 전달 장치
③ 직선 이송 가이드
④ 익스트루드

해설 익스트루드는 빌드 장치에 속한다.

02 3D 프린터에 사용되는 모터의 동력원은 무엇인가?
① 공압
② 유압
③ 전기
④ 석유

해설 3D 프린터에 사용되는 모터는 대부분 전기 모터이다.

03 모터의 회전력의 기본 원리를 설명하는 것으로 자기장에 의해 작용하는 힘의 방향을 나타내는 것은 어느 것인가?
① 플레밍의 오른손 법칙
② 플레밍의 왼손 법칙
③ 페르데이 법칙
④ 에너지 보전의 법칙

해설 플레밍의 왼손 법칙이다. 전류 및 자기장의 수직 방향으로 생기는 힘을 이용하는 것이다.

04 다음 그림에서 각 손가락이 가리키는 방향은 무엇을 의미하는가?

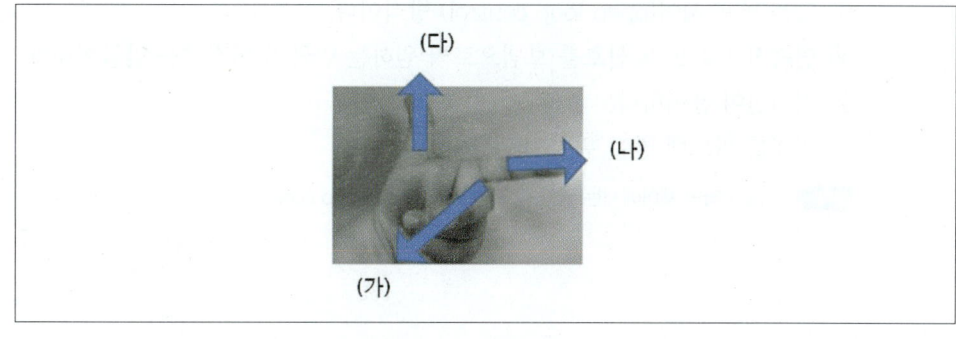

	(가)	(나)	(다)
①	자기장의 방향	전류에 작용하는 힘의 방향	전류의 방향
②	전류의 방향	전류에 작용하는 힘의 방향	자기장의 방향
③	전류의 방향	자기장의 방향	전류에 작용하는 힘의 방향
④	자기장의 방향	전류의 방향	전류에 작용하는 힘의 방향

해설 (가) 전류(I), (나) 자기장(H), (다) 힘(F)이며 서로 수직 방향이다.

05 모터의 회전력에 대한 설명으로 옳지 않은 것은?
① 플레밍의 왼손 법칙과 오른손 법칙
② 고정용 영구 자석 한 쌍과 전자석
③ 고정자(stator)와 회전자(rotor)
④ 자기장과 전류

해설 플레밍의 오른손 법칙은 자기장 속에서 도선을 움직일 때 유도기 전력에 유도되는 전류의 방향을 나타낸다.

06 서보 모터에 대한 설명으로 옳지 않은 것은?
① 펄스(pulse) 신호로 회전 각도를 조절한다.
② 클로즈드 루프 제어(closed loop control) 방식이다.
③ 엔코더(encoder)가 필요하다.
④ 정밀한 위치와 속도, 가속도의 제어가 가능하다.

해설 펄스 신호로 회전 각도를 조절하는 것은 스텝 모터이다.

07 스테핑 모터에 대한 설명으로 옳지 않은 것은?
① 오픈 루프 제어(open loop control) 방식이다.
② 연속적으로 펄스 신호를 보냄으로써 원하는 만큼의 회전량을 만들어낸다.
③ 역회전이 용이하다.
④ 위치를 피드백 받아 위치 정밀도가 높다.

해설 ▶ 스텝 모터의 제어에서는 위치 피드백이 없다(open loop control).

08 선형 모터에 대한 설명으로 옳지 않은 것은?
① 고정자와 회전자가 평면 형상이다.
② 회전자에 전류를 흘려서 구동하면 직선 운동한다.
③ 고속 철도에 적용하고 있다.
④ 백래시(backlash)는 적게 발생되지만 고정밀 제어는 어렵다.

해설 ▶ 백래시는 기어를 맞물렸을 때 치면 사이에 발생하는 틈새를 말하며 선형 모터에서는 발생하지 않는다.

09 선형 모터에 대한 설명으로 옳지 않은 것은?
① 동력 전달 장치가 필요 없다.
② LM 가이드는 필요가 없다.
③ 대형 이송 장치에 많이 사용된다.
④ 백래시가 없다.

해설 ▶ LM 가이드는 반드시 필요하다.

10 동력 전달 장치에 대한 설명으로 적절하지 않은 것은?
① 볼 스크루 사용 가능
② 기어(gear)/벨트(belt) 사용 가능
③ 직선 운동을 회전 운동으로 변환
④ 모터의 회전축과 볼 스크루 샤프트는 직접 연결되어 있음.

해설 ▶ 모터의 회전 운동을 직선 운동으로 변환한다.

11 볼 스크루(ball screw)에 대한 설명으로 적절하지 않은 것은?
① 긴축에 볼(ball)이 지나갈 수 있는 나선형 홈이 파져 있다.
② 볼의 구름 접촉을 통한 부드러운 이송을 구현한다.
③ 모터의 회전축과 볼 스크루는 직접 연결되어 있다.
④ 주로 낮은 하중을 윤활유 막으로 이송하고자 할 때 사용된다.

> 해설 주로 높은 하중을 비교적 낮은 마찰로 이송한다.

12 기어(gear)/벨트(belt) 조합에 대한 설명으로 적절하지 않은 것은?
① 직선 이송 속도를 조절하기 어렵다는 단점이 있다.
② 구조는 매우 간단하며 작은 이송력을 필요로 할 경우에 많이 사용된다.
③ 기어의 회전 운동이 벨트에 의해 직선 운동으로 전환된다.
④ 저가형에 많이 사용된다.

> 해설 기어비와 모터 축의 회전 속도에 따라 직선 이송 속도를 조절할 수 있다.

13 직선 이송 가이드에 대한 설명으로 적절하지 않은 것은?
① LM 가이드라고도 한다.
② 베어링을 사용하지 않는 구조가 특징적이다.
③ 가이드의 단면은 원형 혹은 다각형을 가지고 있다.
④ 이송 대상이 가진 하중을 견디는 역할도 수행한다.

> 해설 부드러운 이송을 위하여 볼 베어링을 사용하는 경우가 많으나 저가형의 경우에는 베어링 없이 주로 원형 가이드만을 사용한 직접 접촉 방식을 사용한다.

14 엔코더(encoder)에 대한 설명으로 적절하지 않은 것은?
① 위치 검출 방식에 따라 기계식, 광학식, 정전 용량식, 자기식으로 구분된다.
② 위치 인식 방식에 따라 증분형 방식, 절대 위치 방식으로 구분된다.
③ 측정하고자 하는 운동량에 따라 누적식, 단위식으로 구분된다.
④ 측정하고자 하는 운동 형태에 따라 로터리식, 선형(linear)으로 구분된다.

> 해설 엔코더는 이송 장치의 위치를 인식하기 위한 장치이며 운동량을 측정하지 않는다.

15 로터리 엔코더(encoder)에 대한 설명으로 적절하지 않은 것은?
① 검출 방식은 주로 빛을 이용한 광학 방식이 이용된다.
② 회전판과 검출기가 필요하다.
③ 검출기에 검출되는 빛을 통과시키는 슬릿은 고정되어 있다.
④ 자장, 정전 용량 방식은 특성상 이용이 어렵다.

> 해설 로터리 엔코더는 모터의 회전축과 연결되어 있으며 모터의 회전량을 광학, 자장, 정전 용량 등의 방식으로 측정한다.

16 선형 엔코더에 대한 설명으로 적절하지 않은 것은?
① 펄스를 읽는 방식에서 정전 용량 방식은 가능하나 자기 방식은 적용이 어렵다.
② 리니어 스케일(linear scale)이라고도 한다.
③ 로터리 엔코더에 비해 부피가 작은 장점이 있다.
④ 센서 모듈이 직선으로 지나면서 mm당 50~2500펄스 이상을 읽어낸다.

> 해설 광학, 자기, 정전 용량 방식을 사용한다.

17 일상의 물리량이나 화학량을 감지하여 우리가 알 수 있는 신호로 처리하는 기능을 갖춘 장치를 무엇이라고 하는가?
① 리니어 스케일(linear scale)
② 슬릿(slit)
③ 엔코더(encoder)
④ 센서(sensor)

> 해설 센서에 대한 일반적인 정의이다.

18 비접촉식 근접 센서가 아닌 것은?
① 광학식 센서
② 자기식 센서
③ 기계식 센서
④ 홈 센서(home sensor)

> 해설 기계식 센서는 접촉식 센서이다.

19 홈 센서(home sensor)에 대한 설명으로 옳지 않은 것은?

① 절대 좌푯값 '0'으로 이동할 수 있도록 장치된 센서이다.
② 절대 좌표 '0'은 장비의 설치 시에 장비 시작점이 될 수 있는 위치이므로 좌푯값과 무관하다.
③ 절대 좌표 '0' 이송을 시작할 때는 백래시가 제거되도록 해야 한다.
④ 홈 센서로 이동 명령하면 어느 위치에 있든지 곧바로 절대 좌표 '0'점으로 이동한다.

> 해설 절대 좌표 '0'은 장비의 설치 시에 장비 시작점이 될 수 있는 위치를 좌푯값으로 나타낸 것이다.

20 XYZ축 동시 이송 제어에 대한 설명으로 옳지 않은 것은?

① 3D 프린터의 조형판은 XY축이 동시 제어되어야 한다.
② XY축 동시 제어는 헤드를 이송하는 방식과 고정하는 방식이 있다.
③ 대부분의 경우 조형 작업 시 Z축을 동시 제어할 필요는 없다.
④ 3D 프린터의 설계 방식에 따라서 XYZ축 동시 제어 대상이 달라지게 된다.

> 해설 제팅(jetting) 방식의 경우 한 번에 하나의 축만 이동하여 동시 제어가 필요 없다.

21 XY축 개별 제어, 동시 제어에 대한 설명으로 옳지 않은 것은?

① 선택적 소결 방식(Selective Laser Sintering, SLS)의 3D 프린터 중에서 레이저를 이송하여 주사하는 방식의 경우 XY축이 동시 제어가 필요하다.
② 제팅(jetting) 방식은 XY축이 동시 제어되어야 한다.
③ 다중 노즐을 이용하는 방식은 각 축의 개별 제어로 단면이 형성된다.
④ 토출(extrusion) 방식은 XY축을 동시에 이송 제어하는 것이 필요하다.

> 해설 제팅 방식에서는 XY축 개별 제어 방식이 사용된다.

22 Z축 하나의 이송 방식으로 생산이 가능한 3D 프린터는 다음 중 어느 것인가?

① 선택적 소결 방식(Selective Laser Sintering, SLS) 3D 프린터
② 광조형(Stereolithography, Vat photopolymerization, SLA) 방식 3D 프린터
③ 제팅(Jetting) 방식 3D 프린터
④ 토출(Extrusion) 방식 3D 프린터

> 해설 광조형(Stereolithography, Vat photopolymerization, SLA) 방식 3D 프린터의 경우에는 자외선 레이저 빔이 재료 표면에 주사되는 방식은 2개의 미러와 스캔 장치를 이용한다. 2개의 미러는 X축과 Y축에 입력된 위치의 재료 표면을 경화하는 방식으로 진행한다. 따라서 1개의 층을 형성할 때는 XY 제어가 별도로 필요가 없다.

23 XZ축 제어가 필요한 경우는 다음 중 어느 것인가?

① 선택적 소결 방식(Selective Laser Sintering, SLS)에서 새로운 층의 가공을 위한 분말 재료 공급 장치
② 미러를 통하여 분말 위에 주사하는 방식의 경우에는 단면(layer) 형성 시에 미러의 방향을 결정해주는 스캔(scan) 장치
③ XY축 레이저 이송 주사 방식의 이송 장치
④ 재료를 공급하는 롤러 장치

> 해설 ▶ 새로운 층의 가공을 위해 새로운 분말 재료 공급 장치가 필요하다. 이를 위해서 추가적으로 XZ축의 제어가 필요하다. 즉, 재료 공급부의 피스톤이 Z축으로 상승하여 필요한 양만큼의 분말을 기준 표면 이상으로 밀어올리고, X축에는 롤러 혹은 블레이드가 부착되어서 상승한 재료를 레이저로 가공할 XY 평면으로 이송시킨다.

24 이송 오차 범위가 ±50μm로 표시되었다. 이 장비가 100mm 이동할 경우 실제 이송 거리 범위의 표시로 옳은 것은?

① 199.95mm ~ 100.05mm
② 199.50mm ~ 100.50mm
③ 50mm ~ 150mm
④ 199.905mm ~ 100.005mm

> 해설 ▶ 50μm는 0.05mm이다.

25 이송 장치를 구성하는 부품을 선정할 때의 고려 사항으로 거리가 먼 것은?

① 이송 분해능(resolution)　② 반복 누적도
③ 반복 정밀도　④ 이송 하중

> 해설 ▶ 반복 누적도라는 용어는 사용하지 않는다.

26 다음 글이 설명하는 것이 무엇인지 고르시오.

- 한 번의 단위 신호로 움직일 수 있는 최소 이송 거리
- 높을수록 정밀하게 이송이 가능
- 이송 장비에 있어서 매우 중요한 성능

① 이송 분해능(resolution)　② 이송 정밀도
③ 반복 정밀도　④ 이송 하중

> 해설 ▶ 해상도라고도 한다.

27 다음 글이 설명하는 것이 무엇인지 고르시오.

> • 명령된 거리와 실제 이동한 위치와의 오차를 의미한다.
> • 제어기의 성능, 축 및 가이드의 직진도의 영향을 받는다.
> • 이송 거리에 비례하여 오차값이 증가한다.

① 이송 분해능(resolution)   ② 이송 정밀도
③ 반복 정밀도   ④ 이송 하중

해설 ▶ 이송 거리당 오차량으로 표시한다.

28 이송 정밀도를 결정하는 요소가 아닌 것은?
① 롤(roll)   ② 피치(pitch)
③ 스텝(step)   ④ 요(yaw)

해설 ▶ X축에 대한 롤(roll), Y축에 대한 피치(pitch), Z축에 대한 요(yaw) 등의 축에 대한 뒤틀림 각이 있다.

29 이송 정밀도를 결정하는 요소 중 X축에 대한 비틀림에 의한 인자를 무엇이라고 하는가?
① 롤(roll)   ② 피치(pitch)
③ 스텝(step)   ④ 요(yaw)

해설 ▶ X축은 롤, Y축은 피치, Z축은 요

30 이송 정밀도를 결정하는 요소 중 Y축에 대한 비틀림에 의한 인자를 무엇이라고 하는가?
① 롤(roll)   ② 피치(pitch)
③ 스텝(step)   ④ 요(yaw)

해설 ▶ 29번 문제 해설 참고

31 이송 정밀도를 결정하는 요소 중 Z축에 대한 비틀림에 의한 인자를 무엇이라고 하는가?
① 롤(roll)   ② 피치(pitch)
③ 스텝(step)   ④ 요(yaw)

해설 ▶ 29번 문제 해설 참고

32 이송 정밀도가 높고 반복 정밀도는 낮은 것은 어느 것인가?

해설 ▶ 이송 정밀도가 높으면 원하는 위치에 이동할 확률이 높고, 반복 정밀도가 낮으면 점이 흩어진다. 따라서 ①은 이송/반복 정밀도가 높다. ②는 이송 정밀도가 낮고 반복 정밀도가 높다. ③은 이송 정밀도가 높고 반복 정밀도가 낮다. ④는 두 가지 모두 낮다.

33 조형판의 수평 맞춤에 대한 내용으로 옳지 않은 것은?
① 광조형 방식 : 조형 받침대를 수평으로 맞추지 않아도 된다.
② 제팅 공정 : 조형 받침대의 수평 맞춤 공정이 필요가 없다.
③ FDM 방식 : 조형 받침대를 수평으로 맞춰야 한다.
④ 선택적 소결 방식 : 별도의 수평 맞춤 공정이 필요가 없다.

해설 ▶ 광조형 방식에서 조사 및 전사 방식 모두 광경화성 수지를 사용하고 초기의 여러 층은 지지대만을 제작하여 수평을 맞추게 되므로 조형대의 수평과 관계없다. 선택적 소결 방식(SLS)에서는 별도의 지지대가 필요 없으며 가공되지 않은 분말이 지지대 역할을 수행하게 되고 조형 받침대가 없다. 재료의 수평은 롤러에 의해 맞춰진다. 그러나 제팅 방식과 FDM 방식은 조형판을 수평으로 맞춰야 한다.

34 조형판의 수평 인식 방법에 대한 설명으로 옳지 않은 것은?
① 다이얼 높이 게이지(dial height gauge)를 이용할 수 있다.
② FDM 방식의 3D 프린터에서 비접촉식 인덕턴스 센서를 이용할 수 있다.
③ 하나의 축을 먼저 수평을 맞추고 다른 축의 수평을 맞추는 것은 반복적 오차 발생으로 인하여 비효율적이다.
④ 수동으로 조형 받침대를 틸트(tilt)할 수 있다.

해설 ▶ 보통 하나의 축에 대하여 먼저 수평을 맞추고 난 다음에 다른 축에 대해서 수평을 맞추는 것이 용이하다.

35 수평 인식 장치의 테스트 방법에 대한 설명으로 옳지 않은 것은?

① 제팅 방식 : 제팅 가공을 반복하여 단면(layer) 두께를 관찰하면서 조형 받침대의 수평을 조절한다.
② FDM 방식 : 필라멘트를 가공(조형)해서 정상적으로 가공이 될 때까지 수평 맞춤을 반복 수행한다.
③ 적절한 허용 높이 범위로 수평을 조정하는 것은 실제 작업을 시작하기 전에 반드시 이루어져야 한다.
④ 조형물은 조형 받침대 전체를 차지하거나 동일 형상을 넓게 배치하여 조형물의 형상이 제대로 조형되는지를 판별한다.

> 해설 FDM 방식에서는 노즐 팁과 조형 받침대가 충돌할 경우에는 부러진 노즐 팁을 비교적 쉽게 교환할 수 있으나 제팅 방식에서는 제팅 헤드가 고가이기 때문에 고가형 자동 수평 인식 및 조절 장치를 사용할 수도 있다.

36 접촉식 변위 측정 방식에 대한 기술로 옳지 않은 것은?

① LVDT는 유도 전류 발생을 이용한 접촉식 측정용이다.
② 마이크로미터는 직관적인 접촉식 측정에 사용된다.
③ LVDT는 정밀도는 높으며 반복 정밀도는 낮으므로 수회 반복 측정하여 평균값을 얻어야 한다.
④ LVDT는 솔레노이드 코일을 이용한다.

> 해설 LVDT(Linear Variable Differential Transformer)는 비교적 정밀도가 높으며 반복 정밀도 및 재현성이 매우 우수하다.

37 비접촉식 변위 측정 센서가 아닌 것은?

① 유도형 변위 센서(Linear Variable Differential Transformer)
② 자기 저항식 변위 센서(magnetoresistive displacement sensor)
③ 초음파 변위 센서(ultrasonic displacement sensor)
④ 인덕턴스 변위 센서(inductance displacement sensor)

> 해설 LVDT는 접촉식 센서이다.

38 자기 저항식 변위 센서에 대한 설명으로 옳지 <u>않은</u> 것은?
 ① 조형 받침대가 자석이거나 측정 위치에 자석을 설치해야 한다.
 ② 자기 저항 소자(magnetoresistive element)와 자석을 이용한다.
 ③ 자기 저항 센서를 이동하여 측정하고자 하는 위치의 거리 측정이 가능하다.
 ④ 3D 프린터에 적용하기에 적합하여 추천한다.

> **해설** 조형 받침대가 자장을 생성하는 재질이어야 하기 때문에 3D 프린터에 사용하기에는 부적합하다.

39 정전 용량형 변위 센서에 대한 설명으로 옳지 <u>않은</u> 것은?
 ① 원거리 측정에는 사용이 어렵다.
 ② 정전 용량의 변화를 감지하여 이를 변위 검출에 사용하는 방식이다.
 ③ 정전 용량은 상하 도선이 겹치는 단면적(A) 및 도선 사이 물질의 유전율에 반비례하고 도선 사이의 거리(d)에 비례한다.
 ④ 피측정물이 전도성 소재여야 하며, 원거리 측정에는 사용이 어렵다.

> **해설** 정전 용량은 단면적과 유전율에 비례하고 거리에 반비례한다.

40 초음파 변위 센서에 대한 설명으로 옳지 <u>않은</u> 것은?
 ① 송신부와 수신부의 위치의 간격은 20mm 이상 되어야 간섭을 피할 수 있다.
 ② 음파를 발사하고 반사된 음파를 수신하여 걸린 시간을 측정 환산한다.
 ③ 피측정물의 재질과 관계없이 사용할 수 있다.
 ④ 정밀한 측정이 불가능하여 3D 프린터에서는 사용이 적합하지 않다.

> **해설** 측정 거리와 상관없이 사용할 수 있다.

41 인덕턴스 변위 센서에 대한 설명으로 옳지 <u>않은</u> 것은?
 ① 인덕션 코일을 통해서 자기장을 형성한다.
 ② 자기장은 외부의 금속 물체가 근접하면 변형이 발생한다.
 ③ LVDT에서 유도 전류값을 측정하는 것과 동일한 원리이다.
 ④ 측정 정밀도는 비교적 낮아서 사용상의 주의가 요망된다.

> **해설** 정밀도는 비교적 높은 편이며 저가형 3D 프린터에 많이 사용한다.

42 광학식 변위 센서에 대한 설명으로 옳지 않은 것은?

① 비접촉 변위 측정에 가장 많이 쓰이는 센서이다.
② 다른 센서에 비해서 측정 시간이 빠르다.
③ 매우 높은 해상도를 갖는다.
④ 삼각광 측정 센서는 가격이 높아서 저가형 프린터에 적용이 어렵다.

> 해설 ▶ 비접촉식 변위 측정에 가장 많이 사용되며 다양한 종류가 있다. 그중 삼각 측량법 센서가 가장 많이 사용되며 다른 종류의 광학식 센서에 비해 저렴한 편이다.

43 광학식 변위 센서에 대한 설명으로 옳지 않은 것은?

① 삼각 측량법 : 단파장 광과 CCD, 혹은 CMOS 카메라 이용
② 모아레 측정법 : 초점의 세기를 측정
③ 광위상 간섭법 : 단파장 광의 간섭을 이용
④ 백색광 주사 간섭법 : 다파장 광의 간섭을 이용

> 해설 ▶ 모아레 측정법은 격자 간섭을 이용한다.

44 재료의 재사용 공정에 대한 설명으로 옳지 않은 것은?

① 광조형 공정 : 재료 재사용 공정이 필요 없다.
② 제팅 공정 : 재료 재사용 공정이 존재하지 않는다.
③ FDM 공정 : 재료 재사용 공정이 필요 없다.
④ 선택적 소결 공정 : 재료 재사용 공정이 있어야 한다.

> 해설 ▶ FDM 공정에서 사용된 열가소성 필라멘트는 열을 가하면 다시 녹아서 흐르게 되므로 재료 재사용이 용이하다.

45 광학식 변위 센서에 대한 설명으로 옳지 않은 것은?

① 광학식 변위 센서는 다른 센서에 비해 측정 시간이 빠르다.
② 가격도 가장 저렴한 편이다.
③ 해상도는 다소 떨어지는 편이다.
④ 모아레 측정법은 격자 간섭을 이용하여 측정하는 센서이다.

> 해설 ▶ 광학식 변위 센서는 1마이크로미터 이하의 매우 높은 해상도를 가진다.

46 선택적 소결 공정의 재료 재사용에 대한 설명으로 옳지 않은 것은?

① 메인 가공 챔버 위에 쌓인 재료는 높은 온도에 계속 노출이 된다.
② 일반적으로 메인 챔버 내의 재료를 1/3, 파우더 공급 챔버 내의 재료를 1/3, 새로운 재료를 1/3로 혼합한다.
③ 조형판(빌드 플레이트)을 예열하는 열과 레이저로 국부적으로 주사할 때 발생하는 재료의 용융점보다 조금 낮은 온도까지 방사열(radiation heat)이 발생하고, 냉각과 롤러의 이동을 위하여 개방형으로 설계된다.
④ 파우더 공급 챔버에서는 상대적으로 재료의 변성이 덜 발생한다.

해설 ▶ 메인 가공 챔버에서는 재료의 용융점보다 조금 낮은 온도까지 방사열과 베드의 가열로 온도가 상승하고, 보온을 위해서 방열막이 사용된다.

47 FDM 공정의 재료 재사용에 대한 설명으로 옳지 않은 것은?

① 재사용을 위한 장치는 필라멘트 압출기와 필라멘트 수집 장치로 구성된다.
② 필라멘트 압출기는 교반 스크루, 주입 호퍼, 히터, 와인더로 구성된다.
③ 스크루 끝단의 가열 장치로 인해서 재료들은 천천히 녹기 시작하며 교반이 이루어진다.
④ 압출기 끝단에는 냉각팬이 달려 있다.

해설 ▶ 필라멘트 압출기는 호퍼, 스크루, 모터, 제어기로 구성된다.

48 FDM 공정의 재료 재사용 장치인 필라멘트 압출기의 재료의 이동 경로를 알맞게 설명한 것은?

① 호퍼 – 교반 스크루 – 히터 – 압축다이 – 배출구
② 호퍼 – 압축다이 – 교반 스크루 – 히터 – 배출구
③ 교반 스크루 – 호퍼 – 히터 – 압축다이 – 배출구
④ 압축다이 – 교반 스크루 – 호퍼 – 히터 – 배출구

해설 ▶ 호퍼를 통하여 공급되고 스크루로 이동되어 스크루 끝단의 가열 장치(히터)로 재료는 녹아서 교반이 이루어진다. 그 후 압출기 및 배출구를 통하여 재생된 필라멘트를 스풀에 감는다.

49 FDM 공정의 재료 재사용 장치인 필라멘트 수집 장치에서 위치 검출 센서의 역할을 가장 잘 설명한 것은?

① 필라멘트 수집량을 점검하여 스풀의 교체 여부를 알리고, 와인더 속도를 조절하도록 관리하는 센서
② 롤러의 필라멘트 직경을 점검하여 필라멘트 압출기의 속도를 조절하기 위한 센서
③ 필라멘트의 배출 속도를 점검하여 냉각 장치의 냉각수 배출 시간과 양을 조절하기 위한 센서
④ 와인더가 일정 속도로 돌아가게 신호를 주고 필라멘트가 아래로 처져서 검출되지 않으면 와인더를 더 빠르게 돌리게끔 신호를 보내는 센서

> 해설) 압출기의 속도에 맞도록 스풀의 회전 속도가 비례하게끔 신호를 보내는 역할을 수행한다.

50 SLS 방식에서 재료 재사용 장치의 부품이 아닌 것은?

① 진공 펌프
② 교반 장치 및 필터
③ 스풀
④ 집진 장치

> 해설) 스풀은 FDM의 필라멘트를 감기 위해 필요한 것이다.

핵심 문제(2) 정답

01	02	03	04	05	06	07	08	09	10	11	12	13	14	15	16	17	18	19	20
④	③	②	③	①	①	④	④	②	③	④	①	②	③	④	①	④	③	②	①
21	22	23	24	25	26	27	28	29	30	31	32	33	34	35	36	37	38	39	40
②	②	①	①	②	①	②	③	①	②	④	③	②	③	①	③	①	④	③	①
41	42	43	44	45	46	47	48	49	50										
④	④	②	③	③	③	②	①	④	③										

3 과목

3D 프린터 프로그램

1장 제어 프로그램 개발

> **학습 목표** | 제어 프로그램 개발이란 3D 프린터의 성능을 구현하기 위하여 제어 프로그램 개발 계획을 수립하고 프로그램을 개발하며 성능을 검증하는 능력이다.

선행 학습

1. 제어 프로그램 개발 계획 수립

본격적인 제어 프로그램 개발에 착수하기 이전에 개발 계획을 수립하는 과정을 거치게 되는데 이 단계에서 수행하는 업무는 다음과 같다.
① 초기 3D 프린터 개발 계획 단계에서 결정된 성능을 구현하기 위하여 제어 프로그램을 통해 구동할 프린터의 하드웨어 구성 요소를 선정한다.
② 선정된 구성 요소의 기능을 구현하기 위하여 제어 프로그램의 개발 도구 및 운영 체계와 같은 개발 환경을 구축한다.
③ 구축된 개발 환경에서 구성 요소를 구현하기 위한 제어 프로그램 개발 계획을 수립한다.

2. 제어 프로그램 개발

이상에서 수립된 제어 프로그램 개발 계획을 바탕으로 본격적인 제어 프로그램 개발을 실시하며 다음과 같은 업무를 수행하게 된다.
① 제어 프로그램 개발 계획에 따라 3D 프린터를 제어하기 위하여 각각의 구성 요소에 대한 입력 및 출력 신호를 파악하고 제어 알고리즘을 구성한다.
② 인터페이스, 온도 제어, 모터 제어, 센서의 입력 등의 구성 요소에 대한 제어 프로그램과 필요한 라이브러리를 구현한다.
③ 구현된 각각의 라이브러리와 장치 드라이브를 하나의 시스템으로 통합함으로써 제어 프로그램을 개발한다.

3 | 제어 프로그램 검증

개발된 제어 프로그램에 대하여 각종 테스트를 실시하고 문제점을 개선할 수 있도록 보고서를 작성한다.

① 프로그램을 검증하기 위하여 개발된 제어 프로그램을 테스트용 3D 프린터에 적용한다.
② 성능 분석기 및 성능 측정 도구를 사용하여 테스트용 3D 프린터에 대한 기능적, 물리적 검사를 수행하고 제어 프로그램의 성능을 검토한다.
③ 검토 결과 문제점이 발생할 경우 디버깅 도구를 사용하여 문제점을 개선한다.
④ 최종적으로 검증된 내용을 보고서로 작성하고 유관 부서에 배포하여 정보를 공유한다.

1. 제어 프로그램 개발 계획 수립

개발 계획서에서 결정된 3D 프린터의 성능을 구현하기 위하여 제어 프로세스를 이해하고 프로그램을 통해 구동할 3D 프린터의 하드웨어 구성 요소를 선정하기 위해 필요한 내용을 기준으로 설명하였다.

(1) 3D 프린터 제어 프로세스

3D 프린터의 하드웨어 제어에 대한 프로세스는 크게 3단계로 구분할 수 있다. 우선 PC 쪽에서 프린팅하고자 하는 CAD 데이터를 실제 사물 공간 좌표에서 물리적인 데이터로 변환하는 전처리 단계, 두 번째로 전처리에서 결정된 공간으로 프린터의 노즐이 이동할 수 있도록 프린터 제어 프로그램 코드를 생성하는 단계, 마지막으로 프린터에서 전송된 프로그램 코드를 실행하는 제어 동작 단계의 3단계 프로세스로 구성된다.

1) 3D CAD 모델

3차원 모델링으로 된 CAD 파일을 변환하는 과정이다. 이때 회전과 단위 변환 및 비율 등을 결정하여 실제 모델링에 적합한 형태로 최종 변환된다. 또한 필요한 경우에는 서포터를 추가하여 지지력을 보강하는 과정도 포함한다. 통상 3D 프린터 프로그램에서 많이 사용되는 확장자는 STL 파일 형식이다.

2) 슬라이싱(Slicing) 파일 생성

3D 프린터는 물체의 한 층씩 얇은 판을 적층하여 형상을 완성하는 일련의 과정이다. 따라서 하나의 이미지 모델로 되어 있던 3D CAD 파일을 실제 구현할 두께로 한 층씩 나누는 과정이며, 재료 분사 높이에 따라 적층 두께 값이 조정되기 때문에 프린터 제어 프로그램에서 슬라이싱 과정을 포함하는 경우가 많다.

적층 두께는 프린터 노즐의 사이즈와 프린팅 속도 요구 성능 등 여러 가지 복합 요인으로 결정된다. 프린터의 속도, 노즐 막힘에 대한 위험성, 내부 밀도, 표면 거칠기, 형상 정밀도 등을 종합적으로 고려하여 노즐과 두께를 결정하고 슬라이싱 과정을 거쳐야 한다.

3) 툴패스(Tool Path) 생성

앞 단계에서 슬라이싱된 각 층의 형상을 노즐에서 나오는 재료를 점과 선으로 채우는 과정이다. 외형 형상 컨투어(contour)와 잠열의 배분 등 복합적인 최적화 알고리즘이 필요한 과정이며, 현재 여러 가지 기법들이 있고 오픈소스 형태로 툴패스 플러그인 프로그램이 제공된다. 통상 PC에서 처리되는 전 과정, 즉 앞서 설명한 3D 캐드 파일의 로딩, 슬라이싱, 툴패스 생성 및 이후 과정인 G-code 생성까지 일괄로 처리할 수 있도록 프로그램 소스 코드들이 제공되며 CURA 프로그램이 많이 사용되고 있다.

4) 제어 코드 생성
툴패스를 따라 노즐이 이동할 수 있도록 3D 프린터의 각 축 구동부가 추종할 명령어를 생성하는 과정이다. 통상 G-code를 표준으로 사용하는 추세이다.

5) 제어 코드 전송
PC에서 앞선 전 과정들이 수행되고 나면 최종적인 결과물인 G-code로 된 제어 명령어 코드를 프린터로 전송하는 과정이다. 프린터 제어 보드의 하드웨어 종류 및 구성 방식에 따라 유무선 통신을 지원하는 경우에는 데이터 통신을 통해 전송할 수 있으며, 만약 통신을 지원하지 않는 제어 보드의 경우는 메모리 카드 등 저장 매체를 이용하여 전송할 수 있다.

6) 제어 코드 저장 및 시스템 초기화
제어 명령어 코드를 전달받으면 프린터는 프린팅 동작을 위해 독립적 모드로 전환된다. 우선 시스템 초기화를 통해 구동부 및 모든 시스템 자원들의 상태를 점검하고, 프로그램 수행을 할 수 있는 환경을 셋업(setup)한다. 이러한 과정에는 노즐 및 프린팅 베드의 가열과 노즐 축의 원점 확인 등 여러 가지 초기화 동작들이 수행된다.

7) 제어 코드 명령어 수행
본격적으로 프린터는 제어 명령어 프로그램 코드에 따라 프린터 헤드를 이송하며 재료를 순차적으로 분사한다. 이 과정을 통해 본격적인 프린팅이 이루어진다.

8) 시스템 상태 모니터링
통신을 지원하는 제어 보드는 제어 프로그래밍에 통신 부분을 추가할 경우, 제어 코드 명령어 수행 상태나 시스템 제어 상태에 대한 데이터를 연결된 PC로 주기적으로 전송하여 시스템 상태를 모니터링하도록 할 수 있으며, 하드웨어에 독립적인 상태에서도 LCD나 기타 데이터 표시 장치를 통해 노즐의 온도나 프로세서의 진행 상태 등 시스템 상태를 모니터링할 수 있다.

(2) 3D 프린터 하드웨어
제어 프로그래밍 엔지니어는 3D 프린터의 전 프로세스에 대한 이해와 동시에 하부에 부속된 모든 하드웨어에 대한 지식을 모두 갖추고 있어야 하며, 개발 과정에서 통상 최종 시스템 통합 작업을 수행하게 되는 경우가 많다. 제어 프로그래머 관점에서는 크게 메인 컨트롤러와 모션을 구동하는 모션 하드웨어 두 부문이 직접 연관된 하드웨어 부분이다.

1) 메인 컨트롤러
3D 프린터는 툴패스에 대한 명령어 코드가 생성되어 전달되면 이후로는 PC와 독립적으로 프린팅 프로세서를 진행하게 되며, 따라서 이러한 프린터의 독립적인 구동 제어를 위해서

는 프로그램을 수행하고 시스템을 제어하는 중앙 처리 장치를 내장한 컨트롤 보드가 있어야 한다. 컨트롤 보드는 처리 속도, 프로그램 언어 및 환경 등 여러 가지 하드웨어에 의해 정해진 환경에 따라 프린터의 전반적인 운용 프로세서가 결정되는 만큼 핵심 하드웨어 부분이다.

여기서는 범용 오픈소스 FDM 프린터에 주로 사용되는 제어 보드에 대하여 설명한다. 오픈소스 3D 프린터에 가장 보편적으로 사용되는 제어 보드는 아두이노(Arduino)이며, 다루기 쉽고 저렴하여 가장 많이 사용되고 있다. 그러나 3D 프린터에 연결된 구동/빌드 장치, 센서, 온도 조절 장치 등 여러 가지 요소들을 모두 직접 제어하기에는 많은 제한 요소가 있기 때문에 쉴드(shield) 보드를 추가하거나 기능이 통합된 단일 보드 형태의 전용 제어 보드를 사용한다. 많은 종류의 제어 보드가 출시되었으나 여기서는 대표적인 내용만 정리하였다.

① RAMPS

RAMPS(RepRap Arduino Mega Pololu Shield) 보드(기판)는 아두이노 기판에 끼워 사용할 수 있는 추가 기판이며, 3D 프린터의 모터 드라이버, LCD 컨트롤러, 각종 센서 등을 제어한다. 일반적으로 3D 프린터 제조사에서는 '아두이노 Mega 2560 + RAMPS + LCD' 형태로 사용하며 회로도는 다음과 같다.

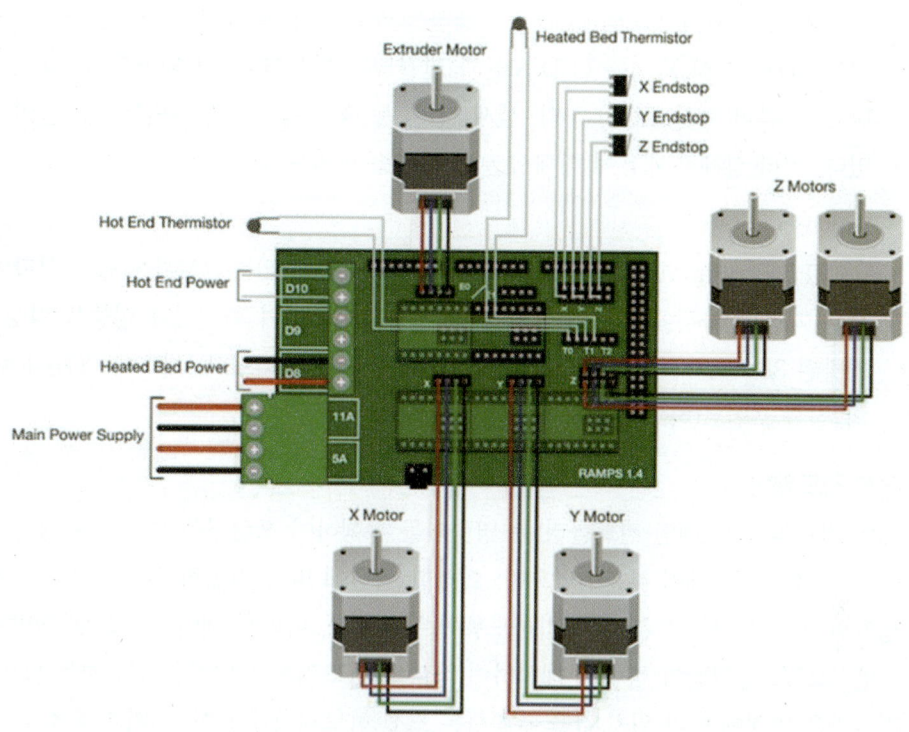

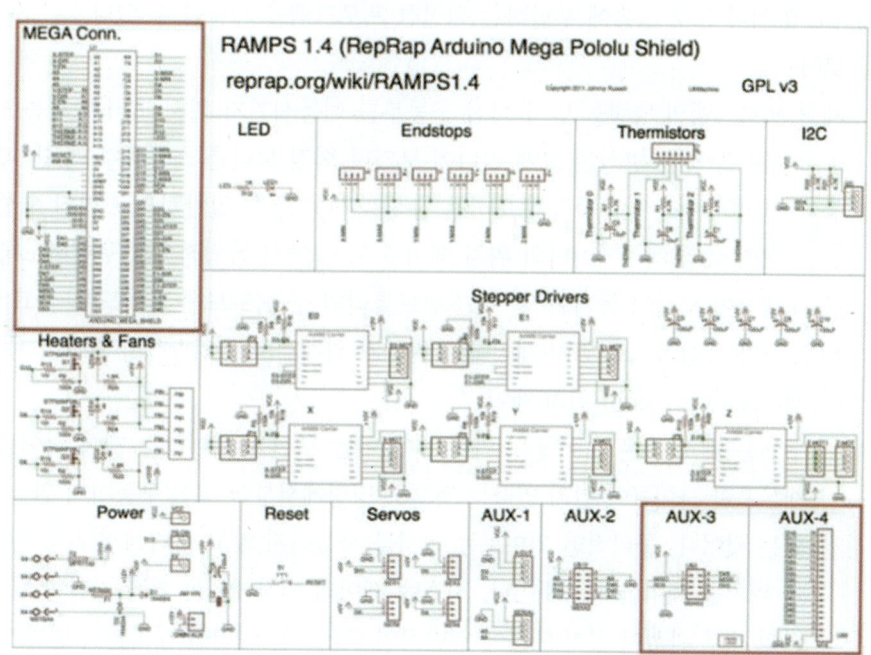

RAMPS 1.4 회로도

출처 : https://reprap.org/wiki/File:RAMPS1.4schematic.png

RAMPS는 아두이노와 LCD를 연결하는 부분이며, MEGA Conn은 아두이노에 연결되고 AUX-3/AUX-4는 LCD 모듈과 연결되는 부분이다. 그 외에도 위 그림에서 나타난 바와 같이 모터, LED, 히터, 센서, 전원 등 각 부품들과 연결되는 단자들이 준비되어 있다. 기타 상세한 내용에 대해서는 별도 학습이 필요하다.

② RAMBo

RAMBo(RepRap Arduino-compatible Mother Board)는 RAMPS 쉴드 기판이 가지는 모든 기능과 아두이노 보드의 기능을 하나로 통합하여 편의성과 성능을 향상시키고자 개발된 3D 프린터 전용 멀티 모션을 지원하는 컨트롤러이다. 개요에 대한 내용은 이 장의 '실습 포인트(하드웨어 구성)'를 참고할 수 있다.

2) 모션 하드웨어

제어 컨트롤 보드(메인 컨트롤러)는 명령어를 수행하여 프린팅을 주관하는 명령자의 역할을 수행하는 하드웨어 부분이었으며, 이러한 명령에 따라 직접적인 프린팅을 수행하는 수행자의 역할을 하는 부분이 모션 하드웨어 부분이다. 따라서 제어 프로그램 개발자는 프로그램 코드를 전달받아 하나씩 해석하여 하부의 하드웨어로 명령을 전달하는 메인 보드와, 전달받은 명령에 따라 위치 값을 추종하는 모션 하드웨어에 관한 두 가지 요소를 정확히 이해하고 있어야 요구 성능에 부합하는 적절한 프로그램을 개발할 수 있다.

① 모터

제어 프로그램의 명령을 받아 직접 구동부를 이동시키기 위해 모터를 사용한다. 노즐의 공간 이송을 하는 방식은 크게 리니어 모터나 회전 모터를 스크루나 랙 앤 피니언, 벨트 등에 연결하여 직선 구동을 유도하는 방식을 사용한다. 일반적으로 멀티 모션 컨트롤 보드는 여러 축의 액추에이터의 위치 제어를 각 축에서 독립적으로 구현하도록 하는 방식을 채택하여 모션의 동기화 및 메인 컨트롤러의 구동 로드를 낮추도록 하고 있다. 각 축의 모터가 독립적으로 위치 제어를 구현하기 위해서 다음의 2가지 방식이 사용된다.

㉠ 개루프(Open loop) 위치 제어

루프는 궤적 혹은 사이클을 의미하며, 이는 모션을 제어하는 제어 사이클을 뜻한다. 개루프란 사이클이 열려 있다는 것으로 명령에서부터 모션 구동까지 일괄적으로 처리되는 것이다. 물리적인 의미로는 센서를 사용하지 않고 모터에 전기적 신호만 입력하여 위치를 제어한다는 뜻이다. 시스템 제어의 입장에서는 가장 간단한 방법이지만 모터의 내부 관성이 있기 때문에 일반적인 모터로는 이러한 제어를 구현하기 힘들다. 개루프 제어를 구현할 수 있는 모터는 그림과 같은 스테핑 모터(stepper motor)이며 현재 저가의 3D 프린터에서 대부분 사용한다. 모터의 내부를 보면 많은 N, S 극성이 교차되는 톱니 형태의 회전자(rotor)가 중앙 축 샤프트에서 회전하고 외부 프레임엔 전자석 고정자(stator)가 회전자의 자석을 잡아당기면서 일정 각도씩 회전하게 한다.

ⓛ 폐루프(Closed loop) 위치 제어

폐루프 위치 제어는 센서를 통해 현재 위치 값을 읽어들이고 모터에 전기 신호를 입력하여 목표 지점까지 이동하도록 매번 체크하면서 제어하는 방식이다. 따라서 하드웨어는 현재 위치 값을 측정할 수 있는 센서와 액추에이터인 모터 그리고 제어 루프를 관장하는 서보 드라이버의 세 가지로 구성된다. 통상 서보 드라이버는 범용 데이터 통신 기능을 포함하며, 위치 제어의 정밀성과 모터의 높은 토크 특성 때문에 정밀 고토크 프린팅 시스템이나 산업용 대형 3D 프린터에서 사용한다. 제어 프로그램에서도 스테핑 모터의 경우 펄스 형태로 신호를 보내는 것과는 달리 데이터 통신으로 데이터 스트링 형태로 제어 명령을 전송하고 추종하는 방식을 사용한다.

ⓐ 모터의 종류

서보 모터에는 DC 모터와 AC 모터가 있으며 두 모터의 가장 두드러진 차이점은 입력 전원이 정류해서 직류로 변환하는지 아니면 일반적인 교류 전류를 인가하는지의 차이이다. 속도 제어나 위치 제어에 있어서도 입력 전원의 형태가 다르기 때문에 내부적으로 DC 모터의 경우는 전압값 조정을, AC 모터의 경우 펄스폭 조정 등의 서로 다른 방식을 취한다.

ⓑ 엔코더의 종류

모터의 폐루프 제어에 사용되는 센서로는 엔코더, 포텐쇼미터 두 가지가 있다. 하지만 포텐쇼미터는 아날로그 출력으로 고속 처리에 어려움이 있어 디지털 신호로 각도를 출력하는 로터리 엔코더를 주로 사용한다. 엔코더에는 다시 항상 현재 위치값을 출력하는 앱솔루트 엔코더(absolute encoder)와 각도의 증감을 발생하여 매번 새롭게 출력 값을 저장하여 새롭게 0점 조정을 하고 프로그램 내부에서 메모리에 별도로 현재 입력값을 저장하여 0점 조정 이후 값의 변화를 비교하여 각도를 측정하는 인크리멘탈 엔코더(incremental encoder)로 나뉜다. 내부적으로는 앱솔루트 엔코더에는 별도의 메모리와 배터리를 내장하고 있어서 전원이 끊어진 상태에서도 현재의 데이터를 그대로 유지하는 방식이다. 따라서 엔코더의 종류에 따라 원점 조정 과정을 프로그램에 포함해야 하는 경우가 발생한다.

실습 포인트 1
(하드웨어 구성)

1. 성능 요구 사항 점검

3D 프린터의 제어에 대한 요구 사항 검토에는 프린터 출력물에 대한 정밀도, 프린터 프레임 설계도 및 리니어 이송 장치의 기어비, 구동 전원의 종류, 프린팅 원점 인식 방법, 프린터 헤드 및 노즐 : 크기 및 개수(프린팅 재료의 개수), 히터의 개수, 방식 및 온도 측정 유무, 방법, 외부 부가 장치(LCD, 키패드, 부저, 기타 프린팅 외에 하드웨어 장치), 데이터 전송 방법, 프로그래밍 언어 등의 사항들이 포함된다.

상기의 기본적인 검토 사항 이외에도 제어 시스템의 하드웨어와 관련해서는 모션 하드웨어와 관련된 사항이나, 제어 컨트롤 보드 및 제어 프로그래밍이 구동될 때 프로그램 프로세서에 포함되는 사항들을 미리 파악하고 검토해야 한다.

(1) 모션부 점검 및 결정 사항 확인

기구부 x, y, z축을 따라 이송되는 대상이 무엇인지 그리고 얼마의 정밀도로 이동되어야 하는지를 파악해야만 이에 대한 적합한 모터와 구동 방식이 결정된다. 아래 그림은 NEMA 17 모터의 사양서이며 200pulse/1 reverse의 구동 성능을 가진다.

General Specifications	
Item	Specifications
Step Accuracy	5%
Temperature Rise	80℃ Max
Ambient Temperature	−20℃~+50℃
Insulation Resistance	100MΩ Min. 500VDC
Dielectric Strength	500 VAC for one minute

Electrical Specifications										
Model No.	Step Angle	Motor Length	Rated Voltage	Rated Current	Phase Resistance	Phase Inductance	Holding Torque	# of Leads	Rotor Inertia	Detent Torque	Weight
	°	mm	V	A	Ω	mH	g·cm		g·cm²	g·cm	kg
42BYGHW811	1.8	48	3.1	2.5	1.25	1.8	4800	4	68	280	0.34

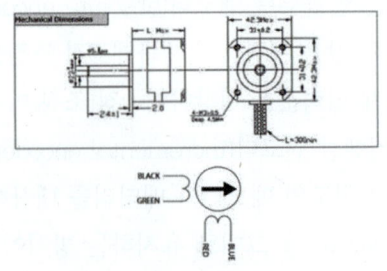

NEMA 17 스테핑 모터 사양 예제

출처 : www.pbclinear.com

구동 정밀도를 계산하기 위해서 구동부의 풀리, 스크루의 동작 특성을 조사하여 모터의 1회전당 이송 거리를 계산하고 모터의 회전당 스텝 수(step/revolution)를 나누면 pulse당 이송 거리를 구할 수 있게 된다.

예 구동 정밀도 계산
- X,Y축 풀리 : 2mm pitch×16 teeth = 32mm/1회전
  구동 정밀도 : 32mm/200 pulse = 0.16mm/pulse
- Z축 스크루 : 2mm pitch(1회전당 2mm 이송)
  구동 정밀도 : 2mm/200 pulse = 0.01mm/pulse

(2) 컨트롤 보드부 검토

오픈소스나 프로그램 샘플 제공 등의 개발 환경 등을 고려하여 아두이노(통상 AVR 마이크로컨트롤러)를 활용하여 3D printer를 개발하고자 할 경우, 일반적으로 멀티 모션을 지원하는 컨트롤러들을 사용하여 3D 프린터의 제어 시스템을 구축할 수 있다.

아래 그림은 아두이노 기반의 3D 프린터 전용 컨트롤 보드인 RAMBo(RepRap Arduino-Mega Board)를 보여준다.

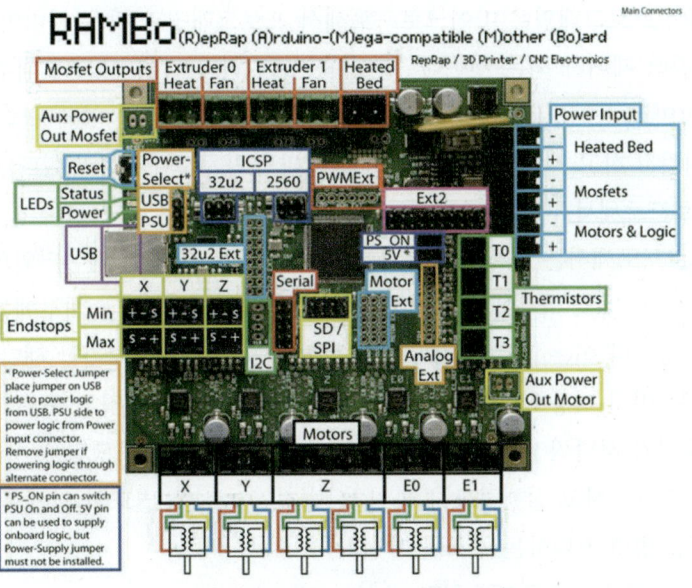

RAMBo 보드 각 포트별 연결도

출처 : https://reprap.org/wiki/File:Rambo-conn-all.jpg

위 그림의 하단부에 모터 드라이버 앰프와 포트가 있다. 이는 모터 드라이버를 내장하고 있으며 각 포트에 있는 4개의 핀과 스테퍼 모터의 신호선 4개를 연결하여 사용할 수 있다는 것이다. 전용 보드 외에 일반적인 멀티 모션 컨트롤 보드에는 드라이버가 내장되지 않는 경우가 많으므로 제품 사양서를 확인해야 한다.

(3) 마이크로프로세서

프로그램 개발 환경 구성은 프로그래머가 프로그래밍을 하는 소프트웨어 및 개발 대상 프로세서와 연결하여 하드웨어로 개발된 프로그램을 전송하고 하드웨어가 프로그램을 실행할 수 있도록 하는 일련의 과정이다. 프로그래밍을 할 수 있는 소프트웨어 및 개발 대상인 마이크로컨트롤러에 프로그래밍된 결과 프로그램을 전송하고 실행할 수 있도록 연결하는 장비 등은 3D 프린팅 제어 보드 이외에 모든 마이크로프로세서 개발에 공통적으로 사용되는 것으로서 통상 컨트롤러 제조사에서 개발 키트 형태로 제공한다. 따라서 여기서는 3D 프린터의 제어 컨트롤 보드에서 제어 프로그램이 실행되는 마이크로프로세서에 프로그래밍할 수 있도록 개발 환경을 구성하고, 개발 도구를 사용하여 개발을 수행하는 능력을 갖추어야 한다.

1) 마이크로프로세서 프로그래밍 개요

3D 프린터 제어 프로그램이 실행되는 주 프로세서는 3D 프린터 내부에서 프린터의 동작과 운영을 총괄하는 3D 프린터 제어 컨트롤 보드에 내장된 마이크로프로세서이다. 따라서 3D 프린터 제어 프로그래밍은 마이크로프로세서 프로그래밍과 같은 의미이며, 프로그램 대상이 3D 프린터 제어가 되는 것이다. 통상 3D 프린터와 같이 시스템 내부에서 두뇌의 역할을 하는 마이크로프로세서가 독립적인 운영을 하는 시스템을 임베디드 시스템(embedded system)이라고 하고 제어 프로그래밍을 임베디드 프로그래밍이라 한다.

① 마이크로프로세서 구조

마이크로프로세서는 컴퓨터와 유사한 내부 구조를 가진다. 컴퓨터와의 차이점은 메모리를 내장하지 않고 외부에 메모리를 두고 처리하는 구조이다. 내부에는 레지스터라는 메모리가 있으나 이는 프로세서의 상태 제어나 프로세서가 처리할 해당 코드 라인만 잠시 저장하는 임시 저장소일 뿐이다. 구조를 보면 메모리에 저장된 프로그램 코드를 프로그램 카운터가 하나씩 카운팅하면서 순차적으로 불러들이면 명령을 처리하는 레지스터에 전송하고 해석하고 실행하도록 하며, 산술적인 계산은 별도의 연산 장치인 ALU를 통해 고속으로 병렬 처리하는 구조를 가진다.

② 마이크로프로세서 프로그램 처리

마이크로프로세서 내부에서 프로그램이 실행될 때 명령어를 하나씩 메모리에서 인출하고 처리하기 때문에 명령 사이클(instruction cycle)은 페치 사이클(fetch cycle)과 실행 사이클(excution cycle) 두 단계로 구성된다. 명령 사이클은 실행할 명령을 메모리에서 내부 명령 레지스터까지 인출하고 이를 명령 해독기(decoder)에서 해독하기까지의 단계이며, 실행 사이클은 명령 해독 결과에 따라 명령에서 정해진 타이밍 및 제어 신호를 순차적으로 발생하여 주어진 명령을 실행하는 단계이다. 각 명령에 하나의 코드별로 하나의 명령 사이클을 구성한다. 마이크로프로세서에서 처리하는 프로그램 명령어 코드는 2

비트 기계어이며, 따라서 개발 환경에서 학습자가 개발하는 프로그램 언어를 기계어로 변환하는 별도의 과정을 거치게 되는 것이다.

2) 마이크로프로세서 프로그램 개발 환경

3D 프린터의 제어 프로그래밍에서는 PC에서 프로그램을 개발하고 실제 구동은 실행 주체인 마이크로프로세서가 내장된 3D 프린터 안에 있는 컨트롤 보드에서 하기 때문에 개발되는 환경과 실행되는 환경이 다른 크로스 플랫폼 개발 환경(cross-platform development environment)이다. 따라서 개발자에게 프로그래밍 개발을 할 수 있는 환경과 실행되는 프로세서를 연결하고 실행하도록 하는 통합 개발 환경이 필요하다. 통상 통합 개발 환경(IDE, Integrated Development Environment)이라고도 한다.

통합 개발 환경에는 프로그램 개발에 필요한 다양한 기능을 제공하고 내부에는 프로그램을 작성하는 에디터와 이를 마이크로프로세서가 실행하는 기계어로 변환하는 컴파일러, 어셈블러, 링커 등을 포함한다. 에디터는 프로그램 코드를 편집할 때 쓴다. 일반적으로는 C 같은 고급 프로그래밍 언어가 사용된다. 그러나 프로그래머의 재량에 따라 하위 레벨의 어셈블리 언어를 사용하기도 한다. 코드가 작성되면 컴파일러로 컴파일된다. 여기서 '컴파일'이란 사람이 작성한 고급 프로그래밍 언어를 마이크로프로세서가 인식하도록 목적 코드(일명 Object 파일)로 변환하는 작업을 의미한다. 컴파일된 모든 목적 코드 파일은 다시 하나의 나열된 일괄 프로그램으로 묶어 주는 링크(link) 과정을 거친다. 이때 만들어지는 것이 실행 파일이며 통상 hex 파일 형태로 만들어진다.

① 펌웨어(Firmware)

펌웨어는 3D 프린터의 제어 보드에 탑재되어 모든 것을 제어하는 소프트웨어이다. 일반적으로 펌웨어를 개발하는 업체들은 상세 내용에 대해서는 공개하지 않으므로 여기서는 오픈소스로 공개된 Marlin 펌웨어에 대하여 설명한다.

Marlin은 가장 일반적으로 사용되는 오픈소스 펌웨어로 관련 자료를 공개하고 있다. GitHub의 공식 사이트(https://github.com/MarlinFirmware/Marlin)를 통하여 정보를 접할 수 있다.

3D 프린터는 구동 방식, 출력물 크기, 기타 사양에 따라 작동 조건이 다르기 때문에 그에 맞도록 사전에 펌웨어 내용을 수정해서 사용해야 한다.

우선 Marlin을 다운로드하고 압축 파일을 풀어서 Marlin.ino 파일을 찾아 스케치에서 실행한 후 Configuration.h 탭을 선택한다. 여기서 필요한 사항에 대하여 프린트 사양에 맞도록 다음과 같은 내용을 수정할 수 있다. 제어 보드의 종류와 통신 속도, 온도 제어, 엔드스탑(endstop)과 구동 범위, 스텝 모터 제어, 속도 및 가속도, LCD 모듈, Core-XY 등이다.

② G-code와 호스트 소프트웨어

3D 프린터를 제어하기 위한 PC 유틸리티를 호스트 소프트웨어(host software)라고 하며, 3D 프린터를 작동시키기 위한 명령의 집합, 즉 G-code를 전송하여 3D 프린터를 작동시킨다. 예를 들면, 모터의 구동, 핫엔드 가열, 헤드 이동 속도 조절 등 작동에 필요한 모든 명령을 G-code를 통해 입력한다. 차후에 설명할 G-code들은 모두 호스트 소프트웨어를 통하여 각 부품에 전달된다.

(4) 데이터 통신

통신이란 객체와 객체 간에 정해진 규약(일명 프로토콜, protocol)에 따라 데이터를 송수신하는 행위이며, 데이터 통신 방식이나 규약이 무수히 많이 존재하고 지금도 통신 속도 개선을 위해 지속적으로 발전이 이루어지고 있다. 여기서는 3D 프린터 제어 프로그램 실행 주체인 프린터 컨트롤 보드에 내장된 마이크로프로세서에서 사용되는 통신에 한정하여 학습하도록 한다. 개발 환경에서는 PC에서 개발된 프로그램 실행 파일이 결국 데이터 통신을 통해 프로세서에서 실행되고 또한 컨트롤 보드에서도 하부에 있는 프린터 기구부 구동축 드라이버나 기타 장치의 구동을 위해 통신에 대한 기본적인 내용을 알아야 한다.

1) 데이터 통신의 분류

① 전송 선로에 따른 분류 : 물리적인 도선을 연결한 유선과 전자기나 적외선 등 도선을 사용하지 않는 무선으로 분류한다.

② 전송 데이터의 신호 상태에 따른 분류 : 아날로그와 디지털로 분류한다.

③ 전송 모드에 따른 분류

단방향	방송과 같이 데이터를 한 방향으로만 전송하는 방식이다.
반이중	양 디바이스 간의 양방향 송수신이 가능하지만, 같은 시간에 두 디바이스 간 동시에 데이터 전송을 할 수 없고, 한 번에 하나의 전송만 이루어지는 통신 방식이다.
전이중	양 디바이스 간의 송수신이 동시에 가능한 통신 방식이다.

④ 데이터 전송 형태에 따른 분류

병렬	하나의 데이터를 여러 선을 통해 묶음으로 통신하는 방식
직렬	하나 혹은 한 쌍의 선만을 통해 데이터를 전송하는 통신 방식

⑤ 신호 타이밍에 따른 분류

동기 방식	전송되는 데이터 신호 외에 클럭 신호를 별도로 두고 송수신 양측 간의 신호에서 데이터를 공유된 클럭 신호에 따라 동기화시켜 데이터 통신을 하는 방식

비동기 방식	별도의 타이밍 클럭을 두지 않고 신호 내부에 동기값을 포함하여 송수신 장치 양측이 통신 속도를 맞춰 통신하는 방식

2) 마이크로프로세서 데이터 통신 종류

① 시리얼 통신(RS-232C)

RS-232C 통신은 15m 이내 단거리에서 가장 많이 사용되는 통신 방식이다. 3D 프린터의 컨트롤 보드에서 많이 사용되는 Atmel 계열의 프로세서에서는 UART라는 파트에서 통신을 지원한다.

② I2C

주로 회로 내의 프로세서 간에 두 가닥의 와이어로만 통신하는 방식으로 일명 TWI(Two Wire Interface)라고 불리는 통신 방식이다. 두 개의 선 중 하나는 SCL(양방향 제어 신호선), 또 다른 한 선은 SDA(양방향 데이터 신호선)로 구성되어 있으며 3가지 속도 모드 방식이 있다.

③ SPI(Serial Peripheral Interface)

I2C와 함께 마이크로프로세서에서 많이 쓰이는 통신 방식으로 네 개의 선을 사용하여 직렬로 통신하는 방식이다. 신호선이 I2C에 비해 2개가 더 늘어나면서 데이터 속도가 빠른 장점이 있지만 연결 배선이 많아지는 단점이 있다.

실습 포인트 2
(개발 환경 구축 및 계획 수립)

1. 프로그램 개발 환경 결정

프로그램 개발 환경은 프로그램 개발자의 선호 프로그램 언어를 지원하는 마이크로프로세서를 먼저 선택하면 프로세서 제조사에서 제공하는 전용 프로그램 개발 툴을 제공받아 프로그래밍을 하게 된다. 그 외에도 프로세서를 결정함에 있어 프로세서의 성능과 다양한 기능들에 대한 라이브러리들이 지원되는지 등을 종합적으로 고려하여 선택한다. 현재 대부분의 프로세서들이 가장 보편적으로 지원하는 프로그램 언어는 C 혹은 C+, C# 계통이며 이를 지원하는 프로세서들은 무수히 많다. 본 학습의 예시는 C 언어에 기반하여 Atmel AVR 프로세서를 사용하는 Arduino를 사용하도록 한다. Arduino를 선택한 이유는 많은 sample 프로그램들이 지원되고, 특히 shield라고 하여 외부에 여러 부속 보드들을 추가적으로 부착할 수 있는 확장성과 그에 따른 예제 프로그램 및 library가 많이 지원되고 개발 프로그래밍이 간단하기 때문이다.

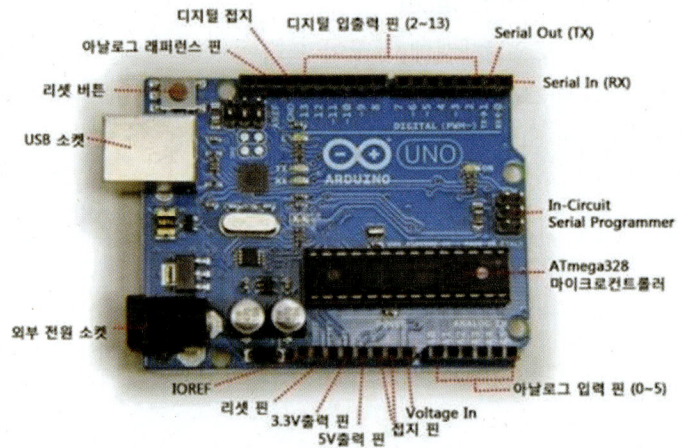

ATmega328 기반 Arduino UNO

2. 프로그램 개발 환경 인스톨 및 셋업

(1) Arduino 개발 환경 설치

Arduino IDE(Integrated Development Environment) 설치를 위해 www.arduino.cc 사이트에 접속하여 시스템 환경에 맞는 소프트웨어를 다운로드한다.

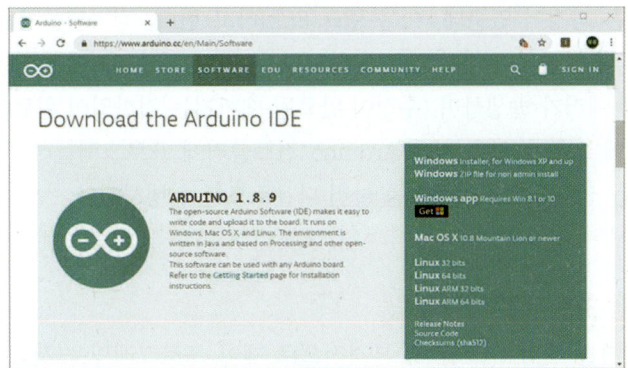

아두이노 IDE 다운로드 사이트

아래 그림은 다운로드 후 실행 화면(Sketch)이다.

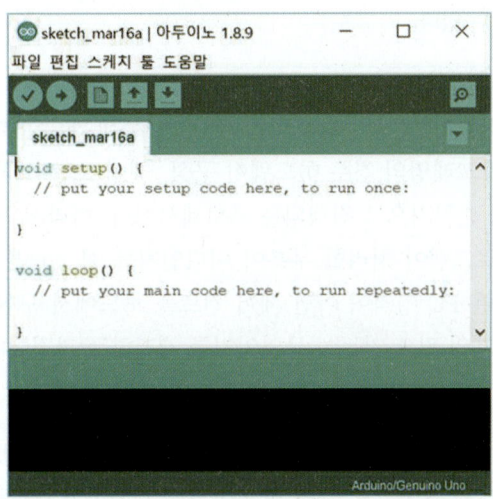

실행 초기 화면

(2) 연결 확인을 위해 제조사에서 제공하는 sample 프로그램을 불러들이고 다운로드하여 연결을 확인

① 컨트롤 보드와 프로그램 개발 환경이 연결되어 있는지 확인한다. 제어 프로그램은 소프트웨어만 구동하는 것이 아니라 컨트롤러에 프로그램을 업로드하여 컨트롤러에서 실행하기 때문에 개발 환경은 프로그램 환경뿐만 아니라 컨트롤러와의 연결 통신에 대한 설정을 해야 한다.

② 간단한 샘플 프로그래밍을 구동하여 환경 셋업에 대한 이상 유무를 확인한다.

③ C 언어 기반으로 작성된 프로그램을 컨트롤러가 처리할 수 있는 기계어로 변환하는 과정이 필요하며 이를 컴파일링(compiling)이라고 한다. 통상 제어 소프트웨어에서 일부 프로그램 함수들은 라이브러리나 헤더 파일 등 기존에 편의를 위해 만들어 놓은 여러 가지 기능들을 불러 사용할 경우 이들의 원 기능 함수 혹은 헤더 파일을 찾아 최종 프로그램에

포함시키는 과정이 있는데, 이를 링크(link)라고 한다. 컴파일을 실행하여 프로그램 컴파일과 환경 설정에 문제가 없는지 확인한다. 만약 프로그램에 오류가 있을 경우 컴파일 과정 중에 에러가 발생하며, 수정이 완료될 때까지는 컴파일이 완료되지 않는다.
④ 프로그램에 오류가 없을 경우 Arduino 컨트롤러에 프로그램을 다운로드하여 실행시킨다. 메뉴를 선택하거나 화살표를 눌러 다운로드를 실행시킨다.

3. 프로그램 기능 차트 개발 계획 수립

프로그램 환경을 셋업하고 난 후 본격적으로 제어 프로그래밍을 시작하기 위해 프로그램 개발 계획을 수립하는 과정이다. 단계별 계획을 미리 수립하여 프로그래밍 개발 진행 일정에 맞춰 모든 계획된 요구 기능들이 빠짐없이 구현되어 완성도 높은 프로그램을 개발할 수 있도록 한다. 또한 개발 계획을 수립하는 과정 동안 전체 구조나 설계도 및 기능 등 미리 계획을 수립해 볼 수 있다.

(1) 제어 프로그래밍 대상 선정

제어 프로그램을 시작하는 단계에서 프로그래밍을 통해 개발할 대상을 미리 설정한다. 3D 프린터의 제어 프로그래밍의 경우 하드웨어 구성, 제어 흐름도에서 설명한 것과 같이 여러 단계의 프로세서가 순차적으로 진행되는 프로세서이다. 따라서 프로그램 대상을 선정할 때 하드웨어 제어 프로그램이 처리할 부분이 어디인지를 결정하면 대상 선정이 용이하게 된다. 제어 프로그램은 PC 영역이 아닌 제어 컨트롤 보드에서 구현되는 프로그램이다. 프로그램 계획은 각 단계의 필요 기능이 무엇인지를 계획하는 과정이다.

(2) 프로그램 설계

프로그램 계획에서 수립된 여러 기능에 대한 상세 프로그램을 설계한다. 각 단계에서 필요 기능이 무엇인지 상세 요구 기능들을 구체적으로 계획하고, 프로그램 플로어 차트를 구성한다.

(3) 일정 계획

일정 계획서는 각 프로그램 개발의 난이도를 고려하여 개발 일정에 맞춰 계획을 수립한다. 실행 가능한 시간과 중간 검토 등의 여유를 고려하여 설계한다.

2 | 제어 프로그램 개발

(1) 제어 알고리즘

1) 포트의 구성

제어 프로그램은 연산이나 논리적인 판단과 같은 알고리즘 로직을 만드는 부분도 포함하지만, 대부분 3D 프린팅 프로세서의 실행 과정에서 제어 프로그램은 컨트롤 보드에 연결된 여러 주변 장치들을 순차적으로 제어하고, 또한 프로세서 실행 도중에 여러 센서들을 통해 상태를 점검하는 등 프로그램의 대부분이 외부 시스템의 제어 부분에 할애된다. 따라서 여기에서는 3D 프린터의 제어 알고리즘이 제어하게 되는 컨트롤 보드의 포트들의 종류와 프로그래밍 방법에 대해 설명한다.

① 3D 프린터 컨트롤 보드의 제어 포트

3D 프린팅 프로세스에서 프로그래밍 되는 핵심 제어 포트들 중에서 AVR 3D 프린터 제어 전용 보드인 RAMBO에 사용되는 Atmel ATmega2560 마이크로프로세스를 기준으로 설명한다.

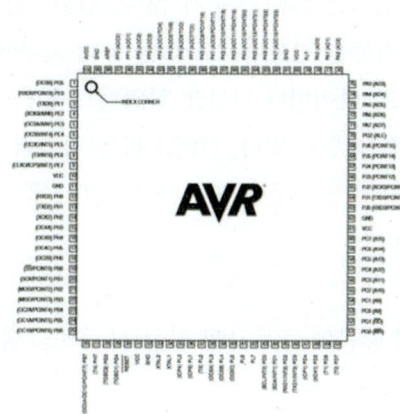

Parametrics

Name	Value
Program Memory Type	Flash
Program Memory Size (KB)	256
CPU Speed (MIPS/DMIPS)	16
SRAM Bytes	8,192
Data EEPROM/HEF (bytes)	4096
Digital Communication Peripherals	4-UART, 5-SPI, 1-I2C
Capture/Compare/PWM Peripherals	4 Input Capture, 4 CCP, 16PWM
Timers	2 × 8-bit, 4 × 16-bit
Number of Comparators	1
Temperature Range (C)	-40 to 85
Operating Voltage Range (V)	1.8 to 5.5
Pin Count	100

Atmel ATmega2560 마이크로프로세스 핀 배치와 사양

핀 배치도와 Atmel ATmega2560의 Data sheet를 보면 P로 시작하는 포트명은 전부 입출력 포트로서 I/O 포트의 기능이지만 경우에 따라 아날로그 신호를 받아들이는 A/D 컨버터 입력(PF 포트), 외부의 아날로그 장치의 컨트롤을 위해 펄스폭 변조로 신호를 출력하는 PWM 출력 포트(PB 포트 외), 그 외에 통신 USART 통신 포트(PD 포트) 및 인터럽트와 카운터, 타이머 입출력 포트 등 여러 기능 포트들로 구성된다. 이러한 복합적인 기능 포트들 중 3D 프린터용 컨트롤 보드에서는 실질적으로는 I/O와 A/D 포트 그리고 PWM 포트까지만 기능을 활용하고 있고 나머지 기능들은 제어 프로그램의 설계 사

양에 따라 추가된다.

② I/O 포트

　㉠ 포트 구동 원리

　　I/O 포트는 전자 회로에서 전기 신호의 기본적인 동작인 On/Off 기능을 구현하는 포트이다. 프로세서의 관점에서는 신호를 받을 수도 있고 출력을 할 수도 있기 때문에 이러한 역할에 따라 Input과 Output으로 나뉘지만, 전기적 특성은 전기적 신호의 단락, 즉 스위칭을 기반으로 하고 있다. 즉, MCU 내부에는 스위치 소자인 TR이 있고 이의 동작에 대한 설정은 레지스터가 출력으로 동작할지 입력으로 동작할지 결정한다. 출력일 경우 TR 기능을 이용하여 Vcc의 인가 혹은 단락으로 On/Off를 스위칭하고, 입력의 경우는 비교 기능을 이용하여 High/Low를 판별하도록 동작한다.

　㉡ 포트 작동 설정

　　RAMBO 보드의 MCU인 ATmega2580에 있는 I/O 포트는 GPIO(General Purpose Input Output)라고 하여 범용으로 사용되는 입출력 포트로서 설계자가 마음대로 변형하면서 제어할 수 있도록 제공되는 I/O(입출력) 포트이다. 입력과 출력을 마음대로 선택할 수 있고, 0과 1의 출력 신호를 임의로 만들 수 있는 구조를 가진다. 입력으로 사용할 때는 외부 인터럽트를 처리할 수 있도록 하는 경우가 많다. 입출력뿐만 아니라 ADC, Timer, Interrupt 등 대부분의 기능을 겸한다. GPIO를 통해 외부에서 SW 등으로 입력되는 신호를 입력받을 수 있고, 타이머나 UART 인터럽트 등을 통한 값을 GPIO를 통하여 LED 등의 소자로 출력할 수도 있다. GPIO 핀은 입출력 방향 전환용 레지스터와 출력용/입력용 데이터 레지스터 등이 필요하다. MCU에서는 대부분의 핀들을 GPIO로 설정하는 경우가 많다.

　㉢ 프로그램 제어

　　포트의 기능이 입력과 출력으로 겸용되기 때문에 프로그램 작성 시 프로그램 도입부에서 레지스터를 통해 동작을 설정한다.

③ A/D 포트

　㉠ A/D 포트 동작 원리

　　연속적인 신호인 아날로그 신호를 디지털 장치인 MCU에서 처리하기 위해서는 부호화된 디지털 신호로 변환시켜야 하며 이를 A/D 변환(AD converter)이라고 한다. 온도, 압력, 음성, 영상 신호, 전압 등 연속적으로 측정되는 자연계에서의 수치를 전압의 세기로 변환시켜 기준 전압에 의해 일정 범위의 디지털 값으로 변경한 수치를 입력받는 포트가 A/D 포트이다. ADC와 반대로 마이크로프로세서 내부에서 처리된 값으로 액추에이터(actuator)를 동작시킬 때 디지털 신호를 아날로그 신호로 변환시키는 것은 D/A 변환이라고 한다. A/D 변환 과정은 아날로그 입력을 받아서 샘플링

(sampling)한 뒤, 양자화(quantization)를 시킨 후 부호화의 과정을 거친다. 표본화(sampling)는 시간 축 방향에서 일정 간격으로 샘플을 추출하여 이산 신호로 변환시키는 과정이고, 양자화(quantizing)는 샘플된 진폭치를 특정 대푯값으로 바꾸는 과정이며, 부호화(binary encoding)는 기계적 신호 처리가 용이한 디지털 코드 형태로 변환하는 과정이다.

ADC의 성능 표현은 시간축인 Sampling Frequency(rate)와 전압축인 Resolution bit로 나뉜다. Sampling rate는 샘플링 과정에서의 시간축을 분해 기준으로 삼는, 이산적 신호를 만들기 위해 연속적 신호에서 얻어진 단위 시간을 의미한다. 단위는 Hz(1/s)를 사용하고 보통의 경우에 성능 표현은 Msps(Msampling per second)를 사용한다.

ADC 기능의 속도는 입력된 아날로그 값을 디지털로 변환하는 시간, 정확도는 아날로그 입력 전압의 범위의 세밀한 단계를 얼마만큼 세밀한 디지털로 변환하는가에 달려 있다. 정확도는 분해능이라고 하고 ADC에서의 변환 과정 중에도 일정 시간이 소요되며 여러 개의 아날로그 입력 처리 시 약간의 지연 현상이 발생될 수 있다. ADC에서 사용되는 기준 전압은 내부 MCU의 사용 전압이다. 내부 MCU에서의 AREF는 좀 더 정밀한 아날로그 측정값을 위해 각각의 포트에 대한 ADC의 기준값을 제공한다.

ⓒ A/D 포트 동작 프로그래밍

AVR MCU의 ADC는 기본 전압을 내부에서 사용하는 기준 전압으로 작동된다. analogRead(A0) 함수를 사용하여 A0 포트의 값을 읽어 보면 0~5V의 전원을 입력하는 경우에 0부터 1023의 값이 나온다. 프로그램에서는 전반부에 A/D 컨버터의 동작을 설정하고 메인 프로그램에서는 컨버터 값을 제어하는 방식으로 프로그램한다.

④ PWM 포트

㉠ PWM 포트 동작 원리

PWM(Pulse Width Modulation)은 펄스폭 변조를 발생시켜 디지털 출력으로 0과 1 출력을 아날로그인 것처럼 출력할 수 있다. 이는 A/D 포트의 반대의 역할인 D/A 컨버터를 대체하는 기능이다. 본 포트는 3D 프린터의 경우 프린터에 있는 DC 모터를 속도 제어할 때 사용된다. PWM은 디지털 신호 HIGH와 LOW 상태의 지속 시간을 변화시켜 전압을 변환한다. 파형에서 지속되는 구간을 듀티(duty)라고 한다. 아두이노에서는 다른 MCU에서처럼 복잡한 타이밍과 인터럽트 등을 일부러 사용하지 않아도 analogWrite 함수의 파라미터로 PWM 수치를 변경하여 전압 조절이 가능하다. PWM 지원 포트(핀) DP 256개(0부터 255까지)의 범위값을 출력할 수 있다. analogWrite 함수 파라미터 255는 절대적인 HIGH 값이다. PWM의 duty cycle은 전압의 한 주기 동안 on이 되어 있는 시간 간의 비율을 의미한다. 즉, 펄스 신호의 폭을 변조하는 방식이라는 것이다. 디지털 신호에선 H(1)와 L(0) 두 가지의 신호가 존재한다. H와 L을 빠른 주기로 펄스폭을 조절하여 평균 전압값을 아날로그로 제어한 것과 비슷한 효과를 내게 한다.

ⓒ PWM 포트 동작 프로그래밍

일반적으로 사용하는 PWM의 경우 프로세서에 입력되는 클럭 신호를 일정 분주비로 나눈다. (예 입력 클럭은 16MHz라서 8로 나눠서 2MHz로 사용) 나눈 분주비로 타이머에서 카운트를 한다. 그리고 Duty 값과 타이머의 값이 일치하면 포트에서 L을 출력한다. 그리고 설정해 둔 주기값과 타이머 값이 일치하면 타이머 값은 0으로 초기화하고 포트에서 H를 출력한다. 함수 analogWrite(pin, value)를 살펴보면 각각의 인자값은 pin : 포트 번호, value : duty cycle의 값을 나타낸다. analogWrite 함수는 256개의 값을 사용한다. 3번 포트의 PWM 기능 사용 예시는 다음과 같다.

> analogWrite(3, 0); PWM이 0%로 설정
> analogWrite(3, 255 * 0.25); PWM이 25%로 설정
> analogWrite(3, 255 * 0.8); PWM이 80%로 설정
> analogWrite 함수 파라미터로 255 값이 사용될 경우 5V에 대한 100%이므로 5V가 출력된다. 즉, value 값이 255 * 0.25 = 63.75의 반올림 값인 64라는 값이 사용된다면 5V에 대한 25%이므로 1.25V가 출력된다.

(2) 시스템 인테그레이션(Integration)

1) 3D 프린터 주변 장치 제어

프린터 노즐의 공간 이송은 모터와 모터 드라이버를 이용하여 제어하는 것을 앞에서 설명하였다. 여기서는 그 외에 프린터의 주변 장치들의 종류와 시스템 통합 방법 및 제어 프로그램 방법에 대하여 설명한다.

① 스테핑 모터

스테핑 모터의 구동 원리는 회전축에 부착된 로터와 회전축을 둘러싼 스테이터로 구성된다. 스테이터에 감겨 있는 코일에 펄스 전류를 흘리면 자력이 발생하고, N극과 S극의 잡아당기는 힘을 이용하여 로터를 끌어당기는 것을 반복하여 로터가 회전하게 된다.

② 모터 드라이버

모터 드라이버는 모터의 움직임을 제어하는 전자 부품이다. 서보 모터는 자체적으로 모터 드라이버가 내장되어 있어서 방향 제어가 쉽게 되지만 DC 모터나 스테핑 모터는 모터 드라이버가 내장되어 있지 않아서 방향 제어가 어렵다. 스테핑 모터는 프로그래밍을

통한 신호로 정밀한 각도 및 위치를 제어해서 시그널 신호로 제어해야 한다. 그러므로 스테핑 모터를 사용할 땐 시그널을 제어하는 스테핑 모터 드라이버를 사용한다. 모터 드라이버는 허용하는 전류와 전압이 드라이버마다 다르기 때문에 사용하는 모터에 알맞은 드라이버를 선택해야 한다.

③ 온도 센서

온도 센서는 3D 프린터 주변 장치 중 매우 중요한 장치이다. FDM 방식 3D 프린터의 경우 필라멘트를 가열하여 녹이므로 온도가 매우 중요하기 때문이다. 베드의 온도도 필라멘트의 재료에 따라 조절이 필요하기 때문에 온도 센서는 없어서는 안 될 장치이다. 온도 센서는 접촉식과 비접촉식으로 나뉜다. 접촉식은 온도 측정점의 열전도를 통해 센서가 온도를 인식하여 온도가 측정된다. 비접촉식은 온도 측정점의 열방사를 통해 센서가 온도를 인식하게 된다.

④ 리밋(Limit) 스위치

리밋 스위치는 3D 프린터 축 끝부분에 장착되며 노즐 헤드가 축이동을 할 때 한계치를 넘어가지 않게 방지하는 역할을 한다.

(3) G-code 개요

제어 프로그램의 주요 역할로 프린터의 관리 기능이 있지만, 3D 프린팅 프로세스에서는 프린팅 툴패스가 G 코드 형태로 프로그래밍 되어 전달되면 이의 각 명령어를 처리하여 주어진 좌표와 속도에 따라 노즐과 프린트물이 놓여 있는 프린팅 베드를 정확히 위치 제어되도록 처리하는 부분도 중요한 핵심 역할이다. 여기서는 제어 프로그램에서 프린팅 툴패스에 대한 명령인 G 코드에 대해 학습한다. 학습자는 개발된 제어 프로그램을 실제 3D 프린터에 적용하여 프로그램 기능을 구현하고 기능 및 물리적 검사를 수행하며 개발된 제어 프로그램의 성능을 검토할 능력을 갖출 수 있다.

1) G 코드란?

G 코드는 수치 제어를 통해 구동되는 프로그램이 가능한 시스템에서 사용하는 수치 제어용 프로그램 언어이다. 일반적으로 컴퓨터가 지원되는 제조 분야에서 기계의 제어를 위해 주로 사용되며, 다른 이름으로는 G 프로그래밍 언어라고도 불린다. 현재 미국 NIST에서 NIST RS274NGC interpreter라고 표준안을 제시하였지만 수치 제어 기계의 제조사에 따라 조금씩 차이가 있다. 하지만 언어 형식은 1979년 이후 RS274-D로 좀 더 확장된 RS274 형식의 코드로 아래와 같은 구조를 가진다.

(문장 번호) 명령 문자 코드 숫자1, 숫자2……
예) G00 X10.424 Y234.221 Z10.102

한 문장은 256 char(문자 수) 이내의 길이로 한정되어 있고, 끝에는 enter와 같은 carriage return 등으로 각 문장을 구분하며 한 문장이 하나의 단일 명령을 뜻하게 된다. 명령 문자 코드는 NIST(https://www.nist.gov/publications/nist-rs274ngc-interpreter-version-3)에서 표준화된 접두문자와 그 기능에 대해 제시하고 있다.

2) 3D 프린터 G 코드

3D 프린터에 대한 여러 관련 특허들이 특허 기간 만료가 되면서 3D 프린터의 보편화와 동시에 프린터 개발 또한 활성화되어 제어 프로그램에 대한 관련 기술들이 오픈소스 형태로 많이 공개·공유되고 있다. 특히 영국의 RepRap을 필두로 오픈소스 프로젝트가 진행되면서 3D 프린터 설계, 제작 및 소프트웨어 개발에까지 많은 주요 요소들이 오픈소스로 공개되어 개발 과정 동안 필요에 따라 이들을 활용하여 개발할 경우 비용 및 기간 단축의 효과를 얻을 수 있다.

3D 프린터에 대한 G-code는 NC 공작 기계에 사용되던 G 코드 interpreter(NIST RS274NGC interpreter 표준안)에서 원래 머시닝 툴 대신 재료 사출 노즐의 모터 제어, 온도 센서 제어 등 3차원 프린터에 필요한 기능이 더 첨부된 형태의 코드가 만들어졌고, 이들에 대한 해석부(Interpreter)도 펌웨어 형태로 공개되어 사용된다. 따라서 제어 프로그램에서는 프린팅에 대한 툴의 G 코드 프로그램이 메모리에 저장되면 인터프리터를 사용하여 프린팅 프로세서를 쉽게 구성할 수 있다. 대표적인 오픈소스 형태의 G 코드 인터프리터 펌웨어로는 RepRap과 Fab@Home, Tantillus 등이 있다.

본 학습에서는 3D 프린터에 많이 사용되는 G-code에 대하여 소개하고, 상세한 내용에 대해서는 다음 장에서 설명한다.

3D 프린터에 많이 사용되는 G-code

코드	기능
G0	빠른 이동
G1	제어된 이동
G20	데이터 입력(inch)
G21	데이터 입력(mm)
G28	홈 위치로 이동
G29	홈 위치로부터의 이동
G90	절대지령(원점 기준 이동할 점의 좌표)

G91	증분지령(현 위치 기준 이동할 점의 거리와 방향)	
G92	현재의 위치에서 위치 설정	
G92 E0	현재 위치에서 필라멘트 양을 0으로 설정	
G92 X0	현재 위치를 X축 0의 위치로 설정	
M0	프로그램 정지	
M17	모터 ON	
M18	모터 OFF	
M20	SD카드 목록 불러오기	
M21	SD카드 인식	
M22	SD카드 일시정지	
M23	SD카드 파일 선택	
M24	SD카드 프린터 시작(재시작)	
M30	SD카드 파일 삭제	
M104	노즐 온도 설정	
M105	현재 온도 읽어 옴	
M106	팬 ON	
M107	팬 OFF	
M109	노즐 온도가 설정치에 도달하면 다음 명령 실행	
M112	긴급 정지	
M140	베드 온도 설정	

3 제어 프로그램 검증

(1) G 코드 명령어

3D 프린팅에 사용되는 주요 3D 프린팅 G 코드의 명령어에 대하여 알아본다. 프린팅 프로세서 이외에 개발 단계에서 시스템의 검증이나 동작 오류 등을 파악하기 위해 시스템 구동 시 한 블록의 G 코드 명령어를 입력하여 조그 모드로 시스템 구동 테스트를 할 수 있다.

1) G0 및 G1 : 이송 명령어
① G0 : 빠른 이송, G1 : 선형 이송(일반 속도)
② 예시 : G1 X100 Y100 Z100 E10
노즐을 x, y, z축에 100, 100, 100 위치로 직선 이동시키고, 재료를 10mm까지 직선 분사

2) G2 & G3 : 원형 보간
① G2 : 시계 방향 이송, G3 : 반시계 방향 이송
② 예시 : G2 X90.6 Y13.8 I5 J10 E22.4
노즐을 X=90.6, Y=13.8 지점으로 이동하되, X=current_X+5, Y=current_Y+10 지점을 원점으로 하는 원의 호를 따라 시계 방향으로 이동하고, 재료는 22.4mm까지 분사

3) G4 : 일시 정지
예시 : G4 P200
200milliseconds 동안 시스템을 잠시 멈춤.

4) G10 & G11 : 필라멘트 회수 및 투입
노즐의 필라멘트 피딩 모터를 제어하는 명령어로서 재료의 되감기와 그와 반대로 동작하도록 하는 명령어

5) G28 : 홈 포지셔닝
홈 원점으로 이동. 만약 좌표축을 추가로 표시하면 해당 좌표의 원점으로만 이동

6) G90 & G91 : 절대, 상대 좌표 설정(Set to Absolute/Relative Positioning)
G90은 시스템 좌표 원점을 기준으로 절대 위치 기반으로 작동함. G91은 직전 좌표를 기준으로 상대 위치 값으로 작동함.

7) G92 : Set Position
① 새로운 좌표 지점으로 절대 좌푯값을 수정함.

② 예시 : G92 X10 E90

현재 좌표 중에 X축의 절대 좌표를 10으로, 분사 노즐의 재료 위치를 90으로 새로 설정함. 만약 G92만 사용하면 모든 좌표가 0점으로 새로 지정됨.

8) M104 : 노즐 온도

예시 : M104 S190

노즐의 온도를 190℃로 설정

9) M140 : 베이스 플레이트 온도 설정

(2) G 코드 프로그래밍

프린터를 위한 G-code를 준비하는 데에는 몇 가지 다른 방식들이 있다. 한 가지는 Slic3r, Skeinforge나 Cura와 같은 슬라이서를 사용하는 것이다. 이 프로그램들은 CAD 모델을 층들로 썰어내고, 각 층마다 필요한 G-code를 생성해낸다. 슬라이서는 3차원 모델로부터 출력물로 가기 위한 가장 쉬운 방법이다. G-code 생성을 위한 또 다른 선택지는 mecode와 같은 더 낮은 레벨의 라이브러리를 사용하는 것이다. mecode 같은 라이브러리는 도구 경로를 정확히 컨트롤할 수 있도록 해주고, 또한 그럼으로써 슬라이싱 기법이 적합하지 않은 복잡한 출력을 해야 할 때 유용하다. 마지막 방법은 직접 G-code를 바로 작성하는 것이다.

여기서는 Cura를 기준으로 설명한다. 우선 Cura(슬라이싱 프로그램)를 실행시키고 출력하고자 하는 모델을 불러온 후 Save Toolpath 메뉴를 사용하여 G-code를 자동 생성시킨다. 여기서 출력 소요 시간을 계산하여 보여주며 필요시 프린터에 G-code 정보 전달을 위해 SD 카드에 복사하여 프린터에 꽂아서 출력을 시작한다.

Cura에서 생성된 G-code를 확인하기 위해서는 아래 그림과 같이 Start/End-GCode 메뉴를 사용하여 내용을 확인할 수 있다. 또한 View Mode 메뉴를 통하여, G-code의 내용에 따라 프린팅되는 상황을 레이어별로 보여주므로 이를 반드시 확인한 후에 이상이 없을 경우 프린팅 작업에 들어가게 된다.

G-code에 관한 상세한 내용은 렙랩 위키(http://reprap.org/wiki) 또는 All3DP(http://all3dp.com) 등 전문 사이트에 접속하여 공부할 수 있다.

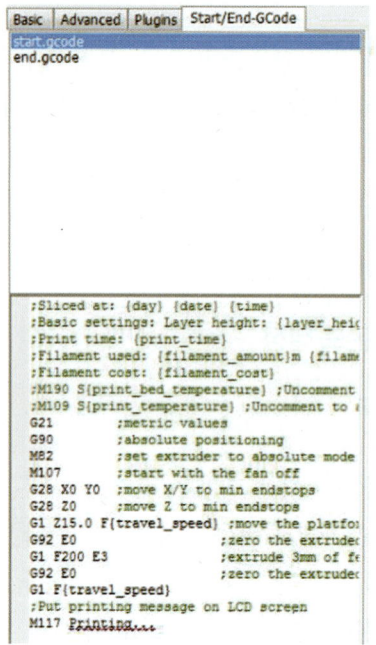

Cura의 G-code 뷰어

(3) 프로그램 디버깅

디버깅(debugging)은 프로그램의 잘못을 찾아내어 수정하는 것을 말한다. 프린팅 수행 중에 문제가 발생할 경우에는 사안에 따라 여러 가지 다양한 해결 방법이 있겠으나 여기서는 슬라이싱 프로그램에서 생성되어 프린터로 전달된 G-code를 프린터에서 수행하는 과정에서 현재 상태를 컴퓨터에서 모니터링하면서 문제점을 발견하기 위한 방법에 대하여 설명한다.

우선 시리얼(Serial) 통신에 대하여 알아보면, 시리얼 통신은 컴퓨터와 컴퓨터 간 또는 컴퓨터와 주변 장치 간에 데이터를 교환할 때 주로 사용하며 직렬 통신이라고 말한다. 여기에는 USART, SPI, I2C와 함께 Ethernet, USB, CAN, SATA 등 다양한 종류가 있다. 데이터의 송수신 방법에 따라 전이중 통신(Full Duplex)과 반이중 통신(Half Duplex)으로 구분된다. 시리얼 통신은 반이중 통신 방법이 사용되며 한쪽이 송신하는 동안에는 다른 쪽에서는 동시에 송신이 불가능하고 수신만 가능한 형태이다. 시리얼 통신을 하기 위해서는 송신 측과 수신 측의 통신 속도가 서로 맞아야 하므로 미리 통신 속도를 설정하게 된다.

범용 FDM 프린터의 제어를 위해 가장 일반적으로 사용되는 아두이노 보드에서는 시리얼 통신을 위한 시리얼 라이브러리(Serial Library)를 이용하여 디버깅을 한다. 즉, 시리얼 라이브러리에서 Serial[포트 번호].begin(보레이트), Serial[포트 번호].end를 이용하여 시리얼 통신을 활성화한다. 예를 들어 디지털 핀 17을 사용하고, 이에 해당하는 Serial2와 보레이트 9600을 이용한다면 Serial2.begin(9600), Serial2.end( )이다. 이렇게 시리얼 통신을 활성화하였다면 Serial.print, Serial.println, Serial.write 함수를 이용하여 아두이노 보드와 연결된 컴퓨터에 디버깅 데이터를 전송할 수 있다.

2장 응용 소프트웨어 개발

> **학습 목표**
> 응용 소프트웨어 개발 단계에서는 3D 프린터의 성능을 구현하기 위하여 프로그램 호환성을 검토하고 사용자 인터페이스 프로그램을 개발하며 CAM 시뮬레이션을 수행할 수 있는 지식을 습득한다.

선행 학습

1. 프로그램 호환성 검토

개발하고자 하는 프린터에 사용할 각 제어용 부품에 사용되어야 하는 소프트웨어의 종류와 특성에 대하여 검토하고 시스템 통합을 위해 호환성에 문제가 없는지 확인한다.
① 개발하고자 하는 3D 프린터에서 요구하는 파일 포맷의 호환성을 위하여 활용할 수 있는 다양한 프로그램을 선정한다.
② 3D 프린터를 구동하기 위해 공통적으로 활용되는 G 코드와 M 코드의 호환성을 검토하고 최적의 프로그램을 선정한다.
③ 선정된 프로그램을 활용하여 테스트용 3D 프린터를 구동시키고 프로그램의 적용 여부를 결정한다.

2. 사용자 인터페이스 프로그램 개발

① 3D 프린터의 사용자 인터페이스 규격을 결정하기 위하여 3D 프린터의 소재, 기능, 성능 및 작동 방법을 구현하기 위한 버튼 및 디스플레이에 대한 항목을 유관 부서와 협의한다.
② 협의된 내용에 따라 3D 프린터 응용 프로그램의 사용자 인터페이스 디자인을 진행한다.
③ 입수된 디자인 자료를 바탕으로 프로그램 코딩을 수행하고 테스트용 3D 프린터에서 시험을 진행한 후 도출된 문제점을 개선한다.

3. CAM 시뮬레이션

① 개발하고자 하는 3D 프린터의 G 코드와 M 코드를 검증하기 위한 CAM 시뮬레이터를 개발한다.
② CAM 시뮬레이터를 활용하여 개발된 3D 프린터를 통해 출력되는 과정과 노즐의 이동 경로를 검토하여 이상 여부를 판단한다.
③ 이상 여부가 발견되었을 경우 원인을 분석하고 각 개발 단계별로 피드백하여 문제점을 개선한다.

1 프로그램 호환성 검토

개발하고자 하는 3D 프린터에서 요구하는 파일 포맷의 호환성을 검토하기 위하여 활용할 수 있는 다양한 프로그램에 대하여 설명한다.

(1) 프로그래밍 언어 및 종류

프로그래밍 언어를 간단하게 정의하자면 "프로그램을 작성하기 위해 사용하는 언어"라고 정의할 수 있다. 프로그램의 뜻은 "컴퓨터가 수행할 명령의 집합"이고 프로그래밍은 "명령의 집합을 구성하는 행위"라고 정의할 수 있다. 이에 따라 프로그래밍 언어란 "컴퓨터가 수행할 명령의 집합을 구성하기 위해 사용하는 명령어 체계"라고 정의 내릴 수 있다. 프로그래밍 언어에는 C++, C#, Java, Basic, Pascal, Perl, Python, Ada 등 다양한 종류의 언어가 있다.

1) 컴파일러(Compiler)

프로그래머가 작성한 고급 언어로 된 프로그램을 컴퓨터에서 수행하기 위해서는 컴퓨터가 이해할 수 있는 언어로의 변환이 필요하다. 이러한 변환을 하는 프로그램을 컴파일러라고 한다. 간단하게 예를 들어 설명하자면, 원시 언어가 C++와 같이 고급 언어라면 목적 언어가 어셈블리 언어이거나 기계어일 경우 이를 번역하는 것을 뜻한다. 컴파일을 하기 위해서 입력되는 프로그램을 원시 프로그램이라고 하며 원시 프로그램에 작성된 언어를 원시 언어(source language)라고 한다. 또 출력되는 프로그램을 목적 프로그램이라 정의하고 목적 프로그램에 작성된 언어를 목적 언어(object language)라고 부른다.

컴파일러에도 크로스 컴파일러(cross-compiler)가 있는데, 원시 프로그램을 컴파일러가 기계어로 번역하는 것이 아니라 다른 기계에 적합한 기계어로 번역하는 컴파일러를 뜻한다. 이 밖에 어셈블러(assembler), 프리프로세서(preprocessor), 인터프리터(interpreter)가 있다.

컴파일러는 고급 언어로 작성된 프로그램의 내용을 목적 프로그램으로 변환시켜 수행함으로써 결과를 도출하고, 인터프리터는 원시 프로그램의 의미를 직접 수행함으로써 결과를 도출한다. 원시 프로그램의 수정 없이 반복 수행하는 경우 응용 시스템에서는 컴파일러가 효율적이지만, 개발 시스템이나 교육용 시스템에서는 인터프리터를 사용하는 것이 더욱 유용하며 능률적이다.

2) 기계어(Machine Language)

컴퓨터가 이해하고 수행하는 단 하나의 언어로서 컴퓨터 언어라고 불리며, 컴퓨터를 작동시키기 위해서 0과 1로 이루어진 컴퓨터 고유 명령이다. 기계어로 번역해야 프로그램이 작동하는 구조로 이루어져 있다. 이에 따라 컴퓨터가 내용을 이해하고 작동하는 데 필요한 번역 프로그램에는 소스 코드를 한 줄 한 줄 실시간으로 번역하여 CPU에 명령을 전달하는 인터프리터(interpreter)와 소스 코드를 번역하여 실행 가능한 파일을 작성하는 컴파일러(compiler)가 있다.

기계어 구조는 컴퓨터에 따라 각각 다르지만 컴퓨터가 이해할 수 있는 명령 형식이 있는데, 이를 인스트럭션 포맷이라고 한다. 인스트럭션 포맷은 세 가지로 구성된다. 자료 이동 및 분기 명령, 다수의 입출력 명령, 수치 및 논리 연산이다. 기계어의 명령 단위는 동작을 지시하는 명령 코드부, 데이터 저장 위치를 기억하는 주소부로 나뉜다. 컴퓨터가 보급화되지 않은 시점, 즉 컴퓨터 개발의 초기 시점에 스토어드 프로그램 방식(stored program system)이 개발되기 전까지 프로그램은 모두 기계어로만 사용되어 왔다. 하지만 기계어는 사람의 언어가 아닌 0과 1로 이루어진 언어이므로 사람이 이해하기 어렵고, 컴퓨터에 대한 지식이 충분하지 못하면 프로그램을 작성할 수 없기에 범용성이 부족할 뿐만 아니라 시간이 많이 소요되었다. 그래서 많은 프로그래밍 언어들이 개발되었으며, 현재는 기계어로 프로그램을 작성하는 것은 사라졌다고 볼 수 있다.

```
1000 1011 0100 0101 1111 1000
1000 0011 1100 0100 0000 1100
0000 0011 0100 0101 1111 1100
```

기계어의 예시

3) 어셈블리어(Assembly Language)

어셈블리어는 기계어의 명령부와 번지부를 사람이 이해하기 쉬운 기호와 1:1로 대응시켜 기호화한 프로그램 언어이다. 기호 언어라고도 부르며 어셈블리어로 작성된 프로그램은 어셈블러에 의해 기계어로 번역되어야만 실행이 가능하다.

어셈블리어는 표지부, 연산부, 피연산부로 구성되는데 먼저 표지부는 프로그램에서 명령들을 참조하기 위해 명령 집단에 붙여지는 이름이다. 연산부는 move(이동), add(덧셈), subtract(뺄셈) 등 수행을 위한 특별한 명령들의 기호로 되어 있다. 피연산부는 데이터가 처리되어 저장될 레지스터나 저장 장소를 나타낸다.

어셈블리어는 전자계산기에 대한 전문 지식이 있어야 사용할 수 있으며, 기종마다 다르고 호환성이 없다. 또 단순한 계산(덧셈, 뺄셈, 곱셈, 나눗셈)으로 처리되는 업무에 적합하며 비트 연산이 가능하여 시스템 프로그램 작성에 적합하다.

전자계산기가 직접 이해할 수 있는 언어로 2진수 0과 1의 조합으로 구성된 기계어와 비교하였을 때, 기호 코드를 사용하므로 프로그램 작성이 용이하고 프로그램 내용을 이해하기 쉬우며 수정과 삭제, 추가가 간편하다는 장점이 있다. 또한 번지부를 기호로 쓸 수 있기 때문에 번지를 잘못 지정할 가능성이 적다. 반면 특정 기종이 어셈블리어에 의해 작성된 프로그램은 그 기계에서만 처리될 뿐 다른 기종에서는 처리될 수 없다. 또 고급 언어로 작성된 프로그램에 비해 읽고 쓰고 관리하는 면에서 더 어렵다.

```
mov     eax, DWORD PTR [ebp-8]
add     esp, 12
add     eax, DWORD PTR [ebp-4]
```

어셈블리어의 예시

4) 3세대 언어(3rd Generation Language)

컴퓨터 언어는 기계어로부터 시작해서 기계어에 대응되는 어셈블리어를 거쳐 보다 편리하며 수준 높은 언어로 발전되어 왔다. 최초로 컴퓨터 개발 당시에는 기계어만 사용하였는데 이를 제1세대 언어라고 정의하며, 이후 기계어에 대응되어 기호로 표시된 어셈블리어를 제2세대 언어라 하고, 기호로 표시된 언어를 사용하지 않고 기능을 향상시켜 사용하기 쉽게 만든 언어를 제3세대 언어라고 정의한다. 3세대 언어 중 대표적인 언어는 과학 기술용인 FORTRAN, COBOL 등이 있다. 하지만 제3세대 언어는 프로그램을 작성하기 위한 수준 높은 프로그램 작성 기술 및 높은 지식을 필요로 하기에 일반인이 사용하기에는 어렵다.

5) 간이 언어

컴퓨터를 사용하기 위해서는 우선 프로그램이 필요하다. 하지만 프로그램을 작성하는 기술, 즉 프로그래밍 기술은 고도의 기술이며 어렵기 때문에 일반인은 컴퓨터를 쉽게 이용하지 못하고 그 효용을 누릴 수 있는 길이 막혀 있다. 이러한 문제를 해결하기 위해 개발한 언어가 간이 언어이다. 간이 언어는 컴퓨터 프로그래밍에 대한 지식이 없더라도 누구나 손쉽게 프로그램을 작성할 수 있도록 개발된 컴퓨터 언어라고 정의할 수 있으며, 각종의 파라미터 언어가 간이 언어에 포함된다. 간이 언어는 비절차 언어 형식을 취하기 때문에 대개 논리 과정의 고안과 기술을 필요로 하지 않는다.

6) 4세대 언어(Fourth Generation Language)

제1세대, 제2세대, 제3세대 언어를 거쳐 개발된 제4세대 언어는 신형 컴퓨터 언어를 뜻하지만, 뚜렷하게 달라진 점 없이 언어라기보다는 범용 프로그램 패키지라고 정의할 수 있다. 제4세대 언어는 기업 등에서 사용하는 전자 자료 처리 시스템(EDPS ; Electronic Data Processing System)이 규모가 크게 성장함에 따라 복잡해지고, 경영 환경이 빠르게 변화하는 과정에서 변화에 맞춰 생산성 향상을 목적으로 만들어진 언어이다. 특징은 다음과 같다.

① 컴파일러 언어와 같이 습득이 어렵지 않은 간이 언어이다.

② 처리 절차가 간단하다(비절차형 언어).
③ 일반인이 사용하기에도 쉬운 언어이다.
④ EDPS의 개발에 이용할 수 있는 범용 언어이다.
⑤ EDP 전문가가 사용할 시 생산성을 향상시킨다.
⑥ EDP 전문가가 사용할 시 유지가 편리하다.
⑦ EDP 전문가가 사용할 시 환경 독립성을 지니고 있어 이익 창출에 용이하다.

7) 인공 지능 언어(Artificial Intelligence Language)

인공 지능 프로그램의 개발에 사용되는 프로그래밍 언어로서, 문자열과 수식이라고 하는 기호 처리가 처리의 중심이지만 기호 간의 관련은 데이터 조에서 취급한다. 따라서 인공 지능 언어는 강력한 리스트 처리 기능을 가진 것이 장점이며, 대표적인 인공 지능 언어로 프롤로그(PROLOG), 리스프(LISP, 리스프 처리 언어) 등이 있다.

8) 고급 언어(High Level Language)

어셈블리 언어가 기계어보다는 편리해졌지만 아직도 복잡하고 어려운 언어이다. 간단한 작업에도 많은 명령어를 기호로 기술해야 하는 비효율성이 가장 큰 문제였다. 따라서 기호를 사용하지 않고 효율성을 높이며 작업하기 편리한 언어가 필요했기에 개발한 것이 고급 언어이다.

고급 언어란 "인간이 이해하고 사용하기 적합하게 개발된 프로그래밍 언어"이다. 어셈블리 언어는 명령이 기계어와 비슷하지만, 고급 언어는 하나의 명령어가 복수의 기계어로 바뀐다. 이러한 고급 언어의 개발로 인해 프로그래머들은 더 이상 특정한 컴퓨터의 구조에 얽매이지 않고 프로그램을 손쉽게 작성할 수 있게 되었다. 손쉽게 작성할 수 있는 이유는 고급 언어에서의 연산들은 컴퓨터의 명령어 집합보다는 수준이 높기 때문이다. 따라서 컴퓨터의 구조나 프로세서와 무관하게 프로그램을 독립적으로 작성하는 것이 가능하게 되었다. 고급 언어로 Ada, C, Objective C, C++, Sma-llTalk 등이 있다.

9) 고급 언어의 종류

① FORTRAN 언어

1954년 IBM 704에서 과학적인 계산을 위해 7명의 전문가가 약 3년에 걸쳐 포트란의 기본을 완성하였다. FORTRAN의 의미는 수식(Formular) 변환기(Translator)의 약자이다. 포트란은 알골과 함께 과학 계산용으로 사용하는 언어이며, 그 후 ANSI에서 수정 및 보완으로 과학 계산용 프로그램 언어인 FORTRAN을 완성하였다. 포트란은 산술 기호(+, - 등)를 별다른 변환 없이 그대로 불러내어 사용할 수 있어서 개발 당시 획기적인 방법이었다. 과학 기술용 언어인 FORTRAN은 제3세대 언어로서 1980년대까지 가장 많이 사용되었지만 4세대 언어의 개발로 인해 지금은 거의 쓰이지 않는다. 하지만 복잡한 계산 수행 성능이 뛰어나 공학 및 특정 분야에서는 사용된다.

② COBOL 언어

1960년 미국 국방부를 중심으로 개발된 프로그램 언어로, Common Business Oriented Language의 약어이다. 컴퓨터의 프로그래밍을 쉽게 작성하기 위하여 개발된 프로그램 언어 중 하나로서 앞서 설명한 FORTRAN과는 다르게 사무 처리용으로 만들어진 언어이다. 과학 계산에 비해 사무 계산은 복잡하고 다양한 기록철을 처리한다. COBOL은 일상 대화와 비슷한 구어체 문장 형태로 기술하도록 설계되었으며, 미국은 1968년 사무 처리 언어의 표준으로 지정하였다. 또한 이를 계기로 1974년 미국은 미국 표준 코볼(ANSI COBOL)을 개발하였으며, 1985년에 능력을 확대 및 보완하여 COBOL-85를 개발하였다.

③ ALGOL

정식 명칭 Algorithmic Language라고 불리는 이 언어는, 1958년에 이론과 개념이 등장한 후 1960년에 국제정보처리학회연합(IFIP)에서 유럽의 학자들이 설계하여 개발한 컴퓨터용 인공 언어이자 백커스 정규형(BNF)에 의해 기술된 최초의 언어이다. 과학 기술 계산용 프로그래밍 언어로서 산법을 나타내기 위해 만들어졌으며 프로그래밍 언어 이론에 많은 영향을 끼쳤다. 또한 국제표준기구(ISO)의 알골 위원회는 표준화된 알고리즘 언어로 채택하여 알고리즘을 위해 사용하기도 했다. 확고한 이론을 중심으로 개발된 최초의 언어이기에 그 후 PASCAL 언어, Modula-2 언어 등에 많은 영향을 끼쳤다. 하지만 지나치게 이상적인 언어 설계로 입출력 기능이 약하여 실무에는 널리 적용되지 못하였으며, 유럽에서만 일부 사용되거나 교육용으로 사용되었다.

④ PASCAL 언어

체계적인 교육용 언어가 필요할 시기에 1969년 스위스 취리히공과대학교의 니클라우스 비르트(Niklaus Wirth) 교수가 컴퓨터 프로그래밍 언어를 개발하였다. 프랑스의 수학자인 파스칼(Blaise Pascal)의 Pascal을 따와 언어 이름을 정하였으며, 체계적인 교육용 언어의 필요성 및 컴퓨터에 신뢰성 및 효율성을 가지고 실행될 수 있는 언어를 개발할 수 있었다.

　　PASCAL 언어는 Algol을 모티브로 개발하였으며, 블록 구조 및 유용성이 큰 제어문 등의 기능, 자료를 구조화하고 압축하는 기능을 보완한 언어라고 할 수 있다. 또한 데이터 구성 시 데이터 길이에 제약받지 않고 다양한 데이터 형식 및 제어 구조가 사용 가능하며 조건문 IF THEN ELSE, 복합문 BEGIN END, 반복문 WHILE DO와 같은 제어 구조를 가진다. 데이터 구조에는 문자형, 정수형, 논리형, 실수형과 같은 단순형 외에 레코드형, 배열형, 파일형, 세트형 등의 구조형으로 이루어져 있다. 또한 동적 변수를 가리키는 포인터형도 있다. 이러한 PASCAL 언어는 교육용, 산업용으로 폭넓게 사용되고 있으며, 소형 컴퓨터에서 대형 컴퓨터까지 다양한 컴퓨터에서 이용 가능하다.

⑤ Java 언어

1995년 썬마이크로시스템의 제임스 고슬링에 의하여 개발된 객체 지향 언어로서 인터넷 웹 페이지상에서 실행 가능하다.

㉠ 자바의 특징

단순성(Simple)	하나의 소프트웨어가 제작될 때는 비용뿐만 아니라 유지 보수 비용도 만만치 않다. 이러한 문제점들을 고려하여 개발된 자바 언어는 C++를 기반으로 개발되었지만 C++의 문제점을 제거하였다. 예를 들어 연산자 오버로딩 다중 상속 같은 것이다.
객체 지향 언어	최근 컴퓨터 언어는 객체 지향 언어로 개발되고 있다. 자바도 마찬가지로 객체 지향 언어이다.
보안성(Secure)	자바는 네트워크 환경에서 분산 처리를 하기 위해 설계된 언어로서 네트워크 환경은 다른 환경보다 보안이 중요하기 때문에 보안 중점을 강조하고 있다.
이식성(Portable)	기존의 언어는 각각의 플랫폼(솔라리스, 윈도NT, 매킨토시 OS 등의 운영 체제를 일컫는 말)마다 수치 연산 문제 등으로 인하여 다른 코드를 사용한다. 하지만 자바는 이식성이 우수하여 다양한 운영 체제 및 CPU에서도 같은 코드를 사용해도 무방하다. 하지만 이식성의 단점인 시스템의 특성을 고려하지 않아 성능을 최적으로 낼 수 없는 점을 보완하여 자바는 최적의 성능을 낼 수 있다.

㉡ 자바와 자바스크립트의 차이

자바스크립트는 웹 페이지에서 사용자로부터 특정 이벤트나 입력 값을 받아 동적인 처리를 목적으로 고안된 객체 기반의 스크립트 프로그래밍 언어이다. 사용자 경험을 향상시키기 위한 방법으로 주로 사용된다. 일반적으로 HTML 문서에 내재되며, 브라우저에서 실행된다.

예를 들면, HTML 문서의 특정 이미지나 텍스트 위로 마우스를 가져갔을 때 이미지 크기가 커지거나 텍스트의 색이 바뀌는 기능이다. 또 검색창 입력 박스에 '자'를 입력하면 현재 기준으로 사용자 검색이 많은 '자'로 시작하는 검색어 목록을 보여주는 기능도 자바스크립트로 구현한 것이다. 다음 내용은 자바(Java)와 자바스크립트(Java Script)의 차이점이다.

ⓐ 자바스크립트는 사용자 컴퓨터에서 인터프리트(interpret) 되는 언어이다. 하지만 자바는 먼저 서버 측으로 컴파일한 후 프로그램의 실행은 사용자가 하는 시스템으로 이루어진다.

ⓑ 두 언어 모두 객체 지향적 언어이지만, 자바스크립트는 상속성이나 클래스는 존재하지 않는다.

ⓒ 자바스크립트는 실행 시에만 객체에 대한 참조가 가능하지만 자바는 컴파일 시에

객체에 대한 참조가 이루어진다.

ⓓ 두 언어 모두 안전하지만 자바스크립트의 경우 HTML 코드에 직접 연결하여 사용하기 때문에 보안성이 없다. 하지만 자바의 경우 소스 코드를 컴파일하면 클래스 파일이 생성되므로 보안성이 우수하다.

(2) C 언어

C 언어는 프로그램을 간결하게 쓸 수 있고, 기술상의 제약이 적어서 프로그래밍하기 쉽게 많은 연구를 통해 개발한 언어이다. 하지만 간결하고 프로그래밍이 쉽게 개발되었지만 C 언어 또한 단점이 존재하였는데, 그중 오류를 쉽게 발견하기 위한 기능이 부족하다는 것이다. C 언어의 기본 특징은 ASCII 코드 체계로 이루어져 있으며 영문 소문자 집합으로 구성된 함수(Function)의 집합이다. 또한 분할 컴파일을 할 수 있기에 외부 변수를 정의한 후 컴파일의 단위를 다른 함수의 외부 변수로 참조하는 것도 가능하다. C 언어는 함수를 호출할 시 매개 변수의 값만 전달하는 호출 방식을 따르고 있으며, 자료의 주소를 자유롭게 조작하는 것도 가능하다.

1) C 언어 탄생 배경

C 언어에서 C가 붙여진 이유는, 개발자의 이름이 아니라 이전에 만들어진 언어가 'B'였기 때문이다. 우선 C 언어는 잘 알려진 운영 체제 UNIX 탄생과도 밀접한 관계가 있다. C 언어의 탄생 배경에 대해서 알아보자. 1969년 AT&T Bell 연구소의 Dennis Ritchie가 PDP-11 컴퓨터를 이용하여 개발한 연구가 C 언어 탄생의 기초가 되었다. C 언어 개발 동기는 톰슨이 'Space Travel'이라는 컴퓨터 게임을 하기 위해서였다. 하지만 'Space Travel'을 실행하기엔 컴퓨터가 너무 느렸기 때문에 PDP-11이라는 미니컴퓨터에 이식하여 게임을 수월하게 하려고 하였다. 하지만 PDP-11은 운영 체제가 없었기 때문에 운영 체제 개발이 필요했는데, 모든 코드를 어셈블리 언어로 작성하기엔 어려웠기 때문에 고수준의 언어로 작성하여 쉽고 편리하게 운영 체제를 개발하기 위한 연구를 거듭하다가 언어 'B'에 관심을 가지게 되었다. 그래서 언어 'B'를 PDP-11에 이식하여 운영 체제를 개발하려고 하였지만 PDP-11의 성능을 충족하기엔 언어 'B'는 부족했다. 그래서 개발한 언어가 'C'이다. 1973년 어셈블리 언어로 작성된 PDP-11의 UNIX 커널을 C 언어로 다시 작성하였고, 벨연구소에서만 사용되던 C 언어는 차츰 유명세를 타면서 현재는 가장 널리 사용되는 언어 중 하나가 되었다.

2) C 언어의 버전(Version)

C 언어는 다양한 버전(Version)이 있다.

① K&R C Version

1978년 Ritchie와 Brian Kernighan은 《C Programming Language》라는 책을 출간하였는데, 이 책은 C 프로그래머들에게는 C 언어의 비공식적인 명세서 역할을 하였다.

C Programming Language 책에서 정의한 C 언어 버전을 흔히 'K&R C'라고 부른다. K&R C는 C 컴파일러가 지원하는 가장 기본적인 부분으로 간주되며 프로그래머들은 이식성을 보장하기 위해서 K&R C를 사용하였다.

② **ANSI C Version**

1983년 ANSI(American National Standards Institute)는 X3J11라는 위원회를 설립하면서 C 언어의 표준을 만들었다. 1989년에 이르러서 작업을 완료함으로써 'ANSI C'라는 표준을 발표하게 된다. ANSI C는 기본적으로 K&R C의 상위 집합(Superset)이며 많은 비공식적인 특징을 추가하였는데 현재 많은 컴파일러들이 ANSI C를 지원한다.

③ **C99 Version**

ANSI의 표준화 발표 이후 C 언어의 명세는 변화가 없었다. 반면에 C++는 변화를 거듭하면서 1999년에 ISO는 C 언어에 대한 새로운 표준을 공표한다. 이것을 C99라고 불렀으며 C99에서는 C++에서 널리 사용되던 여러 가지 특징들을 추가하였다. 이후 C99는 많은 컴파일러에서 지원되고 있다.

(3) 프로그램의 개요

앞에서 설명한 프로그램 개발 언어 외에도 수많은 고급 언어들이 있으므로 개발 목적에 따라 선택하여 사용하며 개발 환경도 각 언어에 따라 별도로 제공된다. 여기서는 PC에서 주로 사용되는 윈도우 개발 환경과 3D 프린터의 마이크로프로세서로 많이 사용하는 아두이노 보드의 개발 환경에 대하여 간단히 설명한다.

1) Visual Studio

윈도우 운영 체제에서 응용 프로그램을 개발하기 위해 제공되는 통합 개발 환경이다.

① 설치 및 실행

마이크로소프트 홈페이지에 접속하여 Visual Studio 2017을 다운로드한다. (필요한 내용만 선택하여 설치하면 공간을 절약할 수 있다)

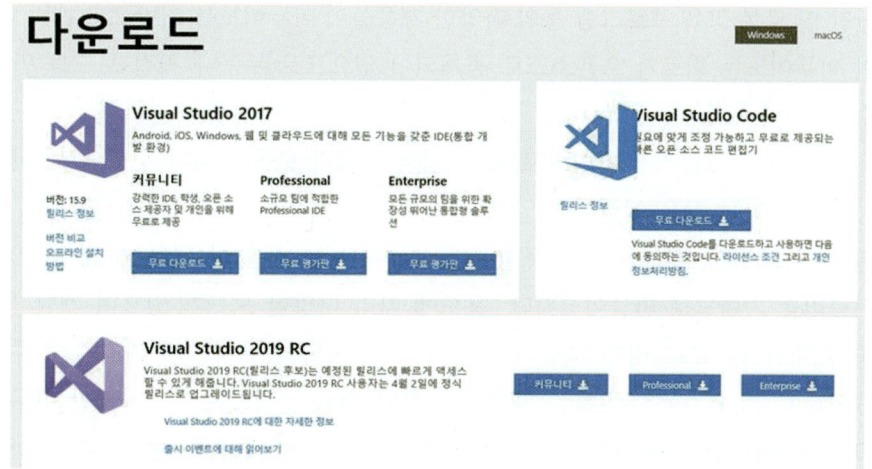

다운로드 화면

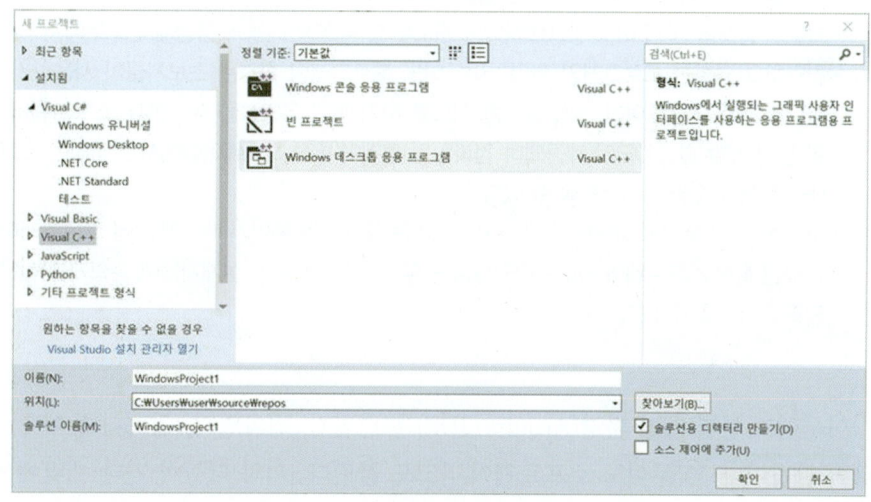

실행 화면

설치가 완료되면 프로그램의 개발 유형에 따라 항목을 선택한 뒤 상세 기능을 이용하여 프로그램을 개발하게 되며 상세한 내용에 별도 학습이 필요하다.

2) Arduino IDE(Integrated Development Environment)

아두이노란 물리적인 세계를 감지하고 제어할 수 있는 인터랙티브 객체들과 디지털 장치를 만들기 위한 도구로, 간단한 마이크로컨트롤러(Microcontroller) 보드를 기반으로 한 오픈 소스 컴퓨팅 플랫폼과 소프트웨어 개발 환경을 말한다.

아두이노는 다양한 스위치나 센서로부터 입력 값을 받아들여 LED나 모터와 같은 전자 장치들로 출력을 제어함으로써 환경과 상호작용이 가능한 물건을 만들어 낼 수 있다. 예를 들어 단순한 로봇, 온습도계, 동작 감지기, 음악 및 사운드 장치, 스마트 홈 구현, 유아 장난감 및 로봇 교육 프로그램 등의 다양한 제품들이 아두이노를 기반으로 개발 가능하다. 또한 아두이노는 회로가 오픈소스로 공개되어 있으므로 누구나 직접 보드를 만들고 수정할 수 있다.

마이크로컨트롤러란 마이크로프로세서와 입출력 모듈을 하나의 칩으로 만들어 특정 기능을 수행하는 작은 컴퓨터를 말한다. 아두이노는 이러한 마이크로컨트롤러 보드와 관련된 개발 도구 및 환경을 모두 포함한다. 아두이노는 처음 아트멜(Atmel AVR) 마이크로컨트롤러를 기반으로 만들어졌지만, 용도에 따라 다양한 보드가 있으며 개발 툴과 여러 기능에 대한 라이브러리가 제공되고 있다. 아두이노와 유사하게 피지컬 컴퓨팅(Physical Computing)을 가능하게 하는 마이크로컨트롤러와 플랫폼은 다양하지만 아두이노는 마이크로컨트롤러를 기반으로 하는 작업을 단순화하였으며 다음과 같은 다양한 강점을 가진다.

- 저비용 : 다른 마이크로컨트롤러 플랫폼에 비해 저렴하다.
- 크로스 플랫폼 : 아두이노 소프트웨어는 윈도우즈, 맥OSX, 리눅스 운영체제 모두에서 작동한다.
- 간단하고 명확한 프로그래밍 환경 : 아두이노 프로그래밍 환경은 초보자들이 사용하기 쉬울 뿐만 아니라 실력자들이 여러 가지 다양한 시도를 하기 위한 유연성을 제공한다. 소프트웨어 개발을 위한 통합 개발 환경(IDE)이 제공되며 컴파일된 펌웨어(특정 하드웨어상에서 동작하는 소프트웨어)를 USB를 통해 손쉽게 업로드할 수 있다.
- 오픈소스 : 아두이노 하드웨어 및 소프트웨어는 오픈소스 툴이기 때문에 고급 프로그래머들에 의해 작성된 확장 소프트웨어 라이브러리들을 구할 수 있으며, 회로 설계자들이 손쉽게 자신만의 모듈을 만들고 개선할 수 있다.

아두이노 통합 개발 환경(Arduino IDE)은 편집기, 컴파일러, 업로더 등이 합쳐진 소프트웨어 환경이다. '아두이노 소프트웨어'라고도 불린다. 이와 더불어 기타 개발에 필요한 각종 옵션 및 라이브러리를 관리할 수 있다.

아두이노 프로그램 실행 시, 개인용 컴퓨터와 시리얼 통신을 할 수 있는 가상 시리얼 모니터를 제공한다. 보통 USB를 통해 업로드를 하므로 아두이노 보드는 USB를 UART 통신으로 바꾸는 방법이 제공되고, MCU가 실행할 때는 이 UART 통신을 이용하여 필요한 통신을 할 수 있다. 이렇게 되려면 아두이노의 MCU는 부트로더가 올라가 있어야 한다. 특히 아두이노 프로그램을 '스케치(Sketch)'라고 부른다.

① 설치 및 실행

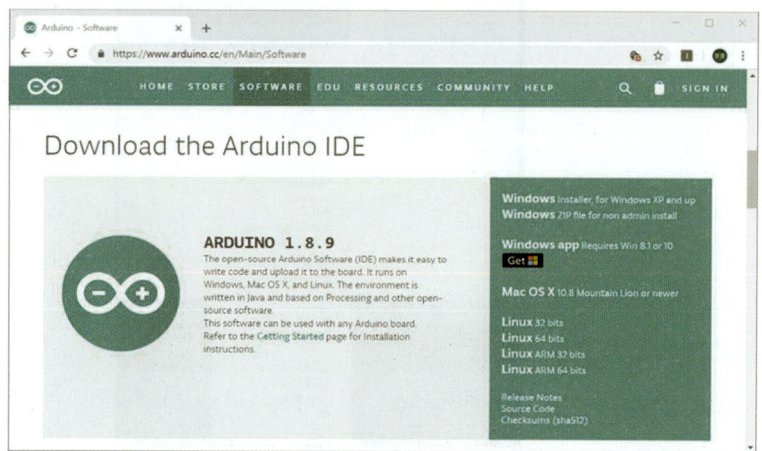

다운로드 사이트

다운로드 후 실행 화면(Sketch)이다.

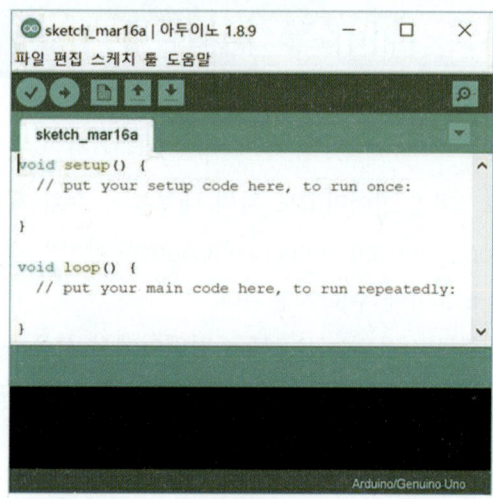

초기 화면

아래 그림과 같이 다양한 예제 파일을 참조하여 기능을 개발할 수 있으며 상세한 사항에 대해서는 별도로 학습이 필요하다.

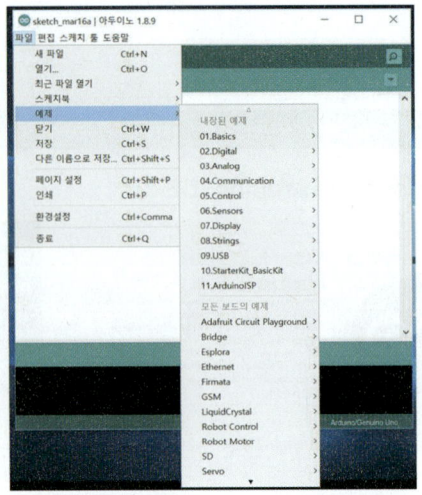

2. 사용자 인터페이스 프로그램 개발

(1) G 코드

G-code는 G 프로그래밍 언어라고도 하며 대부분의 수치 제어에서 사용되는 프로그래밍 언어로서, CNC(Computerized Numerical Control) 장비와 같은 자동 제어 공작 기계를 통한 컴퓨터 지원 제조 분야에 주로 사용된다.

FDM 프린터에 주로 사용되는 RepRap 펌웨어에서 사용하는 G-code의 종류와 상세한 사용 방법에 대해서는 https://reprap.org/wiki/G-code/kr 또는 다른 전문 사이트를 통하여 학습할 수 있으며 여기서는 간단한 예제만 소개한다.

1) G 코드

G 코드는 준비 기능(preparation function) 코드로 사용하며 기능에 따라 두 가지로 구분된다.

> - 원샷 G 코드(One Shot) : 지령한 블록에 한하여 유효(일회성)
> - 모달 G 코드(Modal) : 동일 그룹의 다른 G 코드가 나오기 전까지 계속 유효(연속성)

① 절대(Absolute) 지령(G90)과 증분(Incremental) 지령(G91)
  - G90 : 절대 지령

프로그램 원점을 기준으로 이동할 점의 X, Y, Z축 좌표
- G91 : 증분 지령
  현재 공구의 위치를 기준으로 이동할 점의 X, Y, Z축 거리와 방향
- G00 : 급속 이송 위치 결정
  지령된 지점까지 급속 이송 속도(기계에 설정된 최대 속도)로 이동

② 기타 기능
- F : 공구의 이동 속도
- S : 주축의 회전 속도
- T : 공구 선택

그 외에 상세한 내용은 아래 링크를 참조할 수 있다.
https://en.wikipedia.org/wiki/G-code

(2) M 코드(보조 프로그램)

1) M 코드

M 코드 계열은 대부분 기계 상태를 나타내며 보조 기능으로 사용한다. 기계를 켜고 끄거나 절삭유를 제어하는 등의 컨트롤이 가능하다. 일종의 매크로 기능이며 보조 프로그램(sub program)을 미리 작성하여 주 프로그램(main program)에서 필요할 때 M98, M99를 사용하여 호출하여 사용한다.

① 형식 : M98(서브 프로그램 호출) PXXX(반복 횟수) ○○○○(서브 프로그램 번호)
② 호출된 서브 프로그램이 또 다른 서브 프로그램을 호출할 수 있다. 이것을 다중 호출이라 하고, 4중 호출까지 가능하다.

3D 프린터에서도 동일한 G-Code 및 M-Code가 사용되지만 자주 사용되는 코드가 다르다. 상세한 내용은 다음 링크를 참조할 수 있다. https://reprap.org/wiki/G-code/kr

(3) 3D 프린터 기술 방식

프린터의 사용자 인터페이스(User Interface) 규격을 결정하기 위하여 소재, 기능, 성능 및 작동 방법을 구현하기 위한 버튼 및 디스플레이 등에 대한 항목을 검토한다.

1) 3D 프린터 소재
① 플라스틱 소재

ABS (Acrylonitrile- Butadiene-Styrene)	가장 대표적인 소재이다. 생활 잡화에 널리 쓰이는 플라스틱 재료로써 필라멘트 형태로 구성된다. 다양한 색상을 가지고 있으며 저렴하여 대중적이다. 단지 베드가 예열되지 않으면 접착이 잘 되지 않아 형태가 흩어지기 쉽다. 그리고 토출 과정에서 플라스틱 타는 냄새가 난다. 출력 시에 수축도 다소 발생하여 조심해야 한다. 후처리는 아세톤 열기를 이용한다.
ABS Like	우수한 정밀도와 적정 layer 두께는 조정하여 후처리가 별도로 필요 없다. 하지만 재료 단가가 비싼 것이 흠이다.
PLA (Poly Lactic Acid)	친환경적인 필라멘트이며, 출력 시 냄새가 나지 않는다. 베드가 예열되지 않아도 쉽게 접착되는 장점이 있다. 하지만 쉽게 잘 부서지는 단점이 있다. 포장을 뜯은 후 3개월 이내에 사용하는 것이 좋다.
아크릴	0.025~0.05mm의 우수한 정밀도가 장점이지만 강도가 약한 것이 흠이다. 아크릴 또한 표면 조도가 매우 우수하다.

② 파우더 소재 : 접착제를 분사하여 파우더를 접착하는 방식으로, 강도는 약하지만 다양한 색상을 구현할 수 있는 것이 장점이다. 또한 생산 속도가 빠르며 적층 두께는 0.09~0.1mm이다.

③ 금속 소재 : 금속 분말 재료를 사용하여 조형물을 제작하며 적층 Layer 두께는 0.05~0.2mm이고 재료 단가가 비싸다. 재료의 종류로는 Stainless Steel, Bronze, Gold가 있다.

④ 왁스 소재 : 치과, 보석, 의료 기기 분야에서 많이 사용하는 3D 프린터 소재로서, 적층 두께는 0.025~0.076mm이다.

⑤ 나무 소재 : 재료 압출 방식에서 사용하며 나무를 소재로 사용하기에 나무의 질감을 살릴 수 있어 나무를 이용한 조각품, 인테리어에 사용되지만 재료 가격이 비싼 것이 단점이다.

⑥ 유리 소재 : 금속 분말 재료와 사용 방식은 같지만 투명한 유리 조형물은 아직까지 개발하지 못한 상태이며 약 1200도까지 처리 가능해야 사용할 수 있다.

⑦ 종이 소재 : 일상생활에 흔히 사용되는 A4용지가 재료이기에 다른 재료에 비하여 가격이 매우 저렴하다. 종이를 적층하기에 강도가 약하다고 생각할 수 있지만 후처리를 마친 종이 조형물은 ABS의 강도를 가질 정도로 단단하다. 하지만 아직까지는 정밀도가 다른 소재에 비하면 떨어지는 것이 단점이다.

(4) 인터페이스 디자인

인터페이스는 사용자와 컴퓨터 간에 정보를 주고받기 위하여 프로그램이 상호작용하는 것을 뜻한다. 기본적으로 키보드로 입력하여 프로그램에 명령을 하달하는 것을 커맨드라인 인터페이스라고 하며 이외에 메뉴 방식 인터페이스, 그래픽 사용자 인터페이스가 있다. 여기서 설명하는 인터페이스는 메뉴 방식의 인터페이스로 메뉴 선택으로 명령을 하달하는 방식이다. 우선 3D 프린터 소프트웨어 중 하나를 예로 들어서 설명한다.

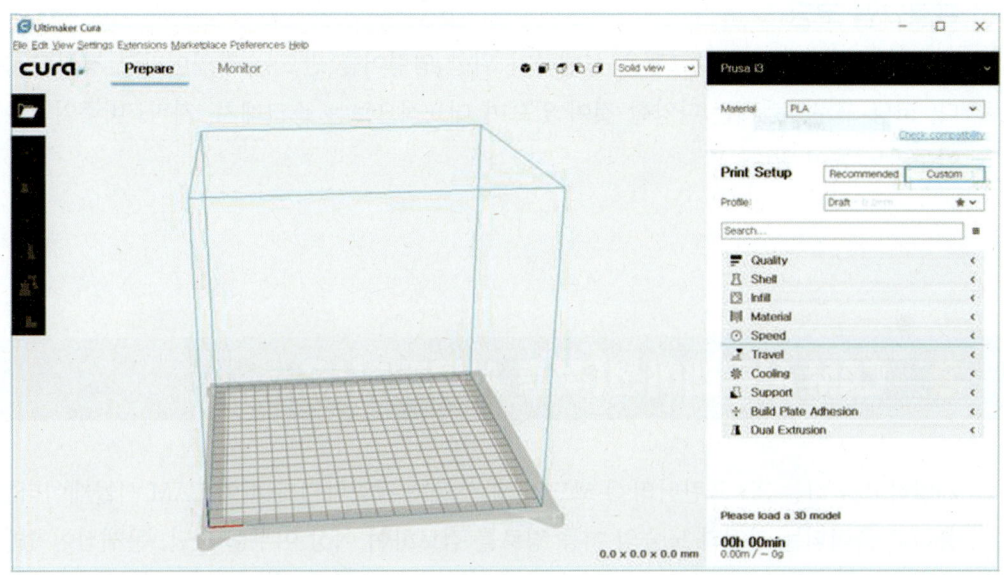

위 그림은 대표적인 3D 프린터 소프트웨어 중 하나로, 우선 왼쪽 상단의 메뉴처럼 메뉴 위치를 먼저 선정해야 한다. 그림에서는 File-Edit-View-Settings-Extensions-Marketplace-Preferences-Help 순으로 나열되어 있다. 그렇다면 어떤 방식으로 디자인할 것인지를 생각해야 할 것이다. 주의할 점은 사용자들이 프로그램을 사용하는 데 있어 불편함이 없어야 하며, 익숙할수록 좋기 때문에 기존의 프로그램과는 차이를 많이 두지 않는 것이 좋다. 통상적으로 프로그램에서 우선적으로 배열하는 것은 File 메뉴 위치 선정에 있어 첫 번째로 온다. 그 이유는 아래 그림에서 볼 수 있듯이 파일 열기, 파일 저장하기, 프로그램 종료하기 등 사용자들이 가장 익숙해져 있기 때문이라고 볼 수 있다.

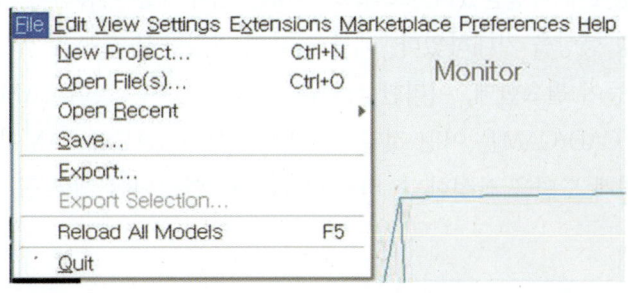

이러한 점을 고려하여 메뉴 위치를 선정하였다면 두 번째로 해야 할 것은 메뉴 안의 메뉴 툴을 적합한 것으로 넣는 것이 중요하다. 예를 들어 Help 메뉴 안에 파일 저장하기, 파일 불러오기 등 불필요한 내용이 들어 있다면 적합한 메뉴라고 할 수 없다. 따라서 사용자 인터페이스를 디자인할 때 메뉴 안의 메뉴 툴이 적합한지를 생각하고 선정하는 것은 필수적이다.

(5) 프로그램 코딩
프로그램 코딩이란 프로그램을 실행하기 위한 명령어를 만드는 작업이라고 정의할 수 있다. 코딩 프로그램에는 다양한 것이 있으며 대표적으로는 스크래치, 자바, 비주얼 베이직, 아두이노 등이 있다.

3 CAM 시뮬레이션(적층 시뮬레이션)

개발하고자 하는 3D 프린터의 G 코드와 M 코드를 검증하기 위하여 CAM 시뮬레이터를 활용하고 출력되는 과정과 노즐의 이동 경로를 검토하여 이상 여부를 판단, 문제점이 있을 경우 원인을 분석하여 각 개발 단계로 피드백하여 문제점을 개선한다.

(1) CAD/CAM
컴퓨터로 설계하는 프로그램이라는 약어로 CAD(Computer Aided Design)라고 불리며, 컴퓨터로 제조한다는 뜻을 가진 것을 CAM(Computer Aided Manufacturing)이라 정의할 수 있다. CAD는 설계 단계에서 주로 사용되며 CAM은 제조 단계에서 사용된다. CAD는 대중적 지식으로 도면을 작성 또는 수정하는 작업을 뜻하며, 이전에는 사람의 손으로 도면을 그렸지만 CAD 프로그램의 발전으로 컴퓨터로도 도면을 작성할 수 있게 되었다. 컴퓨터로 작성함으로써 오차 범위를 줄였으며, 인간이 그리기 어려운 부분은 컴퓨터가 손쉽게 해결함으로써 사람들에게 각광받았다. 그리고 CAM은 컴퓨터를 이용하여 제조 공정을 진행하는 것으로 생산성 향상을 기대하였다. 예를 들자면 공장에서 로봇을 작동하기 위한 소프트웨어나 데이터 등이 필요한데, 이러한 작업을 실행시켜 주는 것을 CAM이라고 정의할 수 있다. 그렇다면 CAD/CAM은 어떤 것일까? 단어 그대로 CAD와 CAM이 합쳐져 탄생한 것으로, CAD로 설계 도면을 작성한 후 바로 CAM으로 연결되어 제조 공정을 거치는 시스템을 뜻한다.

(2) CAM 시뮬레이션

시뮬레이션은 우리가 흔히 알고 있는 가상 실험, 모의 실험을 뜻한다. 예를 들어 우리가 자동차 에어백 실험을 하는 데 있어 직접 사람이 타서 하기엔 위험하다. 그럴 때 마네킹을 이용하는 방법도 있지만 가상 실험, 즉 시뮬레이션을 통하여 실험하기도 한다. 이와 같이 시뮬레이터는 선박, 항공기 등의 설계 등에 많이 사용되며 수학적, 통계학적 기법을 이용하여 함수나 방정식을 조립한 계량 모델을 사용하여 실험한다. 하지만 이러한 시뮬레이터 외에 CAD/CAM 프로그램으로 알려진 CATIA, Pro E 등에서 CNC 공정을 할 때도 시뮬레이터가 쓰인다. 여기서는 보편적으로 사용하는 3D 프린터 응용 소프트웨어인 Cura를 통하여 출력 전에 시뮬레이션을 수행하는 방법에 대하여 설명한다.

1) 응용 소프트웨어 실행

아래 그림과 같이 응용 소프트웨어 프로그램을 실행시킨 후 STL 파일을 불러온 다음 사용자가 출력하고자 하는 위치로 회전 및 이동시킨다.

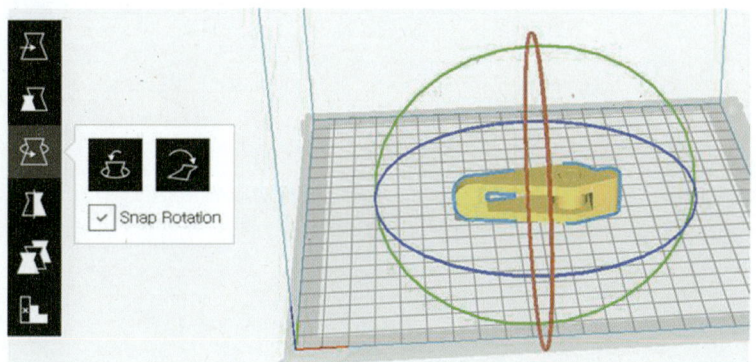

다음으로 각종 변수(재료, 노즐 온도, 베드 온도, 속도, 두께 등)를 입력한 다음 Prepare 메뉴를 선택하면 Cura에서 슬라이싱을 수행한다.

2) Layer 메뉴 선택

아래 그림에서 우측 상단의 Layers 메뉴를 클릭하면 하단에 스크롤바가 나타나며 이것을 선택하여 이동하면 모델의 적층 상태를 그림으로 보여준다.

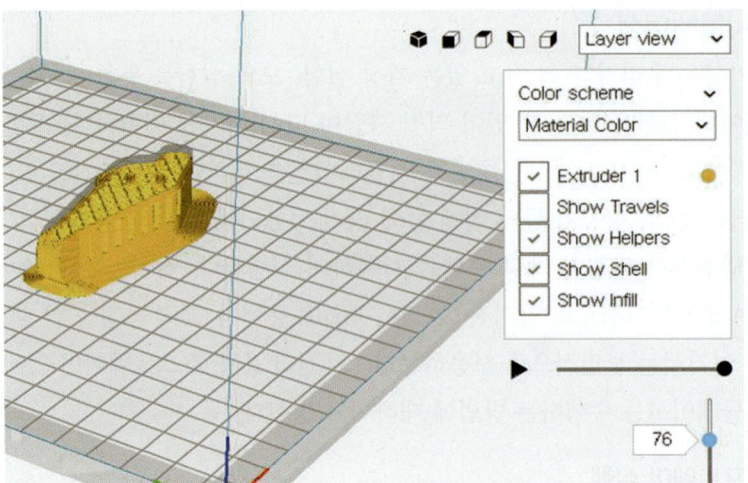

3과목 핵심 문제

01 다음 설명에 해당하는 코드는?

> • 기계를 제어 및 조정하는 코드
> • 보조 기능의 코드
> • 프로그램을 제어하거나 기계의 보조 장치들을 ON/OFF 하는 역할

① G 코드 ② M 코드
③ C 코드 ④ QR 코드

해설 ▶ M 코드에 관한 설명이다.

02 FDM 방식 3D 프린터 출력 전 생성된 G 코드에 직접적으로 포함되지 않는 정보는?

① 헤드 이송 속도 ② 헤드 동작 시간
③ 헤드 온도 ④ 헤드 좌표

해설 ▶ 헤드 이송 속도는 F 기능으로 지령할 수 있으나 동작 시간은 직접 포함되지 않는다.

03 3D 프린팅은 3D 모델의 형상을 분석하여 모델의 이상 유무와 형상을 고려하여 배치한다. 다음 그림과 같은 형태로 출력할 때 출력 시간이 가장 긴 것은? (단, 아랫면이 베드에 부착되는 면이다)

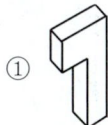
①

②

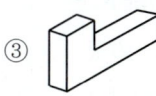
③

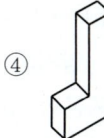
④

해설 ▶ 일반적으로 수평 이동 시간보다 수직 이동을 위한 시간적 영향이 크므로 출력물의 높이에 영향을 많이 받는다. ①번 그림의 자세는 오버행 형상을 가져서 지지대까지 출력해야 하므로 출력 시간이 가장 오래 걸린다.

04 3D 프린터 출력물의 외형 강도에 가장 크게 영향을 미치는 설정값은?
① Raft
② Brim
③ Speed
④ Number of shells

> 해설 › 외형 강도에 관한 설정은 Shell에 관련된 값(wall thickness, top/bottom thickness)을 조정해 준다.

05 G 코드 중에서 홈(원점)으로 이동하는 명령어는?
① G28
② G92
③ M106
④ M113

> 해설 › G28 : 자동 원점 복귀

06 노즐에서 재료를 토출하면서 가로 100㎜, 세로 200㎜ 위치로 이동하라는 G 코드 명령어에 해당하는 것은?
① G1 X100 Y200
② G0 X100 Y200
③ G1 A100 B200
④ G2 X100 Y200

> 해설 › G1 : 직선보간 지령 사용

07 3D 프린터로 한 변의 길이가 25㎜인 정육면체를 출력하였더니, X축 방향 길이가 26.9㎜가 되었다. 이때 X축 모터 구동을 위한 G 코드 중 M92(steps per unit) 명령상 설정된 스텝 수가 85라면 치수를 보정하기 위해 설정해야 할 스텝 값은? (단, 소수점은 반올림한다)
① 79
② 91
③ 113
④ 162

> 해설 › 85:26.9=X:25
> X=79

08 A/D 변환 과정의 순서로 옳은 것은?
① 양자화(Quantization) → 부호화(Coding) → 표본화(Sampling)
② 표본화(Sampling) → 양자화(Quantization) → 부호화(Coding)
③ 부호화(Coding) → 표본화(Sampling) → 양자화(Quantization)
④ 표본화(Sampling) → 부호화(Coding) → 양자화(Quantization)

> 해설 › 아날로그 신호를 디지털 신호로 변환하는 과정이며, Sampling으로 연속적인 아날로그 신호를 일정한 간격으로 추출하고, 추출한 샘플링 신호의 레벨을 몇 단계의 구간으로 나누는 양자화 과정을 거쳐, 각 구간에 속한 값을 이진수로 변환하는 과정을 거치게 된다.

09 PWM 포트 동작 원리에 대한 설명으로 옳지 않은 것은?

① 펄스폭 변조를 발생시켜 0과 1의 디지털 출력을 아날로그 출력으로 바꿀 수 있다.
② A/D 포트의 반대 역할인 D/A 컨버터를 대체하는 기능이다.
③ 프린터의 DC 모터 속도 제어에 사용한다.
④ Duty Cycle은 전류의 한 주기 동안 ON이 되어 있는 시간의 비율을 의미한다.

해설 ▶ Duty Cycle은 전압의 한 주기 동안 ON이 되어 있는 시간의 비율을 의미한다.

10 다음 시리얼 통신에 관한 설명 중 옳지 않은 것은?

① 시리얼 통신의 종류에는 USART, SPI, I2C 등이 있다.
② 통신 방식에는 풀 듀플렉스(Full Duplex)와 하프 듀플렉스(Half Duplex)가 있다.
③ 스마트폰의 통신 방식은 하프 듀플렉스이며, 무전기에는 풀 듀플렉스 방식을 사용한다.
④ 시리얼 통신을 하기 위해서는 통신 속도를 설정해야 하며 송신 측과 수신 측의 속도가 서로 맞아야 한다.

해설 ▶ 스마트폰은 Full Duplex를 사용하며 상대방과 동시에 통신이 가능하다. 무전기는 Half Duplex를 사용하며 단방향 통신만 가능하다.

11 다음 G-Code에 대한 설명으로 옳은 것은?

G1 X100 Y200 E15 F1200

① 현재 위치에서 X=100, Y=200까지 직선 이동하되 필라멘트를 현재 길이에서 15.0mm까지 압출하면서 이송하고, 이송 속도는 1200mm/min으로 한다.
② 현재 위치에서 X=100, Y=200까지 급속 이동하되 필라멘트를 15.0mm까지 이송하고, 이송 속도는 1200mm/min으로 한다.
③ 현재 위치에서 X=100, Y=200으로 급속 이동하되 필라멘트를 15.0mm까지 압출하면서 이송하고, 이송 속도는 1200mm/min으로 한다.
④ 현재 위치에서 X=100, Y=200으로 직선 이동하되 필라멘트를 현재 길이에서 15.0mm 정지시키고, 이송 속도는 1200mm/min으로 한다.

해설 ▶ G1 : 직선보간(직선 이송), E : 압출되는 필라멘트 길이(mm), F : 이송 속도(mm/min)

12 다음 M-Code에 대한 설명으로 옳은 것은?

> M104 S195

① 노즐의 온도를 195degC로 설정
② 소리를 195mSec으로 재생
③ 베드의 온도를 195degC로 설정
④ 냉각팬의 회전 속도를 195rpm으로 설정

해설 M104 : 노즐(압출기) 온도 설정

13 Marlin Firmware에 관한 설명으로 옳지 않은 것은?

① 모터의 종류와 관계없이 사용 가능하다.
② 아두이노 플랫폼에서 구동할 수 있다.
③ 카테시안 방식과 델타 방식 모두를 지원한다.
④ 통신을 위한 주파수 단위는 Baudrate를 사용한다.

해설 모터의 종류는 스텝 모터를 사용해야 한다.

14 다음 괄호 안에 들어가야 할 내용으로 적절한 것은?

> (A)는 명령어를 수행하여 프린팅을 주관하는 명령자의 역할을 수행하는 하드웨어 부분이며 프로그램 코드를 전달받아 하나씩 해석하여 하부의 하드웨어로 명령을 전달한다.
> (B)는 이러한 명령에 따라 직접적인 프린팅을 수행하는 수행자의 역할을 수행하며 전달받은 명령에 따라 위치값을 추종한다.

(A)	(B)
① 메인 컨트롤러	모터 드라이버
② 모터 드라이버	모션 하드웨어
③ 메인 컨트롤러	모션 하드웨어
④ 모션 하드웨어	메인 컨트롤러

해설 (A) 메인 컨트롤러(main controller), (B) 모션 하드웨어(motion hardware)에 관한 설명이다.

15 모터의 폐루프 제어에 사용되는 센서로, 항상 현재 위치값을 출력하고 내부에 별도의 메모리와 배터리를 내장하고 있어 전원이 끊어진 상태에서도 현재의 데이터를 그대로 유지하는 것은?

① 포텐쇼미터
② 앱솔루트 엔코더
③ 인크리멘탈 엔코더
④ 서보 드라이버

해설 ▶ Absolute encoder에 관한 설명이다. Incremental encoder는 각도의 증감을 측정한다.

16 아두이노 보드의 종류가 아닌 것은?

① 우노
② 나노
③ 레오나르도
④ 라즈베리파이

해설 ▶ 라즈베리파이(Raspberry Pi)는 영국에서 기초 컴퓨터 과학 교육 목적으로 개발된 소형 컴퓨터이다.

17 ATmega2560 프로세스를 사용하는 아두이노 보드는?

① 우노
② 나노
③ 메가
④ 레오나르도

해설 ▶ Uno, Nano에는 ATmega328을 사용하고, Mega에는 ATmega2560을, Leonardo에는 ATmega32U4를 사용한다.

18 다음 글의 내용에 해당하는 것은?

> 아두이노 기반의 3D 프린터 전용 컨트롤 보드이며, 모터 드라이버를 내장하고 있고 5개의 모터 연결을 위한 포트가 준비되어 있는 것

① RepRap
② AVR
③ Rambo
④ Ramps

해설 ▶ Rambo 보드는 아두이노 메가 보드 + Ramp 1.4 쉴드 + 드라이버 5개를 하나로 묶은 형태이다.

19 다음 글의 내용에 해당하는 것은?

> 사람이 작성한 고급 프로그래밍 언어를 마이크로프로세서가 인식하도록 목적 코드(Object 파일)로 변환하는 작업을 의미하는 것

① 코딩
② 디버깅
③ 링크
④ 컴파일

해설 코딩 단계에서 소스 파일을 작성한 다음 컴파일 단계에서 목적 코드를 만들고 링크 단계에서 라이브러리와 상호 연결시켜 실행 파일을 만든다. 그 후 실행 단계에서 논리적인 오류로 인하여 실행되지 않는 경우에 다시 소스 코드부터 수정을 거쳐 이전 단계를 다시 수행하게 되는데 이 과정을 디버깅이라 한다.

20 다음 글의 내용에 해당하는 것은?

> 일반적으로 15미터 이내 단거리에서 가장 많이 사용되는 시리얼 통신 방식이며 3D 프린터의 컨트롤 보드에서 많이 사용되는 Atmel 계열의 프로세서에서는 UART라는 파트에서 통신을 지원하는 방식

① RS-232C
② I2C
③ SPI
④ PWM

해설 마이크로프로세스 데이터 통신 방식 중 시리얼 통신(RS-232C)에 관한 설명이다.

21 대표적인 오픈소스 FDM 3D 프린터의 펌웨어인 Marlin은 설치 후 Configuration 파일에서 프린터의 특성에 맞도록 설정해야 한다. 이때 필요한 설정값이 <u>아닌</u> 것은?

① 슬라이싱 프로그램의 종류
② 드라이버 보드의 종류
③ 스텝 모터와 풀리, 벨트, 드라이버 사양
④ 히터와 온도 센서의 사양

해설 슬라이싱 프로그램은 Cura 또는 다른 종류의 호환 가능한 프로그램을 설치하여 사용 가능하다.

22 시리얼 통신 속도를 나타내며 초당 전송되는 심볼(데이터의 묶음)의 양을 나타내는 것은?

① bps
② Baud Rate
③ pps
④ Serial Write

해설 통신 속도(전송 데이터 양)는 Baud Rate로 나타내고, 단위는 bps(bit per second)를 사용한다.

23 아두이노 디버깅 방법에 관한 설명으로 옳지 않은 것은?

① 아두이노에서는 시리얼 라이브러리(serial library)를 이용하여 디버깅을 한다.
② Serial.print 명령은 데이터가 수신 측에 전달된 후 값을 반환한다.
③ Serial.begin과 Serial.end를 이용하여 통신을 활성화한다.
④ Serial.print( )와 Serial.println( ) 함수는 전송하는 데이터를 출력할 형식을 지정할 수 있다.

> 해설) Serial.print 함수와 Serial.println 함수는 매개 변수 format을 이용하여 출력 형식을 지정할 수 있다. 그리고 함수 코드 내에서 println의 경우에는 return 문이 있으나 print 함수에는 없으므로 값을 반환하지 않는다.

24 Sampling Rate에 사용하는 단위는?

① Bit
② Baud
③ Hz(1/s)
④ Pulse

> 해설) Sampling Rate의 의미는 연속적인 신호에서 단위 시간당 몇 번의 sampling을 하는가를 나타내며 단위는 Hz(1/s)를 사용한다.

25 다음 G-code 중 '자동 원점 복귀'의 지령에 해당하는 것은?

① G90
② G28
③ G98
④ G65

> 해설) G28 : 자동 원점 복귀

26 3D 프린터의 하드웨어 제어에 대한 프로세스는 크게 3단계로 구분할 수 있다. 다음 중 이에 해당되지 않는 것은?

① CAD 데이터를 실제 사물 공간 좌표에서 물리적인 데이터로 변환한다.
② 전처리에서 결정된 공간으로 프린터의 노즐이 이동할 수 있도록 프린터 제어 프로그램 코드를 생성한다.
③ 프린터에서 전송된 프로그램 코드를 실행한다.
④ 출력물에 대해서 지지물 제거 등 후처리를 실시한다.

> 해설) 후처리 작업은 하드웨어 제어와는 관련이 없다.

27 CAD에서 설계된 형상 모델은 3D 프린팅을 하기 위해 일반적으로 STL 파일로 변환하여 슬라이싱 프로그램에서 G 코드로 변환하여 사용한다. 다음 중 STL 파일에 대한 설명으로 옳지 <u>않</u>은 것은?

① 물체의 표면을 분할된 삼각형 형태로 표현하는 파일 형식이다.
② 표준 기관에 의해 정식 표준으로 인정되지 않았으나, 지난 30여 년간 설계 프로그램과 적층 가공 장비 간에 정보를 전달하는 업계 표준으로 사용되고 있다.
③ 표면의 메시 정보만을 정의하기 때문에 제작물의 색상, 텍스처, 재료, 하부 구조 및 기타 특성을 나타내는 규정이 없다.
④ 표면의 앞, 뒤 면을 구분하기 위해 삼각형의 세 꼭짓점이 나열된 순서에 따라 왼손 법칙을 사용한다.

> 해설 ▶ STL 파일에서 표면의 앞, 뒤를 구분하기 위하여 꼭짓점 나열 순서에 따라 오른손 법칙을 사용한다.

28 다음 글은 무엇을 설명하는 것인가?

> 3차원 형상물을 2차원 단면으로 분해하는 과정이며, 절단된 윤곽의 경계 데이터는 연결된 폐루프를 형성해야 하고 생성된 폐루프끼리 교차되지 않아야 한다.

① 슬라이싱　　　　　　　② 스캐닝
③ 형상 모델링　　　　　　④ STL

> 해설 ▶ 슬라이싱에 관한 설명이다.

29 다음 설명에 해당하는 직무 능력은 무엇인가?

> 3D 프린터의 성능을 구현하기 위하여 프로그램 호환성을 검토하고 사용자 인터페이스 프로그램을 개발하며 CAM 시뮬레이션을 수행하는 능력을 말한다.

① 회로 개발　　　　　　　② 빌드 장치 개발
③ 제어 프로그램 개발　　　④ 응용 소프트웨어 개발

> 해설 ▶ 응용 소프트웨어 개발에 관한 직무 능력이다.

30 다음 조도 측정 예제 코드에 대한 설명으로 옳지 않은 것은?

```
void setup() {
  Serial.begin (9600);
}
void loop() {
  int value = analogRead (A0);
  Serial.println (value);
  delay (100);
}
```

① Serial.begin (9600);에서 9600은 시리얼 통신을 위한 통신 속도를 정의한 것이며 단위는 보드레이트(Baud Rate)를 사용한다.
② int value = analogRead (A0);는 A0 핀의 아날로그 값을 읽어들인다는 것이다.
③ 프로그램의 실행을 위해 컴파일 후 제어 보드에 업로드해야 한다.
④ 측정된 조도값을 시리얼 모니터에 100초 간격으로 보여준다.

해설 delay(100)에서 시간 단위는 ms이므로 0.1초가 된다.

핵심 문제 정답

01	02	03	04	05	06	07	08	09	10	11	12	13	14	15	16	17	18	19	20
②	②	①	④	①	①	①	②	④	③	①	①	①	③	②	④	③	③	④	①
21	22	23	24	25	26	27	28	29	30										
①	②	②	③	②	④	④	①	④	④										

4 과목

3D 프린터 교정 및 유지 보수

1장 품질 보증

> **학습 목표** 3D 프린터의 품질을 만족시키기 위하여 성능을 개선하고 신뢰성을 검증하며 관련된 규격 인증 취득을 진행할 수 있다.

1 성능 개선

(1) 성능 개선 항목 선정

1) 온도
재료 압출 방식의 3D 프린터의 온도는 노즐부, 베드부, 챔버부로 구분된다.

① 노즐 온도

노즐의 온도는 사용 필라멘트의 용융 온도에 맞게 설정되어야 한다. 노즐의 온도가 낮을 경우 재료가 충분히 용융되지 않아 노즐이 막히거나 출력 품질이 나빠지며 온도가 높을 경우 출력 표면이 매우 지저분해지게 된다. 일반적으로 필라멘트의 적정 온도는 제조사에서 표시하게 되는데 PLA 소재의 경우 190~220, ABS 소재의 경우 220~240 정도이다. 그러나 온도계의 위치, 히터의 용량, 히터 블록의 단열 설계 등에 의해 실제 온도와 프린터에 표시되는 온도가 다른 경우가 많아 노즐부의 온도 측정을 통해 온도 편차를 확인해야 한다. 또한 같은 재료라 하더라도 노즐 직경이 클수록 용융 온도가 높아야 한다.

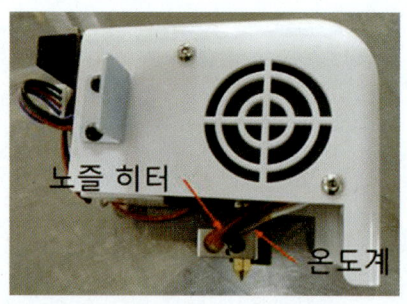

② 베드 온도

재료 압출형 3D 프린터의 경우 용융 상태의 필라멘트를 압출하여 베드상에 적층하는 형태로 첫 번째 레이어를 베드에 잘 안착시키는 것이 매우 중요하다. 프린터 제조사에서 사용 재료별 권장 온도를 제시하기 때문에 그 기준을 준수하는 것이 매우 중요하다. 필요 이상의 높은 온도로 설정할 경우 재료의 냉각 시간이 길어지기 때문에 출력물의 품질이 나빠질 수 있다. PLA의 경우 베드가 히팅되지 않거나 비교적 낮은 온도에서 적층이 가능하지만 ABS의 경우 베드가 히팅되지 않을 경우 적층이 불가능하다.

③ 챔버 온도

재료 압출형 3D 프린터의 경우 챔버가 반드시 필요한 것은 아니다. 하지만 챔버 구조의 경우 재료의 수축 현상이 작게 발생하여 더 좋은 출력 품질을 얻을 수 있다. PLA의 경우 40도 내외가 적당하며 ABS의 경우 60 정도가 안정적이다. 챔버형 구조의 경우 반드시 팬을 이용하여 내부 공기를 순환시켜야 하며 필요 이상으로 온도가 높을 경우 출력 품질이 나빠지는 현상이 발생하므로 주의해야 한다. 특히 출력물의 크기가 크거나 내부 채움이 많을수록 챔버형 구조를 사용할 경우 프린팅 품질이 좋아진다.

2) 구동부

① 카르테시안 방식

카르테시안 방식의 3D 프린터의 구동부는 X축, Y축, Z축으로 이루어져 있다.

㉠ X축 구동부

노즐이 직접 장착되는 부위로서 구동을 위한 모터는 일반적으로 스테핑 모터를 사용한다. 위치 제어를 위하여 타이밍 벨트가 주로 사용되며 LM 가이드, 리니어 샤프트 등을 이용하여 선형 운동을 한다. 타이밍 벨트의 장력이 느슨할 경우 출력 품질이 매우 나빠지거나 탈조 등의 현상이 나타날 수 있다. 반대로 장력이 너무 강할 경우 출력 표면의 미세한 물결 무늬가 발생할 수 있으니 적절한 장력을 조절하는 것이 매우 중요하다.

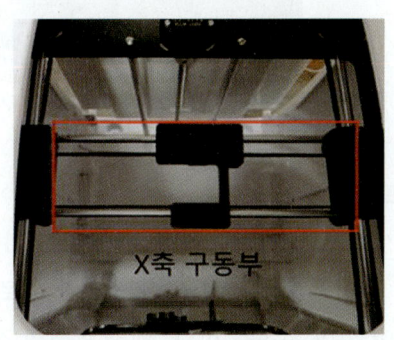

㉡ Y축 구동부

일반적으로 X축 구동부가 조립된다. 구동을 위한 모터는 일반적으로 스테핑 모터를 사용한다. 위치 제어를 위하여 타이밍 벨트가 주로 사용되며 LM 가이드, 리니어 샤프트 등을 이용하여 선형 운동을 한다. 축간 거리가 넓으므로 좌, 우의 벨트의 장력이 다를 경우 기계적인 마모가 급격히 발생하여 프린터의 수명이 현저히 단축될 수 있다.

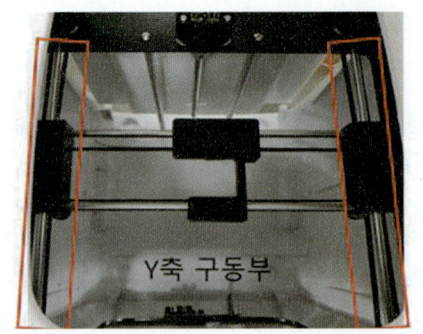

ⓒ Z축 구동부

일반적으로 출력 베드 프레임이 장착된다. 구동을 위한 모터는 일반적으로 스테핑 모터를 사용한다. 위치 제어를 위하여 볼 스크루 또는 사각 나사 등을 사용하며 LM 가이드 등의 선형 운동을 한다. 출력 시 많은 하중이 작용하므로 모터의 용량을 충분히 선정해야 한다. 모터와 스크루는 커플링을 이용해 체결되는 경우가 많기 때문에 조립이 잘못될 경우 프린터의 수명이 급속히 단축될 수 있다.

② 델타 방식

델타 방식의 3D 프린터의 구동부는 X축, Y축, Z축이 비슷한 구조로 이루어져 있어 프린팅 시 각 축이 서로 연동되어 움직인다. 구동을 위한 모터는 일반적으로 스테핑 모터를 사용하며 위치 제어를 위하여 타이밍 벨트가 주로 사용된다. LM 가이드, 리니어 샤프트 등을 이용하여 선형 운동을 한다. 델타 방식의 경우 프린팅 시 각 축이 서로 연동되어 움직이기 때문에 출력 품질이 저하될 경우 문제 부위를 특정하기가 쉽지 않다.

3) 익스트루더

구조에 따라 다이렉트 방식과 보우덴 방식으로 분류되며 보우덴 방식은 필라멘트 공급 장치가 익스트루더와 같이 부착되지 않고 통상 Z축에 별도로 부착되어 있다. 익스트루더는 모터를 일정 속도로 구동하여 필라멘트를 균일한 속도로 공급시키는 역할을 한다. 모터에 기어를 장착하고 베어링 등을 조립하여 그 사이를 필라멘트가 통과하게 된다. 이때 필라멘트에 스프링을 통하여 장력을 주게 되는데 필라멘트에 걸리는 장력이 약한 경우 모터가 회전하더라도 필라멘트가 제대로 공급되지 않아 정상적인 프린팅이 불가능하고 장력이 강할 경우 필라멘트 표면을 갉아먹게 되어 재료 공급량이 미세하게 줄어들어 정상적인 프린팅이 불가능하게 된다.

보우덴 방식의 노즐

다이렉트 방식의 노즐

4) 출력 베드

베드는 실제 프린팅이 되는 공간으로 3D 프린팅의 품질에 매우 중요하다. 특히 베드의 수평도가 매우 중요한데 수평도가 맞지 않으면 출력물의 수축 현상이 심해지고 출력물의 이탈 현상이 발생하는 등 심각한 출력 불량이 발생할 수 있다. 출력 베드 자체의 절대적인 수평보다는 노즐 끝단과의 상대적인 수평도가 매우 중요하다. 출력 베드의 접착력을 증가시키기 위하여 다양한 방법과 기술이 동원되고 있다.

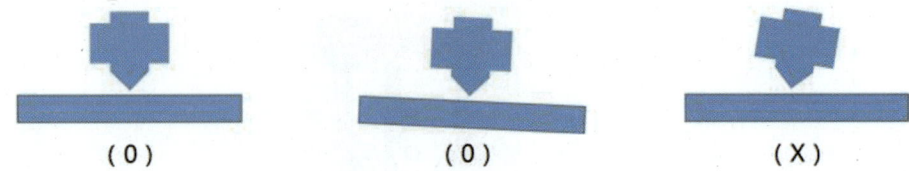

5) 베드와 노즐 간의 간격

4번 항목에서 설명한 바와 같이 노즐 끝과 베드의 상대적인 간격이 매우 중요하여 간격이 일정하게 유지되는 것이 중요하다. 베드와 노즐 간의 간격은 사용 노즐경보다 작아야 하며 0.4mm 노즐을 사용할 경우 0.1~0.2mm 내외로 설정해야 한다. 노즐경이 작을 경우 베드와 노즐 간의 간격은 더욱 작아지며 노즐 간격을 더욱 일정하게 유지해야 한다.

① 노즐과 베드의 간격이 너무 먼 경우

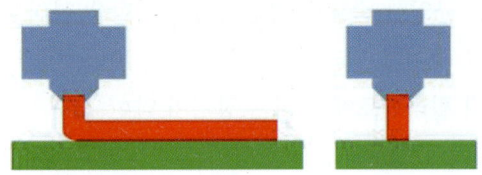

② 노즐과 베드의 간격이 너무 가까운 경우

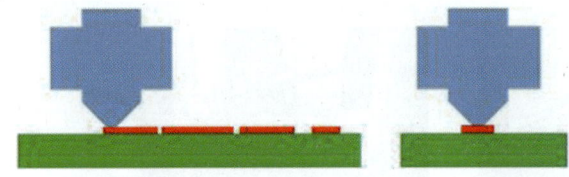

③ 베드와 노즐의 간격이 정상적인 경우

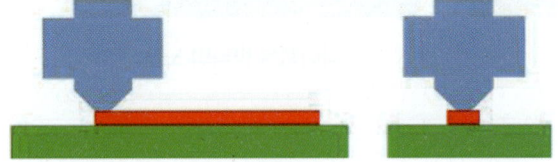

(2) 검사 방법의 결정 및 성능 시험 진행

1) 압출부 성능 검사

① 노즐 온도 검사

재료 압출형 3D 프린터의 익스트루더부는 히터 및 온도계가 장착되는 히트 블록에 노즐과 필라멘트 가이드가 조립되며 그 위로 히트싱크와 쿨링팬 및 모터가 장착된다(보우덴 방식은 모터가 외부에 장착됨). 노즐 온도는 통상적으로 필라멘트의 용융 온도 이상으로 설정해야 하는데, 프린터에서 설정한 노즐 온도와 실제 노즐의 온도는 차이가 발생하는 경우가 많아 노즐부의 온도 측정을 통해 온도값의 보정이 필요하다. 노즐부의 온도 측정은 접촉식 온도계와 비접촉식 온도계를 사용한다. 비접촉식 온도계의 경우 접촉식 온도계에 비해 사용이 편리하나 측정 부위 표면의 방사율 때문에 온도 편차가 발생할 수 있어 적절하게 조절해야 한다.

접촉식 온도계

비접촉식 온도계

② 필라멘트 공급 성능 검사

필라멘트 공급 성능은 필라멘트 로딩 단계와 출력 중에 확인할 수 있으며 필라멘트 로딩 단계에서 익스트루더의 스프링 장력 등을 점검할 수 있다. 하지만 이 단계에서는 익스트루더 모터가 저속 회전하기 때문에 그 외의 이상 상태는 검사하기가 불가능하다. 출력 단계에서 필라멘트의 공급이 원활하지 않을 경우 불연속적인 기계음이 발생되는 경우가 많아 이상 소음이 발생할 경우 육안으로 확인할 수 있다. 보우덴 방식의 경우 모터와 노즐 간의 거리가 멀기 때문에 더욱 세밀한 검토가 필요하다.

2) 베드 수평도 측정 및 조정 방법

① 베드 수평 조정 방법(노즐과 베드의 상대적 간격)

베드의 수평 조정은 베드와 노즐 끝단이 접촉되지 않으면서도 노즐경보다 작은 거리를 유지할 수 있도록 설정해야 한다. 일반적으로 0.4mm 노즐을 사용할 경우 0.1~0.2mm로 설정한다. 통상적으로 A4용지 1장 두께 정도의 간격을 유지하도록 설정한다. 3D 프린터의 종류에 따라 베드 수평을 수동으로 조절하는 경우와 자동으로 조절하는 방법이 있는데 자동으로 조절할 경우라도 기본적인 베드의 수평도는 조절할 필요가 있다. 베드의 수평도를 조절하기 위해서는 노즐 세트를 다양한 위치로 이동시켜 가며 베드에 부착된 높이 조절 장치를 회전시켜 높이를 맞춰주게 된다. 일부 제품의 경우 센서를 이용하여 베드와의 간격을 수치로 표시하기도 한다. 일반적으로 베드 사이즈가 200mm 내외인 경우 4~9점의 수평도를 측정하고 500mm 이상일 경우 24점 이상 측정하게 된다.

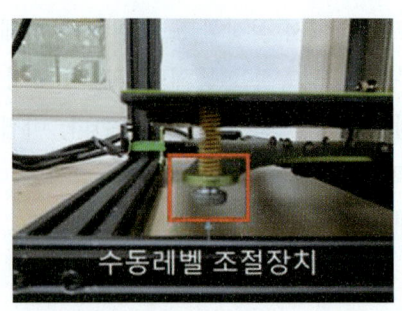

접촉식 레벨 센서의 경우 베드의 재질에 관계없이 사용이 가능하다. 하지만 비접촉식 레벨 센서의 경우 베드가 금속 재질일 경우에만 사용이 가능하다.

접촉식 레벨 센서   비접촉식 레벨 센서

3) 구동부의 위치 정밀도 검사 방법

수동으로 특정 거리만큼 이송 신호를 부여하여 이송시킨 후 버니어 캘리퍼스 등의 측정 기구를 이용하여 실제 이송 거리를 측정해야 한다. 통상적으로 타이밍 벨트를 이용하는 X, Y 부가 편차가 크며 볼 스크루를 이용하는 Z 부위는 편차가 적다. STEP당 이송 거리는 펌웨어에서 설정하게 된다. 이때 계산된 수치값을 입력하게 되는데 실제 이송 거리와 편차가 발생할 경우 STEP당 이송 거리에 보정값을 입력하여 설정해야 한다. 구동부의 위치 정밀도의 경우 프린팅 중 발견하기가 매우 어렵기 때문에 반드시 사전 단계에서 점검해야 한다.

4) 출력물을 통한 출력 성능 검사

과거에는 출력물의 품질 기준에 대한 기준이 없었기 때문에 다양한 출력물을 이용하여 출력 성능을 검사하였다. 하지만 2018년 8월 이후 이 정부 조달 물품 표준 규격 출력을 제정하면서 출력 성능에 대한 기준을 제시하여 보다 객관적인 검증이 가능하다.

시험 항목	품질 기준	단위	시험 방법
정확도	오차의 평균이 0.4mm 이내여야 한다.	mm	정육면체의 크기 (50×50×50)mm를 시험편을 5개 반복 출력하여 기준값과 측정값의 오차를 측정한다.
출력물 최대 크기	업체 기준 제시	mm	아래 ② '출력물의 최대 크기' 참조
적층 두께	(노즐 직경 0.4mm) 0.2mm 이하여야 한다.	mm	아래 ③ '적층 두께' 참조

| 출력 속도 | 500분 이내 | mm/s | 아래 ④ '출력 속도' 참조 |

① 출력 정밀도 검사

정육면체의 크기 (50×50×50)mm를 시험편을 5개 반복 출력하여 기준값과 측정값의 오차를 측정한다.

② 출력물의 최대 크기

㉠ 출력물 최대 크기 기준 형상

출력물의 최대 크기를 평가하기 위해 아래 그림과 같은 형태로 설계된 3D 모델링 파일(STL)을 이용하여 출력한 시험편을 기준 형상으로 한다. 각 축을 이루는 기둥의 단면은 (10×10)mm으로 하며 기둥의 길이는 각 축 방향으로 출력할 수 있는 최대 크기로 한다. 세 개의 기둥이 교차하는 교점의 위치는 장비의 특성에 따라 변경이 가능하다.

㉡ 시험편 전처리

출력한 평가용 시험편은 관련된 제품에 대한 적합한 표준에 규정된 대로 전처리해야 한다. 이러한 정보가 없을 경우, 출력물을 제작한 후 (23±2)℃에 상대습도 (50±5)%에서 최소 24시간 전처리한다.

㉢ 출력물 최대 크기 측정 방법

0.01mm 단위 이하로 측정이 가능한 길이 측정 도구를 이용하여 X, Y, Z축의 길이를 각각 3회 이상 측정하여 평균한 값을 최종 결과 값으로 한다. 출력물 최대 크기에 대한 정확도가 요구되는 경우, 삼차원 측정기를 이용하여 측정할 수 있다.

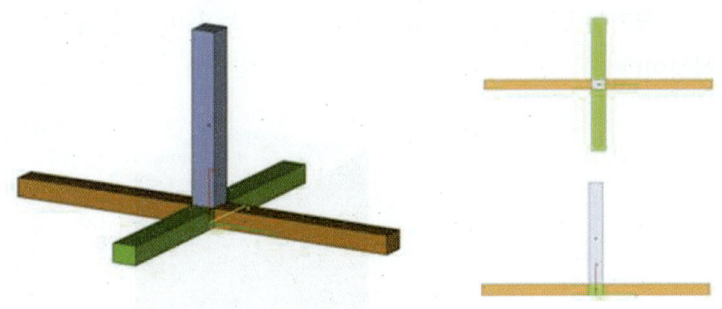

3D 모델 형상

③ 적층 두께

㉠ 적층 두께 기준 형상

출력물의 적층 두께를 평가하기 위해 아래 그림과 같은 형태로 설계된 3D 모델링 파일(STL)을 이용하여 출력한 시험편을 기준 형상으로 한다. 밑면의 크기는 (50×25)mm 이상으로 하며 기본 높이 (㉠)은 1mm로 한다.

ⓛ 적층 두께 측정 방법

정밀도가 우수한 산업용의 경우 경사면의 높이 (ㄴ)은 적층 가능 두께의 3배로 하며, 개인용(FDM)의 경우, 장비별 사양에 따라 층별 적층 두께 결과 값이 10% 이상일 경우 밑면의 크기를 (100×25)mm로 하고 경사면의 높이 (ㄴ)은 0.8mm로 설정하여 평가한다. 단, 경사면 높이 (ㄴ)을 조절하고도 층별 적층 두께 결과 값이 10% 이상일 경우 평가용 시편의 X축 길이와 경사면 높이 (ㄴ)을 조절하여 평가하고 평가용 시편에 대한 치수를 별도로 표기해야 한다.

경사면 높이(L) = 적층 가능 두께 × 3

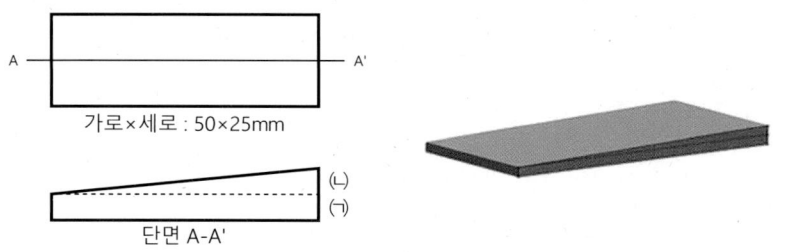

④ 출력 속도

㉠ 출력 속도 기준 형상

출력물의 출력 속도 및 재료 소모량을 평가하기 위해 아래 그림과 같은 형태로 설계된 3D 모델링 파일(STL)을 이용하여 출력한 정육면체를 기준 형상으로 한다. 정육면체의 크기는 (50×50×50)mm으로 하며, 속이 비어 있지 않고 서포트가 필요 없는 형상이다.

출력 속도 기준 형상

ⓛ 출력 속도 측정 방법

출력 속도를 30mm/s 이상으로 선택하고 위와 같은 형상을 출력하는 데 걸리는 소요 시간을 측정한다.

해당 검사에 대한 공인 기관 성적서는 현재 한국건설생활환경시험연구원(KCL)을 통해서만 발급받을 수 있다. 성적서 내에는 성적서 번호, 의뢰자의 업체명과 주소, 시험 기간, 성적서의 용도, 시료명, 시험 방법, 시험 결과, 장비 출력 조건, 시료편 전처리 조건, 장비 및 출력물의 사진이 기록된다.

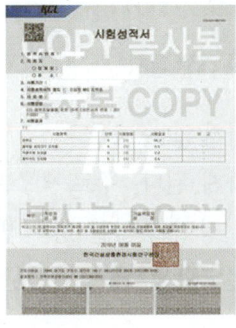 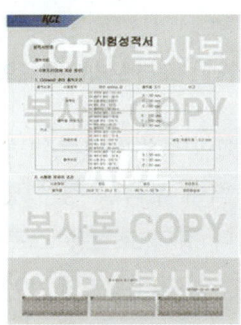 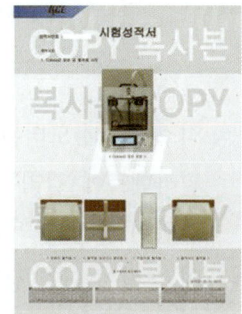

하지만 해당 기준은 3D 프린터의 일부 성능에 대해서만 검사가 가능하므로 다양한 성능에 대하여 검사하기 위해서는 출력물 검사용 STL 파일을 이용하여 검사할 수 있다.

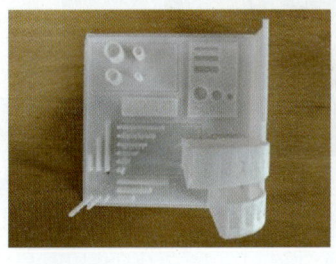 

(3) 문제점 개선 및 성능 개선 보고서 작성

1) 3D 프린터 작동 문제점 개선
① 필라멘트 공급 문제 발생 시 개선 방안
  ㉠ 익스트루더 모터가 회전하지 않을 경우
    모터의 토크가 부족할 경우 발생하며, 모터에 공급되는 전류를 증가시켜 토크를 증가시킬 수 있다. 모터에 공급되는 전류는 Motherboard에 장착된 motor driver의 저항값을 조절하여 토크를 증가시킨다. 노즐이 막히거나 노즐 온도 부족으로 필라멘트가 노즐을 통과하지 못할 경우 발생할 수도 있다. 노즐이 막혔을 경우 노즐 온도를 소재의 용융 온도 이상으로 가열한 후 필라멘트를 수동으로 밀어내거나 노즐 청소용 핀을 이용하여 막힌 부위를 제거할 수 있다.

모터 드라이버 내의 전류 조절 장치

 ⓒ 익스트루더 모터는 회전하나 필라멘트가 공급되지 않는 경우
  필라멘트에 걸리는 장력이 부족할 경우 발생하게 된다. 주로 익스트루더의 기어부 조립이 헐겁게 되었거나 장력 조절용 스프링의 장력이 약할 경우 발생한다. 스프링의 장력이 너무 강할 경우 필라멘트의 표면이 갈리는 문제가 발생할 수 있으니 적절한 장력을 조절하는 것이 중요하다.

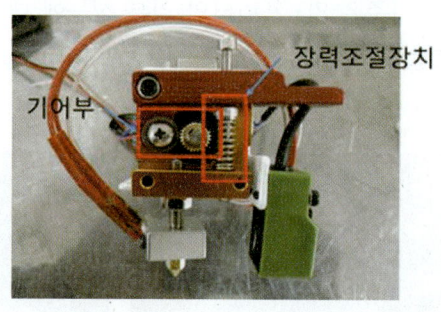

② 구동부의 문제 개선 방안
 ⊙ 구동부 모터가 회전하지 않을 경우
  모터의 토크가 부족할 경우 발생하며, 모터에 공급되는 전류를 증가시켜 토크를 증가시킬 수 있다. 모터에 공급되는 전류는 Motherboard에 장착된 motor driver의 저항값을 조절하여 토크를 증가시킨다.
 ⓒ 구동부 모터가 회전하지만 정상적으로 움직이지 않을 경우
  벨트 풀리 및 베어링의 조립 불량이나 베어링의 파손 등의 이유로 벨트 및 모터에 걸리는 장력이 과도해져 정상적으로 움직이지 않을 수 있다. 베어링의 경우 그리스 등을 통한 급지가 필요할 수 있다. X, Y가 연동되어 움직이는 CORE X, Y 방식이나 H-BOT 방식의 경우 한 방향으로 움직여도 X, Y 두 개의 모터가 동시에 작동한다. 따라서 두 모터의 토크를 동일하게 유지하는 것이 중요하다. motor drive의 저항값을 조절하여 토크를 조절한다.

2) 출력물 불량 발생 시 개선 방안

① 출력물의 바닥면 휨 현상이 발생하는 경우

재료 압출형 프린터의 경우 소재가 용융된 상태에서 압출되어 프린팅 후 경화되는 과정이 반복되며, 이러한 과정에서 재료의 수축이 발생한다. 일단 휨이 발생하면 출력물의 형상 정밀도가 저하되고 심할 경우 출력물의 이탈 현상 등이 발생할 수 있다.

② 사용 소재에 따른 수축 특성을 감안한 설계 개선

수축에 의한 휨 불량은 사용 재료별로 다르게 나타나는데 일반적으로 기계적 강도가 높은 재료일수록 심하게 나타난다. 히트베드를 사용하지 않는 프린터의 경우 PLA는 정상적으로 출력되더라도 ABS로 출력할 때 수축 불량이 심하게 발생하여 정상적인 출력이 불가능하다. 출력물의 크기가 크거나 내부 채움 밀도가 커질 경우 더욱 심해진다. ABS보다 용융 온도가 더 높은 재료를 출력하기 위해서는 챔버를 사용하여 내부의 온도를 일정 온도 이상으로 제어하는 기능이 추가적으로 필요하다.

③ 출력 베드의 정밀도 개선 방법

앞서 기술한 바와 같이 출력물의 품질 향상을 위해서는 베드부와 노즐 끝단 간의 간격 설정이 매우 중요하다. 간격이 지나치게 큰 경우에는 초기 레이어가 베드부에 잘 안착되지 않아 정상적으로 출력되지 않는 문제가 발생한다. 간격이 지나치게 작은 경우에는 노즐이 소재를 과도하게 압착하게 되어 출력 후 출력물의 분리가 어려워지는 문제가 발생하거나 노즐이 막히는 현상이 발생한다. 프린터 종류에 따라서는 베드 간격의 자동 조절 기능을 탑재하거나 적정 간격을 조정할 수 있는 Leveling sheet를 제공하는 경우도 있으나, 베드의 위치 정밀도(영점) 조정을 수동으로 설정하여 사용자에게 맡기는 경우가 많다. 이 경우 적절한 교육 혹은 매뉴얼 제공을 통해 오류의 발생 가능성을 최소화해야 한다.

3) 성능 개선 보고서 작성

① 성능 시험 문제점 현상 기술

성능 시험의 결과 발견된 문제점에 대해서는 가능한 한 자세히 기술해야 한다. 불량 발생 부위의 사진을 찍어서 보고서에 첨부하는 것이 중요하다.

② 성능 시험 문제점의 원인 분석

성능 시험 결과 발생한 문제점의 원인을 분석해야 한다. 출력물 불량의 원인 분석을 위해서는 관련 부분의 성능 검사(예 노즐부 온도, 베드부 수평도 등)를 실시할 필요가 있을 수도 있다. 하지만 출력물 불량의 경우 소프트웨어 설정 과정에서 발생하는 경우도 많기 때문에 정확한 원인 분석을 위해서는 소프트웨어 설정값을 확인할 필요가 있다.

③ 성능 시험 문제점의 개선 방안 도출 및 검증

문제점의 원인이 발견되면 이를 개선하기 위해 개선 방안을 제시하고 이를 적용하여 문제점을 해결한다. 또한 개선된 결과를 기존의 결과와 비교하여 개선된 정도를 비교하고, 문제점이 일부 개선되기는 했으나 완전하지 않은 경우는 상기 과정(문제점 원인 추가 분석, 추가 개선 방안 도출 및 검증)을 반복한다.

④ 개선 결과의 적용 계획 수립

개선 결과를 적용하기 위한 추가적인 제품 개발 계획을 수립해야 한다. 설계 변경을 통한 부품의 교체가 필요한 경우 변경 계획을 수립하고 그에 따른 원가 변경에 대하여 분석해야 한다. 별도의 부품 교체 없이 단순한 성능 개선으로 해결이 가능한 경우는 개선 사항을 매뉴얼에 반영할 수 있도록 해야 한다.

2 신뢰성 검증

(1) 3D 프린터 신뢰성 시험 검사 항목 도출

1) 신뢰성 시험의 필요성

제품의 기능이 날로 다양해지고 복잡해져 사용 과정에서 고장이 발생할 가능성이 높아지고 예상되는 불량은 조기에 검출하여 초기 고장 기간부터 마모 고장 단계까지 시장 불량률의 감소를 꾀하기 위하여 신뢰성 시험이 요구된다. 새로운 소재가 출현하고 기술 개발 속도가 빨라짐에 따라 기존의 품질 관리 기법으로는 제품의 품질을 보장하는 데 한계가 있다.

2) 시스템의 신뢰성 예측 방법

시스템의 신뢰도 예측은 고장이 발생하는 시점을 기준으로 정의되며, 기준점에 따라 MTTF와 MTBF가 많이 사용된다.

① MTTF(Mean Time To Failure)

주어진 시간에서 고장 발생까지의 시간으로 수리 후 다음 고장까지의 시간을 의미하며 수리 불가능한 제품의 평균 고장 시간을 산출할 때 사용한다.

② MTBF(Mean Time Between Failure)

고장 발생에서 다음 고장 발생까지의 시간을 의미하며 수리가 가능한 제품/시스템의 평균 고장 시간을 산출할 때 사용한다.

③ MTTR(Mean Time to Repair)

제품에 고장이 발생한 경우 고장에서 수리되는 데까지 소요되는 시간을 의미한다. (MTTR = MTBF - MTTF)

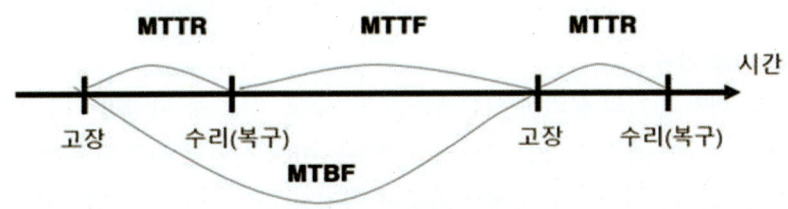

MTTR, MTTF, MTBF의 정의

3) 신뢰성 시험의 종류

신뢰성 시험은 설계 및 양산 검증 단계에서 실시되는 신뢰성 성장 시험과 신뢰성 보증 시험, 양산 단계에서 수행되는 번인(burn-in) 시험, ESS(환경 스트레스) 시험 또는 신뢰성 수락 시험으로 구분할 수 있으며, 다음과 같이 구분될 수 있다.

① 시험 목적에 따른 종류

적합 시험과 결정 시험으로 구분할 수 있으며, 다음과 같은 차이를 갖는다.

적합 시험	품목의 특성(성질)이 규정된 요구 사항에 적합한지를 판정하기 위한 시험이다. 통계적으로 검정에 해당된다.
결정 시험	품목의 특성(성질)을 확인하기 위한 시험으로 통계적으로 추정에 해당된다.

② 개발 단계에 따른 종류

개발 단계에 따라서 개발·성장 시험, 보증 시험, 양산 신뢰성 보증 시험, 번인(또는 ESS) 등이 있다.

③ 시험 장소에 따른 종류

실험실 시험	제어되는 규정된 조건에서 수행되는 시험이다.
현장 시험	운용, 환경, 보전 및 측정 조건이 기록되는 현장에서 수행되는 시험이다.

④ 가속 여부에 따른 종류

가속 시험	시험 기간을 단축하기 위하여 기준 조건보다 가혹한 스트레스를 인가하는 시험이다.
정상 시험	실사용 조건에서 인가되는 스트레스에서 수행되는 시험이다.

⑤ 정형과 비정형 여부에 따른 종류

정형 시험	IEC, ISO, KS 등에 규정된 표준화된 시험이다.
비정형 시험	신규성이 높고 고장 메커니즘이 불분명하며, 필드 정보가 충분하지 않은 시험이다.

4) 신뢰성 시험 항목

일반적인 전자 기기의 신뢰성 시험에는 온도, 습도, 진동 등 다양한 외부 요인에 대한 신뢰성 항목을 점검하게 된다. 3D 프린터의 경우는 아직 신뢰성 시험을 통한 인증이 필수로 요구되지는 않으나 다양한 환경에서 제품이 안정적으로 구동될 수 있는지를 확인하기 위해 신뢰성 시험이 필요하다. 관련 신뢰성 시험 항목은 다음과 같다.

① 온도 관련 신뢰성 시험(항목 및 내용)

시험 항목	시험 내용
고온 시험	고온 상태에서 기능상의 내성을 평가하는 시험(절연 불량, 기계적 고장, 열변형에 의한 구동 불량 등)
저온 시험	저온 상태에서 기능상의 내성을 평가하는 시험(취약화, 결빙, 기계적 고장, 열변형에 의한 구동 불량 등)
온도 사이클(열 충격) 시험	온도 변화가 주기적으로 반복될 경우 제품 기능상의 내성을 평가하는 시험(기계적 고장, 누설 발생 등)

② 습도 관련 신뢰성 시험(항목 및 내용)

시험 항목	시험 내용
고온 고습 시험	고온/고습 상태에서 사용될 때 기능상의 내성을 평가하는 시험(수분 흡수, 팽창, 절연 불량, 기계적 고장, 화학 반응 등)
온습도 사이클 시험	높은 습도하에서 온도 변화가 반복되었을 때 제품 표면에 수분이 응결하여 누전이 발생할 가능성 평가

③ 진동 관련 신뢰성 시험(항목 및 내용)

시험 항목	시험 내용
정현파 진동 시험	운송 또는 사용 중 주기적인 특성을 갖는 진동에 노출되는 경우의 내성을 평가하기 위한 시험
광대역 랜덤 진동 시험	형태가 비주기적이고 일정하지 않게 무작위적으로 발생하는 진동에 노출되는 경우의 내성을 평가하기 위한 시험
충격 시험	운송 또는 사용 중 빈도가 적고 반복이 없는 충격에 적정한 내성을 갖는지 평가하기 위한 시험

(2) 신뢰성 시험 진행

1) 신뢰성 시험 검사 계획 수립 시 유의 사항

신뢰성 시험은 많은 비용과 시간이 소요되므로 기획 단계에서 시험의 목적, 방법, 일정 등을 규정한 신뢰성 시험 계획이 수립되어야 한다. 과거의 경험 및 데이터, 기술 정보 등을 충분히 검토·분석하여 다음 항목을 사전에 결정해야 한다.

① 신뢰성 고장의 정의, 시험 실시 항목
② 환경 스트레스의 종류, 시험 수준 수
③ 표본 수(제품 개수), 시험 시간 및 비용
④ 검사 방법 및 검사 장비
⑤ 자체 검사 및 외부 의뢰 여부
⑥ 고장 분석 결과의 피드백 방법

2) 고장의 정의와 형태 구분

① 고장의 정의

고장은 제품, 시스템, 부품 등이 요구 기능을 수행하지 못하는 사건을 말하며, 이때 요구 기능을 수행하지 못하는 것은 특정 기능을 수행할 수 없는 경우만을 의미하는 것이 아니라, 기능을 수행하지만 성능이 요구 수준을 만족하지 못하는 경우도 포함된다.

② 고장 형태의 구분

구분	내용
유관 고장 (relevant failure)	결정된 시험 조건과 환경 조건상 발생할 수 있는 외부 조건에 기인한 시험 대상의 성능에 직접적으로 영향을 주는 주 관심 고장이다.
간헐 고장	짧은 기간 동안 일부의 기능이 상실되었다가 즉시 정상으로 복구되는 고장이며, 동일 아이템에서 동일한 고장이 간헐적으로 발생하는 경우에는 처음 발생하였을 때에만 유관 고장으로 계산하고, 그 후 발생한 고장은 무관 고장으로 취급한다.
BIT(built-in test) 중 발생한 고장	장비나 측정 장비가 구성되어 제품의 자체 진단 기능으로 고장을 관측할 수 있음을 의미한다.
입증된 고장	하드웨어 설계 및 제조 결함에 기인한 고장, 또는 소프트웨어의 잘못에 기인한 고장이다. 단, 시험 중에 시정 및 확인이 가능하면 무관 고장으로 처리한다.
소모성 부품에 기인한 고장	수명이 한정된 소모성 부품(예 배터리)을 사용한 경우, 부품의 수명이 다하기 전에 고장이 발생하면 유관 고장으로 처리하지만, 수명이 다한 후에 발생한 고장은 무관 고장으로 처리한다.
중복 고장	2개 이상의 고장이 독립적으로 동시에 발생하는 것으로서, 고장이 동시에 여러 개 발생하였을 경우 어느 한 부품의 고장으로 인하여 다른 부품이 고장 난 경우의 종속 고장은 유관 고장 수에 포함하지 않고 독립 고장의 개수만 고장으로 포함한다.

입증되지 않은 고장	조사 중이거나 중복되지 않는 고장으로서, 아직 그 원인을 알 수 없는 고장이다.
무관 고장 (non-relevant failure)	시험 조건 및 운용상 발생할 수 없는 외부 조건에 기인한 것이라고 판단되는 고장으로, 시험 대상의 성능에 직접적으로 영향을 주지 않는 고장이다. ㉠ 시험실 내의 부적당한 시설에 기인한 고장 ㉡ 시험 장비나 모니터 장비의 고장에 기인한 고장 ㉢ 장비를 시험하거나 조정할 때, 시험자의 잘못된 조작에 기인한 고장 ㉣ 규정된 교체 기간이 지난 후 사용 중에 발생한 고장 ㉤ 타 장비의 운용, 정비 또는 수리 절차의 잘못에 기인한 고장 ㉥ 시험 절차의 잘못에 기인한 고장 ㉦ 동일한 유닛 내에서 간헐적으로 나타나는 2번 이상의 고장 ㉧ 고장 발견 수리 중, 초기 고장 배제 시험 중, 셋업 중 발생한 고장 ㉨ 시험 규격을 초과하는 과부하로 인하여 발생한 고장 ㉩ 잘못 교체된 부품에 의한 고장

3) 시험 규격에 따른 시험 방법

신뢰성 시험을 실시하기 전에 어느 단계에서 어떤 시험을 실시할 것인지를 계획함으로써 불필요한 중복을 피하고 시험을 효과적으로 수행할 수 있다. 이를 위해서는 사용 조건에서 문제가 되는 고장 모드와 메커니즘, 고장에 영향을 주는 스트레스와 수준을 고려하여 시험 항목과 조건을 결정하는 것이 필요하다.

① 시험 항목

소비자가 요구하는 시험 항목은 우선적으로 시험 계획에 반영하고, 기존 유사 제품의 필드 데이터가 가용한 경우에는 수집된 데이터를 고장 모드와 메커니즘별로 분류한 후 신뢰도 분석을 통하여 주요 고장 모드와 메커니즘을 파악하여 이를 검증하기 위한 시험 항목을 결정한다.

② 시험 조건

사용 조건	사용 조건은 대푯값과 함께 최고·최저 온도와 같은 가혹한 조건의 값이 중요하다.
환경 조건	환경 조건의 조합은 과도적인 변화가 제품의 고장을 일으킬 수 있으므로 이들 조건도 명확히 알아야 한다. 또 환경 조건은 자연 환경(온도, 습도, 고도, 태양열, 기압 등)과 인공 환경(진동, 충격, 가속도, 전압, 전류 등)으로 구분된다.
내구성 시험 조건	내구성 시험은 설계 시에 고려된 또는 통상적으로 의도되는 사용 조건에서 아이템이 요구 기능을 수행할 수 있는 기간(시간, 주행 거리, 횟수 등)을 실증적이고 통계적인 방법에 의해 예측하기 위한 것이다. 내구성 시험 조건은 사용 조건에서 문제가 되는 고장 모드와 메커니즘에 관한 정보, 운용 및 환경 요소의 종류와 가혹도, 환경 요소의 조합과 순서에 따른 영향 등을 주의 깊게 조사하여 설정해야 한다.

③ 시험 및 계측 장비의 준비

신뢰성 시험을 실시하기 위한 치공구(JIG)와 각종 스트레스 인가를 위한 신뢰성 시험 시스템을 설계한다. 시험 제품에 맞도록 시험 장비를 조율하고, 특성 및 성능 결함 검출을 위한 검출 센서 등을 부착하기 위한 모든 시험 장비와 계측 장비를 준비한다.

장비의 신뢰성 확보	신뢰성 시험에서 시료뿐만 아니라 장비도 가혹한 스트레스 상태에 놓이므로 시험 장비도 충분히 신뢰성이 높게 설계되어야 한다.
장비의 안전성 확보	장비 시험에 대한 화재와 인명에 대한 안전성을 고려해야 하므로 고장 안전 설계를 실시하여야 하며, 또한 수리와 점검이 용이한 보전성 설계 기법을 활용하여 시험 장비 및 지그를 설계해야 한다. 또 단자, 리드, 커넥터, 인쇄 회로, 기판 등과 같은 부품, 재료의 내환경성도 충분히 검토해야 한다.
장비의 소음 제거	전자관이나 저항과 같은 소자들은 자체에서 열을 발생시키므로, 샘플 수와 배치에 따라 온도의 분포가 균일하지 않을 수 있기 때문에 심하면 시험 결과에 많은 영향을 주어 결과를 신뢰할 수 없게 되어 주의를 요한다. 또 소자의 경우에는 기생 발진이 일어나고 있는 것은 아닌지 확인하는 것도 중요하다.
장비의 보호 기능	시험 샘플에 돌발적으로 단락, 개방, 스파크 등의 고장이 발생한 경우에 그 영향이 다른 샘플에 미치지 않도록 또 그것을 알 수 있도록 설계해야 한다.

④ 측정의 정밀도 및 정확도 확보

신뢰성 시험은 시간 경과에 따른 변화량의 확인이 필요하여 측정 시 오차가 경시 변화보다 크면 신뢰성 평가의 오류가 발생하므로 이에 대한 철저한 준비가 필요하다.

측정기의 검교정	측정하기 위한 계측기의 경우에는 규정된 기간이 되면 검교정을 실시하여 측정의 오차를 반드시 줄여야 한다.
측정의 오차 수정	계측기의 검교정을 했다 하더라도 계측 기간의 오차와 사람 간의 오차에 의하여 측정값의 변동이 생기므로 이를 측정하여 오차를 수정해야 한다. 이때 계측기의 오차는 반복성에, 측정자 간의 오차는 재현성에 영향을 미치게 된다.

⑤ 시험의 균일성 확보

여러 개의 시료를 시험하는 경우 가해지는 파라미터가 균일하게 가해져야 시험 결과의 신뢰성을 확보할 수 있다. 따라서 각 위치마다 측정하여 변동이 없다는 것을 증명해야 한다.

온도의 균일성 확보	챔버 내 시료의 위치별로 온도 센서를 부착하여 안정화되는 시간 및 온도 분포를 측정하여 변동이 유의 수준에 있는지를 확인한다.
진동의 균일성 확보	챔버 내 시료의 위치별로 진동 센서를 부착하여 반응하는 진동값을 측정하여 진동이 정확하게 가해지는 반응값 및 위치별로 진동 차이가 없는지를 측정하여 진동의 균일성을 확보해야 한다. 그 외 압력, 먼지, 습도 등 많은 파라미터들에 대하여 시험하기 전 예비 시험을 통하여 균일성을 확보한 후 시험을 실시해야 한다.

4) 외부 시험 의뢰 시 참고 사항

① 신뢰성(환경) 시험 표준

신뢰성 시험 표준은 시험 항목에 따라 KS 표준이나 국제전기표준위원회(IEC) 표준 등을 따라 수행해야 한다. 아래 표에 주요 표준 항목에 대한 번호를 예시하였다.

주요 신뢰성(환경) 시험의 표준 번호 예시

IEC 60068-2-1	저온 시험	KS C 0220	저온 시험
IEC 60068-2-2	고온 시험	KS C 0221	고온 시험
IEC 60068-2-14	온도 변화 시험	KS C 0225	온도 변화 시험
IEC 60068-2-3	고온 고습 시험	KS C 0222	고온 고습 시험
IEC 60068-2-30	온습도 사이클 시험	KS C 0227	온습도 사이클 시험
IEC 60068-2-14	온도 변화 시험(열 충격)	KS C 0225	온도 변화 시험(열 충격)
IEC 60068-2-11	염수 분무 시험	KS C 0223	염수 분무 시험
IEC 60068-2-52	염수 사이클 시험	KS C 0224	염수 사이클 시험
IEC 60068-2-27	충격 시험	KS C 0241	충격 시험
IEC 60068-2-29	내반복 충격 시험	KS C 0242	내반복 충격 시험
IEC 60068-2-6	정현파 진동 시험	KS C 0240	정현파 진동 시험
IEC 60068-2-57	진동-시간	-	-
IEC 60068-2-64	랜덤 진동 시험	-	-
IEC 60068-2-65	음향 노이즈 시험	-	-
IEC 60068-2-31	전도 낙하 시험	-	-
IEC 60068-2-32	자유 낙하 시험	-	-
IEC 60068-2-55	바운스 시험	-	-
IEC 60068-2-62	해머 충격 시험	-	-
IEC 60068-2-63	스프링해머 충격 시험	-	-
EN 61000-6-2	산업 환경에서 사용하는 기기류의 전자 기기 내성 기준		
EN 61000-6-4	산업 환경에서 사용하는 기기류의 전기 자기 장해 기준		
KS C CISPR 22	정보 기기의 무선 방해 특성에 대한 측정 방법 및 한계값		
KS C CISPR 24	정보 기기의 전자기내성 시험 방법 및 측정의 한계값		
KS C IEC 60529	외곽의 밀폐 보호 등급 IPXX 코드 시험		

(3) 검사 결과 기반 제품 개선

1) 고장품 분석 방법

① 고장에 대한 이해
  ㉠ Where : 고장 발생 부위를 파악한다.
  ㉡ When : 고장 발생 시점을 파악한다.
  ㉢ Why : 고장이 왜 발생하였는지에 대한 이유를 분석한다.
  ㉣ How : 고장이 어떻게 발생하였는지에 대한 메커니즘을 이해한다.
  ㉤ What : 고장 결과가 제품에 끼치는 영향에 대해 분석한다.

② 고장 분석 프로세스
  ㉠ 고장의 발견과 고장품 수집
  ㉡ 현상 확인, 고장 정보의 수집
  ㉢ 원인 조사
    ⓐ 고장 분석
    ⓑ 재현 시험
    ⓒ 통계적 데이터 분석
    ⓓ 대책 검토
    ⓔ 개선 적용
    ⓕ 대책 평가와 처치 확인
    ⓖ 재발 및 미연 방지의 확인과 기술 표준화

2) 신뢰성 개선 전략의 수립

① 신뢰성 설계 및 예측을 통한 개선
  ㉠ 스트레스 분석
  요즘과 같이 제품 개발에 대한 경쟁이 격심해서 충분한 신뢰성 평가 데이터나 신뢰성 시험 데이터가 얻어지지 않는 관계로 출하를 할 수 없는 경우도 있다. 이러한 경우에 있어서도 신뢰성 설계의 유효성을 실행하기 위한 대책으로서 한계 시험과 설계값으로 평가할 수 있는 능력을 길러서 신뢰성이 높은 설계를 해야 한다.
  ㉡ 양품 해석
  부품, 재료의 승인을 위해서는 양품 해석을 충분히 수행해야 한다. 통상적으로 신뢰도 예측은 시장 데이터와 실험실 데이터 등을 이용해서 수행되며, 이들의 신뢰성 예측의 결과는 설계에 피드백이 되고, 신뢰성 설계 및 평가 시에 이용된다.
  ㉢ 신뢰성 설계 시기
  신뢰성 설계 구현은 가능하면 개발 초기에 이루어져야 한다. 그러나 개발 시의 신뢰성

예측은 제품 수명 시험을 통하여 신뢰도를 확인하는 경우(신뢰성 결정 시험)와는 달리, 대개의 경우 불확실하고 불충분한 데이터에 기초해서 할 수밖에 없는 관계로 신뢰성 설계에서는 사례를 잘 만들어 이것을 축적하고 활용할 필요성이 증대되고 있다.

② 신뢰성 평가와 검증을 통한 개선

㉠ 체크리스트의 활용

제품 수명 주기에 있어서 신뢰성을 개선하고, 보증 활동에 이용할 수 있는 체크리스트를 대상으로 하며, 특히 신뢰성 개선 프로그램의 실행에 활용할 수 있는 체크리스트를 적용한다. 신뢰성 체크리스트는 계통적으로 층별화해서 만드는 것이 중요하고, 개발 진척 상태와 신뢰성 평가에 대한 구체적인 내용의 빠트림이 파악되도록 해야 한다.

㉡ QFD의 활용

QFD(Quality Function Deployment)는 고객의 요구를 제품 개발 과정으로 통합시키기 위한 구조적 접근 방법으로 소비자의 요구 사항을 제품의 설계 특성으로 변환하고 이를 다시 부품 특성, 공정 특성, 최종적으로 생산을 위한 시방으로 변환하는 것이다. QFD 구조의 핵심은 고객의 요구가 무엇인지(What)와 고객의 요구를 충족시키기 위해 제품과 서비스를 어떻게(How) 설계하고 개선할 것인지에 대해 목적과 수단을 서로 관련시켜 나타내는 매트릭스를 이용하여 구조화하는 것이다. 목적-수단 매트릭스를 이용하여 고객의 요구(목적)와 기술적 특성(수단) 및 경쟁력 평가를 나타낸 품질의 집(HOQ ; House of Quality)이라 불리는 품질표를 구성할 수 있으며, 이를 바탕으로 설계 단계, 부품 단계, 공정 단계, 생산 단계로 나누어 품질 개선을 위한 기능 전개를 해 나갈 수 있다.

㉢ FMEA의 활용

FMEA(Failure Mode Effective Anaysis)는 제품 및 프로세스의 가능한 문제점 및 원인들을 사전에 예측하고 위험도를 평가하여 사전 예방이 가능하도록 한 기법으로, 설계의 불완전이나 잠재적인 결함을 찾아내기 위해 구성 요소의 고장 모드와 그 상위 아이템에 미치는 영향을 해석하는 기법이다. FMEA에서는 예상되는 고장 빈도, 고장의 영향도, 피해도 등에 관하여 평가 기준을 설정하고, 개개의 구성 요소에 대하여 고장 평가를 하고 이것을 종합하여 치명도를 구한다. 치명도가 높을수록 중점적인 관리가 필요하다.

㉣ Pareto Chart의 활용

시제품의 문제를 시제품을 구성하는 항목별로 분류하여 크기순으로 나열한 그림을 파레토도(Pareto Chart)라 한다. 파레토도의 사용 목적은 개선 항목의 우선순위를 결정하고, 문제점의 원인을 파악하고, 개선 효과를 확인하기 위함이다. 파레토도의 특징은 어느 항목이 가장 문제가 되는지 찾아낼 수 있고, 문제 항목의 크기, 순위를 한눈에 알 수 있다. 또한 문제 항목이 전체에서 자치하는 비중을 알 수 있고 수월하게 그림을 그릴 수 있다. 파레토도의 작성 절차는 조사 대상 결정, 데이터 수집, 데이터 분류, 항목 정렬, 점유율 계산, 그래프 작성, 누적 곡선 작성 및 필요 사항 기재로 이루어진다.

3 규격 인증 진행

(1) 시험 규격/시험 방법/인증 절차 파악하기

1) 전기용품 안전 규격의 개요

전기용품 안전 인증 제도는 전기용품 안전관리법에 의거 시행되는 강제 인증 제도로서 대상 전기용품의 안전 인증을 받아야 제조·판매가 가능하도록 하는 제도이다. 인증 업체가 인증받은 제품과 동일한 제품을 지속적이고 안정적으로 생산하는가를 평가하므로 불량 전기용품으로 인한 감전, 화재 등의 위험과 장해로부터 소비자를 보호하기 위한 목적을 갖는다. 모든 제품을 전기 안전 인증을 받아야 하는 것이 아니라 필수 인증 품목이 지정되어 있다. 하지만 필수 인증 품목이 아니더라도 인증받은 제품이 있다면 더욱 신뢰할 수 있다. 3D 프린터의 경우 인증 필수 품목은 아니다.

① 전기용품 안전 관리 제도

㉠ 전기용품 안전 인증 제도

「전기용품안전관리법」 제3조의 규정에 따라 안전 인증 대상 전기용품을 제조하거나 외국에서 제조하여 대한민국으로 수출하고자 하는 자가 안전인증기관으로부터 제품의 출고 전(국내 제조), 통관 전(수입 제품)에 안전 인증 대상 전기용품의 모델별로 안전 인증을 받아야 하는 제도이다.

㉡ 전기용품 안전 확인 제도

최근 전기 전자 산업의 발달로 인한 신제품 보급 증가, 기업에 대한 규제 완화 필요성 등의 주변 환경 변화를 고려하여 위해 수준에 따라 안전 관리 절차를 차등 적용하기 위해 「안전확인제도」를 도입하여 2009년 1월 1일부터 시행하였다.

안전 확인 대상 전기용품에 대하여는 기존의 안전 인증 대상 전기용품에 적용되는 공장 심사와 연 1회 이상의 정기 검사 절차가 적용되지 않는다.

ⓒ 공급자 적합성 확인 제도

전기용품의 제조업자 또는 수입업자가 제품을 출고하거나 통관하기 전에 전자용품의 모델별로 제품 시험을 실시하거나 제삼자에게 시험을 의뢰하여 해당 전기용품이 안전 기준에 적합한 것임을 스스로 확인하는 제도이다. 안전 확인 대상 전기용품 중 A/V 기기 등 저위험 품목에 우선 적용하였으며, 점진적으로 대상을 늘려 갈 계획이다. 제조업자는 공급자 적합성 확인 시험 결과서 및 공급자 적합 확인서를 작성하여 최종 제조일로부터 5년간 비치해야 한다.

국내 안전 인증 제도와 안전 확인 제도의 비교

구분		안전 인증 제도	안전 확인 제도
화학	안전성 시험	확인	확인 안 함
공장 확인	제조/검사 설비	확인	확인 안 함
	원자재/공정 검사	확인	확인 안 함
	제품 검사	확인	확인 안 함
인증/신고		인증서 발급	신고서 발급
정기 사후 관리(제품 시험+공장 확인)		확인	정기 심사 없음

출처 : 국가기술표준원 홈페이지, 국내 안전인증제도와 안전확인제도의 비교. http://www.kats.go.kr에서 2016.08. 22. 검색

② 전기용품 안전 규격의 분류
  ㉠ 적합성 평가 대상에 따른 분류

제품 인증	인증 대상이 제품인 경우. 목적에 따라 안전 인증과 성능 인증 포함
시스템 인증	인증 대상이 제품이 아닌 회사의 시스템인 경우. 평가 목적에 따라 품질 경영 시스템(QMS), 안전 보건 시스템(OHSHAS), 환경 경영 시스템(EMS) 등 포함

  ㉡ 적합성 평가 주체에 따른 분류

1자 인증	제조자가 스스로 적합성을 평가하는 방법
2자 인증	구매자가 제조자의 제품이나 시스템에 대해 적합성을 평가하는 방법
3자 인증	제조자나 구매자가 아닌 제삼자(예 인증 기관)를 통한 인증 방법

  ㉢ 강제성 여부에 따른 분류

강제 인증	관련 법규 및 규정에 따라 적합성 평가를 실시하지 않으면 시장에 유통시킬 수 없는 인증

임의 인증	인증 획득 여부가 전적으로 신청자의 의도에 달려 있는 강제성이 없는 인증을 말하나, 실제 임의 인증 제도 대부분은 소비자 신뢰도와 민감하게 연결된 경우 묵시적 강제성을 띠는 경우가 많음.

2) 지역별 안전 인증의 종류

글로벌 브랜드 파워 서플라이에는 많은 인증 마크가 있는데 안전 인증, 전자파 인증, 환경 인증 등 3가지로 구분할 수 있다. 전자파 인증은 대부분의 국가에서 강제적 사항이지만, 안전 인증이 의무화된 지역은 적다. 많은 나라가 안전 인증과 전자파 인증 마크를 동일한 로고로 사용하기에 그 구별은 인증서를 확인해야만 알 수 있다. 안전 인증 비용이 더 크기에 의무적인 경우가 아니면 통상적으로 전자파 인증으로 보면 된다. 우리나라도 기존의 전자파 인증과 2013년 7월 1일부터 시행하는 안전 인증으로 KC 마크를 사용한다. 아래 표에 주요 국가별 안전 인증 기준으로 요약하였다.

주요 국가별 안전 인증 기준

국가명	인증명	로고
대한민국	전기용품 안전 인증(KC)	KC
미국	연방 정부 안전 기준(UL)	UL
미국	연방 정부 전파 인증(FCC)	FC
유럽	유럽공동체 안전 인증(CE)	CE
일본	전기용품 안전 인증 기준(PSE)	PSE
중국	중국 안전 및 품질 인증(CCC)	CCC

(2) 시험 규격 및 방법별 안전 규격 항목 점검

1) 시험 규격에 따른 계측 장비 및 설비

① 전선, 케이블 및 코드류
  ㉠ 마이크로미터, 버니어 캘리퍼스
  ㉡ 더블브리지
  ㉢ 내전압 시험기, 절연 저항 시험기, 난연성 시험기
  ㉣ 인장 시험기, 저울, 항온조

② 스위치/전자 개폐기
　㉠ 마이크로미터, 버니어 캘리퍼스
　㉡ 전압계, 전류계, 전력계
　㉢ 온도 기록계, 열전대 온도계
　㉣ 전압 조정기, 절연 저항계, 내전압 시험기

③ 전원용 커패시터 및 전원 필터
　㉠ 마이크로미터, 버니어 캘리퍼스
　㉡ 전압계, 전류계
　㉢ 내전압 시험기

④ 전기 설비용 부속품 및 연결 부품
　㉠ 마이크로미터, 버니어 캘리퍼스
　㉡ 전압계, 전류계, 전력계
　㉢ 온도 기록계, 열전대 온도계
　㉣ 절연 저항계, 내전압 시험기

⑤ 퓨즈 및 퓨즈 홀더, 전기 기기용 차단기
　㉠ 마이크로미터, 버니어 캘리퍼스
　㉡ 전압계, 전류계
　㉢ 온도 기록계, 열전대 온도계
　㉣ 전압 조정기, 절연 저항계, 절연 내력 시험 장치
　㉤ 퓨즈 용단 시험기(퓨즈에 한함)

⑥ 변압기 및 전압 조정기
　㉠ 마이크로미터, 버니어 캘리퍼스
　㉡ 전압계, 전류계
　㉢ 온도 기록계, 열전대 온도계
　㉣ 전압 조정기, 절연 저항계, 내전압 시험기

⑦ 전기 기기 공통 설비
　㉠ 마이크로미터, 버니어 캘리퍼스
　㉡ 전압계, 전류계, 전력계
　㉢ 온도 기록계, 열전대 온도계
　㉣ 전압 조정기, 내전압 시험기
　㉤ 전기 다리미 : 3점 지지대
　㉥ 전기 탈수기 : Long test pin

ⓐ 전기 레인지, 주방용 전열 기구 : Long test pin, 부하 시험기, 1.8kg 시험 용기
ⓞ 전 세탁기 : 시험용 천, 온수 공급 장치
ⓩ 전기 건조기 : 표면 온도 측정기
ⓩ 전기 냉장(동) 기기 : 냉매 측정기
ⓚ 전자레인지 : 고압 Probe, 오실로스코프
ⓔ 전열 기기 : 5kg 추
ⓟ 전기 마사지기 : 90kg 부하

⑧ 정보/통신/사무 기기
  ㉠ 마이크로미터, 버니어 캘리퍼스
  ㉡ 전압계, 전류계, 전력계
  ㉢ 온도 기록계, 열전대 온도계
  ㉣ 전압 조정기, 내전압 시험기

⑨ 조명 기기
  ㉠ 마이크로미터, 버니어 캘리퍼스
  ㉡ 온도 기록계, 열전대 온도계
  ㉢ 절연 저항계, 내전압 시험기
  ㉣ 누설 전류계, 타이머

2) 시험 규격에 따른 시험 방법

① 내전압 시험
  ㉠ 내전압 시험은 일반적으로 Withstanding Voltage Test라고 부르며 피측정체(DUT ; Device Under Test)의 절연 성분 사이에 얼마나 높은 전압을 견딜 수 있는지 평가하는 시험으로, 내전압 측정 장비(Withstanding Voltage Tester)를 사용하여 수행한다.
  ㉡ 내전압 시험 시 통상 정상 동작 전압의 두 배에 1,000V를 더한 전압을 사용한다⑩ 120V나 240V에 동작되는 가전제품의 경우, 시험 전압은 보통 1,250~1,500VAC 수준)
  ㉢ DC 내전압 시험의 전압은 AC의 경우보다 높은데, AC 시험 전압에 계수 1.414를 곱한 값이 일반적으로 사용된다.
  ㉣ 이중으로 절연된 제품을 시험하기 위한 전압은 더욱 높은데, 120V 전원을 사용하는 제품은 2,500VAC나 4,000VAC로 시험하기도 한다.

② 누설 전류 시험
  ㉠ 누설 전류 시험은 전기ㆍ전자 제품이 실제로 전원이 인가되어 동작 중이고 제품 외부로 노출된 도체 부분을 사용자가 만졌을 때, 인체를 통해 흐르는 누설 전류가 안전한 값(Safe Level) 이하로 흐르는가 여부를 평가하는 시험법이다.

ⓒ 사용자 안전을 위해 규격 기관에서는 누설 전류의 제한치를 보통 0.5mA 이하로 요구한다. 단 전원 플러그에 접지 단자가 있고 경고 문구 스티커를 붙인 일부 제품의 제한치는 보다 높은 0.75mA로 하기도 한다.
　　ⓒ 일반적으로는 설계나 모델 테스트(Type test) 단계에만 적용되나, 의료용 장비의 경우에는 생산 시 전수 검사를 하도록 한다.
　　ⓔ 제품이 동작 중일 때의 누설 전류 시험은 접지가 안 되었거나 전원 단자가 거꾸로 연결되었을 때 등 비정상적인 상황에서 테스트하게 된다(예 정상적인 전압 인가 상태, 단자가 바뀐 전원 인가 상태, 접지를 하지 않은 상태 등의 순서).

③ **절연 저항 시험**
　　㉠ 절연 저항 시험은 전기적으로 절연되어 있는 어느 두 지점 사이의 절연 저항을 측정하는 테스트로 전류의 흐름을 방해하기 위한 전기적 절연이 얼마나 효과적으로 되어 있는가를 판정한다.
　　ⓒ 제품이 생산된 직후뿐만 아니라 일정 기간 사용한 후 절연의 상태를 검사하는 데 유용하다.
　　ⓒ 정기적으로 절연 저항 시험을 실시하면 절연 파괴가 일어나기 전에 절연 불량을 판별해 낼 수 있고, 따라서 절연 파괴에 의한 사용자 안전사고나 비용이 많이 드는 고장 발생을 예방할 수 있다.
　　ⓔ 충전(Charge), 유지(Dwell), 측정(Measure) 그리고 방전(Discharge)의 4단계를 거친다.

2장 안전 관리

> **학습 목표**
> 3D 프린터의 품질을 만족시키기 위하여 성능을 개선하고 신뢰성을 검증하며 관련된 규격 인증 취득을 진행할 수 있다.

1. 안전 수칙 확인

(1) 법령에 따른 안전 관리

1) 삼차원 프린팅 산업 진흥법

「삼차원 프린팅 산업 진흥법」 제1조(목적) : 삼차원 프린팅 산업 진흥법은 삼차원 프린팅 산업의 진흥에 필요한 사항을 정함으로써 삼차원 프린팅 산업 발전의 기반을 조성하고 국민 생활의 향상과 국가경제의 발전에 이바지함을 그 목적으로 한다.

① 주요 법령
  ㉠ 삼차원 프린팅 서비스 사업의 신고(제15조) : 삼차원 프린팅 서비스 사업을 경영하려는 자는 대통령령으로 정하는 요건 및 절차에 따라 과학 기술 정보 통신부 장관에게 신고해야 하며, 신고한 사항 중 대통령령으로 정하는 중요 사항을 변경하거나 그 업무를 폐업하고자 할 경우에도 또한 같음.
  - 신고 대상 : 삼차원 프린팅 출력 대행업체 등 삼차원 프린팅 서비스 사업자
  - 신고 요건 : 사업자를 포함한 근로자 수가 1명 이상, 삼차원 프린팅 장비를 1대 이상 보유한 서비스 사업자
  - 신고 항목 : 삼차원 프린팅 서비스 사업을 경영하는 자는 아래 신고 유형에 따라 정보를 입력해야 함.

신규 신고	사업자의 성명 및 상호 또는 법인의 명칭 및 대표자 성명, 사무실의 주소 및 연락처, 근로자 수, 삼차원 프린팅 보유 현황, 기업의 규모별 유형 신고
변경 신고	대표자 성명(법인인 경우만 해당), 사업자 상호, 사무실의 주소 및 연락처 변경 시 신고
폐업 신고	삼차원 프린팅 서비스 사업 폐업 시 신고

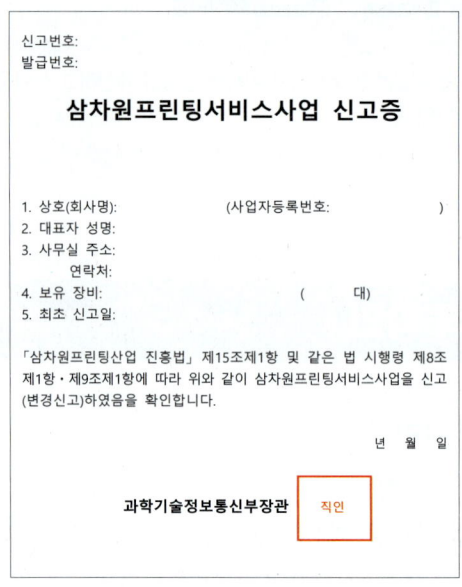

ⓒ 준수 의무(제16조) : 「총포·도검·화약류 등의 안전 관리에 의한 법률」에 따른 총포·도검·화약류 및 「마약류 관리에 관한 법률」에 따른 마약류 등은 제조·생산할 수 없음.
ⓒ 제조물 등에 대한 책임(제17조) : 삼차원 프린팅 서비스 사업자는 법 제17조 1~3호의 사항을 입증할 경우 「제조물 책임법」 제3조에 따라 책임을 면할 수 있음.
ⓔ 안전 교육(제18조) : 삼차원 프린팅 서비스 사업의 대표자는 삼차원 프린팅 관련 기술 및 제품과 관련한 안전 교육을 받아야 하며, 삼차원 프린팅 장비 및 소재를 이용하여 조형물을 제작하는 종업원도 안전 교육을 받도록 해야 함.
  ⓐ 삼차원 프린팅 서비스 안전 교육
     근거 법령 : 삼차원 프린팅 서비스 안전 교육에 관한 근거 법령은 다음과 같다.
     • 삼차원 프린팅 산업 진흥법 제18조(안전 교육)
     • 삼차원 프린팅 산업 진흥법 시행령 제5조(안전 교육 기관의 지정)
     • 삼차원 프린팅 산업 진흥법 시행규칙 제3조(안전 교육의 내용 및 방법 등)
     • 삼차원 프린팅 서비스사업 안전 교육 위탁 및 운영 등에 관한 규정(고시)
  ⓑ 교육 대상 : 삼차원 프린팅 서비스 사업 대표자
     • 소규모 삼차원 프린팅 서비스 사업자(자본금 1억 원 이하 또는 5인 이하)도 안전 교육 대상
     • 삼차원 프린팅 장비 및 소재를 이용하여 조형물을 제작하는 종업원. 단, 1개월 미만 일용직 근로자는 제외
     • 교육 시기 : 교육 시기는 다음과 같음.

대표자	종업원
사업 개시 후 3개월 이내	업무 배치 후 3개월 이내

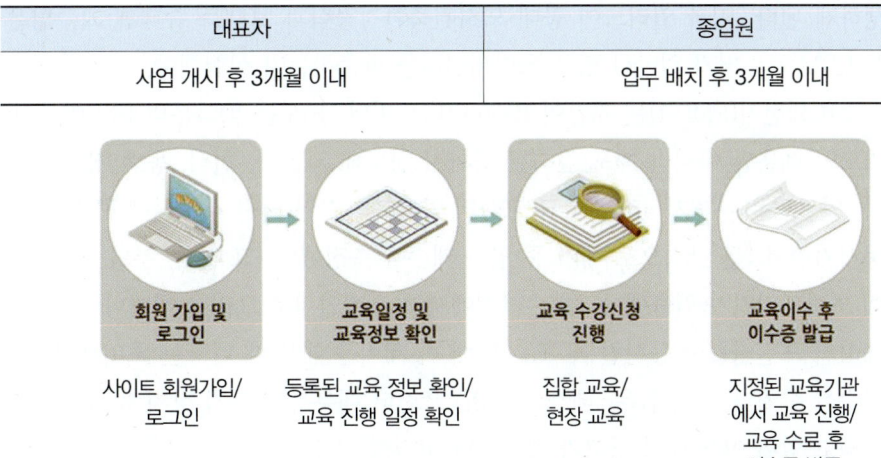

회원 가입 및 로그인	교육일정 및 교육정보 확인	교육 수강신청 진행	교육이수 후 이수증 발급
사이트 회원가입/로그인	등록된 교육 정보 확인/교육 진행 일정 확인	집합 교육/현장 교육	지정된 교육기관에서 교육 진행/교육 수료 후 이수증 발급

  ⓜ 이용자 보호(제19조) : 이용자가 안전하게 삼차원 프린팅 관련 제품을 이용할 수 있도록 제품의 포장·제품 설명서 및 인터넷 홈페이지를 활용해 정보를 제공해야 함.

(2) 금속 3D 프린터의 안전 관리

금속 3D 프린터에 사용되는 금속 재료의 경우 티타늄이나 알루미늄과 같이 미세하게 분쇄된 금속 분말을 사용하게 되는데 금속 분말은 폭발성이 있어 자연 발화되어 화재를 일으킬 수 있다. 화기 근처에 두지 않아야 하며, 폭발 위험이 있는 곳에 분말 재료를 보관하지 말아야 한다. 소화기 또한 일반 소화기가 아닌 Class D급의 소화기가 필요하다. 미국 안전처 OHSA는 3D 프린터 메탈 파우더 폭발 사고가 난 업체에 64,400달러의 벌금을 부과한 바 있다. 일례로 2013년 11월 5일 미시시피주 워번의 파우더 파트 회사에서 메탈 프린터 폭발 사고가 발생하였다. 직원이 메탈 프린터 정리 과정에서 분말 진공 흡입 장치를 사용하고 있었다. 진공 장비가 접지가 되지 않아 정전기가 발생하였고 먼지가 정전기로 인해 점화되고 폭발했다. 메탈 3D 프린팅 작업 중에 폭발 방지 진공 흡입 장치가 사용되었지만 제대로 작동하지 못했다.

(3) 출력 방식별 3D 프린터의 안전 관리

1) 재료 압출 방식의 3D 프린터의 안전 관리

① 재료 압출 방식의 3D 프린터의 경우 고온의 히터를 사용하기 때문에 안전 관리가 매우 중요하다. 노즐 온도계 고장이나 위치 이탈 등의 문제로 인하여 과열에 의하여 화재의 우려가 있으므로 각별히 주의한다.

② 재료 압출 방식의 3D 프린터의 경우 초미세먼지와 관련하여 매우 중요하다. 일반적으로 플라스틱을 200도 이상의 온도에서 용융하여 압출하는데 이 과정에서 초미세먼지가 발

생하게 된다. 미국 일리노이 공대 도시건축환경공학과 브렌트 슈테펜 교수팀은 데스크톱 FDM 프린터가 얼마나 많은 초미세먼지를 방출하는지 실험했다.

초미세먼지(PM0.1)는 지름이 100nm(나노미터. 1nm는 10억분의 1m) 이하인 먼지로, 기도와 폐뿐만 아니라 폐포 깊숙한 곳까지 침투해 뇌졸중, 천식, 동맥 경화 등을 일으킨다. 연구팀은 부피가 45m³(학교 교실의 약 4분의 1)인 일반 사무실에 FDM 프린터를 작동시키면서 1분 간격으로 대기 중 입자 개수를 측정했다. 그 결과, 분당 최고 1,900억 개의 초미세먼지가 검출됐다. 이는 가정에서 가스레인지로 요리를 하거나 향초를 태울 때, 레이저 프린터를 작동시킬 때 또는 담배 한 개비를 태울 때 나오는 초미세먼지의 농도와 비슷한 수치다. 연구팀은 "데스크톱 3D 프린터 대부분이 환기 장치 없이 독립적으로 판매되고 있어 이에 대한 경고가 필요하다"고 밝혔다.

③ 재료 압출 방식의 프린팅용 필라멘트로 흔히 사용되는 ABS 수지는 아크릴로나이트릴(A), 부타디엔(B), 스타이렌(S) 등 세 가지 성분이 결합된 고분자 물질인데, 고온에 분해되면서 따로 방출될 수 있다. 이 물질 각각은 인체에 해롭다. 옥수수를 원료로 한 PLA(PolyLactic Acid, 폴리젖산) 수지를 사용해 인체에 무해하다고 광고한다. 실제로 앞에 언급한 연구에서 PLA 수지를 사용한 프린터가 ABS 수지를 사용한 프린터보다 초미세먼지를 10분의 1 수준으로 적게 방출했다. 이에 대해 연구팀은 "노즐 온도가 높을수록 유해물질이 많이 나오는데, PLA 수지의 적정 용융 온도는 ABS 수지에 비해 30~40℃가량 낮다"고 설명했다. 따라서 프린팅 시 적절한 환기를 하는 것이 매우 중요하다.

2) 광 중합 방식의 3D 프린터의 안전 관리

광 중합 방식의 3D 프린터의 경우 온도를 이용한 경화 방식이 아니기 때문에 화재의 위험성은 상대적으로 적은 편이다. 하지만 사용하는 재료가 UV RESIN으로 인체에 매우 유해하며 유독성의 냄새를 포함한다. 프린팅 중에 적절한 환기가 매우 중요하다. 작업 중에는 마스크나 장갑 등의 개인 보호구를 반드시 착용해야 한다.

(4) 3D 프린팅 소재에 따른 안전 관리

각각의 3D 프린터는 고유의 재료를 사용하도록 설계되었다. 이러한 물질은 잠재된 위험성이 있으며 3D 프린팅 공정을 거치거나 부주의하여 불이 날 경우 아주 위험할 수 있다. 제품별 정보는 소재 업체에서 제공하는 안전 데이터시트(MSDS)를 참조해야 한다. MSDS는 제조업체에 요청하면 된다. 열가소성 플라스틱 및 광경화성 수지, 열가소성 플라스틱은 인화성이 있으며 자극과 피부 민감성을 유발할 수 있다. 일부는 소량의 독성 성분을 포함할 수 있다. 광경화성 수지는 인쇄 과정에서 UV 빛에 대한 노출을 이용하여 경화시킨다. 이들은 종종 아크릴레이트와 같은 유해한 물질을 포함한다. 또한 자외선은 시력과 피부에 손상을 줄 수 있다.

1) 서포트 재료

3D 프린팅 공정은 서포트 설계 재료를 사용하여, 제조 설계에서 프린트물의 지지에 사용된다. 종종 열가소성 아크릴 폴리머에 포함된 페닐 인산염과 같은 유해한 화학 물질이 포함되어 있으므로 위험하다. 사용 및 폐기 시에는 주의해야 한다.

2) 금속 재료

반응성이 있고 불이 나거나 폭발성이 높은 분말 금속은 3D 프린팅의 금속 부품 제조에 사용된다. 티타늄이나 알루미늄과 같이 미세하게 분쇄된 금속 분말은 폭발성이 있어, 자연 발화되어 화재(발화성)를 일으킬 수 있다. 화기 근처에 두지 말고, 폭발 위험이 있는 곳에 분말 재료를 보관하지 않아야 한다. 소화기는 일반 소화기가 아닌 Class D급 금속 소화기가 필요하다. 일반적으로 제조업체의 안전 지침을 따라야 한다. 전기 설비 및 배선이 작업에 적합한지 점검한다. 또한 이 과정은 레이저, 전자빔 등 매우 높은 열을 사용하기 때문에, 사용자가 열에 의한 부상을 입을 뿐만 아니라 중금속 분말 흡입 시에는 폐에 심각한 병을 유발할 수 있다. 이 유형의 3D 프린터 작동에는 표준 공정 절차(SOP)가 필요하다.

공정 위험 평가는 제조업체나 관련 기관에 문의한다. 안전에 대한 많은 팸플릿을 찾아볼 수 있다. 이 팸플릿을 실험실이나 공장에 인쇄해서 붙여 놓는다.

3) 생물학적 물질

3D 프린팅은 공학적 조직 생성을 위한 세포와 같은 생물학적 물질의 인쇄를 포함하도록 확대되었다. 에어로졸에 대한 노출로 인한 잠재적 오염과 적절한 공정의 관리가 필요하다.

(5) 3D 프린터용 안전 라벨

1) 현재 국내에서 사용되는 3D 프린팅 라벨

Label	내용
	일부 부품이 고온에서 작동하며 상해를 일으킬 수 있는 부품을 포함합니다. 출력 후에는 프린터의 내부 온도가 내려갈 때까지 기다려 주시오.
	기기 작동 중에는 끼임 등의 사고 위험이 있으니 내부에 절대로 손을 넣지 마시오.
	레이저 커팅 기능 사용 시 보호 안경을 꼭 착용해 주시오.

	높은 열을 발생시킵니다. 내부를 만지려면 먼저 열을 식히십시오.
	부상을 초래할 수 있는 움직이는 부품이 포함되어 있습니다. 작동 중 절대로 내부에 손을 넣지 마십시오.
	감전의 위험이 있으므로 사용자가 수리할 수 없습니다.

2) 3D 프린팅의 위험 요소

• 고온 부분 : 3D 프린팅 헤드 블록 및 UV 램프, 레이저 주사부, 메탈 프린터 빌드 플레이트 • 고전압 : UV 램프, 레이저, 전자빔 커넥터, 전기 콘센트 안전 인증, 접지선	• 자외선, 레이저 방사 : UV, 레이저 보안 유리 손상 확인, 레이저 보안경 착용 • 움직이는 부분 : 3D 프린팅 기계 조립 부분

3) 3D 프린팅 공정 일반 안전 수칙

• 항상 제조업체 지침을 따른다. • 3D 프린팅 장비의 변경 또는 신규 용도로 진행 시의 위험, 위험성 평가는 관련 기관에 문의한다. • 비일상적 작업, 위험한 작업을 시작하기 전에 동료에게 알리고 시작한다. • 호흡기 질환을 예방하려면 장비와 소재를 사용하는 공간을 환기시킨다. 작업 공간의 공기량을 시간당 최소 4번 교체해야 한다. 필요한 경우 시설 관리 서비스 팀에 문의한다. • 3D 프린팅 작업이 시작된 후에는 덮개를 열지 말고, 인터록 스위치를 해제하지 않는다. • 인터록 안전 스위치가 고장이면, 프린터를 사용하지 않는다.	• 3D 프린팅 후 후처리 공정에 들어갈 때는 비침투성, 열에 안전한 장갑과 먼지 마스크(P100, P3)를 착용한다. • 광경화성 수지를 사용하는 경화되지 않은 3D 프린팅 결과물은 위험하다. 취급 시 네오프렌(neoprene) 또는 니트릴(nitrile) 장갑을 착용한다. • 메탈 프린팅 후 남아 있는 분말은 매우 위험하다. 흡입되거나 폭발할 수가 있다. 정전기 방지와 안전 슈트를 착용해야 한다. • 분말이나 액체일 경우 안전 고글을 착용한다. 프린팅 소재의 카트리지에서 새거나, 유출 시에는 재료에 맞는 흡수 패드를 사용하고 재료 유출이 되지 않도록 한다. 유해 물질을 폐기물 처리 기준으로 처리한다. • 식음료의 저장소, 식당의 거리를 장비, 소재와는 멀리 두어야 한다.

(6) 메탈 프린터의 안전과 환경 문제

초기 안전 문제는 금속 파우더를 융합하는 데 사용된 장비 시스템의 고성능 레이저였다. AM 기계의 400W 파이버 레이저는 일반적으로 기계 외부에서 작동되는 경우 Class-IV로 분류된다(DIN EN 60825-1:2015).

그러나 수많은 중복 안전장치, 레이저가 외부로 유출되지 않게 하기 위해 내부에서 처리한 것뿐만 아니라, 빌드 챔버의 레이저 차단 유리창은 Class-I로 레이저의 위험을 감소시킨다. 챔버 문이 열려 있으면 레이저가 켜지지 않으며 챔버의 산소 함량이 2%를 초과해도 레이저가 켜지지 않는다. 도어 링크 인터록을 확인하기 위해 제조업체에서 권장하는 안전 절차에는 레이저 퓨즈(L-PBF/SLM 시스템의 경우, EOS 사의 경우 F1 및 F2)가 끊어져서 레이저를 비활성화하는 작업이 포함된다.

입력 소재로 사용되는 재료 금속 분말은 관련 안전 문제가 여러 가지 있기 때문에 작업자에게 가장 큰 위험을 초래한다. 금속 분말은 눈과 피부에 염증이나 병을 유발할 수 있다. 또한 흡입하면 유해하며 폐 섬유증을 유발할 수 있다. 대부분의 금속 분말은 독성 또는 발암물질로 분류되지는 않지만 섭취하면 위장에 영향을 줄 수 있으며 일부 금속 분말에 대한 만성적인 노출은 알츠하이머병 및 폐질환과 관련될 수 있다. 금속 분말은 특히 먼지 구름 형태로 분산되어 열이나 정전기 스파크와 같은 점화원에 노출될 때 인화성을 가지며 폭발 가능성이 있다. 일부 금속 분말은 산화 물질 또는 특정 금속 산화물과 같이 반응하여 연소되고, 일부는 물과 반응하여 열이 발생하는 경우도 있다.

분말 폭발 가능 위험물

호흡기에 가장 위험이 큰 것은 빌드 전에 기계에 분말을 넣는 과정, 빌드 전후에 분말을 다루는 과정이다.

호흡기 위험

분말 흡입 위험은 분말을 기계에 넣거나 빌드 전후에 빌드 챔버 내부의 분말을 조작할 때 가장 크다. 관련 과정에 반드시 필터 마스크를 사용해야 한다. 그러나 분말은 일반적으로 빌드 챔버에만 국한되므로 챔버 안의 부품이나 분말을 다루는 작업자는 반드시 마스크를 착용해야 한다. 이론적인 배경은 기존에 실험 수행된 공기 중 미립자 측정 자료에 의해 뒷받침되며 스테인리스강 분말을 처리하는 동안에는 무시할 정도이며 아주 소량의 미립자만 측정된다.

또 다른 명백한 위험은 빌드 챔버 내부의 움직이는 시스템을 포함한다. 빌드 플랫폼, 파우더 디스펜서, 파우더 수집기 및 리코팅 암은 모두 모터로 구동되므로 기계의 다른 부분과 충돌할 가능성이 있다. 예를 들어 리코팅 암은 수동으로 움직이는 동안 잘못 배치된 플랫폼과 충돌할 수 있다. 다행히도, 기계의 구동 시스템은 충돌을 감지하고 모션을 정지시킬 수 있다. 작업자의 손과 팔의 이러한 충돌 위험은 일반적으로 문제가 되지 않는다. 왜냐하면 모터는 설치실 도어가 열려 있는 동안 작동하지 않기 때문이다.

또한 빌드 플랫폼이 기계에 따라 80~200℃까지 가열되고, 온도로 유지되므로 파우더에 남아 있을 수 있는 잔류 습기를 제거할 수 있다. 플랫폼이 여전히 뜨거울 수 있으므로 청소할 때에는 내열 장갑을 착용할 것을 권장한다.

고온 주의

빌드 플랫폼, 재순환 시스템의 필터 및 습식 세퍼레이터(일부 유지 보수 절차 중에 분해해야 함)는 무겁고 부피가 크다. 이러한 품목을 들어올리거나 옮길 때 부상을 입지 않도록 안전 신발과 장비 회사에서 제공하는 리프트를 사용하는 것이 좋다.

마지막으로, 안전 절차를 제대로 지키면 빌드 챔버에 화재가 발생할 위험이 적다. 챔버에서 작업하는 동안 화재가 발생하면 빌드 챔버 도어를 닫고 제어 소프트웨어의 아이콘을 클릭하여 챔버를 불활성 가스로 가득 채워서 불을 끄면 된다. 빌드 중 화재가 발생하는 경우 챔버 내에 존재하는 불활성 분위기를 고려할 때 극히 희박하다. 재순환 시스템의 필터를 바꾸는 동안 화재 가능성도 있다. 이 경우에는 Ti, Al이 아닌 경우에는 옆에 수조를 넣고, 필터 교체 후 바로 물에 넣어서 화재가 일어나지 않도록 한다.

> **표준 운영 절차(SOP ; Standard Operation Procedure)**
>
> 안전을 위한 표준 운영 절차는 반드시 만들어서 비치해야 하며 이런 절차를 통해서 안전성을 확보하는 것이 중요하다. 어느 회사든지 안전을 위해 표준 절차를 만들어서 운영자에게 교육시켜야 하고 반드시 이 프로시저에 의해 움직여야 한다.

(7) 화재 방지를 위한 장비

다음은 화재 방지를 위해 사용해야 할 장비의 목록이다. 소화기나 개인 안전 장비는 다음 절에서 자세히 설명한다.

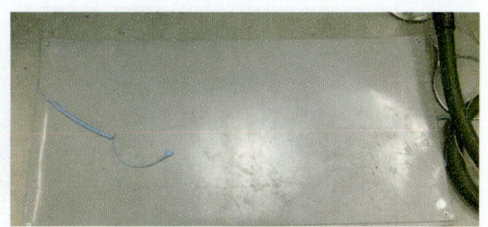

정전기 방지 매트 및 접지선

① 스파크 방지 도구 : 스파크 방지 도구는 금속 분말을 붓거나 조작하는 데 사용한다. 스파크 방지가 되는 도구만 사용해야 하며 일반적으로 장비업체에서 제공하는 도구를 사용한다.

스파크 방지용 도구, 분말 정리 시 사용

② 습식 세퍼레이터 및 정전기 방지 진공 흡입 장치 : 일종의 진공청소기와 같은 장비라고 생각하면 된다. 그런데 일반 청소기는 절대 사용해서는 안 된다. 이 장비는 건식 장비와 습식 장비가 있다. 세퍼레이터, 진공 흡입 장치, 진공청소기라고도 하는데, 주의할 점은 시중에서 파는 일반 산업용, 가정용 진공청소기를 사용하면 매우 위험하기 때문에 절대 사용하면 안 된다. 정전기 방지가 안 된 제품은 진공청소기 안에서 먼지 구름 등을 형성해서 청소기 자체가 폭발할 수 있다. 주의할 점은 폭발 사고 사례에서 볼 수 있듯이 정전기 방지 진공 흡입 장치에 접지가 안 되어 폭발한 경우이다. 이런 경우를 대비해서 장비의 상태를 사용 전에 항상 점검한다. 장비업체가 제공한 습식 세퍼레이터가 유용하고 다양한 기능의 안전 장비이다. 빌드 후 다시 사용할 수 없는 파우더를 청소하는 것 외에도, 파우더를 빌드 챔버에서 사용할 때마다 금속 파우더 구름의 형성을 방지하기 위해 습식 분리기를 사용한다. 진공 흡입구를 옆에 두고 금속 파우더 구름 생성 시에 빨아들인다. 참고로 에어건이나 스프레이를 금속 파우더에 쏘면, 구름이 형성되어 아주 위험해진다. 주로 프린트물에서 분말을 제거할 때 이런 경우가 있는데, 이 경우엔 물로 씻고 하거나, 금속 파우더 구름이 생성되지 않게 한다. 최근에 독일에서 사용하는 건식 장치가 들어와서, 건식이 사용 가능한 금속의 경우는 이것을 사용한다. 이것은 자체 모터 방식이 아닌 고압 공기를 사용하는 방식이다. 필터 또한 특수하므로 거기에 맞는 필터를 사용한다.

빌드 플레이트 조작 시에 진공 흡입구를 옆에 두고, 금속 파우더 구름 생성 시에 빨아들인다. Class D급 소화기를 항상 메탈 프린터 옆에 가까이 두고 사용한다. 무겁기 때문에 가까이 둔다.

2 개인 보호 장비 및 화재 진압

(1) 개인 보호 장비(PPE ; Personal Protective Equipment) 및 관련 장비

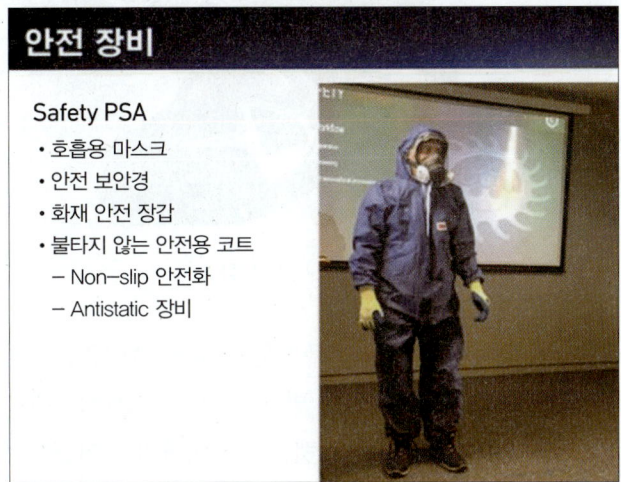

① 호흡 보호 마스크 : 금속 분말이 취급되는 모든 작업 중에는 P100(또는 P3) 고효율 미립자 공기 필터(HEPA) 카트리지가 장착된 방독면(NIOSH) 호흡 보호 마스크를 사용해야 한다. 의료 전문가가 관리하는 곳에서 폐 용량 검사와 호흡 사용에 대한 교육을 받은 의료 및 안전 요원에 의해 호흡 보호 마스크가 청소되어야 하고, 필터가 주기적으로 교체되어야 한다.

매년 호흡 마스크 착용 훈련을 해야 한다. 경험에 따르면 전체 마스크 착용은 육체에 지나친 피로를 주지 않지만, 60~90분의 연속 사용 후 휴식은 좋은 표준 관행이다.

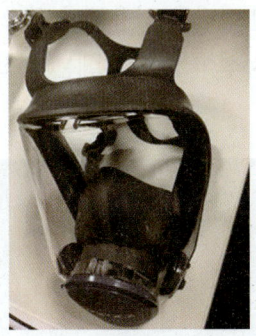

호흡 보호 마스크

② 접지 : 금속 분말과 관련된 화재의 가장 일반적인 점화원은 정전기로 인한 스파크이다. 따라서 스파크의 가능성을 줄이기 위해 몇 가지 주의 사항이 있다. 빌드 챔버에서 작업

하는 동안 사용자는 정전기 방지 안전화 또는 정전기 방지 밴드 스트랩을 착용하고, 장비 업체가 제공한 접지된 정전기 방지 바닥 패드에 서 있어야 한다.

안전화

③ **안전화(Steel-Toed Safety Shoes)** : 무거운 구조물 플랫폼을 들어올리거나 움직일 때 Steel-toed 안전화를 사용해야 한다. 빌드 플레이트 강판은 대략 12kg(25lbs)이다. 장비 업체가 제공하는 리프터는 빌드 플랫폼을 들어올리고 이동하는 데에도 사용할 수 있지만, 경험상 트롤리를 움직이고 배치하는 것은 빌드 플랫폼을 들어올리는 것만큼 중요하다. 트롤리는 유지 보수 중에 필터 교환을 수행하거나 습식 분리기의 두 개 반을 분리하여 이동할 때 유용하다.

④ **안전 장갑** : 금속 분말이 사용자의 피부에 닿을 가능성이 있을 때마다 비멸균 건강 진단 장갑과 같은 일회용 고무장갑(예 라텍스)을 사용해야 한다. 경험에 따르면 일부 화학 물질(예 세척제)은 이러한 유형의 장갑의 완전성을 감소시킬 수 있으므로 이러한 화학 물질과의 접촉을 피하도록 주의해야 한다. 또한 사용 후에는 장갑에 묻은 분체가 외부로 쌓이지 않도록 한다. 이 장갑은 열로부터 보호할 수 없기 때문에 빌드 플랫폼을 이동할 때 용접 장갑과 같은 내열 장갑을 사용해야 한다. 재순환(recycling) 유닛에서 필터 교환을 할 때와 같이 화재 가능성이 클 경우에는 용접 장갑을 다른 화재 방지 의류와 함께 착용해야 한다.

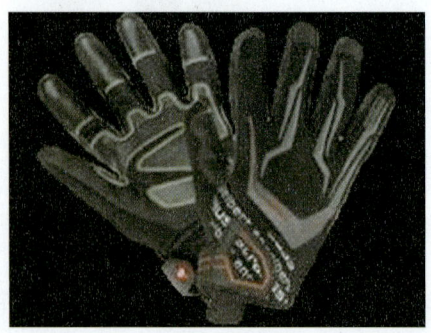

안전 장갑

⑤ **보호복** : 반응성이 적은 금속 분말을 사용하여 일상적인 설치 및 청소를 할 때 표준 랩 코트와 같은 긴 팔 의류를 위에서 설명한 고무장갑과 함께 사용할 경우 사용자의 피부에 닿는 금속 가루에 대해 충분한 보호 장치가 된다. 빌드 챔버의 높이 때문에, 그리고 사용자가 설치 및 청소 중에 챔버 내부에 팔을 넣어야 하므로 파우더가 사용자의 팔 아래쪽에 남아 있지 않도록 주의해야 한다. 이는 특히 청소 작업 중에 많이 발생한다. 습식 세퍼레이터는 항상 분말이 쌓인다. 이 경우를 대비하여 진공 보호복을 일상적으로 사용해야 한다. 알루미늄 및 티타늄과 같은 반응성이 큰 분말의 경우 내화성 의류를 사용해야 한다.

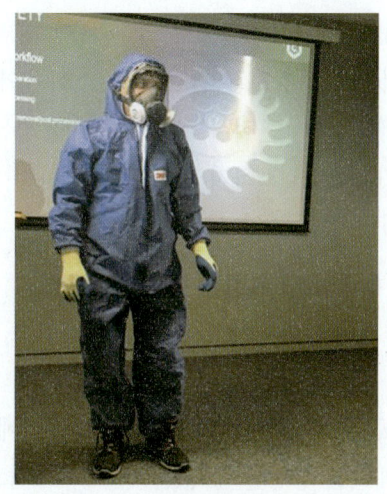

보호복

⑥ **내화성 후드 및 의류** : 반응성이 높은 금속 분말(예 알루미늄 또는 티타늄 합금)을 사용한 작업의 경우 내화성 의류를 착용해야 한다. 정전기 방지 신발 또는 정전기 방지 밴드 스트랩과 정전기 방지 매트는 설치 및 청소하는 동안을 포함하여 항상 착용한다. 사용되는 금속 분말의 종류에 관계없이 재순환 시스템의 필터가 교체될 때마다 내화성 의류도 착용해야 한다. 현재 주로 사용되는 내화성 의류는 Nomex® 점프수트, Nomex® 후드 및 용접기 장갑 등이다.

(2) 메탈 프린팅 화재 진압 방법

메탈 프린팅 화재는 사전에 대비하고, 교육을 통해 숙지하고 실전 대비 훈련을 해서 익숙해져야 한다. 또한 이렇게 하는 것이 가장 안전한 방법이라는 확신을 가지고 메탈 화재에 대처해야 한다. 메탈 화재는 아주 위험한 화재이다.

메탈 프린팅 화재는 기존의 화재와는 다른 양상으로 진행된다. 기존의 소화기를 사용할 경우에는 소화기 약제와 반응해서 화재가 더 심해질 수 있다. 따라서 메탈 프린터용 소화기를 반드시 비치해야 한다. 이 Class D급 소화기는 기존 소화기와 완전히 다른 소화기이다. 다음은 금속 3D 프린팅의 화재 발생 시 대처 방법이다.

> - Class ABC급 소화기처럼 사용하지 마십시오.
> - 불이 붙은 파우더를 덮어주는 데 사용합니다.
> - 작은 금속 화재에만 대처하기 위한 것입니다.

① 소화기 : 금속 분말이 함유된 화재에는 Class-D 소화기만 사용해야 한다. 이 소화기는 크고 무겁고 부피가 크므로 벽에 걸어 놓지 않는다. 일반적으로 AM 장비 바로 옆에 둔다. 소화기는 L-PBF/SLM 시스템 근처의 첨가제 제조 시설 내부 벽면 옆에 둔다. 소화기 노즐을 소화기 자체에 연결하는 긴 호스와 소화기의 장거리 스프레이 성능은 이미 기계 및 필터 시스템에 충분히 근접한 상태에서 사용하는 동안 움직이지 않아도 되니, 신속한 화재 대응이 가능하다. 소화기 약제도 반드시 비치하고 추가적으로 마른 모래, 마른 소금 등을 준비하면 화재 진압 시 도움이 된다.

② Class D급 소화기를 통한 메탈 프린팅 화재 진화 방법
  - 화재의 크기 상황 파악 : 화재가 안전하게 격리되고, 조용히 연소되고 끝날 수 있는지 파악한다.
  - 가연성 금속을 포함한 대부분의 화재는 클래스 D 에이전트로 덮어서 소멸시킬 수 없다. 불타고 있는 메탈은 상상할 수 없을 정도로 뜨겁고, 타고 있는 곳을 잘못 건드리면 섬광을 내면서 더 타들어갈 수 있다.
  - 대형 메탈 화재는 화재 진압이 불가능할 수가 있다.
  - 가장 좋은 방법은 가능하면 메탈 소재를 분리시키는 것이다. 분리시킨 부분이 자연히 타서 없어지게 하여 인원 및 장비 손실을 최소화한다.
  - 가연성 금속 먼지와의 교란을 피하기 위해 조심스럽게 소화 약제를 도포한다. 먼지 구름을 일으킬 수 있다. 가연성 금속 소재, 분진, 아주 작은 분말이 포함된 화재는 극도의 주의를 기울여야 한다. 떠다니는 작은 분진은 작은 불꽃에도 화재가 일어난다.
  - 구조물 내에 많은 양의 분진이 있는 화재는 극도로 주의해야 하며, 작은 분진 폭발은 훨씬 더 큰 폭발을 일으킨다.
  - 가연성 금속 분진의 교란을 피하기 위해 조심스럽게 소화 약제를 화재의 원인 부분에 도포한다. 이때 먼지 구름이 발생할 수 있어 조심해야 한다.
  - 가연성 금속 분말 화재 시 가압 소화 약제를 사용하지 않아야 한다. 가연성 금속 분말 화재 진압 시 소화 약제가 화재 진압을 방해하거나 흐트러지지 않도록 조심스럽게 다루어야 한다.

- 작은 화재에는 Class D 소화제, 건조한 모래 또는 건조한 소금을 사용한다.
- 작은 화재에는 Class D 소화제 분말, 금속과 반응하지 않는 마른 모래 또는 건조한 물질로 동그란 댐을 만들어 감싸서 화재가 다른 곳에 퍼지지 않도록 한다.
- 물과 섞인, 녹은 가연성 금속은 격렬한 수증기를 발생시키고, 수소 폭발을 일으키고 화학 반응을 일으킬 수가 있다.

4과목 핵심 문제

01 3D 프린터의 성능 개선을 위한 항목 중 온도와 관련한 관리 항목이 아닌 것은?
① 노즐 온도
② 베드 온도
③ 챔버 온도
④ 재료의 보관 온도

> 해설 성능 개선을 위한 온도와 관련된 관리 항목은 노즐, 베드, 챔버의 온도이다.

02 노즐 온도에 대한 설명으로 바르지 않은 것은?
① 노즐의 온도는 사용 필라멘트에 따라 다르게 설정해야 한다.
② 일반적으로 PLA의 용융 온도가 ABS보다 더 낮다.
③ 프린터에 표시되는 온도와 실제 노즐의 온도는 항상 일치한다.
④ 같은 재료라 하더라도 사용 노즐경이 크면 용융 온도가 높아야 한다.

> 해설 프린터에 표시되는 온도와 실제 온도는 차이가 발생할 수 있다. 따라서 반드시 프린팅 전에 확인해야 한다.

03 베드 온도에 대한 설명으로 옳은 것은?
① 모든 프린터의 적정 베드 온도는 동일하다.
② 온도가 높을수록 출력 품질이 좋아진다.
③ PLA의 경우 베드가 히팅되지 않아도 출력이 가능하다.
④ ABS는 베드가 히팅되지 않아야 출력 품질이 더 좋아진다.

> 해설 PLA의 경우 베드의 수평이 잘 맞을 경우나 접착력이 강할 경우 히팅되지 않아도 출력이 가능하다. 하지만 베드를 히팅하는 것이 출력 품질을 더 높여준다.

04 챔버 온도에 대한 설명으로 옳은 것은?
① 재료 압출형 3D 프린터의 경우 챔버가 반드시 필요한 것은 아니다.
② 챔버를 사용하면 수축 현상이 더 심해진다.
③ 내부 온도가 높을수록 출력 품질이 좋아진다.
④ 내부 채움이 적을수록 챔버를 사용할 때 출력 품질이 좋아진다.

> 해설 반드시 챔버가 필요한 것은 아니다. 하지만 출력 품질을 좋게 하거나 용융 온도가 높은 재료를 사용할 경우 챔버가 필요하다.

05 카르테시안 방식의 3D 프린터의 구동부에 대한 설명으로 옳지 않은 것은?

① 구동부는 X, Y, Z의 3개의 축으로 이루어져 있다.
② 일반적으로 스테핑 모터를 사용한다.
③ 타이밍 벨트의 장력은 강할수록 좋다.
④ X, Y축의 경우 사용 부품이 비슷하다.

> 해설 ▶ 벨트의 장력이 너무 강할 경우 출력물 표면에 떨림 현상이 나타날 수 있다.

06 카르테시안 방식의 3D 프린터의 X축 구동부에 대한 설명으로 옳은 것은?

① 스테핑 모터보다 서보 모터를 더 많이 사용한다.
② 위치 제어를 위해 일반적으로 타이밍 벨트를 사용한다.
③ 타이밍 벨트의 장력이 강할수록 좋다.
④ 타이밍 벨트의 장력이 느슨할 경우 미세한 물결 무늬가 발생한다.

> 해설 ▶ 일반적인 경우 비용이 저렴하고 고속 이동에 적합한 타이밍 벨트를 사용한다.

07 카르테시안 방식의 3D 프린터의 Y축 구동부에 대한 설명으로 옳은 것은?

① 일반적으로 X축 구동부가 조립된다.
② 일반적으로 볼 스크루를 이용해서 위치를 제어한다.
③ 축간 거리가 넓으므로 좌, 우 벨트의 장력이 다를수록 좋다.
④ 선형 운동을 위해 사각 나사를 사용한다.

> 해설 ▶ 타이밍 벨트를 이용하여 위치 제어를 하며 벨트의 좌, 우 장력이 반드시 같아야 한다. 선형 운동을 위해 LM Guide 또는 Shaft 등을 사용한다.

08 카르테시안 방식의 3D 프린터의 Z축 구동부에 대한 설명으로 옳지 않은 것은?

① 반드시 출력 베드가 조립된다.
② 위치 제어를 위해서 볼 스크루 또는 사각 나사를 사용한다.
③ 모터와 커플링을 이용하여 체결하는 경우가 많다.
④ 스테핑 모터를 주로 사용한다.

> 해설 ▶ 반드시 출력 베드가 조립되는 것은 아니다.

09 델타 방식의 3D 프린터에서 출력 품질이 저하될 경우 구동부의 문제 부위를 특정하기가 쉽지 않은 이유는?

① 출력 품질과 구동부의 문제는 상관이 없다.
② X, Y, Z축이 개별적으로 구성되어 있다.
③ 프린팅 시 각 축이 서로 연동되어 움직인다.
④ X, Y, Z축이 전혀 다른 구조로 이루어져 있다.

해설 델타 방식의 경우 X, Y, Z축이 유사한 방식으로 연동되어 작동한다. 출력 품질이 저하될 경우 문제 부위를 찾기가 쉽지 않다.

10 재료 압출 방식의 3D 프린터의 익스트루더에 대한 설명으로 옳지 않은 것은?

① 다이렉트 방식과 보우덴 방식으로 분류된다.
② 익스트루더 모터를 일정 속도로 구동하여 필라멘트를 공급한다.
③ 모터에 기어, 베어링 등이 장착된다.
④ 스프링의 장력이 약할 경우 필라멘트의 표면이 손상된다.

해설 스프링의 장력이 강할 경우 필라멘트의 표면이 손상된다.

11 재료 압출 방식의 3D 프린터의 출력 베드에 대한 설명으로 옳지 않은 것은?

① 실제 프린팅이 되는 공간으로 매우 중요하다.
② 절대적인 수평보다는 노즐 끝단과의 상대적인 수평도가 매우 중요하다.
③ 출력 베드의 접착력을 증가시키기 위해 다양한 기술이 동원된다.
④ 노즐경이 0.4mm인 경우 간격은 0.3mm 이상으로 한다.

해설 일반적으로 노즐경의 절반 이하로 조정해야 한다. 0.4mm 노즐의 경우 0.1~0.2mm 정도가 적당하다.

12 다음 그림 중 노즐과 출력 베드의 이상적인 간격은?

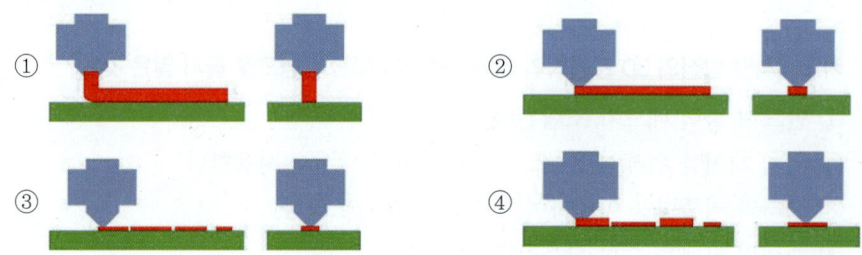

해설 간격이 적절할 경우 재료가 퍼지면서 동일한 두께로 출력된다.

13 노즐의 온도 검사에 대한 사항으로 옳지 않은 것은?
① 재료 압출형 3D 프린터의 익스트루더부는 히터, 온도계, 히트 블럭, 노즐 등이 조립된다.
② 프린터의 설정 온도와 실제 온도의 차이는 없다.
③ 노즐부의 온도 측정에 사용되는 온도계는 접촉식과 비접촉식이 있다.
④ 다이렉트 방식과 보우덴 방식의 구조가 동일하다.

해설 ▶ 프린터의 설정 온도와 실제 온도는 차이가 생길 수 있다.

14 출력 베드 수평도 조정 방법에 대한 설명으로 옳은 것은?
① 베드와 노즐 끝단이 접촉되도록 한다.
② 베드의 수평을 조절하는 방법은 자동과 수동이 있다.
③ 베드의 수평도를 조절하기 위해서는 노즐 세트를 다양한 위치로 이동시켜 가며 조절한다.
④ 비접촉식 레벨 센서의 경우 베드 재질에 관계없이 사용할 수 있다.

해설 ▶ 베드의 절대 수평보다 노즐과의 간격이 중요하기 때문에 위치를 이동시켜 가며 동일한 간격으로 조정해야 한다.

15 구동부의 위치 정밀도 검사 방법 중 STEP당 이송 거리는 어디에서 설정하게 되는가?
① SLICE SOFTWARE
② 기계적으로 구성되어 설정이 불가능하다.
③ FIRMWARE
④ PRONTFACE

해설 ▶ STEP당 이송 거리는 펌웨어에서 조정하게 된다.

16 출력물을 통한 품질 검사에 대한 설명으로 옳지 않은 것은?
① 과거에는 출력물의 품질 기준이 없었다.
② 시험 항목은 정확도, 출력물의 최소 크기, 적층 두께, 출력 속도 4가지이다.
③ 출력 정밀도를 검사하기 위해서는 시험편 5개를 반복 출력해야 한다.
④ 출력물의 최대 크기는 6각형 형상을 출력하게 된다.

해설 ▶ 시험 항목은 정확도, 출력물의 최대 크기, 적층 두께, 출력 속도의 4가지이다.

17 출력물을 통한 품질 검사 중 적층 두께에 대한 설명으로 옳지 <u>않은</u> 것은?
① 적층 두께 출력물의 밑면의 크기는 50×25mm이다.
② 정밀도가 우수한 산업용의 경우 경사면의 높이는 적층 두께의 3배로 한다.
③ 기본 높이는 0.1mm로 한다.
④ 개인용의 경우 장비별 사양에 따라 층별 적층 두께 결과 값이 10% 이상일 경우 경사면의 높이는 0.8mm로 설정하여 평가한다.

> **해설** 노즐경의 1/2을 평균적으로 적용하기 때문에 기본 높이는 0.2mm이다.

18 출력물을 통한 품질 검사 공인 기관 성적서를 발급하는 기관은?
① 한국표준협회
② 한국생산기술연구원
③ 한국건설생활환경시험연구원
④ 한국기계전기전자시험연구원

> **해설** 2019년 7월 기준 품질 검사 공인 기관 성적서를 발급하는 곳은 한국건설생활환경시험연구원이 유일하다.

19 3D 프린터 작동 문제점 개선 방안 중 익스트루더와 관련하여 개선해야 할 사항으로 옳지 <u>않은</u> 것은?
① 노즐이 막힐 경우 발생할 수 있으므로 노즐을 청소한다.
② 모터에 공급되는 전류를 조절하여 토크를 증가시킨다.
③ 스프링의 장력은 점검할 필요가 없다.
④ 익스트루더 기어부를 재점검한다.

> **해설** 스프링의 장력 또한 점검해야 한다.

20 3D 프린터 작동 문제점의 개선 방안 중 구동부와 관련하여 옳은 것은?
① 모터가 작동하지 않을 때는 무조건 모터를 신품으로 교체한다.
② 기계 부품에 급지나 급유는 필요 없다.
③ 벨트 풀리나 베어링이 파손되면 벨트에 걸리는 장력이 감소한다.
④ H-BOT 방식의 경우 X, Y 두 모터의 토크를 동일하게 설정하는 것이 매우 중요하다.

> **해설** H-BOT 방식의 경우 X 또는 Y의 한 방향으로 움직이더라도 X, Y 두 모터가 동시에 작동한다. 따라서 모터의 토크가 다를 경우 움직임을 제어할 수 없다.

21 성능 개선 보고서 작성에 포함되어야 할 내용으로 바르지 않은 것은?

① 성능 시험의 문제점 현상을 기술한다.
② 불량 발생 부위 사진을 첨부하는 것이 중요하다.
③ 출력 불량의 경우 소프트웨어에서만 발생하기 때문에 원인을 파악할 필요가 없다.
④ 개선 결과를 매뉴얼에 반영해야 한다.

해설 ▶ 출력 불량의 경우 하드웨어에서도 발생하기 때문에 반드시 원인을 파악해야 한다.

22 3D 프린터의 신뢰성 시험이 필요한 이유는 무엇인가?

① 제품의 기능이 날로 단순해진다.
② 예상되는 불량을 조기에 검출할 필요는 없다.
③ 새로운 소재가 출현하고 기술 개발 속도가 빨라짐에 따라 기존의 품질 관리 기법으로는 제품의 품질을 보장하는 데 한계가 있다.
④ 인정서를 요구하는 기관이 많아지고 있다.

해설 ▶ 3D 프린터의 경우 신제품의 출시가 매우 빠르고 새로운 재료 또한 지속적으로 출시되고 있기 때문에 기존의 품질 관리 기법으로는 한계가 있다.

23 시스템의 신뢰성 예측 방법 중 주어진 시간에서 고장 발생까지의 시간으로 수리 불가능한 제품의 평균 고장 시간을 산출할 때 사용하는 방법은?

① MTBF
② MTTR
③ MTTF
④ KCLF

해설 ▶ MTTF(Mean Time To Failure)

24 신뢰성 시험의 종류 중 시험 목적에 따른 것은 무엇인가?

① 실험실 시험
② 현장 시험
③ 적합 시험
④ 신뢰성 보증 시험

해설 ▶ 시험 목적에 따른 종류는 적합 시험과 결정 시험이 있다.

25 신뢰성 시험의 종류 중 신규성이 높고 고장 메커니즘이 불분명하며, 필드 정보가 충분하지 않은 시험은?

① 정형 시험
② 비정형 시험
③ 가속 시험
④ 정상 시험

해설 ▶ 정형 시험은 IEC, ISO, KS 등에 표준화된 시험이며 가속 시험과 정상 시험은 가속 여부에 따른 신뢰성 시험의 종류이다.

26 신뢰성 시험의 항목 중 온도 관련 신뢰성 시험이 아닌 것은?

① 고온 시험
② 저온 시험
③ 온도 사이클 시험
④ 결빙 시험

> 해설 ▶ 신뢰성 시험 항목은 고온, 저온, 온도 사이클 시험으로 결빙 시험은 없다.

27 유사한 시험 항목끼리 올바르게 나열한 것은?

① 고온 시험 – 고온 고습 시험
② 온습도 사이클 시험 – 정현파 진동 시험
③ 충격 시험 – 광대역 랜덤 진동 시험
④ 온도 사이클 시험 – 온습도 사이클 시험

> 해설 ▶ 충격 시험 – 광대역 랜덤 진동 시험은 진동 관련 신뢰성 시험의 종류이다.

28 신뢰성 시험 검사 계획 수립 시 사전에 결정해야 할 사항이 아닌 것은?

① 시험 날짜
② 표본 수, 시험 시간 및 비용
③ 검사 방법 및 검사 장비
④ 고장 분석 결과의 피드백 방법

> 해설 ▶ 사전에 결정해야 할 사항은 신뢰성 고장의 정의, 시험 실시 항목, 환경 스트레스의 종류, 시험 수준 수, 표본 수, 시험 시간 및 비용, 검사 방법 및 검사 장비 등이다.

29 고장 형태의 구분 중 결정된 시험 조건과 환경 조건상 발생할 수 있는 외부 조건에 기인한 시험 대상의 성능에 직접적으로 영향을 주는 주 관심 고장은?

① 유관 고장
② 간헐 고장
③ 입증된 고장
④ 중복 고장

> 해설 ▶ 간헐 고장, BIT 중 발생한 고장, 입증된 고장, 소모성 부품에 기인한 고장 등은 다른 형태의 고장이다.

30 설계 시에 고려된 또는 통상적으로 의도되는 사용 조건에서 아이템이 요구 기능을 수행할 수 있는 기간을 실증적이고 통계적인 방법에 의해 예측하기 위한 시험 조건은?

① 사용 조건
② 환경 조건
③ 시험 항목
④ 내구성 시험 조건

> 해설 ▶ 내구성 시험은 설계 시에 고려된 또는 통상적으로 의도되는 사용 조건에서 아이템이 요구 기능을 수행할 수 있는 기간(시간, 주행 거리, 횟수 등)을 실증적이고 통계적인 방법에 의해 예측하기 위한 것이다. 내구성 시험 조건은 사용 조건에서 문제가 되는 고장 모드와 메커니즘에 관한 정보, 운용 및 환경 요소의 종류와 가혹도, 환경 요소의 조합과 순서에 따른 영향 등을 주의 깊게 조사하여 설정해야 한다.

31 신뢰성 시험 진행에 대한 설명으로 옳지 않은 것은?

① 시험을 실시하기 전에 어느 단계에서 어떤 시험을 실시할 것인지를 계획해야 한다.
② 소비자가 요구하는 시험 항목은 우선적으로 시험 계획에 반영할 필요는 없다.
③ 환경 조건의 조합은 과도적인 변화가 제품의 고장을 일으킬 수 있으므로 이들 조건도 명확히 알아야 한다.
④ 신뢰성 시험을 실시하기 위한 치공구와 각종 스트레스 인가를 위한 신뢰성 시험 시스템을 설계해야 한다.

해설 ▶ 신뢰성 시험 진행에 대하여 소비자가 요구하는 시험 항목을 우선적으로 계획에 반영하는 것이 좋다.

32 검사 결과 기반 제품 개선 중 고장에 대한 이해에 포함되지 않는 것은?

① 고장 발생 부위를 파악한다.
② 고장 발생 시점을 파악할 필요는 없다.
③ 고장이 왜 발생하였는지에 대하여 분석한다.
④ 고장 결과가 제품에 끼치는 영향에 대해 분석한다.

해설 ▶ 고장에 대한 이해 중 고장 발생 부위 파악, 고장 발생 시점 파악, 고장 발생 이유 분석, 고장 발생 메커니즘 이해, 고장 결과가 제품에 끼치는 영향에 대한 분석 등이 포함된다.

33 고장 분석 프로세스 중 원인 조사에 포함되지 않는 것은?

① 고장 분석
② 재현 시험
③ 통계적 데이터 분석
④ 매뉴얼 반영

해설 ▶ 원인 조사에는 고장 분석, 재현 시험, 통계적 데이터 분석, 대책 검토, 개선 적용, 대책 평가와 처치 확인, 재발 및 미연 방지의 확인과 기술 표준화가 있다.

34 신뢰성 평가와 검증을 통한 개선을 위해 활용해야 할 것이 아닌 것은?

① 체크리스트 활용
② QFD 활용
③ FMEA 활용
④ 외부 기관 품질 인증 활용

해설 ▶ 외부 기관 품질 인증 활용은 관계가 없다.

35 제품 및 프로세스의 가능한 문제점 및 원인들을 사전에 예측하고 위험도를 평가하여 사전 예방이 가능하도록 한 기법은?

① 체크리스트 활용
② QFD 활용
③ FMEA 활용
④ 외부 기관 품질 인증 활용

> **해설** FMEA(Failure Mode Effective Anaysis)는 제품 및 프로세스의 가능한 문제점 및 원인들을 사전에 예측하고 위험도를 평가하여 사전 예방이 가능하도록 한 기법으로, 설계의 불완전이나 잠재적인 결함을 찾아내기 위해 구성 요소의 고장 모드와 그 상위 아이템에 미치는 영향을 해석하는 기법이다. FMEA에서는 예상되는 고장 빈도, 고장의 영향도, 피해도 등에 관하여 평가 기준을 설정해 두고, 개개의 구성 요소에 대하여 고장 평가를 하고 이것을 종합하여 치명도를 구한다. 치명도가 높을수록 중점적인 관리가 필요하다.

36 전기용품 안전 규격에 대한 설명으로 옳지 않은 것은?
① 전기용품 안전 관리법에 의거 시행된다.
② 강제 인증 제도이다.
③ 인증 업체가 인증받은 제품과 동일한 제품을 지속적으로 생산하는가를 평가한다.
④ 3D 프린터는 필수 인증 품목이다.

> **해설** 국내에서는 3D 프린터는 필수 인증 품목이 아니다.

37 전기용품 안전 관리 제도에 대한 설명으로 옳지 않은 것은?
① 제품의 출고 전, 통관 전에 모델별로 안전 인증을 받아야 한다.
② 국내에서 생산되는 모든 전기 제품에 적용된다.
③ 2009년에 도입되었다.
④ 저위험 품목은 공급자 적합성 확인 제도를 활용한다.

> **해설** 모든 제품의 전기 안전 인증을 받아야 하는 것이 아니라 필수 인증 품목이 지정되어 있다.

38 전기용품 안전 규격에 대한 분류 중 적합성 평가 주체에 따른 분류가 아닌 것은?
① 1자 인증
② 2자 인증
③ 3자 인증
④ 시스템 인증

> **해설** 시스템 인증은 적합성 평가 대상에 따른 분류이다.

39 주요 국가별 안전 인증 로고와 국가가 잘못 짝지어진 것은?
① 대한민국 – KC
② 유럽 – CE
③ 중국 – CCC
④ 일본 – FC

> **해설** FC의 경우 미국 연방 정부 전파 인증 규격이다.

40 삼차원 프린팅 산업법에 대한 설명으로 옳지 않은 것은?
① 삼차원 프린팅 산업의 진흥에 필요한 사항을 정한 것이다.
② 삼차원 프린팅 산업 발전의 기반을 조성하기 위한 것은 아니다.
③ 국민생활의 향상과 국가경제의 발전에 이바지함을 그 목적으로 한다.
④ 삼차원 프린팅 서비스 사업을 경영하려는 자는 신고를 해야 한다.

> 해설 ▶ 삼차원 프린팅 산업 발전의 기반을 조성하기 위해 만든 것이다.

41 삼차원 프린팅 산업법의 주요 법령에 대한 설명으로 옳은 것은?
① 사업자가 중요 사항을 변경하거나 폐업하고자 하는 경우에도 신고해야 한다.
② 사업을 영위하고자 하는 기업은 허가를 받아야 한다.
③ 사업자를 포함한 근로자 수가 5인 이상일 때 신고할 수 있다.
④ 삼차원 프린팅 장비를 5대 이상 보유해야 한다.

> 해설 ▶ 삼차원 프린팅 산업법은 중요 사항을 변경하거나 폐업하고자 하는 경우에도 반드시 신고를 해야 한다.

42 삼차원 프린팅 서비스 안전 교육의 근거 법령이 아닌 것은?
① 삼차원 프린팅 산업 진흥법 제18조
② 삼차원 프린팅 산업 진흥법 시행령 제5조
③ 삼차원 프린팅 산업 진흥법 시행규칙 제3조
④ 산업 안전 보건법

> 해설 ▶ 법령 근거는 다음의 4가지이다.
> – 삼차원 프린팅 산업 진흥법 제18조(안전 교육)
> – 삼차원 프린팅 산업 진흥법 시행령 제5조(안전 교육 기관의 지정)
> – 삼차원 프린팅 산업 진흥법 시행규칙 제3조(안전 교육의 내용 및 방법 등)
> – 삼차원 프린팅 서비스사업 안전 교육 위탁 및 운영 등에 관한 규정(고시)

43 삼차원 프린팅 서비스 안전 교육의 대상자가 아닌 것은?
① 사업 대표자
② 장비 및 소재를 이용하여 조형물을 제작하는 종업원
③ 1개월 이상 일용직 근로자
④ 2주 이내의 일용직 근로자

> 해설 ▶ 1개월 미만 일용직 근로자는 제외한다.

44 재료 압출 방식의 3D 프린터의 안전 관리에 대한 설명으로 옳지 않은 것은?

① 고온의 히터를 사용하기 때문에 화재의 우려가 있다.
② 출력 중에 초미세먼지가 발생한다.
③ PLA보다는 ABS가 더 많은 유해물질을 배출한다.
④ 적절한 환기를 취할 필요는 없다.

> 해설 재료 압출 방식의 경우 출력 중 초미세먼지가 발생하기 때문에 적절한 환기를 취할 필요가 있다.

45 광 중합 방식의 3D 프린터의 안전 관리로 알맞은 것은?

① 화재의 위험이 있기 때문에 방화 시설을 구비해야 한다.
② 개인 보호구를 착용할 필요는 없다.
③ 환기 시설이 갖추어진 분리된 공간에서 사용하는 것이 바람직하다.
④ 사용 재료는 매우 안전하지만 세척을 위한 재료가 인체에 매우 유해하다.

> 해설 광 중합 방식의 경우 사용하는 재료가 UV Resin으로 인체에 매우 유해하며 유독성의 냄새를 포함하고 있다. 프린팅 중에 적절한 환기가 매우 중요하다.

46 금속 3D 프린터의 안전 관리로 옳은 것은?

① 미세 금속 분말을 사용하기 때문에 화재의 위험이 전혀 없다.
② 폭발 위험이 있는 곳에 재료를 보관하는 것이 좋다.
③ 미국에서는 메탈 파우더가 폭발한 사례가 있다.
④ 정전기에 의하여 폭발할 위험은 없다.

> 해설 2013년 11월 5일 미시시피주 워번의 파우더 파트 회사에서 메탈 프린터 폭발 사고가 발생하였다.

47 3D 프린터용 안전 라벨에 대한 설명으로 옳지 않은 것은?

① 〰 – 고온에서 작동하며 상해를 일으킬 수 있다.
② ⚙ – 기기 작동 중 끼임 사고의 위험이 있다.
③ ✹ – 귀마개를 반드시 해야 한다.
④ ⚡ – 감전의 위험이 있으므로 사용자가 수리할 수 없다.

> 해설 ③의 경우 레이저 커팅 기능 사용 시 보호 안경을 꼭 착용하라는 라벨이다.

48 금속 분말을 사용하는 프린터를 사용할 때 주의해야 할 사항으로 옳지 않은 것은?

① 전면 호흡용 마스크를 착용한다.
② 정전기 방지 안전화를 착용한다.
③ 작업 전에 반드시 안전 수칙을 확인한다.
④ ABC급 소화기를 반드시 비치한다.

해설 금속 화재에는 반드시 D급 소화기를 사용해야 한다.

49 금속 프린터 사용 시 주의 사항으로 옳지 않은 것은?

① 작업 후에는 일반 산업용 진공청소기로 항상 깨끗이 청소한다.
② 표준 운영 절차(SOP)를 반드시 비치한다.
③ 금속 분말은 분진 형태로 폭발 가능성이 있다.
④ 소화기는 D급 소화기를 사용해야 한다.

해설 금속 프린터의 작업 후에는 일반 산업용 청소기는 사용이 불가하며 반드시 금속 프린터 전용 청소기를 사용해야 한다.

50 3D 프린터는 고유의 재료를 사용하며 재료의 특성에 관한 내용은 안전 데이터시트를 참조해야 한다. 다음 중 안전 데이터시트에 해당하는 것은?

① MSDS　　　　　　　　② OSHA
③ SOP　　　　　　　　　④ UL

해설 물질 안전 보건 자료(MSDS, Material Safety Data Sheet)

핵심 문제 정답

01	02	03	04	05	06	07	08	09	10	11	12	13	14	15	16	17	18	19	20
④	③	③	①	③	②	①	①	③	④	④	②	②	③	③	②	③	③	③	④
21	22	23	24	25	26	27	28	29	30	31	32	33	34	35	36	37	38	39	40
③	③	③	③	②	④	③	①	①	④	②	②	④	④	③	④	②	④	④	②
41	42	43	44	45	46	47	48	49	50										
①	④	④	④	③	③	③	④	①	①										

기출문제

제1회 3D 프린터 개발산업기사 필기시험
[2018년 12월 시행]

〈국가기술자격 필기시험 문제지〉

2018년도 수시 기사 제1회 필기시험
- 자격 종목 : 3D 프린터 개발산업기사
- 시험 시간 : 2시간
- 문제 수 : 80문제

1과목 : 3D 프린터 회로 및 기구 (20문제)

01 멀티미터의 사용법에 대한 설명으로 틀린 것은?
① 전압 측정을 위해서는 대상과 병렬로 프로브를 연결한다.
② 전류 측정을 위해서는 대상과 직렬로 프로브를 연결한다.
③ 전류 측정 시 프로브를 병렬로 연결하면 쇼트 현상이 발생할 수 있다.
④ 저항 측정을 위해서는 회로에 연결된 상태에서 측정한다.

02 트랜지스터의 설명으로 틀린 것은?
① 바이폴라 트랜지스터(BJT)는 NPN형만 존재한다.
② 트랜지스터를 증폭기로 사용할 때의 동작 영역은 활성 영역이다.
③ 전계 효과 트랜지스터(FET)는 BJT보다 열영향이 적고 잡음에 강하다.
④ 트랜지스터를 스위치로 사용할 때는 포화 영역과 차단 영역을 사용한다.

03 부품을 실장하기 위해 사용하는 납땜에 대한 설명으로 틀린 것은?
① 기판과 와이어 사이에 공간이 없게 납땜한다.
② 기판과 소자 사이의 공간이 최소화되게 납땜한다.
③ 동기판에 비해 은기판과 금기판이 전기전도율이 높다.
④ 무연납의 경우 녹는점이 낮아서 초보자가 사용하기 쉽다.

04 다음 기하 공차 기호의 종류는?

$$\square \diamond \square$$

① 원통도 공차　　　　　② 진원도 공차
③ 진직도 공차　　　　　④ 평면도 공차

05 신뢰성 평가에 사용하는 용어의 설명으로 틀린 것은?
① MTBR : 고장 수리 후 다음 고장 수리까지의 시간
② MTBF : 고장에서 다음 고장까지의 시간으로 시스템의 평균 고장 시간 산출
③ MTTR : 제품에 고장이 발생한 경우 고장에서 수리되는 데까지 소요되는 시간
④ MTTF : 고장 평균 시간으로 주어진 시간에서 고장 발생까지의 시간으로 수리 후 다음 고장까지의 시간

06 키르히호프의 법칙에 대한 설명으로 틀린 것은?
① 하나의 폐회로를 따라 모든 전압을 대수적으로 합하면 0이다.
② 노드(Node)에 들어오는 전류는 나가는 전류의 2배가 된다.
③ 노드(Node)에 들어오고 나가는 모든 전류의 대수적인 합은 0이다.
④ 하나의 폐회로를 따라 모든 전압 강하의 합은 전체 전원 전압의 합과 같다.

07 온도가 증가하면 저항이 감소하는 음(−)의 온도계수를 갖고 있어 온도 감지 센서로 응용할 수 있는 부품은?
① 광전도 셀(CdS Cell)
② 서미스터(Thermistor)
③ 광 다이오드(Photodiode)
④ 버렉터(Varactor) 다이오드

08 직렬 연결된 두 저항에 직류 전원이 가해진 다음 회로에서 전류가 I=100mA일 때 저항 R의 전력 규격으로 적절한 것은?

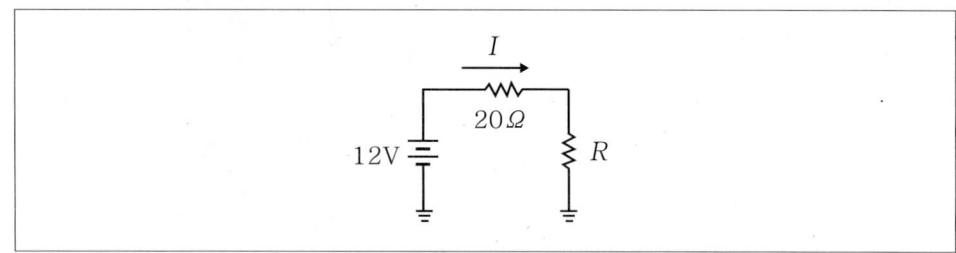

① $\frac{1}{8}$ W ② $\frac{1}{4}$ W
③ $\frac{1}{2}$ W ④ 1W

09 다음 달링턴(Darlington) 회로에서 전류 Ic의 값은?

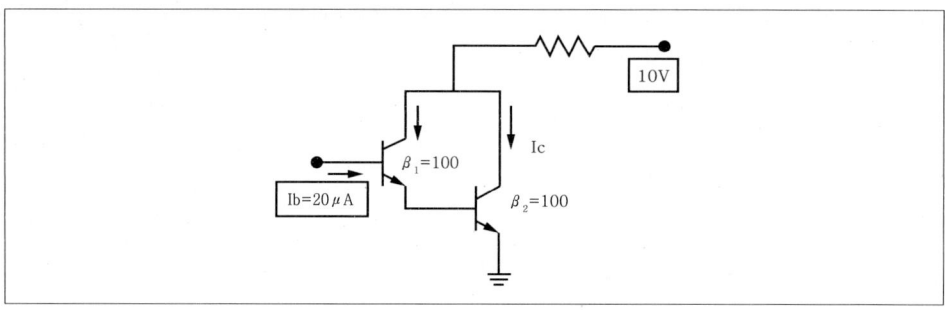

① 10mA ② 20mA
③ 100mA ④ 200mA

10 스테핑 모터의 회전 속도를 나타내는 단위는?
① pps ② lps
③ cpm ④ spm

11 3D 프린터로 출력하고자 하는 대상 제품에 따른 소재 선정 시 검토해야 할 항목으로 거리가 먼 것은?
① 출력물의 강도 ② 출력물의 연성
③ 출력물의 체결성 ④ 출력물의 해상도

12 전기 기구/전자 제품 안정성 테스트(UL 인증 기준)에서 플라스틱 소재의 필수적인 평가 항목이 아닌 것은?
① 난연성
② 착화 온도
③ 전기적 특성
④ 장기적 내열 특성

13 회전 운동을 직선 운동으로 바꾸어 주는 3D 프린터 구동부 부품은?
① 레이저
② 익스트루더
③ 리니어 모터
④ 마이크로프로세서

14 3D 프린터 구성에서 토출부에 해당하는 부품이 아닌 것은?
① 핫 엔드
② 콜드 엔드
③ 제팅 헤드
④ 리밋 스위치

15 SLS 방식 3D 프린터 가공 시 공기와 반응하여 폭발 가능성이 높아 단일 금속으로 사용하기 어려운 것은?
① 철
② 구리
③ 백금
④ 마그네슘

16 3D 프린터 방식 중 Material Jetting에 포함되는 적층 기술이 아닌 것은?
① Polyjet
② SLS
③ Inkjet
④ Thermojet

17 열가소성 수지의 특징으로 틀린 것은?
① 열안정성이 우수하여 강성이 필요한 곳에 많이 사용된다.
② 여러 번 재가열에 의해 성형이 가능한 수지이다.
③ 용융점이 존재하며 용융점에 이르면 급격한 부피 변화가 나타난다.
④ 결정 구조에 따라 결정성 수지와 비결정성 수지로 구분된다.

18 플라스틱 소재의 변형 거동에 관한 설명이 틀린 것은?
① 탄성 변형은 하중을 제거하면 원래 상태로 되돌아오는 변형이다.
② 소성 변형은 하중을 제거해도 원래 상태로 되돌아오지 않고 영구 변형된다.
③ 연성 재료는 소성 변형이 큰 재료로 항복 응력 이후 특정 부위가 얇아진다.
④ 취성 재료는 탄성 변형이 거의 없고 소성 변형을 천천히 지속하다 파단이 발생한다.

19 동일 측정자가 해당 측정 제품을 동일한 방법과 장치, 장소에서 동작을 하여 측정하였을 때 차이가 나는 정도를 시험하는 것은?
① 반복 정밀도 시험   ② 위치 정밀도 시험
③ 넘어짐 안정성 시험   ④ 사용 환경 안정성 시험

20 다음 그림과 같이 정교하게 가공된 직선형 레일을 접촉점이 한 점으로 된 볼이 구르면서 블록을 직선으로 이송시키는 장치는?

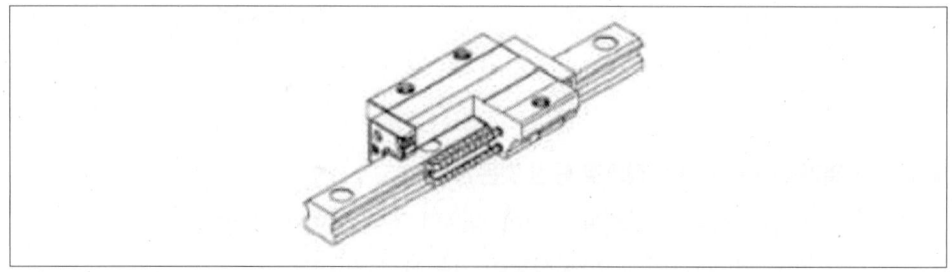

① 서포터   ② 커플링
③ LM 가이드   ④ 타이밍 벨트

2과목 : 3D 프린터 장치(20문제)

21 다음 도면에서 A의 치수는?

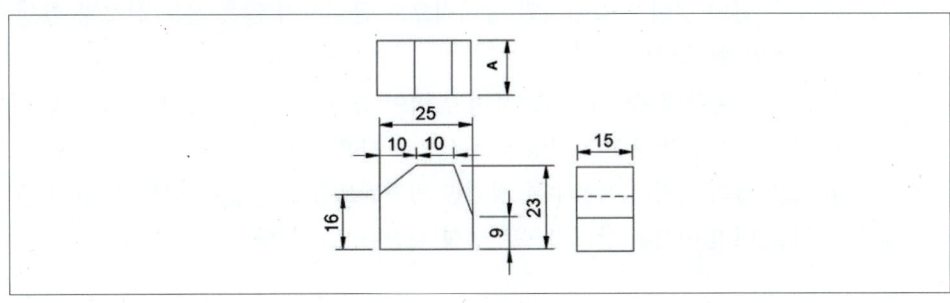

① 15　　　　　　　　　② 18
③ 21　　　　　　　　　④ 25

22 FDM과 DP(Direct Print)를 이용한 하이브리드 3D 프린터에 관한 설명으로 틀린 것은?
① 복합화할 때 각 헤드를 1개 이상씩 다수 설치할 수 있다.
② 복합화된 FDM은 ABS 등 기존의 FDM 소재를 이용할 수 없다.
③ 복합화된 DP 공정에 바이오 잉크를 사용할 경우 조직 공학 등 의료 분야에 응용할 수 있다.
④ 복합화된 DP 공정에 편도성 잉크를 사용할 경우 PCB 등의 기판 대용품을 제조할 수 있다.

23 SLA 방식 3D 프린터에서 광 전달 순서가 올바르게 나열된 것은?

ㄱ. 광원	ㄴ. 주사 장치
ㄷ. 수지 표면	ㄹ. 광학계/집광 장치

① ㄱ → ㄴ → ㄷ → ㄹ　　② ㄱ → ㄴ → ㄹ → ㄷ
③ ㄱ → ㄹ → ㄴ → ㄷ　　④ ㄱ → ㄹ → ㄷ → ㄴ

24 3D 프린터 노즐에 대한 설명으로 <u>틀린</u> 것은?

① 노즐은 단면적 크기가 변화하면서 유체 유속을 증가하게 하는 장치로 보통 파이프나 튜브 형상이다.
② 노즐 팁의 길이가 길어지면 상대적으로 균일하지 않은 온도 분포가 발생해서 온도 제어가 쉽지 않다.
③ 노즐은 유체의 속도가 감소하며 압력이 증가하는 데 사용하는 장치로 고속의 유체를 저속으로 바꾸면서 다양한 목적으로 사용된다.
④ 노즐 팁의 직경이 작을수록 정밀한 필라멘트를 토출할 수 있으나, 단위 면적을 가공하는 데 있어서는 상대적으로 성형 시간이 길어진다.

25 SLA 방식 3D 프린터에서 소재의 재사용에 대한 설명으로 <u>틀린</u> 것은?

① 일반적으로 가공 시 경화되지 않은 재료는 특별한 절차 없이 재사용이 가능하다.
② 이미 사용하여 경화된 재료도 액화시켜 다시 사용 가능하다.
③ 점도가 상승된 경우에는 새로운 수지를 혼합하여 활용이 가능하다.
④ 수지가 오랜 시간 외부 공기와 빛에 노출될 경우 서서히 경화되므로 보관상 주의하여 사용한다.

26 다음 측정 방식에서 사용되는 변위 센서는?

- 삼각 측량법
- 공초점 측정법
- 모아레 측정법

① 광학식 변위 센서 ② 초음파 변위 센서
③ 인덕턴스 변위 센서 ④ 정전 용량 변위 센서

27 SLA 방식 3D 프린터 광학계 중 재료 표면에서 레이저 빔의 직경을 작게 하는 것들로 올바르게 묶인 것은?

| a. 마스크 | b. 초점 렌즈 |
| c. 반사경 | d. 빔 익스팬더 |

① a, b ② b, c
③ b, d ④ c, d

28 다음 하이브리드 3D 프린터에 관한 설명 중 ( ) 안에 들어갈 용어로 알맞은 것은?

> (A)은(는) 금속 박판을 초음파 에너지를 이용하여 기판과 접합시키고 가공을 거쳐 3차원으로 성형하는 공정이다. 이 공정은 접합된 박판 아래층에 가공된 재료가 없을 경우 처짐 현상이 발생한다. 따라서 (B) 공정을 이용하여 빈 공간에 서포터 형상을 제작하여 상호 보완한 하이브리드 3D 프린터가 있다.

① A : DMLS, B : CNC
② A : FDM, B : DP(Direct Print)
③ A : DP(Direct Print), B : 광경화
④ A : UC(Ultrasonic Consolidation), B : FDM

29 폐루프 제어(closed loop control) 방식으로 위치 피드백이 가능한 모터는?
① 서보 모터
② BLDC 모터
③ 스테핑 모터
④ 리니어 펄스 모터

30 수평 인식 장치에 사용되는 접촉식 변위 센서는?
① 인덕턴스 변위 센서
② 자기 저항식 변위 센서
③ 정전 용량형 변위 센서
④ LVDT(Linear Variable Differential Transformer)

31 액적(droplet)을 생성하여 연속적인 분사에 의해 원하는 단면 형상을 제작하는 제팅 방식의 노즐 기술이 아닌 것은?
① 압전 제팅
② 버블 제팅
③ 열팽창 제팅
④ 파우더 제팅

32 초점면에서의 레이저 빔의 크기(W)와 레이저의 파장(a), 광학계로 입사하기 전의 레이저 빔 직경(D) 및 광학계의 초점 거리(F) 간의 상호관계 식으로 옳은 것은?

① $W = \left(\dfrac{4\pi}{a} \times \dfrac{F}{D}\right)^2$
② $W = \left(\dfrac{4\pi}{a} \times \dfrac{D}{F}\right)^2$
③ $W = \left(\dfrac{4a}{\pi} \times \dfrac{F}{D}\right) \times \dfrac{1}{2}$
④ $W = \left(\dfrac{4a}{\pi} \times \dfrac{D}{F}\right) \times \dfrac{1}{2}$

33 로봇 기반 하이브리드 3D 프린터의 특징으로 틀린 것은?
① 유연성이 낮아 특정한 제품의 제조에만 활용이 가능하다.
② 로봇이 절삭 공구 등을 활용할 경우 후처리 등도 가능하다.
③ 로봇은 부품의 이송, 중간 조립 등 다양한 용도로 활용할 수 있다.
④ 툴 매거진(tool magazine) 등을 이용하여 CNC 공작 기계와 같이 헤드를 교환할 수 있다.

34 3D 프린터 방식 중 구동 장치의 XY축 동시 이송 제어가 필요한 것은?
① DLP
② FDM
③ SLA
④ SLS

35 광학 모듈 설계 시 고려해야 할 사항으로 틀린 것은?
① 주사 방식에서는 전 영역에 고르게 초점이 생성될 수 있도록 초점 렌즈를 사용한다.
② 가공 전체 영역에서 초점면을 재료 표면과 일치시키기 위해서 특수 렌즈를 사용한다.
③ 액상 소재 성형을 위한 광학 모듈 설계에서 광원의 파장대는 액상 소재의 광 개시제의 파장보다 커야 한다.
④ 전사 방식의 광원은 램프 광을 많이 사용하고, 광의 파장대가 넓으면 넓을수록 광의 오차가 많이 발생한다.

36 SLS 방식 3D 프린터에 사용한 소재를 재사용하기 위해 필요한 핵심 장치를 모두 고른 것은?

a. 필라멘트 압출기	b. 필라멘트 수집 장치
c. 진공 펌프 및 집진 장치	d. 교반 장치 및 필터

① a, c
② a, d
③ b, c
④ c, d

37 다음 그림과 같이 회전축에 있는 슬릿을 이용하여 측정하는 방식의 엔코더는?

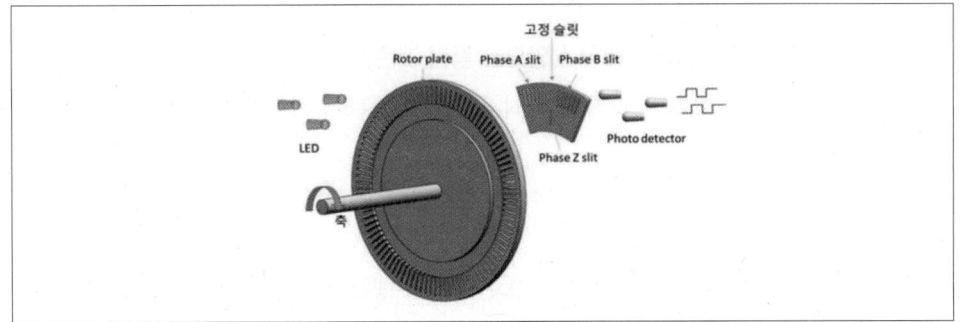

① 광학식 엔코더 ② 기계식 엔코더
③ 자기식 엔코더 ④ 정전 용량식 엔코더

38 PBF 및 DED의 출력물의 표면 거칠기 한계를 극복하기 위해 CNC 공작 기계와 결합하여 만들어진 3D 프린터는?

① FDM과 DP(Direct Print)를 이용한 하이브리드 3D 프린터
② DP와 CNC 공작 기계를 이용한 하이브리드 3D 프린터
③ SLA와 CNC 공작 기계를 이용한 하이브리드 3D 프린터
④ DMLS와 CNC 공작 기계를 이용한 하이브리드 3D 프린터

39 노즐을 통과하는 유체의 입구 유속(V_{in})과 출구 유속(V_{out}) 사이의 관계로 옳은 것은?

① $V_{in} = V_{out}$ ② $V_{in} \geq V_{out}$
③ $V_{in} > V_{out}$ ④ $V_{in} < V_{out}$

40 DLP 방식 3D 프린터에서 광학계 평가 항목으로 가장 적절한 것은?

① 주사 장치의 정밀도
② 광 패턴의 정밀도
③ 레이저 빔의 모양
④ 광원 초점의 크기

3과목 : 3D 프린터 프로그램(20문제)

41 3D 프린터 하드웨어에 대한 설명으로 <u>틀린</u> 것은?

① 제어 프로그래머 관점에서 직접적으로 연관된 하드웨어는 메인 컨트롤러와 모션 하드웨어 부분이다.
② 제어 컨트롤 보드는 명령어를 수행하여 프린팅을 주관하는 명령자의 역할을 수행한다.
③ 모션 하드웨어는 직접적인 프린팅을 수행하는 수행자의 역할을 한다.
④ 모터는 처리 속도, 프로그램 언어 및 환경 등의 전반적인 프로세스가 결정되는 핵심 하드웨어라고 할 수 있다.

42 CAD와 CAM에 대한 설명으로 <u>틀린</u> 것은?

① CAD는 설계 단계, CAM은 제조 단계에서 주로 사용된다.
② CAD로 설계 도면을 작성한 후 바로 CAM으로 연결되어 제조 공정을 거치게 된다.
③ 공장에서 로봇을 작동하기 위한 소프트웨어나 데이터 등이 필요하며 이러한 작업을 실행시켜주는 것이 CAD이다.
④ CAD는 컴퓨터를 활용함으로써 오류 범위를 줄였으며, CAM은 컴퓨터를 이용하여 제조 공정을 운영하는 것으로 생산성 향상을 기대한다.

43 다음 G 코드 명령어의 의미로 옳은 것은?

> G1 X100 Y100 Z100 E10

① X, Y, Z축에 100, 100, 100 위치로 직선 이동시키고 10초간 잠시 멈춤.
② X, Y, Z축에 100, 100, 100 위치로 직선 이동시키고 노즐의 온도를 10℃로 조정
③ X, Y, Z축에 100, 100, 100 위치로 직선 이동시키고 오차 범위는 10% 이내
④ X, Y, Z축에 100, 100, 100 위치로 직선 이동시키고 재료를 10㎜까지 직선 분사

44 온도, 압력, 전압 등 연속적으로 측정되는 수치를 디지털 값으로 입력받는 포트는?

① I/O 포트　　　　　　　② A/D 포트
③ TXD 포트　　　　　　　④ PWM 포트

45 I/O 포트의 구동 원리로 옳은 것은?
① 전자 회로에서 전기 신호의 기본적인 동작인 on/off 기능을 구현하는 포트이다.
② AVR, MCU의 ADC는 기본 전압을 내부에서 사용되는 기준 전압으로 변환하여 작동되는 포트이다.
③ 펄스폭 변조를 발생시켜 0과 1의 디지털 신호를 아날로그 신호인 것처럼 출력하는 포트이다.
④ 기준 전압에 의해 일정 범위의 디지털 값으로 변경한 수치를 입력받는 포트이다.

46 원시 프로그램을 다른 기계에 적합한 기계어로 번역하는 프로그래밍 언어는?
① 어셈블리어　　　　　　② 인터프리터
③ 프리프로세서　　　　　④ 크로스 컴파일러

47 자바와 자바스크립트의 차이에 대한 설명으로 옳은 것은?
① 자바스크립트는 상속성이나 클래스가 존재한다.
② 객체에 대한 참조가 자바스크립트는 실행 시에만 가능하지만 자바는 컴파일 시에 개체에 대한 참조가 이루어진다.
③ 두 언어 모두 안전하지만 자바스크립트의 경우 HTML 코드에 직접 연결하여 사용하기에 보안성이 있다.
④ 자바 언어로 작성된 프로그램은 특정 머신(기종)에 의존적으로 실행된다.

48 프로그래밍 언어를 마이크로프로세서가 인식하도록 목적 코드(Object 파일)로 변환하는 작업을 무엇이라 하는가?
① 링크　　　　　　　　　② 빌드
③ 어셈블　　　　　　　　④ 컴파일

49 FDM 방식 3D 프린터 출력을 위한 슬라이서 소프트웨어의 설정에 대한 설명으로 틀린 것은?
① 출력물의 효율적인 출력을 위해 회전, 대칭 등을 설정하여 재배치할 수 있다.
② 출력 시간을 단축하기 위해 내부 채움(Infill) 속도를 별도로 지정해 줄 수 있다.
③ 출력 품질을 향상시키기 위해 Brim, Raft 등의 서포터에 대한 세부 설정을 할 수 있다.
④ 출력 중 오류가 생길 경우 이를 멈추기 위해 Pause 기능을 사용하고, 재시작 시 Retraction 기능을 사용할 수 있다.

50 다음 프로그램 개발 과정에서 (가)에 들어갈 내용으로 적절한 것은?

소스 코드 test.c → 오브젝트 파일 test.obj → (가) → 실행 파일 text.exe

① 링커(Linker)
② 에디터(Editer)
③ 실행(Execution)
④ 컴파일러(Compiler)

51 사용자 인터페이스 디자인에 대한 설명으로 틀린 것은?
① 사용자와 컴퓨터 간의 정보를 주고받기 위하여 프로그램이 상호작용하는 것이다.
② 프로그램을 사용하는 데 불편함이 없도록 기존의 프로그램과 차이를 많이 두지 않는 것이 좋다.
③ 프로그램에서 우선적으로 File 메뉴를 위치 선정하는 이유는 사용자들이 가장 익숙해져 있기 때문이다.
④ 키보드 입력을 통해서 프로그램에 명령을 하달하는 것을 메뉴 방식 인터페이스라고 한다.

52 아래의 프로그램(O0100)에서 보조 프로그램(O2500)이 몇 번 반복되는가?

```
O0100;
G90G80G40G49G00;
T10M06;
G57G90X-5.00Y-5.00S2500M03;
G43Z50.0H10;
Z5.0M08;
M98P2500L5;
M98P1111;
G80G00Z50.0;
G91G28Z0;
M30;

O2500;
M98P1111;
G91X110.0Y-10.0L0;
G90M99;
```

① 1회
② 3회
③ 5회
④ 8회

53 PWM(Pulse Width Modulation) 제어는 디지털 신호(HIGH와 LOW) 상태의 지속 시간을 변화시켜 전압을 변환하며 전압 5V, 지원 포트(핀) DP 256개(0부터 255까지)의 범위 값을 출력할 수 있다. 다음 analogWrite 함수에서 출력 전압(V)은?

analogWrite(3, 255 * 0.15);

① 0.75   ② 15
③ 38   ④ 38.25

54 베드 온도(Bed Temperature)를 60℃로 설정하고 제어권을 즉시 호스트로 넘기는 명령은?
① M109 S60   ② M140 S60
③ M141 S60   ④ M109 S60 R100

55 출력물이 베드에 잘 안착하기 위해 조정이 필요한 설정값은?
① Wall Speed   ② Infill Speed
③ Travel Speed   ④ Initial Layer Speed

56 다음 중 필라멘트를 가장 많이 사용하게 될 품질 설정은?

```
Infill: 80;
Support Type: ㉠;
Build Plate Type: ㉡;
Shell: ㉢;
```

① ㉠ Grid, ㉡ Raft, ㉢ 0.8
② ㉠ line, ㉡ Brim, ㉢ 0.8
③ ㉠ Grid, ㉡ Skirt, ㉢ 0.7
④ ㉠ line, ㉡ Brim, ㉢ 0.7

57 스테핑 모터의 구동 성능이 100 pulse/1 reverse이며, 구동축 Z의 Pitch가 2mm일 경우 구동 정밀도는?
① 0.01mm/pulse   ② 0.02mm/pulse
③ 0.1mm/pulse   ④ 0.2mm/pulse

58 분말 기반 방식의 3D 프린터가 <u>아닌</u> 것은?

① Binder Jetting
② Powder Bed Fusion
③ Photopolymerization
④ Direct Energy Deposition

59 3D 프린터의 제어 프로세스에 대한 설명으로 <u>틀린</u> 것은?

① 노즐의 온도나 프로세서의 진행 상태 등 시스템 상태를 독립적으로 모니터링할 수 없다.
② 제어 프로그램 수행 시 제어 코드 저장 및 시스템 초기화 → 제어 코드 라인별 명령어 수행 → 시스템 상태 모니터링 및 업데이트 단계를 거친다.
③ 툴 패스를 따라 노즐이 이동할 수 있도록 3D 프린터의 각 축 모터부가 추종할 명령어 생성 과정이 제어 코드 생성 과정이다.
④ 전송받은 제어 명령어 코드를 전달받으면 프린터는 노즐 및 프린팅 베드의 가열 등 여러 가지 초기화 동작을 수행하게 된다.

60 다음 G 코드 내용의 의미가 <u>틀린</u> 것은?

```
M98 P□□□□ ◎◎◎◎ F△△△△;
    P◎◎◎◎ L□□□□;
```

① P◎◎◎◎ : 보조 프로그램 번호
② M98 : 보조 프로그램 호출 코드
③ F△△△△ : 이송 속도
④ P□□□□ ◎◎◎◎ : Fanuc 1 시리즈 호출 방식

4과목 : 3D 프린터 교정 및 유지 보수(20문제)

61 다음 설명에 해당되는 고장 형태는?

> 시험 조건 및 운용상 발생될 수 없는 외부 조건에 기인한 것이라고 판단되는 고장으로, 시험 대상의 성능에 직접적으로 영향을 주지 않는 고장이다.

① 간헐 고장　　　　　　　② 무관 고장
③ 유관 고장　　　　　　　④ 중복 고장

62 3D 프린터 작업 중 감전사고 방지를 위한 기본적인 대책이 아닌 것은?
① 보전, 수리, 점검 등은 관련 전문가에게 맡긴다.
② 전류가 흐르는 부분 등으로부터 인체와의 접촉을 방지한다.
③ 전선 등을 배선해야 될 경우 손에 물기를 제거한 후 한다.
④ 사용 전류에 상관없이 절연피복이 얇은 것을 사용한다.

63 Material Extrusion 방식 3D 프린터에서 필라멘트가 압출되지 않는 문제 발생 시 해결 방법으로 가장 거리가 먼 것은?
① 노즐 온도가 소재의 용융 온도보다 높기 때문에 발생하므로 노즐 온도를 소재의 용융 온도보다 낮게 설정한다.
② 노즐/베드 간 간격의 문제이므로 노즐/베드 간 간격이 조금 더 벌어지도록 조정한다.
③ 모터의 토크가 부족한 경우에 발생하므로 모터에 인가되는 전류를 증가시켜 토크를 증가시킨다.
④ 필라멘트에 걸리는 장력이 부족한 경우에 발생하므로 해당 부위의 체결을 강화하여 장력을 증가시켜 준다.

64 3D 프린터 사용 중 전기 화재가 발생했을 때 원인으로 가장 거리가 먼 것은?
① 합선　　　　　　　　　　② 누전
③ 과전류　　　　　　　　　④ 페라이트 코어

65 ABS 소재의 필라멘트를 사용하여 장시간 작업할 경우 주의해야 할 사항으로 옳은 것은?
① 융점이 기타 재질에 비해 높으므로 냉방기를 가동하여 작업한다.
② 작업 시 냄새가 심하므로 작업장의 환기를 적절히 실시한다.
③ 옥수수 전분 기반 생분해성 재질이므로 특별히 주의해야 할 사항은 없다.
④ 물에 용해되는 재질이므로 수분이 닿지 않도록 주의해야 한다.

66 Material Extrusion 방식 3D 프린터에서 필라멘트에 걸리는 장력이 약할 경우, 익스트루더 모터가 회전하더라도 기어가 헛돌거나 출력물이 중간에 끊기는 현상이 발생할 때 점검해야 할 부분은?
① 노즐 온도　　　　　　　　② 베드 수평도
③ XYZ축 구동부　　　　　　④ 필라멘트 공급 장치

67 3D 프린터 장비의 안전 인증 테스트에 대한 설명으로 틀린 것은?
① 절연 저항 테스트는 제품에 사용된 전기 절연 특성을 측정하는 것이다.
② 내전압 시험 테스트는 제품의 회로와 접지 사이에 고전압을 인가해서 제품이 견디는 능력을 측정하는 것이다.
③ 접지 도통 테스트는 절연된 제품 표면과 Power 시스템 접지 사이의 경로를 점검하는 것이다.
④ 누설 전류 테스트는 AC 전원과 접지 사이에 흐르는 전류가 안전 규격을 넘지 않는지를 점검하는 것이다.

68 전자파 적합성(EMC) 시험 항목 중 전자파 내성(EMS) 시험에 해당하지 않는 것은?
① 전압 강하　　　　　　　　② 전자파 방사
③ 정전기 방전　　　　　　　④ 전도 잡음(CE)

69 시험 기간을 단축하기 위하여 기준 조건보다 가혹한 스트레스를 인가하는 신뢰성 시험은?
① 가속 시험　　　　　　　　② 통계 시험
③ 정형 시험　　　　　　　　④ 현장 시험

70 3D 프린터 신뢰성 시험 검사 중 온도 변화가 주기적으로 반복될 경우 제품의 기능상의 내성을 평가하는 시험은?

① 고온 시험
② 저온 시험
③ 온습도 사이클 시험
④ 온도 사이클(열 충격) 시험

71 스텝 모터의 공진 현상에 대한 대책 방법으로 틀린 것은?

① 진동 방지 댐퍼를 설치한다.
② 스텝 모터 드라이버를 교체한다.
③ 스텝 모터 드라이버의 전압을 조절한다.
④ 스텝 모터와 연결된 벨트 장력을 올려준다.

72 3D 프린터의 내전압 시험 수행 시 유의 사항으로 틀린 것은?

① 테스트가 완전히 끝나면 고전압 출력을 정지시킨다.
② 테스트를 시작하기 전에 장비와 결선 등의 설치 상태를 확인하고 케이블의 피복 상태를 검사한다.
③ 테스트 중에는 피측정체나 연결 부위, 고전압 프로브의 금속 부분을 상시 확인하여야 하며, 프로브를 잡을 때에는 전원이 연결된 부분만 잡는다.
④ 고전압이 Off 되었다는 것을 확인하기 전에는 피측정체에 어떠한 결선이라도 해서는 안 되며, 피측정체에 테스트 케이블을 연결할 때에는 항상 접지(−) 클립을 먼저 연결한다.

73 전기 제품을 안정적으로 사용하기 위해서는 접지를 해야 한다. 접지에 관한 설명으로 틀린 것은?

① 접지 저항이 크면 클수록 좋다.
② 접지 공사의 접지선은 과전류 차단기를 시설하여서는 안 된다.
③ 접지극의 시설은 부식될 우려가 없는 장소를 선정하여 설치한다.
④ 직접 접지 방식은 계통에 접속된 변압기의 중성점을 금속선으로 직접 접지하는 방식이다.

74 3D 프린터 장비의 위해 요소를 파악하기 위한 시험 방법 중 절연 저항 시험에 관한 설명이 아닌 것은?

① 충전, 유지, 측정, 방전의 4단계를 거친다.
② 전기적으로 결합되어 있는 한 지점의 절연 저항을 측정하는 것이다.
③ 제품이 생산된 직후뿐만 아니라 일정 기간 사용한 후 절연의 상태를 검사하는 데 유용하다.
④ 정기적으로 절연 저항 시험을 실시하면 절연 파괴가 일어나기 전에 절연 불량을 판별해 낼 수 있다.

75 다음 로고가 의미하는 것은?

① 유럽공동체 안전 인증
② 미국 연방정부 전파 인증
③ 중국 안전 및 품질 인증
④ 일본 전기용품 안전 인증 기준

76 3D 프린터 출력 품질 및 성능을 높이기 위해 고려해야 할 사항으로 거리가 먼 것은?

① 출력물의 형상과 규모, 사용하는 소프트웨어, 용도에 따라 다양한 설정이 존재할 수 있다.
② 출력 속도에 따라 압출 구멍이 막힐 수도 있기 때문에 재료와 관계없이 속도를 느리게 설정해 주어야 한다.
③ 노즐과 베드의 간격이 너무 가까우면 베드 면에 노즐이 막힐 수 있기 때문에 노즐과 베드 사이에 적절한 간격 유지가 필요하다.
④ 3D 프린터에서 비용, 시간, 품질 등은 서로 Trade off 관계이며, 모든 요구를 만족시키는 세팅은 존재하지 않는다.

77 외부로부터 전자파 간섭 또는 교란에 의해 전자 회로의 기능이 악화되거나 동작의 불량 여부를 평가하는 시험은?

① EMA 시험
② EMI 시험
③ EMR 시험
④ EMS 시험

78 파레토 차트(Pareto Chart)의 활용에 대한 설명으로 <u>틀린</u> 것은?
① 문제점의 원인을 파악하고, 개선 효과를 확인하기 위하여 사용된다.
② 조사 대상 결정, 점유율 계산, 그래프 작성 및 필요 사항 기재로 이루어진다.
③ 어느 항목이 가장 문제가 되는지 찾아낼 수 있고, 문제 항목의 크기, 순위를 한눈에 알 수 있다.
④ 제품 및 프로세스의 발생 가능한 문제점 및 원인들을 사전에 예측하고 위험도를 평가하여 사전 예방이 가능하도록 한다.

79 3D 프린터 성능 검사 항목 체크리스트 작성 시 포함되어야 할 사항과 거리가 <u>먼</u> 것은?
① 실외 온도　　　　　　② 적층 두께
③ 프린팅 속도　　　　　④ 사용 필라멘트

80 일종의 가혹 조건 시험법으로 3D 프린터 출력 시 불량이 발생하기 쉬운 다양한 형상을 정의하여 출력하고 그 품질을 평가하는 성능 검사 방법은?
① Bed test　　　　　　② Torture test
③ Support test　　　　④ Extrusion test

기출문제 정답 및 해설

01	02	03	04	05	06	07	08	09	10	11	12	13	14	15	16	17	18	19	20
④	①	④	④	①	②	②	④	④	①	③	②	전항정답	④	④	②	①	④	①	③
21	22	23	24	25	26	27	28	29	30	31	32	33	34	35	36	37	38	39	40
①	②	③	③	②	①	③	④	①	④	④	④	③	①	③	④	①	④	④	②
41	42	43	44	45	46	47	48	49	50	51	52	53	54	55	56	57	58	59	60
④	③	④	②	②	④	②	④	①	②	④	②	②	④	①	②	②	②	①	④
61	62	63	64	65	66	67	68	69	70	71	72	73	74	75	76	77	78	79	80
②	④	②	④	②	④	③	④	①	②	④	①	②	②	②	②	②	④	①	②

1과목 : 3D 프린터 회로 및 기구(20문제)

01 회로에 연결된 상태로 저항을 측정하면 멀티미터와 회로가 서로 간섭을 일으켜 정확한 값을 얻을 수 없다.

02 BJT(Bipolar Junction Transistor)는 양극성 접합 트랜지스터이며 NPN 또는 PNP의 형태로 접합되어 있다.

03 무연납은 녹는점이 높아 전용 인두기를 사용하지 않으면 납땜이 쉽지 않고 납땜을 한 후에도 깨끗하지 않으므로 초보자가 사용하기에 적합하지 않다.

04 그림은 공차 기호 중 평면도 공차를 나타낸다.

05 시스템의 신뢰성 예측 방법에 관한 내용이며 MTBF, MTTR, MTTF로 구분된다. (상세한 내용은 4과목의 '품질 보증'(274쪽) 내용 참조)

06 전류 법칙에서 노드에 들어오거나 나가는 전류의 합은 0이 된다.

07 Thermistor는 온도가 올라갈수록 저항이 감소하는 전기적 성질을 가지므로 열적 신호를 전기적 신호로 바꾸는 센서의 역할을 한다. 온도 측정 장치, 자동 온도 조절 장치 등에 사용된다.

08 직렬 회로이므로 두 저항에 흐르는 전류값은 같으며 I = 100mA = 0.1A이다. 20Ω 저항에 걸리는 전압 = 전류 × 저항 = 0.1 × 20 = 2V이고 저항 R에는 12V − 2V = 10V가 걸리게 되므로, R의 전력(w) = 전류 × 전압 = 0.1 × 10 = 1w가 된다.

09 달링턴 회로는 2개의 트랜지스터를 하나로 결합시킨 것이다. 전류 증폭도가 높기 때문에 고출력 회로에 사용되며 1개의 트랜지스터처럼 취급한다. 총 증폭률은 2개 트랜지스터 각각의 증폭률의 곱으로 표시한다. 즉, 각 트랜지스터에 대하여 증폭률 = Ic / Ib = 100이므로, 총 증폭률은 100 × 100 = 10,000이 된다. Ib = 20μA = 0.00002A이므로 Ic = 10,000 × 0.00002 = 0.2A = 200mA이다.

10 스테핑 모터의 회전 속도는 pps(pulse per second), 즉 초당 인가된 펄스의 수로 나타낸다.

11 출력물의 체결성은 소재 선정과는 관련이 없다.

12
- 난연성 평가 : 시편을 불꽃에 노출하여 타들어가는 길이를 평가
- 전기적 특성 평가 : 발화(Ignition) 및 탄화(Tracking)되는 속도를 측정
- 장기적 내열 특성 평가 : 특정 온도에서 장시간 연속 사용 후 기계적 강도가 초기 강도의 50% 이상을 유지하는지 평가

13 출제자의 의도는 리니어 모터(LM) 가이드의 기능에 대하여 질문을 한 것으로 보이나 ③번이 '리니어 모터'로 표기되어 전항 정답으로 처리

14 토출부의 부품은 3D 프린팅 기술 방식에 따라 차이가 있으며 리밋 스위치는 토출부 부품이 아니다.

15 분말 형태의 마그네슘은 공기 중에서 쉽게 불이 붙어 폭발하는 성질을 가지므로 보통 합금 형태로 사용된다.

16 재료 분사(Material Jetting) 방식은 광경화성 수지나 왁스 등의 액체 재료를 미세한 방울로 만들어 선택적으로 분사하는 방식이다. SLS(Selective Laser Sintering) 방식은 선택적 레이저 소결법으로 분말 재료에 레이저를 투사하여 표면을 용융시키는 방식이다.

17 열가소성 수지는 재활용이 가능한 장점이 있으나 열안정성이 떨어져 고온에서는 사용이 제한적이다.

18 취성 재료 변형 거동은 소성 변형이 거의 없고 탄성 변형을 지속하다가 바로 파단이 발생하는 것을 말한다.

19 기구의 안정성 시험 항목(63쪽)에 관한 내용 참조

20 이송 장치 중에서 직선 이송 가이드(linear motion guide)에 관한 사항이며 모터로부터 발생하는 동력으로 정밀 직선 이송을 구현하기 위해서 사용된다.

2과목 : 3D 프린터 장치(20문제)

21 우측면도에서 나타낸 바와 같이 치수는 15이다.

22 FDM과 DP 두 방식을 결합함으로써 각 고유의 단일 공정에서는 제작할 수 없는 다양한 종류의 성형품을 가공할 수 있다. 물론 FDM 고유의 기존 소재도 사용 가능하다.

23 광원 → 광학계/집광 장치 → 주사 장치 → 수지 표면

24 노즐은 단면적의 크기가 작아지면서 유속을 증가시키는 장치이다.

25 경화된 재료는 액화시켜 사용이 불가하다.

26 광학식 변위 센서는 비접촉 변위 측정에서 가장 많이 사용되는 센서로 측정 방법에 관한 종류에는 삼각 측량법, 백색광 주사 간섭법, 공초점 측정법, 모아레 측정법이 있다.

27 레이저 빔의 직경을 빔 익스팬더를 통하여 크게 한 후 초점 렌즈를 통하여 재료 표면에서의 빔의 직경을 작게 한다.

28 FDM과 Ultrasonic Consolidation(UC)을 이용한 하이브리드 방식에 관한 설명이다.

29 서보 모터에 관한 설명이다.

30 LVDT는 3개의 솔레노이드 코일과 원형의 막대자석을 이용하여 튜브 내에서 자석이 이동하면서 발생시킨 전기 신호의 변화를 통해서 거리를 측정하는 방식이며 접촉식이다. 나머지는 모두 비접촉식이다.

31 파우더는 액적이 아니다.

32 집광된 광의 빔의 크기는 레이저의 파장이 짧고, 광학계의 초점이 짧으며, 레이저 광의 직경이 클수록 작아진다.

33 유연성이 높아 다양한 제품을 제조할 수 있다.

34 FDM 방식은 동작 특성상 XY축 동시 이송이 필요하다.

35 액상 소재 성형을 위한 광학 모듈의 레이저 파장대는 광 개시제(액상 소재)의 파장대 영역에 포함되어야 한다. 즉, 액상 소재의 광 개시제의 파장보다 작아야 한다.

36 SLS에 사용되는 소재는 분말 형태이며 필라멘트를 사용하지 않고 사용되지 않은 소재는 진공 펌프 및 집진 장치를 사용하여 수거한 다음 교반 장치/필터를 통하여 재사용된다.

37 엔코더는 이송 장치의 위치를 인식하기 위하여 사용되며 위치 검출 방식에 따라 기계식, 광학식, 자기식, 정전 용량식 등이 있다. 그림은 광학식 로터리 엔코더를 나타내며 슬릿으로부터 검출된 LED 광의 신호를 인식하여 회전량을 측정할 수 있다.

38 DMLS(Direct Metal Laser Sintering)는 SLS와 동일한 공정이며, 금속 분말에 더 초점을 두고 있다. 금속 분말을 이용한 공정에서는 표면이 매끄럽지 못하기 때문에 이를 CNC 공정으로 매 층 혹은 수층마다 머시닝을 병행할 수 있다.

39 노즐의 기본 개념이며 단면을 작게 하여 출구의 유속을 크게 하는 것이다.

40 DLP(Digital Light Processing) 방식에서는 광 패턴을 사용하여 한 층씩 경화시키므로 광 패턴의 정밀도가 가장 중요하다.

3과목 : 3D 프린터 프로그램(20문제)

41 ④는 컨트롤 보드(메인 컨트롤러)에 관한 설명이다.

42 ③은 CAM(Computer Aided Manufacturing)에 관한 설명이다.

43 Ennn : 재료 분사(nnn은 압출 길이, mm)

44 연속적인 아날로그 측정값을 디지털 값으로 변환(A/D 포트)시켜 사용하고자 할 경우 사용되는 포트이다.

45 ②, ④는 A/D 포트, ③은 PWM 포트에 관한 설명이다.

46 다른 기계에 적합한 형태로 번역하는 것은 크로스 컴파일러이다.

47 자바스크립트는 상속성이나 클래스는 존재하지 않고 보안성이 없다. 자바는 이식성이 우수하여 다양한 운영 체제 및 CPU에서도 동일 코드를 사용할 수 있다.

48 컴파일러를 통하여 목적 코드를 생성한다.

49 ④는 슬라이서에서 설정하지 않고 프린터 자체에서 제어하는 기능이다.

50 컴파일러에서 목적 파일을 만든 다음 링커를 통하여 실행 파일을 생성한다.

51 키보드로 입력하여 프로그램에 명령을 하달하는 것을 커맨드라인 인터페이스라고 하고 그 외에 메뉴 방식 인터페이스, 그래픽 사용자 인터페이스가 있다.

52 보조 프로그램 호출은 'M98P보조프로그램번호L반복횟수'의 형태로 사용된다. 위 프로그램 내용에서 M98P2500L5;이므로 5회 반복한다.

53 analogWrite(pin, value)의 형태로 사용되며 pin은 포트 번호, value는 duty cycle을 나타낸다. 이 값이 255인 경우에는 duty cycle 1.0(100%)을 나타내고 출력은 5V가 될 것이다. 따라서 출력 전압을 계산하려면 255(5V)×0.15 = 0.75V가 된다.

54 M140 : 베드 온도 설정 후 제어권 넘김.
예제) M140 S55 : 베드 온도를 55도로 설정 후 제어권을 호스트로 즉시 넘김.

55 ④는 본격적인 제품 출력에 앞서 바닥면에 밀착되는 부분의 하단에 우선적으로 프린팅되는 레이어이다.

56 일반적으로 Shell과 Support Type에 영향을 많이 받는다.

57 Z축의 피치가 2mm이므로 모터가 1회전(100 pulse)하면 2mm를 이동한다. 그러면 1 pulse에 대한 이동 거리(구동 정밀도)는 2/100 = 0.02mm/pulse이다.

58 Photopolymerization(수조광경화) 방식은 액상 광경화 수지를 사용한다.

59 ①에서 독립적으로 모니터링 할 수 있다.

60 ④와 같은 형식은 Fanuc 640i 시리즈 호출 방식이다. P????L????와 같은 형식은 Fanuc 30i 시리즈 호출 방식이다.

4과목 : 3D 프린터 교정 및 유지 보수(20문제)

61 시험 조건 및 운용상 발생될 수 없는 외부 조건에 기인한 고장은 무관 고장이며, 발생될 수 있는 외부 조건에 기인한 고장은 유관 고장이다.

62 감전사고 방지를 위하여 사용되는 프린터의 사용 전압, 전류를 고려하여 규정에 맞는 절연피복을 착용해야 한다.

63 노즐 온도는 당연히 소재의 용융 온도보다 높게 설정해야 한다.

64 페라이트 코어(ferrite core)는 페라이트로 만든 자기철심을 말하며 전기 화재와는 상관이 없다.

65 ABS 소재는 작업 시 냄새가 심하므로 반드시 환기를 실시하도록 한다.

66 필라멘트 공급 장치에서 장력을 조절한다.

67 시험 규격에 따른 시험 방법에는 내전압 시험, 누설 전류 시험, 절연 저항 시험이 있다.

68 전자파 적합성 시험은 크게 전자파 장애(EMI) 시험과 전자파 내성(EMS) 시험으로 구분한다. EMI 시험 시 잡음(교란)은 자연 잡음과 인공 잡음(방사 잡음, 전도 잡음)으로 분류되고, EMS 시험 항목에는 전자파 방사, 정전기 방전, 전기적 과도 현상, 서지(surge), 전압 강하, 순간 정전 등이 있다.

69 가속 시험을 말하며, 실사용 조건에서 인가되는 스트레스에서 수행되는 시험은 정상 시험이라고 한다.

70 기계적 고장, 누설 발생 등에 관한 사항이며 온도 사이클(열 충격) 시험이다.

71 공진 발생 시에는 기구부 보강 대책으로 진동 흡수 목적의 댐퍼를 설치한다. 모터의 토크에 문제가 있을 경우에는 전압, 전류를 조절(교체)하고, 모터의 제어 시스템에 문제가 있을 경우에는 모터 드라이버를 교체한다.

72 프로브(probe, 탐침)를 잡을 때는 반드시 절연된 부분만 잡아야 한다.

73 접지 공사란 전로나 기기에 이상 전압이 가해진 경우 감전이나 화재 등의 사고를 방지하기 위해 대지에 낮은 저항으로 접속하는 공사를 말한다. 접지 저항은 낮을수록 좋다.

74 절연 저항 시험은 전기적으로 절연되어 있는 어느 두 지점 사이의 절연 저항을 측정하는 테스트이다.

75 인증 마크 종류에는 안전 인증, 전자파 인증, 환경 인증 등이 있으며 위 그림은 미국 연방정부 전파 인증 (FCC) 마크이다.

76 출력 속도는 재료, 온도, 품질 등에 따라 적절한 속도를 설정해야 한다.

77 전자파 적합성(EMC) 시험 중에서 전자파 장애(EMI) 시험에 관한 내용이다.

78 파레토 차트는 조건 요소들의 중요성을 보여주는 막대그래프로 문제 해결 노력의 향상 및 서로 다른 문제 요소들 간의 상관적 중요성을 나타낸다.

79 체크리스트에는 출력물 크기, 사용 필라멘트, 노즐 온도, 적층 두께, 프린팅 속도 및 기타 프린터 자체의 주요 사항에 관한 내용이 모두 포함되나 실외 온도에 관한 사항은 외부 환경에 관한 요소이며 체크리스트에는 포함되지 않는다.

80 Torture(고문, 몹시 괴롭히다의 뜻) 테스트는 3D 프린터 사용자들 사이에 널리 사용되는 테스트 모델이다.

실습 예상 문제

실습 예상 문제

> **학습 목표** | 실습 시험은 일반적으로 서술형이거나 실습형 문제가 주어진다. 따라서 수험자는 각 과목의 주요 사항에 대하여 핵심 내용을 간략히 서술식으로 기술할 수 있는 연습이 필요하다.

1과목 : 3D 프린터 회로 및 기구

(1) 스텝 모터 구동 원리에 대하여 설명하고, 아두이노 보드에서 스텝 모터를 직접 구동할 경우에 대한 프로그램을 작성하시오.

(2) 3D 프린터의 조형 방식(7종류)에 따른 기구의 구조 및 동작 원리에 대하여 간략히 기술하시오.

> **해설** 제어 회로 설계에서 가장 기본이 되는 사항은 스텝 모터를 제어하는 것이므로 아두이노 보드를 이용하여 회로를 구성하고 코딩하여 작동시킬 수 있어야 하므로 학습자는 관련 기술에 대하여 충분히 설명할 수 있어야 한다. 또한, 3D 프린터의 조형 방식에 관한 기본 개념과 특징에 대해서는 반드시 암기하고 요약할 수 있어야 한다.

2과목 : 3D 프린터 장치

(1) FDM 프린터에 대한 다음 사항에 대하여 간략히 기술하시오.
  ① 스테핑 모터와 볼 스크루, 그리고 스테핑 모터와 기어/벨트 조합 형태의 작동 원리
  ② 이송 분해능, 이송 정밀도, 반복 정밀도, 백래시

(2) 노즐을 사용하는 다음 공정에 대하여 사용되는 노즐 기술과 노즐 설계 파라미터에 관하여 간략히 기술하시오.
  ① 제팅 방식
  ② FDM 방식
  ③ Direct Print(DP) 방식

(3) 하이브리드형 3D 프린터의 종류에 대하여 간략히 설명하시오.

> **해설** 장치 분야에 대해서는 3D 프린터 조형 방식별 구동 장치의 원리에 대하여 알고 있어야 한다. 특히 FDM 방식에서는 각 부품의 동작 원리에 대한 이해가 필요하다. 또한 노즐에 관한 내용과 하이브리드형 프린터에 관한 지식도 필요하다.

3과목 : 3D 프린터 프로그램

3D 프린터 제어기 부품(아두이노 Mega 2560 + RAMPS + LCD 모듈 + Power Supply + 스테핑 모터)을 사용하여 다음의 과제를 완성하시오. (단, 필요한 PC, USB Cable, 브레드 보드, 아두이노 개발 환경(IDE) 등은 모두 준비된 것으로 간주한다)(제한 시간 : 4시간)

(과제 1) 회로를 제작하고 부품을 연결하시오.

(과제 2) 프로그래밍

① 초기 화면 구성

LCD 화면에 수험 번호, "Hello"라는 글자가 나타난 뒤 5초 후에 "3D PRINTER READY"로 변경

② 메뉴 트리 구성

LCD 모듈에 부착된 로터리 엔코더 스위치를 이용하여 메뉴를 선택하고 연결된 부품이 작동(단, 메뉴는 메인 메뉴/서브 메뉴/동작 메뉴 3단계로 구성하고 스위치를 누르면 부품이 작동)

③ 스테핑 모터 제어

로터리 엔코더 스위치를 이용하여 각도 및 방향 설정 후 모터 제어

④ HEATING BED 세팅

로터리 엔코더 스위치를 이용하여 온도 설정 및 설정한 온도 도달 시 모터 및 LED 작동

⑤ EMERGENCY 세팅

로터리 엔코더 스위치를 이용하여 거리값 설정 후 센서 접촉 시 부저 작동 및 모터 정지

> **해설** 3D 프린터 개발자가 반드시 알아야 할 중요한 분야 중 하나이다. 본 과제는 FDM 프린터를 제어하기 위해 전반적으로 알고 있어야 할 내용이며 다른 종류의 프린터의 작동 원리를 파악하는 데 필요하다. 학습자는 아두이노에 관한 전반적인 지식과 스텝 모터의 작동/제어 원리, 프린터를 구동하기 위해 필요한 소프트웨어를 다룰 수 있어야 한다.

4과목 : 3D 프린터 교정 및 유지 보수

3D 프린터가 다양한 환경에서 안정적으로 구동될 수 있는지를 확인하기 위하여 신뢰성이 필요하다. 다음 사항에 대한 신뢰성 시험 항목과 시험 내용에 대하여 설명하시오.
(1) 온도 관련 신뢰성 시험
(2) 습도 관련 신뢰성 시험
(3) 진동 관련 신뢰성 시험

> **해설** 3D 프린터 제작 후 인증을 받기 위해 필요한 시험이며 그 외에도 필요한 테스트 및 인증 절차에 대하여 알고 있어야 한다.

국가 공인
3D 프린터 개발산업기사
한권으로 끝내기

발 행 일	2019년 8월 10일 초판 1쇄 발행
	2020년 1월 10일 초판 2쇄 발행
저　　자	주승환·주성호·이성모·강몽룡·김성희 공저
발 행 처	 
발 행 인	이상원
신고번호	제 300-2007-143호
주　　소	서울시 종로구 율곡로13길 21
대표전화	02) 745-0311~3
팩　　스	02) 766-3000
홈페이지	www.crownbook.com
I S B N	978-89-406-3676-3 / 13560

특별판매정가　28,000원

이 도서의 판권은 크라운출판사에 있으며, 수록된 내용은
무단으로 복제, 변형하여 사용할 수 없습니다.
　　　Copyright CROWN, ⓒ 2020 Printed in Korea

이 도서의 문의를 편집부(02-744-4959)로 연락주시면
친절하게 응답해 드립니다.